de A a Z

INFORMÁTICA

EDITORA AlfaCon
Concursos Públicos

Proteção de direitos

Todos os direitos autorais desta obra são reservados e protegidos pela Lei nº 9.610/98. É proibida a reprodução de qualquer parte deste material didático, sem autorização prévia expressa por escrito do autor e da editora, por quaisquer meios empregados, sejam eletrônicos, mecânicos, videográficos, fonográficos, reprográficos, microfílmicos, fotográficos, gráficos ou quaisquer outros que possam vir a ser criados. Essas proibições também se aplicam à editoração da obra, bem como às suas características gráficas.

Diretor Geral: Evandro Guedes
Diretor de TI: Jadson Siqueira
Diretor Editorial: Javert Falco
Gerente Editorial: Mariana Passos
Edição e Revisão: Wilza Castro
Coordenação de Editoração: Alexandre Rossa
Diagramação e Capa: Nara Azevedo / Alexandre Rossa

Dados Internacionais de Catalogação na Publicação (CIP)
Jéssica de Oliveira Molinari CRB-8/9852

O86i

Orso, João Paulo Colet
Informática de A a Z / João Paulo Colet Orso, Luiz Augusto Rezende. - Cascavel, PR : AlfaCon, 2022.
472 p.

Bibliografia
ISBN 978-65-5918-444-6

1. Serviço público - Concursos – Brasil 2. Informática 3. Rezende, Luiz Augusto

22-3741   CDD 351.81076

Índices para catálogo sistemático:
1. Serviço público - Brasil - Concursos

Atualizações e erratas

Esta obra é vendida como se apresenta. Atualizações - definidas a critério exclusivo da Editora AlfaCon, mediante análise pedagógica - e erratas serão disponibilizadas no site www.alfaconcursos.com.br/codigo, por meio do código disponível no final do material didático Ressaltamos que há a preocupação de oferecer ao leitor uma obra com a melhor qualidade possível, sem a incidência de erros técnicos e/ou de conteúdo. Caso ocorra alguma incorreção, solicitamos que o leitor, atenciosamente, colabore com sugestões, por meio do setor de atendimento do AlfaCon Concursos Públicos.

Data de fechamento 1ª impressão: 28/07/2022

Dúvidas?
Acesse: www.alfaconcursos.com.br/atendimento
Núcleo Editorial:
Rua: Paraná, nº 3193, Centro – Cascavel/PR
CEP: 85810-010

SAC: (45) 3037-8888

Apresentação

A Obra Informática de A a Z tem como objetivo apresentar os principais tópicos de Informática e Tecnologia da Informação abordados em provas de concursos públicos, de maneira direta e objetiva, sem cometer o erro da superficialidade ou do exagero.

Os primeiros capítulos abordam as concepções do mundo do Hardware e do Software, programas de escritório, editores de textos, planilhas e apresentações, sistemas operacionais, redes e segurança da informação. O tema Internet é recorrente, devido a sua amplitude de programas, serviços, protocolos, conceitos, termos, e-mail e cloud computing.

Em seguida, são abordados temas que se aprofundam cada vez mais em detalhes e definições. É sumariamente importante destacar que O ESTUDO DA INFORMÁTICA PARA OS CONCURSOS NÃO DEVE SER FEITO SEGUINDO A ORDEM DOS EDITAIS, MAS A ORDEM DIDÁTICA DO CONTEÚDO.

Cientes de que nem todas as versões das suítes de escritório podem não estar no seu edital, tomamos o cuidado em separar os capítulos sobre os assuntos, para que possa focar seus estudos nos tópicos necessários.

A obra também aborda temas como segurança da informação (tanto ataques como procedimentos de proteção) e programas de produtividade remota que se tornaram relevantes em provas de concursos públicos a partir da pandemia da Covid-19, por conta da grande migração de trabalhos para a modalidade *home office*, inclusive na administração pública.

Ao final de cada capítulo, é oferecida uma série de questões de bancas examinadoras para que o leitor treine a forma como o conteúdo é cobrado em provas.

Por tudo isso, esperamos que o livro consiga atingir seu objetivo e contribuir para seus estudos de maneira focada naquilo que é abordado em provas, garantindo assim uma vantagem competitiva.

Os autores

Se liga no vídeo!

O **AlfaCon Notes** é um aplicativo perfeito para registrar suas **anotações de leitura**, deixando seu estudo **mais prático**. Viva a experiência Alfacon Notes. Para instalar, acesse o Google Play ou a Apple Store.

Cada tópico de seu livro contém **um Código QR** ao lado.

Escolha o tópico e faça a leitura do Código QR utilizando o aplicativo AlfaCon Notes para registrar sua anotação.

Pronto para essa **nova experiência?** Então, baixe o App **AlfaCon Notes** e crie suas anotações.

Acesse seu material complementar:

1 Acesso o site **www.alfaconcursos.com.br** para se cadastrar **gratuitamente** ou para efetuar seu login.

2 Digite o código abaixo na aba **Regastar código**. Seu código estará disponível por 120 dias a partir do primeiro acesso.

CÓDIGO DE ACESSO
CAAZ INFOJPLZ RESGATAR

3 Após a validação do código, você será redirecionado para a página em que constam seus materiais (cursos on-line, mentoria, atualizações, material complementar e erratas). Todo esse conteúdo está disponível gratuitamente.

Mais que um livro, é uma experiência!

Sumário

1. Introdução à Informática 9
   1.1 Tecnologia da Informação 9
   1.2 Grandezas da Informática 9
   1.3 Software — Classificação.. 10
   1.4 Hardware — Periféricos.. 11
   1.5 Periféricos de Armazenamento de Dados 14
   1.6 Manutenção de Elementos de Hardware...................................... 16
   1.7 Componentes Obrigatórios 16
   1.8 Processador... 17

2. Fundamentos da Computação – Sistemas Operacionais ... 26
   2.1 Sistemas Operacionais - Windows e Linux 26
   2.2 Sistemas de Arquivos 27
   2.3 Modos de Trabalho 28
   2.4 Windows 28
   2.5 Versões do Sistema Android.. 40
   2.6 iOS (Apple)... 43

3. Internet, Redes de Computadores, Segurança e Banco de Dados..52
   3.1 Internet 52
   3.2 Cloud Computing (Computação em Nuvem) 60
   3.3 E-mail.. 63
   3.4 Rede de Computadores 68
   3.5 Segurança da Informação.. 77
   3.6 Banco de Dados.. 87

4. Microsoft Word 103
   4.1 Microsoft Word / Libre Office Writer 103
   4.2 Compatibilidade do Microsoft Word 2016................................... 104
   4.3 Estrutura do Microsoft Word.. 105
   4.4 Seleção de textos no Microsoft Word 2016................................. 109
   4.5 Tabelas no Word... 110
   4.6 Mala Direta.. 112
   4.7 Senhas de Proteção e de Gravação 112

5. Microsoft Excel 117
5.1 Formatos de arquivos 117
5.2 Janela 119
5.3 Cálculos 120
5.4 Operadores 121
5.5 Modos de Endereçamento 131
5.6 Abas 137
5.7 Aba Página Inicial 138
5.8 Aba Fórmulas 145
5.9 Funções 147
5.10 Alça de preenchimento 177
5.11 Formatação de Células 183
5.12 Gráficos 185

6. Microsoft Power Point 206
6.1 Formatos de Arquivos 206
6.2 Aba Inserir 216
6.3 Aba Desenhar 224
6.4 Aba Design 225
6.5 Aba Transições 225
6.6 Aba Apresentação de Slides 230
6.7 Aba Exibir 233
6.8 Modos Mestres 237

7. Programação 245
7.1 Tipos de Linguagem 247
7.2 Prolog 249
7.3 Programação Python 255
7.4 Programação R 296

8. Libre Office Writer 326
8.1 Formatações 334

9. Libre Office Calc 366
9.1 Formatos de arquivos 366
9.2 Janela 368
9.3 Célula 370
9.4 Cálculos 370
9.5 Operadores 372
9.6 Modos de Endereçamento 381
9.7 Menus 387
9.8 Formatação de Células 387

9.9 Outras Ferramentas 391
9.10 Assistente de Funções 393
9.11 Funções 394

10. LibreOffice Impress 434
10.1 Animação Personalizada 447
10.2 Transição de Slides 448
10.3 Mestre 448

11. Lei nº 13.709/2018 (LGPD) 454
11.1 Disposições Preliminares 454
11.2 Fundamentos 454
11.3 Princípios 455
11.4 Área de Atuação 455
11.5 Não Aplicação da Lei 455
11.6 Tratamento de Dados Pessoais 456
11.7 Tratamentos de Dados Sensíveis 456
11.8 Tratamentos de Dados Anônimos 457
11.9 Tratamento de Dados de Crianças e Adolescentes 457
11.10 Término do Tratamento de Dados 457
11.11 Direitos do Titular 457
11.12 Tratamento de Dados pelo Poder Público 458
11.13 Transferência Internacional de Dados 459
11.14 Agentes de Tratamento de Dados Pessoais 459
11.15 Responsabilidade e do Ressarcimento de Danos 460
11.16 Segurança e Boas Práticas 460

1 Introdução à Informática

Os conceitos básicos de Informática para concursos atualmente se concentram em elementos de Hardware (parte física da informática) e Software (parte lógica da informática).

Com a mudança no mundo do trabalho, inclusive no serviço público, em decorrência da pandemia da Covid-19, aspectos de classificação e características de hardwares voltaram a ser temas recorrentes em concursos.

1.1 Tecnologia da Informação

A tecnologia da informação é a área que estuda o desenvolvimento de recursos, softwares, hardwares envolvendo a manipulação de dados de forma lógica com o objetivo de trazer melhorias no dia a dia das organizações e das pessoas.

1.2 Grandezas da Informática

As unidades de grandeza servem para definir quantitativa ou qualitativamente o tamanho nominal de elementos de software (pastas e arquivos), bem como de elementos de hardware (hard disks, discos de estado sólido, flash memorys).

A tabela a seguir demonstra da menor para a maior unidade.

Unidade	Sigla	Quantidade
bit	b	Menor unidade da informática
Byte	B	Composto de 8 bits
Kilobyte	KB	Composto de 1.024 Bytes
Megabyte	MB	Composto de 1.024 Kilobytes
Gigabyte	GB	Composto de 1.024 Megabytes
Terabyte	TB	Composto de 1.024 Gigabytes
Petabyte	PB	Composto de 1.024 Terabytes
Exabyte	EB	Composto de 1.024 Petabytes
Zettabyte	ZB	Composto de 1.024 Exabytes
Yottabyte	YB	Composto de 1.024 Zettabytes

INFORMÁTICA

Fique ligado!

Como existe uma grande variedade de marcas e modelos de pen drives, com capacidades de armazenamento diferenciadas, a abordagem em provas será de grandezas gerais, como Gigabytes ou Terabytes.

1.3 Software — Classificação

A classificação de softwares é fundamental para decidir a forma que o programa será manipulado, podendo ou não ser distribuído para outros usuários.

- **Software proprietário ou copyright**: é aquele em que a distribuição fica restrita ao próprio desenvolvedor, que estabelece se o programa será gratuito ou não.

    O software proprietário tem seu código-fonte (sua estrutura) bloqueado, ou seja, é acessível apenas ao próprio desenvolvedor e não pode ser acessado por outros usuários. Dentre os exemplos de softwares proprietários estão os programas da Microsoft (Windows, Word, Excel, PowerPoint).

- **Software livre ou copyleft**: parte do conceito da democratização de acesso à internet e por conta disso não tem a distribuição restrita e definida ao desenvolvedor, permitindo que qualquer usuário possa distribuir livremente uma versão do software.

    O software livre pode ser manipulado em seu código-fonte, permitindo assim que outros usuários criem sua própria distribuição a partir do software acessado.

    Dentre os exemplos de software livre estão programas como o Linux, Writer, Calc, Impress, Base etc.

- **Software de uso público**: são programas abertos, por opção do desenvolvedor ou decisão judicial, sem o vínculo de propriedade ou necessidade de autorização para acesso ou distribuição.

A **Lei nº 12.965/2014**, o chamado **Marco Civil da Internet**, estabelece princípios, garantias e deveres para o uso da internet no Brasil e determina, também, os deveres da União, Estados e Municípios. Um desses deveres tem direta relação com o uso de softwares conforme estabelecido no art. 24, inciso V:

> *Art. 24. Constituem diretrizes para a atuação da União, dos Estados, do Distrito Federal e dos Municípios no desenvolvimento da internet no Brasil:*
>
> *[...]*
>
> *V - adoção preferencial de tecnologias, padrões e formatos abertos e livres;*
>
> *[...]*

A principal justificativa para este uso preferencial é a possibilidade de adequação do software para as necessidades específicas do órgão público, por terem código-fonte aberto, possibilidade inexistente em softwares proprietários.

1.4 Hardware — Periféricos

Periféricos são componentes (dispositivos) físicos (de hardware) que se caracterizam por não serem obrigatórios para que o sistema (servidor, mainframe, data center, notebook, telefone móvel) possa funcionar.

Mesmo que os periféricos não sejam obrigatórios, eles são fundamentais para que o usuário estabeleça interface (troca, envio e recebimento de conteúdo) com o computador. Sem periféricos não é possível a conexão com o sistema.

Os **periféricos de entrada** (ou input) são aqueles utilizados para enviar conteúdo para o computador. Os **periféricos de saída** (ou output) são utilizados para o recebimento de conteúdo. Existem, ainda, os **periféricos de entrada e saída** (input/output) que cumprem as duas funções simultaneamente.

Periféricos de Entrada (Input)

São considerados periféricos de entrada todos os hardwares que permitem o **envio** de comandos ao computador ou que realizem operações visuais na interface gráfica amigável, como ocorre no ambiente Windows. São exemplos de periféricos de entrada:

- **Mouse**: é um hardware que ao ser manipulado, de forma precisa, por meio de um cursor envia informações para o computador. Existem mouses mecânicos (mais antigos e praticamente fora de uso) e mouses ópticos (mais recentes).
- **Teclado**: os teclados físicos permitem que o usuário envie comandos de texto para o computador, por meio de teclas alfabéticas e numéricas, além de teclas de atalhos e comandos especiais.
- **Microfone**: os microfones podem estar integrados ao computador (como geralmente nos notebooks e nos telefones móveis), ou podem ser externos. Atualmente, com o aumento do uso de programas que aceitam comandos de voz, os microfones são importantes periféricos de entrada.
- **Scanner**: são hardwares que se caracterizam por serem dispositivos físicos isolados ou incorporados a impressoras. Os scanners permitem a digitalização de um documento físico, transformando-o em um arquivo digital. Quando os scanners apresentam o recurso OCR (Reconhecimento Óptico de Caracteres), é possível a digitalização de caracteres, ou seja, ao digitalizar a página de um livro ele se torna um arquivo que pode ser alterado no texto, enquanto que os scanners tradicionais digitalizam apenas no formato imagem.
- **Leitores**: todos os tipos de leitores que existem, seja leitor óptico, leitor de código de barras, ou os atuais leitores de face ou íris, permitem o acesso aos diferentes sistemas por meio de recursos biométricos.

- **Webcam**: periférico que capta imagens e as transformam em conteúdo multimídia digital.
- **Mesa digitalizadora**: dispositivo que permite ao usuário desenhar e escrever com precisão por meio do mouse.

Periféricos de Saída (Output)

Os periféricos (dispositivos) de saída são aqueles que se caracterizam por terem uma relação passiva com o usuário, ou seja, eles **recebem** informações para o computador, tais como: texto impresso, emissão de som ou imagem (monitores ou caixas de som). Os monitores tradicionais são considerados apenas de saída, aqueles que possuem a função touch screen (tela sensível ao toque) são considerados híbridos.

São exemplos de periféricos de saída:

- **Impressoras:** em provas são cobrados os critérios quanto: à qualidade de impressão; ao custo de impressão (que é a média entre o preço do hardware, preço dos componentes para impressão, como cartucho e papel e a quantidade impressa); à autonomia de impressão (que é a capacidade da impressora imprimir de forma contínua sem interferência humana), e velocidade de impressão.
  - Impressora matricial: considerada uma das mais antigas tecnologias de impressão. Funciona pelo impacto em fita (similar às antigas máquinas de escrever), por isso recebe a denominação de impressora de impacto. Possui as seguintes características:
  - Baixa qualidade de impressão.
  - Baixo custo de impressão.
  - Baixa velocidade de impressão.
  - Autonomia de impressão de alta capacidade.
  - Impressora jato de tinta: é recomendada mais para uso residencial, pois seu funcionamento não é muito indicado para o uso comercial, visto que a tinta no estado líquido tem um alto custo. Possui as seguintes características:
  - Média qualidade de impressão.
  - Alto custo de impressão.
  - Média velocidade de impressão.
  - Autonomia de impressão de baixa capacidade.
  - Impressora a laser: dentre as impressoras esta é a mais utilizada no meio corporativo, pois utiliza tinta no estado sólido (tonner). Possui as seguintes características:
  - Alta qualidade de impressão.

- Médio custo de impressão.
- Alta velocidade de impressão.
- Autonomia de impressão de média capacidade.
- Outros tipos de impressoras: o mercado apresenta ainda outros tipos de impressoras, como: as impressoras térmicas, que são utilizadas para impressão de fotos digitais; as impressoras sculp, que são as populares impressoras 3D; as impressoras do tipo plotter, responsáveis pela impressão de formatos de grande porte: A3, A2.
- **Monitores**: os monitores são considerados periféricos somente de saída, pois devolvem a informação visual ao usuário.

Considera-se como funcionamento padrão dos monitores o envio de conteúdo e não o recebimento por meio de toque de tela. O monitor sensível ao toque é considerado periférico híbrido.

- Monitor CRT mono: também conhecido como monitor de fósforo (cinza, verde ou azul), Caracteriza-se por ter pontos que são inicializados ou não, formando assim a imagem. Apresenta uma única cor de visualização.
- Monitor CRT color: também conhecido como monitor de tubo. Foi a primeira geração de monitores que apresentou combinação de cores em padrões RGB (vermelho, verde e azul).

O monitor padrão CRT colorido por possuir uma moldura, tem a sua imagem de forma ampliada e projetada à distância, por isso a sua área útil é sempre de menor visualização do que a área total do monitor físico.

- Monitor LCD: também conhecido como monitor de cristal líquido. É um monitor que não tem projeção física à distância, pois os pixels são digitalmente apresentados na tela.

Os monitores LCD não possuem projeção e nem ampliação física. Por terem uma moldura bem mais fina, sua área útil é exatamente igual a sua área total.

Fique ligado!

Tanto o monitor CRT colorido quanto o monitor LCD fazem uso de pixels para a geração de suas imagens. Um pixel por padrão possui três pontos de imagem internos, que geram, isoladamente, uma cor sólida, dentre aquelas que são possíveis considerando a paleta RGB (RED, GREEN e BLUE). Quanto maior for o distanciamento entre pixels, pior se torna a geração de imagens. A definição de distância é denominada de DP ou Pixel Pitch.

- Monitor de plasma: é o monitor que tem a melhor resolução original de imagem. Como apresenta um custo muito alto de produção ele foi praticamente retirado do mercado.

Periféricos Híbridos

Os periféricos híbridos possuem, ao mesmo tempo, função de entrada e saída. Exemplos:

- **Multifuncionais**: chamados genericamente de impressoras multifuncionais. São periféricos que se caracterizam por terem a impressora cumprindo função de saída e os scanners cumprindo função de entrada.
- **Monitores touch screen**: são aqueles que se caracterizam por permitirem que o toque execute função de entrada e a visualização de conteúdo cumpra função de saída.

Periféricos de Fornecimento de Energia

São periféricos que não cumprem a função de entrada ou saída, mas sim a função de alimentação de energia para o sistema. São eles:

- **Filtro de linha:** fornece energia para vários componente, permitindo o funcionamento do sistema.

Possui um fusível interno que interrompe o fornecimento de energia elétrica, no caso de sobrecarga. O filtro de linha também elimina ruídos da rede elétrica.

- **Estabilizador:** tem a função de reter a variação abrupta de energia, para cima ou para baixo (sobretensão ou subtensão), protegendo assim o sistema.
- **Nobreak**: permite que a energia acumulada internamente, mantenha em funcionamento os equipamentos em caso de oscilação ou queda da rede elétrica.

1.5 Periféricos de Armazenamento de Dados

As soluções de armazenamento não físico, como o Cloud Storage, cada vez mais são utilizadas. Porém, ainda é muito recorrente o uso de dispositivos físicos como os antigos disquetes, os HDs internos e externos, os atuais SSDs e os discos ópticos.

- **Discos magnéticos:** categoria de armazenamento utilizada no período de 1980 a 1990 com a massificação da informática. Nesta categoria estão desde os antigos HDs até os HDs externos.

Equipamento	Capacidade
Disquete de 5 ¼' DD	360 KB
Disquete de 5 ¼' HD	1,2 MB
Disquete de 3½' DD	720 KB
Disquete de 3½' HD	1,44 MB
Zip Disk	100 MB até 750MB

- **Discos ópticos:** quando os discos magnéticos, em particular os disquetes, caíram em desuso, começaram a ser utilizadas as categorias de discos ópticos, como os primeiros CDs, posteriormente os DVDs e BDs.

Equipamento	Capacidade
CD	700 MB
DVD	4,7 GB
DVD Dual Layer	8,5 GB
Blue-ray	25 GB
Blu-ray Dual Layer	50 GB

- **Flash memory (memória flash):** após a massificação dos discos ópticos, começaram a ser utilizadas nos atuais pen drives e SSDs.
    - Disco de Estado Sólido (Solid State Drive - SSD): são utilizados na informática como nova geração de dispositivos de armazenamento em substituição aos tradicionais HDs magnéticos, pois possuem maior velocidade de manipulação de dados, uma vez que não apresentam partes mecânicas móveis como os HDs magnéticos.
- **Disco rígido (Hard Disk - HD):** é o mais tradicional e antigo dispositivo externo de armazenamento de dados dos computadores contemporâneos. Ele permite que o sistema operacional e os programas padrão sejam utilizados nos computadores.
    - Disk Array: é o arranjo de vários discos rígidos autônomos como se fosse uma única unidade lógica, ampliando a capacidade nominal de armazenamento e possibilitando que uma grande quantidade de informação seja armazenada e manipulada. Torna-se uma solução corporativa, pois as organizações públicas e privadas arquivam dados de fome massiva.
- **RAID (Redundância de Armazenamento de Discos Independentes):** RAID representa a metodologia de organização e montagem dos diversos HDs que juntos formam o Disk Array. Existem várias combinações de RAID, as mais utilizadas são:
    - RAID 0: utiliza no mínimo, dois discos rígidos independentes, divididos nos dois HDs montados em RAID, permitindo aumentar a velocidade de acesso aos arquivos.
    - RAID 1: para estruturar o RAID 1 são necessários, no mínimo, dois HDs trabalhando de forma combinada, para que se desenvolva a duplicação de arquivos, sendo copiados de um HD para outro HD, aumentando assim a estabilidade do sistema.

1.6 Manutenção de Elementos de Hardware

Existem os seguintes tipos de manutenção:

- **Preventiva:** é aquela feita de forma programada, antes do equipamento apresentar falha.
- **Corretiva:** ocorre quando é detectado uma falha ou mesmo ameaça crítica em qualquer componente. Esse tipo de manutenção pode ser ou não programada.
- **Preditiva:** ocorre no momento exato anterior à falha crítica. A manutenção deve acontecer perto do final da vida útil do sistema.

1.7 Componentes Obrigatórios

Existem componentes de hardware que são obrigatórios para o pleno funcionamento do computador São componentes obrigatórios de hardware: placa-mãe, processador e memória.

Placa-mãe (Motherboard)

A placa-mãe tem como primeira característica conectar todos os componentes de hardware existentes no computador. Também tem a função de estabelecer a interface entre os distintos componentes de hardware, ou seja, a placa-mãe possibilita a comunicação entre os diferentes dispositivos de hardware.

> **Fique ligado!**
>
> Marcas e modelos de placas-mãe não são conteúdos abordados em questões de concurso. As bancas examinadoras cobram as categorias da placa-mãe.

Categorias da placa-mãe

- **On-board:** placa-mãe em que os componentes auxiliares estão fisicamente conectados de forma permanente, por isso são considerados componentes fixos. Essa placa não permite, em geral, upgrade, e tem como vantagem o baixo custo de montagem. Pode ou não ter slots disponíveis.
- **Off-board:** os componentes auxiliares não estão fisicamente conectados (podem ser retirados e trocados), por isso são considerados componentes móveis. Essa placa permite upgrade, porém o custo de montagem geralmente é maior.
- **Placa-mãe dual channel:** possui dois grupos de slots para que grupos de pentes de memória RAM trabalhem em paralelo. Para que o recurso dual channel seja habilitado corretamente, os pentes de memória em cada canal precisam ter as mesmas configurações.

1.8 Processador

O processador, ou CPU – UPC (Unidade Central de Processamento), é o **principal componente de hardware do computador**. É tão importante que ao longo da história da informática, várias empresas deram nome ou marca do processador como sinônimo do próprio computador, como o Pentium 100, 200 etc.

Ex.:

O gabinete é chamado erroneamente de servidor.

Os principais componentes da Unidade Central de Processamento são:

UC: Unidade de Controle.

ULA: Unidade Lógico-Aritmética.

Registrador (memória de passagem).

Fique ligado!

Características do processador é um tema recorrente em provas de concursos públicos.

- **Características do processador**
  - **Velocidade de processamento**: os processadores **não tem capacidade de armazenamento** dos dados processados, eles possuem velocidade de processamento.

    A velocidade dos processadores mais antigos era medida em MHz, os mais atuais são medidos em GHz.
  - **Arquitetura**: é a capacidade de leitura de dados de forma simultânea. Existem processadores com arquiteturas distintas: de 32 bits e de 64 bits. Os processadores de 32 bits podem ser executados em processadores de 64 bits, mas o contrário não é possível.
  - **Núcleos de processamento**: os processadores podem, ainda, conter um núcleo (core) ou mais (multicores) de processamento. Um núcleo é uma unidade de processamento singular e independente que é conectado a CPU. No mercado encontramos processadores multicores que vão de 2 até 32 núcleos.

Memória Cache

O processador não tem capacidade de armazenar dados, para isso é necessário utilizar uma memória auxiliar. A relação entre o processador e a memória RAM possibilita a execução de tarefas.

Até o início dos anos 2000, os processadores eram desenvolvidos com aumento exponencial de velocidade de processamento, porém de nada adiantava esse aumento se a velocidade de acesso à memória RAM continuava inalterada. Devido a isso, foi necessário incluir a memória CACHE que é uma memória intermediária entre os dois dispositivos.

O aumento de memória de comunicação entre dois hardwares não é exclusivo do processador e da memória RAM, também encontramos essa mesma solução de desempenho em outros dispositivos, como nos HDs e impressoras. Quando essa memória está alocada no hardwares recebe o nome de Memória Buffer.

Memória RAM

É definida como a memória principal do computador, pois grava temporariamente os elementos que são realizados pelo processador. Desse modo, há uma necessidade de equilíbrio entre velocidade de processamento e quantidade de memória RAM existente no computador.

- **Características da memória RAM**
    - **Gravação e leitura**: é uma memória que permite tanto a gravação como a leitura de dados pelo computador.
    - **Gravação temporária**: se a memória RAM não receber energia, ela não consegue manter dados gravados, portanto é uma memória que se caracteriza por ser energizada. Quando o computador é desligado, todos os dados são apagados.
    - **Volátil**: quando o computador está desligado, a memória RAM apaga todos os dados gravados. Porém, quando a memória RAM está funcionando com o computador ligado, ela tem volatilidade no espaço livre e no espaço ocupado.
    - **Acesso aleatório**: a própria sigla RAM significa Random Access Momory, isto é, memória de acesso randômico/aleatório. Imagine a memória RAM como um gaveteiro em que você pode abrir uma gaveta a qualquer momento. Diferentemente dos dispositivos de acesso sequencial que só conseguimos acessar a segunda posição, depois de passar pela primeira e assim por diante.

Firmwares

São softwares específicos que possibilitam o funcionamento dos hardwares.

- **BIOS (Sistema Básico de Entradas e Saídas):** detecta todos os hardwares conectados direta e indiretamente no computador.
- **POST**: autoteste (da BIOS) de inicialização que verifica o funcionamento de todos os hardwares que são detectados pela BIOS.
- **SETUP**: é um firmware que permite ao usuário realizar algumas alterações do sistema, tais como: data e hora, sequência de BOOT etc.

Memória ROM

A memória ROM possui elementos distintos da memória RAM. Em **computadores mais antigos** armazena os firmwares BIOS, POST e SETUP.

- **Características da memória ROM**
    - **Apenas gravação:** a memória ROM não permite que o usuário grave dados, apenas realize leitura dos dados gravados pelo fabricante.
    - **Gravação permanente:** a memória ROM não precisa ser energizada para manter os dados, portanto quando o computador é desligado, os dados gravados são mantidos.
    - **Não volátil:** como não é possível gravar e apagar dados, seu espaço ocupado e livre é fixo, tornando a ROM uma memória não volátil.
    - **Acesso não aleatório:** é uma memória executada na inicialização do sistema, por isso é possível determinar o momento exato de sua execução

Fique ligado!

Quando os firmwares BIOS, POST e SETUP são gravados na memória ROM, ela necessita de uma memória do tipo CMOS para gravar as alterações do Setup e de uma bateria de Lítio, para energizar a CMOS quando o computador é desligado.

Flash Memory

Atualmente a memória Flash tem substituído a ROM na gravação dos firmwares BIOS, POST e SETUP, **não sendo necessário a memória do tipo CMOS** e nem a bateria de Lítio.

- **Características da Flash Memory**
    - **Gravação e leitura**: possibilita que o usuário grave e leia os dados gravados.
    - **Gravação permanente:** não precisa ser energizada para manter dados gravados.

INFORMÁTICA

Vamos praticar

1. **(FGV – 2021 – CÂMARA DE ARACAJU/SE – TÉCNICO DE TECNOLOGIA DA INFORMAÇÃO)** Ao escolher um aparelho digitalizador [scanner] de imagens, o comprador depara-se com os valores 2400x2400 dpi e 8-bit [mono] 24-bit [color] em uma etiqueta de especificações. Essas duas informações correspondem, respectivamente, aos seguintes atributos de um digitalizador de imagens:

   a) tamanho da imagem; tipo do sensor.

   b) dimensão do papel; codificação de cor.

   c) dimensão do sensor; tipo do sensor.

   d) resolução de imagem; profundidade de cor.

   e) resolução de cor; profundidade do sensor.

2. **(FGV – 2021 – CÂMARA DE ARACAJU/SE – TÉCNICO DE TECNOLOGIA DA INFORMAÇÃO)** Observe os dispositivos listados abaixo, tipicamente encontrados em um computador pessoal.

   I. 1. Impressora.

   II. 2. Mouse.

   III. 3. Teclado.

   IV. 4. Monitor de vídeo.

   São dispositivos de saída:

   a) 1 e 2;

   b) 2 e 3;

   c) 1 e 4;

   d) 2 e 4;

   e) 3 e 4.

3. **(FGV – 2021 – CÂMARA DE ARACAJU/SE – ASSISTENTE ADMINISTRATIVO)** Maria pretende armazenar fotos num pen drive com capacidade de 64 GB. Sabendo-se que essas fotos têm um tamanho padrão de 256 KB, o número máximo de fotos que esse pen drive pode armazenar é, aproximadamente:

   a) 32.000;

   b) 64.000;

   c) 128.000;

   d) 256.000;

   e) 512.000.

4. **(FGV – 2021 – IMBEL – CARGOS DE NÍVEL MÉDIO – REAPLICAÇÃO)** Considere os tipos de artefatos para armazenagem de dados a seguir.

I. Drive HD.
II. Drive SSD.
III. Pen Drive.

Considerando os modelos mais comuns de cada tipo, assinale a opção que mostra a ordem correta, do mais rápido para o mais lento.

a) I, II e III.
b) I, III e II.
c) II, I e III.
d) III, I e II.
e) III, II e I.

5. (FGV – 2021 – IMBEL – CARGOS DE NÍVEL MÉDIO) No ambiente Windows, os programas responsáveis pela comunicação entre o sistema operacional e o hardware conectado ao computador, tais como impressora, mouse, placas de vídeo e rede, são conhecidos pelo termo:

a) drivers.
b) threads.
c) serviços.
d) registros.
e) processos.

6. (FGV – 2021 – IMBEL – CARGOS DE NÍVEL MÉDIO) Nas vendas do varejo, o termo impressora multifuncional refere-se aos equipamentos que, além de imprimir, permitem:

a) copiar e ler códigos de barras.
b) escanear e copiar documentos.
c) escanear e ler códigos de barras.
d) comunicação remota por meio de Wi-Fi.
e) operar com múltiplos graus de resolução.

7. (FGV – 2016 – PREFEITURA DE PAULÍNIA/SP – AGENTE CONTROLE DE VETOR) Marta tem um pen drive de 8 GB e o disco rígido de seu computador é capaz de armazenar 1 TB.

Assinale a opção que indica relação entre a capacidade do disco rígido e a capacidade do pen drive.

a) 12,5.
b) 125.
c) 1.250.
d) 12.500.
e) 125.000.

INFORMÁTICA

8. **(FGV – 2019 – IBGE – AGENTE CENSITÁRIO OPERACIONAL)** No contexto da resolução da tela de monitores de vídeo e notebooks, a denominação "Full HD" refere-se a uma configuração na qual a quantidade de pixels em cada sentido, horizontal e vertical respectivamente, é:
   a) 1366 e 768;
   b) 1920 e 1080;
   c) 2180 e 1340;
   d) 2590 e 3800;
   e) 3840 e 2160.

9. **(FGV – 2019 – PREFEITURA DE SALVADOR/BA – AGENTE DE TRÂNSITO E TRANSPORTE)** Assinale a opção que indica o dispositivo semelhante a uma impressora que pode ser utilizado para gerar imagens em folhas de papel de tamanhos grandes.
   a) Blu-ray.
   b) DVD.
   c) HDD.
   d) Plotter.
   e) Scanner.

10. **(FGV – 2019 – PREFEITURA DE SALVADOR/BA – 2019 – ANALISTA – ENGENHARIA ELÉTRICA)** O microcomputador é composto por variados tipos de peças eletrônicas, adequadamente conectadas, que permitem a execução de diversos programas.

    São exemplos de hardware:
    a) placa-mãe e sistema operacional.
    b) processador e boot loader.
    c) memória RAM e Linux.
    d) Windows e pacote Office.
    e) Placa de vídeo e disco rígido.

11. **(FGV – 2019 – PREFEITURA DE SALVADOR/BA – GUARDA CIVIL MUNICIPAL)** Uma regra bastante usada entre as editoras de livros diz que um livro contém 25 linhas por página e 60 caracteres por linha. Suponha que você quer armazenar, na forma de texto não compactado, o conteúdo de quatro livros de 500 páginas contendo apenas texto, e que um dos dispositivos a seguir será usado exclusivamente para essa finalidade.

    Assinale a opção que indica o dispositivo que oferece espaço suficiente para a tarefa com o menor desperdício de espaço livre.
    a) Disquete de 360 KB.
    b) Disquete de 1.44 MB.
    c) CD-R de 650 MB.
    d) DVD-R de 4.7 GB.
    e) Disco rígido de 1 TB.

INFORMÁTICA

12. (FGV – 2019 – PREFEITURA DE SALVADOR/BA – TÉCNICO DE ENFERMAGEM DO TRABALHO) Alguns dispositivos de armazenamento USB, conhecidos como pen drives, possuem uma chave de proteção contra gravação na parte lateral ou inferior.

A opção de proteção contra gravação é útil para:

a) impedir a leitura dos arquivos deste pen drive.
b) impedir que o dispositivo seja reconhecido pelo computador hospedeiro.
c) impedir que os arquivos do pen drive sejam copiados para o computador hospedeiro.
d) impedir que um aplicativo seja executado a partir deste pen drive.
e) proteger o dispositivo contra a gravação de um vírus ou malware.

13. (FGV – 2018 – PREFEITURA DE NITERÓI/RJ – AUXILIAR ADMINISTRATIVO) No contexto de computadores de mesa, o componente cuja função é armazenar dados e programas em caráter permanente é conhecido como:

a) Fonte;
b) Hard Disk;
c) Memória RAM;
d) Placa-mãe;
e) Processador.

14. (FGV – 2018 – AL/RO – ASSISTENTE LEGISLATIVO – TÉCNICO EM INFORMÁTICA) Assinale a opção que indica os componentes de uma unidade central de processamento ou CPU (Central Processing Unit).

a) Unidade lógica e aritmética, unidade de controle e registradores.
b) Discos ópticos, disco rígido e drive.
c) Scanner, plotter e dispositivos de entrada.
d) Memória ROM, memória RAM e cache.
e) Mouse, teclado e impressora.

15. (FGV – 2018 – AL/RO – ASSISTENTE LEGISLATIVO – TÉCNICO EM INFORMÁTICA) O dispositivo de armazenagem de dados que usa memória flash é denominado:

a) CD.
b) disco ótico.
c) disco magnético.
d) pen drive.
e) DVD.

16. (FGV – 2018 – AL/RO – ASSISTENTE LEGISLATIVO) As letras do alfabeto em um teclado podem estar organizadas de diferentes formas, dependendo do seu layout.

No Brasil, os padrões de teclado certificados pela ABNT são baseados no padrão:

Luiz Rezende

a) HCESAR.
b) QWERTY.
c) AZERTY.
d) DVORAK.
e) BR-Nativo.

17. **(FGV – 2018 – AL/RO – ASSISTENTE LEGISLATIVO)** Memória são dispositivos que permitem um computador armazenar dados, temporária ou permanentemente.

Sobre os tipos de memória de um computador, assinale a afirmativa correta.

a) Disco rígido é um dispositivo de armazenamento volátil.
b) Pen drive é uma memória principal.
c) ROM é uma memória secundária.
d) RAM é uma memória volátil.
e) Disco ótico utiliza a mesma tecnologia da memória cache.

18. **(FGV – 2018 – MPE/AL – TÉCNICO DO MINISTÉRIO PÚBLICO – TECNOLOGIA DA INFORMAÇÃO)** Considere a figura a seguir.

Assinale a opção que indica o componente de computador que está representado na figura.

a) Memória para computadores do tipo desktop.
b) Memória para computadores do tipo laptop ou notebook.
c) Memória para interfaces de áudio.
d) Memória para interfaces externas de vídeo.
e) Memória para telefones celulares ou tablets.

19. **(FGV – 2017 – PREFEITURA DE SALVADOR/BA – TÉCNICO DE NÍVEL MÉDIO I – ATENDIMENTO)** Assinale a opção que apresenta dois dispositivos de saída de dados cujo resultado possa ser lido por humanos sem a necessidade de outros recursos eletrônicos.

a) Disco óptico e scanner.
b) Impressora e disco óptico.
c) Impressora e plotter.
d) Plotter e disco óptico.
e) Scanner e impressora.

20. **(FGV – 2017 – PREFEITURA DE SALVADOR/BA – TÉCNICO DE NÍVEL SUPERIOR I – SUPORTE ADMINISTRATIVO OPERACIONAL)** Na sua configuração padrão, a pequena roda localizada entre os botões esquerdo e direito de um mouse padrão é usada no Windows para:

a) clicar em links em páginas Web.
b) desligar o computador.
c) clicar e selecionar itens.
d) rolagem.
e) selecionar texto sem usar os botões do mouse.

Gabarito

1.	D
2.	C
3.	D
4.	C
5.	A
6.	B
7.	B
8.	B
9.	D
10.	D
11.	C
12.	E
13.	B
14.	A
15.	D
16.	B
17.	D
18.	A
19.	C
20.	D

2 Fundamentos da Computação – Sistemas Operacionais

A abordagem de sistemas operacionais em concursos não incorpora imediatamente uma atualização de versões, pois existe um tempo para os órgãos públicos adotarem as novas versões. Isso ocorre com o sistema operacional Windows 11 e os sistemas operacionais Mobile, como o Android e iOS.

2.1 Sistemas Operacionais - Windows e Linux

Os sistemas operacionais são softwares obrigatórios para o usuário estabelecer interface com a máquina. Exemplos de sistemas operacionais:

- Ms-DOS.
- UNIX.
- Windows.
- Linux.
- Mac OS.
- Android (telefonia móvel).
- iOS (telefonia móvel).

Características dos sistemas operacionais

- **Monolítico:** são sistemas operacionais com um único núcleo de envio de conteúdo para que os programas façam o seu devido processamento de dados.
- **Controlador coletivo:** os sistemas operacionais controlam tanto os elementos de hardware como os elementos de software do computador.
- **Definição de plataforma:** o sistema operacional determina qual a plataforma estabelecida para as operações com os aplicativos e com os utilitários instalados.
- **Multitarefas:** os atuais sistemas operacionais se caracterizam por permitirem que o usuário realize simultaneamente inúmeras tarefas de software e hardware. Essas tarefas são controladas pelo processador.
- **Multiusuário:** existem dois conceitos de multiusuário. O primeiro permite que o sistema operacional seja utilizado em múltiplos terminais de trabalho. O segundo possibilita que o sistema operacional tenha várias contas de usuário.
- **Programas nativos:** são considerados nativos os programas aplicativo e utilitário que fazem parte do sistema operacional.

Programas Nativos

O Sistema Operacional Windows, além dos elementos que caracterizam qualquer sistema operacional (Kernel - núcleo do sistema, Comandos Shell - comandos de texto), também possui programas nativos, que são divididos em:

- **Aplicativos**: programas nativos do sistema operacional vinculados a alguma necessidade do usuário, tais como: produção de texto, navegação ou qualquer outra.
- **Utilitários**: são programas que estão no sistema operacional executando a função de auxílio à atividade do computador.

Inicialização (BOOT)

A inicialização representa o sistema de configurações iniciais, com o carregamento automático de todos os elementos que são fundamentais para o funcionamento dos recursos controlados pelo sistema operacional, que vão desde a configuração de redes até a configuração da internet e hardwares.

O computador pode ter dois ou mais sistemas operacionais. Como o sistema operacional define a plataforma de trabalho não é possível inicializar dois sistemas ao mesmo tempo.

As rotinas que permitem o passo a passo de inicialização no Linux representam ações de baixo nível, possibilitando que o usuário escolha recursos como o GRUB e o LILO.

2.2 Sistemas de Arquivos

Sistemas de arquivos representam a forma pela qual o sistema operacional controla as informações. Esse controle pode ser por meio de criação, movimentação e execução de arquivos. É como se fosse a "linguagem" que o sistema operacional utiliza para manipulação de dados.

- Principais sistemas de arquivos Microsoft (Windows):
    - FAT16.
    - FAT32.
    - NTFS (Utilizada nas mais recentes versões do Windows).
- Principais sistemas de arquivos Linux:
    - EXT3.
    - EXT4.
    - REISERFS.
    - XFS.

Emuladores

Na informática são utilizados os termos "emular" ou "emulador" para definir todos os programas que permitem a simulação de um sistema em outro, por essa razão os emuladores ficaram popularizados na simulação de videogames em computadores. Uma emulação de sistema ocorre quando é acessado ou executado um sistema operacional dentro de outro. Principais emuladores de Linux para Windows: Samba; Qemu; X Window.

> **Fique ligado!**
>
> Emulador PUTTY realiza a função contrária, e é utilizado pelo SO Windows para acesso aos sistemas Linux.

2.3 Modos de Trabalho

Desde que os servidores e sistemas começaram a ser desenvolvidos, foram concebidos dois modos de trabalho. O primeiro foi o SHELL; o segundo, mais contemporâneo e utilizado majoritariamente, é o GRÁFICO.

- **Modo Shell**: é um modo de trabalho básico, em que uma tela monocromática (geralmente preta), permite a visualização de conteúdo por meio de digitação de linha de comando e texto. Os sistemas operacionais que permitem o modo SHELL são o Ms-Dos, o Unix e o Linux.
- **Modo Gráfico (GUI, IGA - Interface Gráfica Amigável)**: é o modo de trabalho que popularizou a informática e a internet. Esse modo de trabalho utiliza apoio visual de ícones e janelas para as operações que poderiam ser realizadas por meio de comandos SHELL. É o modo de trabalho dos computadores e dispositivos smarts atuais (televisores, celulares, relógios).

2.4 Windows

O SO — Sistema Operacional — foi desenvolvido e distribuído pela Microsoft, sendo **o mais utilizado nos computadores**.

> **Fique ligado!**
>
> O Windows é o sistema operacional mais abordado em concursos. Mesmo em órgãos públicos em que o Linux é utilizado de forma majoritária.

Nem todas as versões do Windows podem ser classificadas como sistemas operacionais SOs, pois estas foram concebidas em sua origem como uma interface gráfica amigável (IGA) do sistema operacional DOS.

- Windows que não podem ser considerados sistemas operacionais, e sim IGAs do DOS:
    - SO Windows V 1.0.
    - SO Windows V 2.0.
    - SO Windows V 3.1.
    - SO Windows V 3.11.
- Principais SOs Windows que são considerados como sistemas operacionais:
    - SO Windows V 95.
    - SO Windows 98 V (Me).
    - SO Windows V NT.
    - SO Windows V Server.
    - SO Windows V XP.
    - SO Windows V Vista.
    - SO Windows V 7.
    - SO Windows V 8 (8.1).
    - SO Windows V 10.
    - SO Windows V 11.

Prompt de Comando

O Sistema Operacional Windows é um sistema que incorporou o antigo Sistema Operacional MS-DOS que funciona com comandos de texto SHELL. Portanto, o prompt de comando possibilita que o usuário trabalhe não apenas com comandos de texto, mas também com arquivos de lote.

Ex.: Quando se pretende visualizar o conteúdo de um determinado diretório raiz, **é possível** realizar por meio do comando DIR; ou, ainda, visualizar o IP (Internet Protocol) de um site da internet ou da intranet, por meio do comando Shell PING.

Regras Impeditivas para Prefixos

Quando é criada uma pasta ou arquivo no sistema operacional Windows 10 ou mesmo nas versões posteriores ou superiores, deve-se utilizar símbolos, letras e números, com algumas ressalvas.

Símbolos que não podem ser utilizados no Windows:

Sinal de menor	<
Sinal de maior	>
Barra	/
Barra invertida	\
Barra divisória		
Asterisco	*
Ponto de interrogação	?
Dois-pontos	:
Aspas	"

Como o antigo sistema MS-DOS teve seus comandos incorporados no Prompt de Comando do sistema operacional Windows, alguns nomes se tornaram impeditivos e não podem ser utilizados pelo usuário.

- COM1 números de 0 a 9.
- LPT1 números de 0 a 9.
- Nome AUX.
- Nome PRN.
- Nome NUL.

Subpastas e Subarquivos

A subpasta é uma pasta dentro de outra, formando uma árvore hierárquica dos diretórios do computador.

Não é padrão em provas de concursos públicos a cobrança do tema estrutura de subarquivo, porém existem algumas situações que poderiam levar a um equívoco sobre o uso deste termo.

- Casos em que não ocorre o subarquivo:
  - Quando é realizada a edição de um arquivo de texto em que é inserido uma imagem, ou conteúdo multimídia (áudio e vídeo). Esse conteúdo não é considerado um tipo de subarquivo, pois os elementos incorporados são parte de um único arquivo.
  - Enviar por e-mail determinada pasta que contenha diversos arquivos e faz-se necessário realizar a compactação. O arquivo compactado não possui estrutura de subarquivo.

Regras para Manipulação de Pastas e Arquivos no Windows

- Selecionando um arquivo com o cursor do mouse e arrastando até uma outra pasta de um mesmo diretório raiz, o arquivo será MOVIDO.

- Selecionando um arquivo com o cursor do mouse e arrastando até outra pasta de outro diretório raiz, o arquivo será COPIADO.
- Selecionando um arquivo com o cursor do mouse e arrastando até outra pasta de outro diretório raiz mantendo a tecla SHIFT pressionada, o arquivo será MOVIDO.
- Selecionando um arquivo com o cursor do mouse, selecionando o atalho de teclado CTRL+X e sem sair da pasta de origem, selecionando o atalho de teclado CTRL+V, surgirá uma MENSAGEM DE ERRO.
- Selecionando um arquivo com o cursor do mouse, selecionando o atalho de teclado CTRL+C e sem sair da pasta de origem, selecionando o atalho de tecla CTRL+V, ele será criado em um novo arquivo, mas com o mesmo prefixo acrescido da palavra CÓPIA no nome do arquivo.
- Quando existe um arquivo em uma pasta e o usuário tenta salvar outro arquivo com o mesmo nome já existente na mesma pasta, aparecerá uma CAIXA DE DIÁLOGO CONTENDO 3 OPÇÕES.

Editores e Leitores de Texto

Os editores de textos Microsoft Word e LibreOffice Writer não são programas nativos do Windows, porém o sistema operacional possui diversos programas e aplicativos editores de texto. Esses programas se caracterizam por serem nativos e terem sofrido algumas alterações considerando as diversas distribuições do Windows.

- **Bloco de Notas – Notepad:** é um editor de texto presente em todas as versões, desde o Windows 1.0 de 1985.

É o mais simples editor de textos do Sistema Operacional, permitindo que se formate alguns elementos como estilo e tamanho de fonte, mas não permite a manipulação de elementos gráficos (como fluxogramas ou organogramas). Sua extensão padrão é o formato TXT.

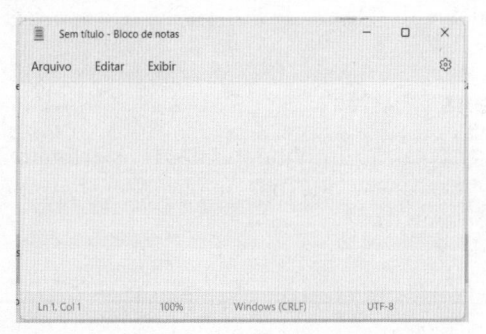

- **Wordpad:** é um aplicativo de textos que possui recursos mais avançados do que o blocos de notas, permitindo ao usuário realizar edição de texto ou mesmo inserir elementos gráficos como imagens, tabelas, organogramas ou mesmo hiperlinks. A extensão padrão deste editor é o RTF.

> **Fique ligado!**
>
> O Wordpad nas versões atuais do Windows (a partir do Windows Vista), permite a abertura, edição e criação de arquivos com a extensão das últimas versões do Word (DOCX).

- **Notas autoadesivas – Sticky Notes:** é um post-it virtual que possui as mesmas características de um editor gráfico, ou seja, é um programa que não permite salvar as anotações feitas.
- **Leitor (Reader):** as versões do Windows tradicionalmente não abrem arquivos com a extensão PDF.
    - Ex.: No Windows 10, o leitor de PDF padrão é o browser (navegador) Microsoft Edge.

Editor de Imagens (PAINT)

O editor de imagens padrão do Windows desde as primeiras versões comerciais é o Paint, que não foi descontinuado, porém perdeu o status de editor padrão, pois agora é vinculado ao Paint 3D.

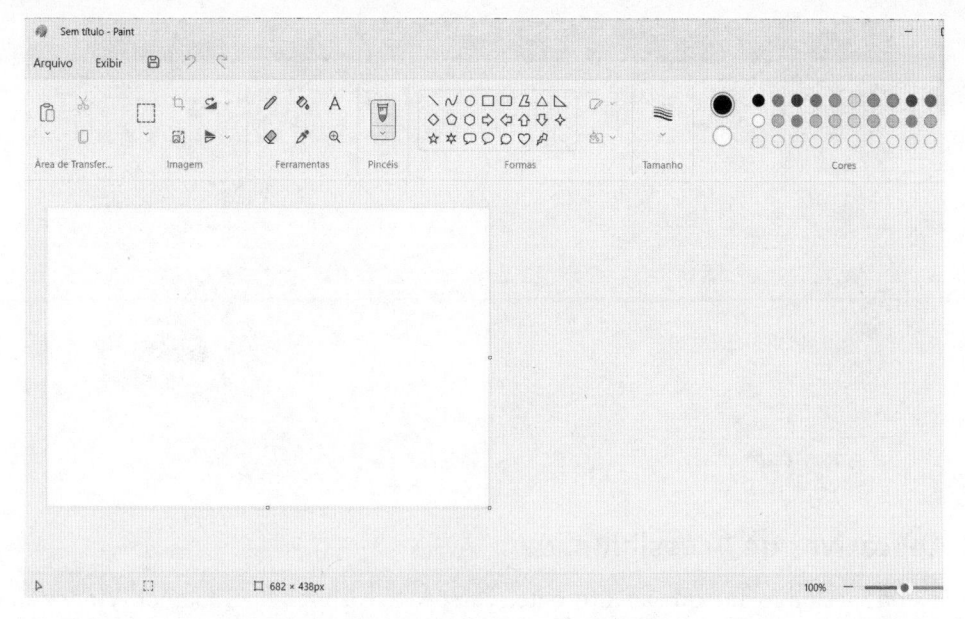

Em todas as versões comerciais do Windows, o Paint teve como extensão padrão o BMP, porém como se trata de uma extensão limitada quanto à qualidade de imagem, nas versões recentes do Windows, a extensão padrão passou a ser PNG.

Nas últimas versões do Windows, a partir do Vista, o Paint agregou outras funções operacionais, tais como:

- **Interface com o scanner:** quando o usuário digitaliza um arquivo com o Paint aberto, o programa cumpre a função de editor de digitalização, com o conteúdo digitalizado como imagem indo diretamente para o Paint.
- **Interface touch screen:** quando o usuário possui um monitor touch screen, é possível a interação com tela sensível ao toque editando no Paint.
- **Paint 3D:** no Windows 10, existe o Paint 3D, que representa o editor padrão das últimas versões do Windows.

Aplicativos de Acessibilidade

Da mesma forma que as diferentes versões do sistema operacional Windows possui programa de segurança da informação, que tem como objetivo a restrição de conteúdo, ele também possui programas de acessibilidade, que facilitam o acesso ao sistema operacional.

- **Lupa:** é um aplicativo de acessibilidade que aumenta em 200, 300, 400 vezes a tela facilitando assim a visualização para portadores de deficiência visual.

- **Teclado virtual**: atualmente os teclados virtuais se caracterizam como uma ferramenta de segurança para proteção contra os Keyloggers, que são Malwares do tipo Spywares que copiam as teclas digitadas no teclado físico, e desta forma atacam a confidencialidade roubando senhas. Originalmente, o teclado virtual foi criado como uma ferramenta de acessibilidade, para quando ocorresse algum problema de acesso ao teclado físico.

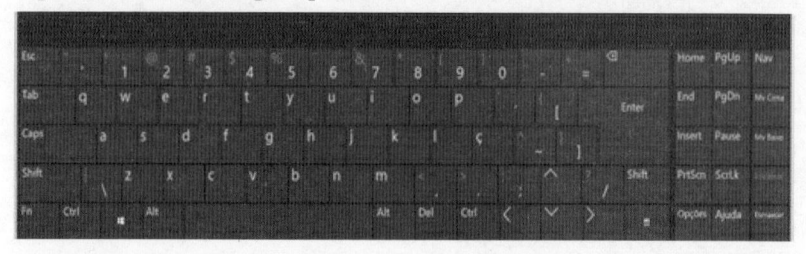

Editores - Players Multimídia

As versões do sistema operacional Windows possuem programas que permitem a visualização de conteúdo multimídia (áudio e vídeo). O principal deles é o Windows Media Player, além de programas que possibilitam a edição de conteúdo multimídia como o Windows Movie Maker.

Fique ligado!

No caso de não existir a possibilidade da reprodução de uma extensão de um arquivo de áudio ou vídeo, é necessário que se atualize a lista das extensões que tais programas podem reproduzir por meio dos codecs apropriados.

Gerenciador de Dados

O gerenciador de dados ou gerenciador de arquivos das versões do Windows teve uma mudança de nomenclatura. Até a versão do Windows 7 o aplicativo era denominado de Windows Explorer, porém no Windows 10 o programa passou a ser denominado explorador de Arquivos.

- Principais funções do Explorador de Arquivos:
    - Organizar pastas e arquivos do computador.
    - Formatar unidades.
    - Inserir atributos aos arquivos.

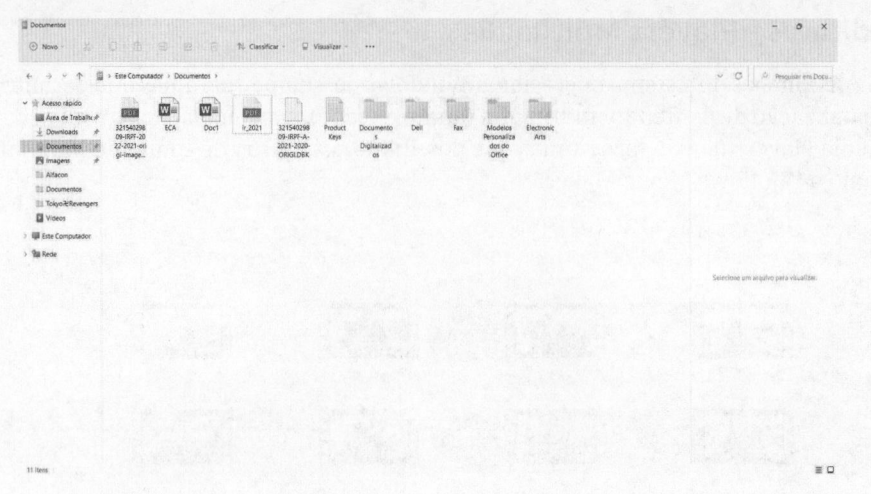

O Explorador de Arquivos possibilita que um arquivo tenha características vinculadas a ele (atributos), que agregam elementos específicas aos arquivos sem alterar a natureza central do arquivo. Por exemplo: um arquivo de texto pode ter vinculado o atributo de criptografia sem deixar de ser um arquivo de texto.

- **Somente leitura (básico):** impede que o arquivo seja alterado sem a permissão do proprietário, garantindo com isso o critério da integridade.

- **Oculto (básico):** deixa o arquivo invisível (ícone ou nome), garantindo a integridade do arquivo.

- **Criptografia (avançado):** a criptografia representa a alteração de um conteúdo legível em um conteúdo ilegível, e com isso garantindo o critério da confidencialidade. (Recurso criptográfico – BitLocker)

- **Compactação (avançado):** é o mesmo que condensar o conteúdo, ou seja, transformar uma pasta com centenas de arquivos em um único arquivo compactado (com as principais extensões sendo ZIP, RAR e ARJ).

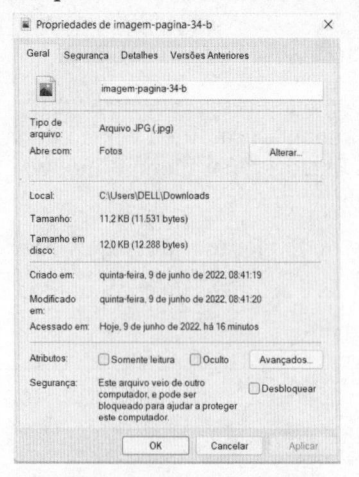

Outros Programas Nativos do Windows 10

O Windows 10 possui aplicativos que são gerenciadores de dados desde as primeiras versões do Windows. Porém, até a versão do Windows 7 esse programa era denominado de Outlook Express, já no Windows 10 passou a ser denominado de e-mail.

Lixeira

A lixeira do Windows possibilita que arquivos sejam excluídos do sistema temporariamente, possibilitando que tais arquivos sejam restaurados. A lixeira é uma pasta com as seguintes características especiais:

- Os arquivos ou pastas não podem ser abertos e manipulados.
- A lixeira não libera espaço no disco rígido.
- O conteúdo restaurado volta para o seu local de origem. Caso a pasta de origem seja excluída e não exista mais, todo o seu caminho será recriado.
- Para cada um dos diretórios do Hard Disk, para cada uma das partições criadas, existe uma lixeira desse diretório independente.
- Para HDs (Hard Disks ou diretórios de partições) que tenham até 40 GB de tamanho nominal, a capacidade máxima dessa lixeira, considerando a configuração padrão do Windows 10, é 10% do tamanho do diretório.

    Ex.: Diretório de 40 GB terá uma lixeira com tamanho máximo de 4 GB.

- Considerando Hard Disks que contenham mais de 40 GB de tamanho nominal, teremos as seguintes regras:
    - Para os primeiros 40 GB separamos 10%.
    - Para o restante separamos 5%.
    - As duas partes são somadas.

    Ex.: Um Diretório de 540 GB de tamanho nominal terá uma lixeira com o seu tamanho máximo de 29 GB, que é o resultado de 4 GB + 25 GB.

Fique ligado!

É possível alterar os tamanhos máximos e mínimos da lixeira, sendo o tamanho nominal mínimo de 1 MB.

O SO (Sistema Operacional) Windows 10, além dos seus programas destinados a atender às necessidades dos usuários, denominados como aplicativos, também tem programas com a função de prevenir problema, tais como:

- Restauração de Sistema:

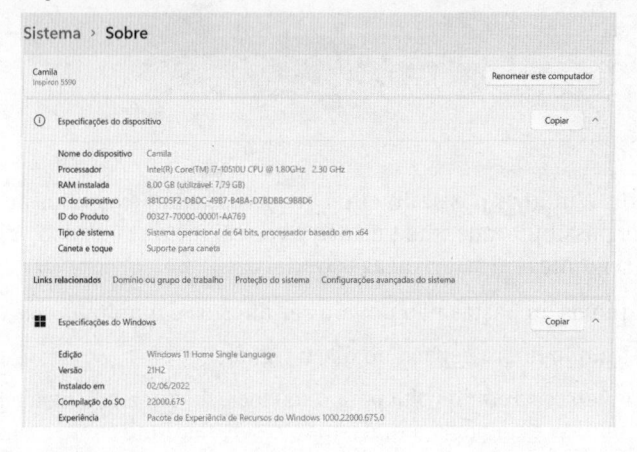

- Otimizar unidades:

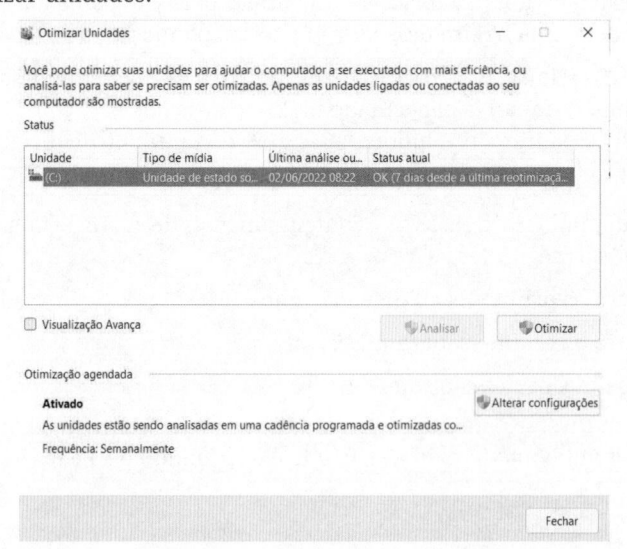

- Verificação de disco:

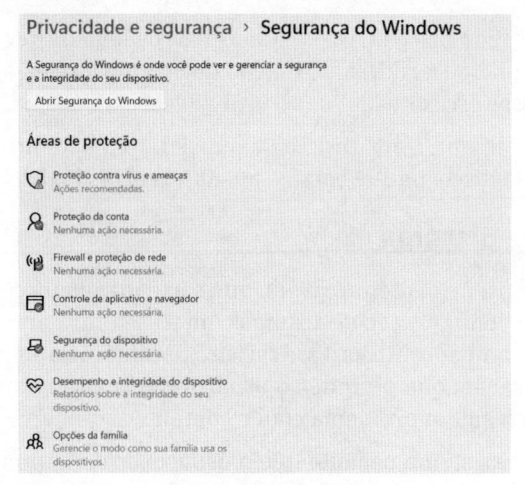

  Privacidade e segurança > Segurança do Windows

  A Segurança do Windows é onde você pode ver e gerenciar a segurança e a integridade do seu dispositivo.

  Abrir Segurança do Windows

  Áreas de proteção

  - Proteção contra vírus e ameaças
    Ações recomendadas.
  - Proteção da conta
    Nenhuma ação necessária.
  - Firewall e proteção de rede
    Nenhuma ação necessária.
  - Controle de aplicativo e navegador
    Nenhuma ação necessária.
  - Segurança do dispositivo
    Nenhuma ação necessária.
  - Desempenho e integridade do dispositivo
    Relatórios sobre a integridade do seu dispositivo.
  - Opções da família
    Gerencie o modo como sua família usa os dispositivos.

Aplicativos Exclusivos do Windows 10

- **Microsoft Egde:** o novo Browser do Windows 10, tem como característica permitir marcações na tela (anotações), habilitar o modo leitura e ter interface com o Cortana.

- **Cortana:** é o assistente pessoal do Windows 10 que permite interação por voz, acessando aplicativos, agenda e outros.

- **Windows Hello:** acessibilidade de contas por meio de identificação biométrica por face, digital ou íris.

Desfragmentador de Disco (Windows 7) - Otimizar Unidades (Windows 8 e 10)

Quanto mais o Hard Disk é modificado com a instalação de programas, edição de arquivos ou exclusão de conteúdo, mais ele fica fragmentado, com programas que não são utilizados de forma regular em setores de leitura inicial do Hard Disk e programas utilizados regularmente em setores de leitura final. Além disso, **é possível que partes de um mesmo arquivo estejam localizados em setores distantes**, não contínuos, o que diminui o desempenho na leitura desses arquivos.

O Defrag tem como objetivo resolver esses problemas por meio da reorganização do Hard Disk, eliminando fragmentos e aumentando o desempenho na leitura de dados. Para isso, o Defrag regrava partes de um mesmo arquivo em setores contínuos do HD, podendo ou não ser no mesmo setor. Existem problemas que podem comprometer o pleno funcionamento do Hard Disk que não é função do Defrag corrigir, tais como: corrigir erros físicos ou lógicos do HD e liberar espaço no HD.

Scandisk (Verificação de Disco)

Existem tanto erros físicos (riscos) quanto erros lógicos que comprometem o pleno funcionamento do Hard Disk. É função do Scandisk realizar a verificação do disco em busca desses erros.

Na verificação feita no Hard Disk, o Skandisk busca e identifica erros físicos e lógicos nas partes do disco, porém corrige apenas os erros lógicos.

Restauração de Sistema

Toda vez que o usuário altera Drivers, que são controladores de dispositivos, o Windows registra a configuração do sistema com a estrutura antiga de Drives, utilizando arquivos denominados Hives. Esse registro da situação anterior do Driver **gera o ponto de restauração**, que permite ao usuário retornar ao ponto de restauração anterior, caso ocorra algum problema com o computador.

A restauração de sistema permite que o usuário crie um ponto de restauração padrão, ou mesmo defina a retomada de um ponto de restauração por meio de uma tarefa agendada. A criação de um ponto de restauração é uma tarefa automática, toda vez que um Driver é alterado.

Fique ligado!

A restauração de sistema não opera em Drives (hardwares) nem em Firmwares, como a BIOS, POST ou SETUP. Quando o usuário retorna a um ponto de restauração, não são excluídos outros arquivos como de textos ou planilhas, nem elementos como favoritos do Internet Explorer.

2.5 Versões do Sistema Android

Cupcake - Android 1.5: não é a **primeira versão do SO Android lançada no mercado**, na verdade é a terceira versão. Porém, foi a primeira a estabelecer o padrão para se adotar os nomes de algumas sobremesas para o sistema operacional. Lançado para os usuários no mês de abril de 2009, o Android Cupcake massificou o acesso do sistema operacional para os dispositivos móveis com telas sensíveis ao toque, ao introduzir os teclados virtuais. Antes dessa versão, as soluções de digitação só existiam por meio de equipamentos contendo teclados físicos.

Essa versão também apresentou para os usuários widgets para a página inicial e a possibilidade de ter pastas para aplicativos.

Uma outra novidade foi a caixa de pesquisa adaptada para cada área de trabalho disponível.

- **Eclair - Android 2.0:** versão disponibilizada em 2009 que incluiu Google Maps como importante recurso incorporado ao sistema operacional, permitindo a integração do sistema de mapas e GPS aos aparelhos móveis.
- **Froyo - Android 2.2:** a grande novidade dessa versão foi a incorporação de comandos de voz mais avançados, permitindo que os usuários utilizassem tal recurso de forma mais operacional, tornando mais eficientes as ações de abrir aplicativos ou de realização de busca.
- **Gingerbread - Android 2.3:** permite aos usuários um controle mais refinado da bateria, possibilitando a alteração de conteúdos como o brilho de tela, aumentando assim o percentual da bateria.
- **Honeycomb - Android 3.0:** essa versão do sistema operacional aumentou os recursos de tela e possibilitou que animações possam ser executadas, aproveitando toda a tela de dispositivos maiores como a dos tablets.
- **Ice Cream Sandwich - Android 4.0:** essa versão se concentrou na simplificação de recursos, modernização de pastas e bandejas de navegação na página inicial.
- **Jelly Bean - Android 4.1:** o Google Now foi uma novidade dessa versão que possibilitou a visualização de várias informações de tela, como previsão do tempo ou mesmo notícias rápidas nas telas de aplicativos.
- **KitKat - Android 4.4:** essa versão trouxe as melhorias das anteriores e mais a integração dos recursos do Google Now como os comandos de voz ainda mais avançados. Por exemplo: a integração de comandos de voz e assistência de voz como o OK Google.
- **Lollipop - Android 5.0:** essa versão tem como novidade a integração de transparência de tela, permitindo ao usuário mais navegabilidade nas ações desenvolvidas com a aplicação desse recurso novo.
- **Marshmallow - Android 6.0:** permitiu ao usuário mais agilidade na manipulação de recursos de configuração. Essa navegabilidade possibilita a personalização do sistema de forma mais ágil.

  Permitiu, ainda, a utilização de recursos detalhados que estabeleceram o padrão para o aumento da vida útil e a economia de bateria.
- **Nougat - Android 7.0:** representou um enorme salto no controle de versões do Android, pois criou o controle de janelas lado a lado possibilitando aos usuários que organizassem melhor suas janelas e pastas de aplicativos, bem como agregassem vários aplicativos nas mesmas janelas agrupadas, tornando o sistema ainda mais popular.
- **Oreo – 8.0:** essa versão do Android trouxe inovações de visualização de aplicativos, ícones mais limpos e a possibilidade de navegação mais rápida por meio do recurso de Autocompletar, que começou a ser muito utilizado pelos usuários.

- **Pie - Android 9.0:** trouxe como grande inovação a possibilidade do usuário controlar seus acessos e verificar o tempo dedicado em cada App e com isso ter mais racionalidade no uso da tecnologia.

  Essa versão do Android apresentou um recurso de navegabilidade que possibilita que o usuário tenha a condição de interagir com recursos de inteligência artificial.

- **Android 10 - Android 10:** trouxe a inovação de integração de recursos, como a divisão de tela do Android em dispositivos dobráveis, a navegação em 5 G, além de permitir que o usuário tenha maior aplicabilidade como recursos de navegação e de buscas específicas de links navegáveis no sistema.

Características do Sistema Android

- **Google Play Protect:** esse recurso possibilita atualização constante de segurança, proporcionando um refinamento do Android contra novas formas de invasões e ataques.

- **Maior acessibilidade:** oferece recursos como leitores de tela e de conversão de voz em arquivos de texto permitindo uma navegação e operação por voz mais eficientes.

- **Transmissão:** atualmente o Android proporciona aos usuários maior possibilidade de navegação por meio de dispositivos de transmissão, como streaming e transmissão de vídeo ao vivo.

Fique ligado!

No ano de 2019, o SO Android passou a ser o Sistema Operacional mais utilizado em todo o mundo, ultrapassando o sistema Operacional Windows.

Segurança no Android – Recursos de Segurança Google

- **Definição de segurança em camadas:** o Android é desenvolvido para que cada camada tenha seu próprio recurso de segurança, mas que possa interagir com as demais camadas do sistema.

- **Transparência e abertura:** a política do Google, que é o proprietário e desenvolvedor do Android, é de apresentar relatórios periódicos para que os acionistas e desenvolvedores tenham mais informações sobre o desenvolvimento de sistema

- **Tecnologia Google:** o Android é desenvolvido pelo Google, por isso milhares de aplicativos criados por esse sistema possibilitam a integração com outros sistemas que podem ser executados no Android.

- **Google Play Protect**: os recursos de aprendizado de máquina do Android possibilitam que a loja de aplicativos do Google realize busca por códigos maliciosos, permitindo que o sistema tenha condições de detectar recursos de segurança que não são usuais, ou seja, recursos que tem alguma suspeita de fraude, já são manipulados e até excluídos no próprio sistema de segurança do Google App.

- **Plataforma de proteções integradas**: quando se utiliza um sistema como o Android, é necessário entender que, além do próprio sistema, há um outro nível de proteção de aplicativos e recursos instalados no dispositivo que são provenientes de outros desenvolvedores.

- **Hardware como proteção**: o Android utiliza os próprios recursos de proteção do aparelho, gerando sinergia entre hardware e software, estabelecendo proteção em escala do sistema.

2.6 iOS (Apple)

O iOS da Apple é um dos dois sistemas operacionais para dispositivos móveis (smartphones, tablets) mais conhecidos, ao lado do Android do Google.

Como a Apple trabalha com sistema fechado, ela não permite que (por padrão) seu Sistema Operacional seja instalado em um hardware de terceiros.

- **Recursos de privacidade:** os recursos avançados de privacidade do Sistema Operacional iOS permitem que o usuário utilize recursos avançados de proteção de dados, bem como habilite a proteção, localização e controle remotos do aparelho, no caso de furto.

- **Mapa**: o iOS oferece uma ferramenta exclusiva de mapas e geolocalização exclusivos, possibilitando ao usuário visualizar a localização e acessar a navegação GPS, integrando tais recursos de mapas em todos os dispositivos existentes no aparelho.

- **Navegação orientada em cada curva**: o recurso avançado de navegação por mapas e GPS que o sistema operacional oferece, possibilita (segundo seu desenvolvedor) a navegação exclusiva e detalhada para cada curva feita no percurso, permitindo um controle mais apurado. Esse recurso contribui para a chegada de tecnologia de carros autônomos.

- **Siri**: é o recurso de assistência por voz da Apple que possibilita ao usuário realizar ações apenas pelo comando por voz.

Vamos praticar

1. **(VUNESP – 2019 – CÂMARA DE PIRACICABA/SP – JORNALISTA)** Considere os seguintes arquivos em uma pasta no Microsoft Windows, em sua configuração padrão:

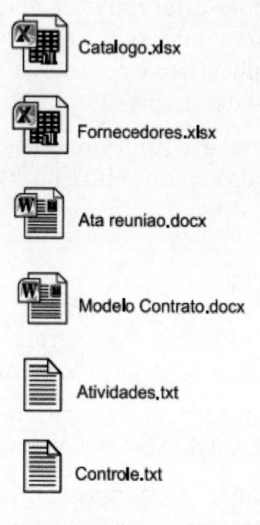

Catalogo.xlsx

Fornecedores.xlsx

Ata reuniao.docx

Modelo Contrato.docx

Atividades.txt

Controle.txt

Usando o aplicativo Windows Explorer, um usuário clicou com o botão principal do mouse sobre o arquivo Catalogo.xlsx. Em seguida, mantendo a tecla CTRL pressionada, ele clicou com o botão principal do mouse sobre o arquivo Controle.txt. Assinale a alternativa que indica o número de arquivos que será(ão) selecionado(s) nessa operação.

a) 0.
b) 1.
c) 2.
d) 4.
e) 6.

2. **(CESPE/CEBRASPE – 2021 – APEX BRASIL – ANALISTA I)** Um usuário necessita de uma solução nativa do Windows 10 que se integre ao sistema operacional e proteja os dados do usuário contra as ameaças de roubo de dados, criptografando os dados conforme eles estão sendo gravados.

Considerando-se essa situação hipotética, é correto afirmar que, no Windows 10, o recurso de proteção de dados que pode criptografar os dados conforme eles estão sendo gravados e resolver a necessidade desse usuário é o(a):

a) BitLocker.
b) Proteção DMA de Kernel.

Fundamentos da Computação – Sistemas Operacionais

c) Proteção de Informações do Windows (WIP).
d) AppLocker.

3. **(VUNESP – 2019 – PREFEITURA DE GUARULHOS/SP – INSPETOR FISCAL DE RENDAS – CONHECIMENTOS GERAIS)** O Windows 10 possui o recurso Windows Hello, que é uma maneira de se obter acesso rápido aos dispositivos com esse sistema operacional. O acesso aos dispositivos pode ser feito por meio:
a) da impressão digital e do certificado digital.
b) do certificado digital e do smartphone.
c) do certificado digital e do reconhecimento facial.
d) do reconhecimento facial e da impressão digital.
e) do smartphone e da impressão digital.

Texto para as próximas 2 questões:

Observe a figura a seguir para responder às questão. Ela apresenta parte da pasta Biblioteca de Documentos do Windows Explorer, MS-Windows, no modo de exibição Detalhes.

Nome	Tipo	Data de modific...	Tamanho
Pasta1	Pasta de arquivos	03/02/2019 18:25	
Pasta2	Pasta de arquivos	03/02/2019 18:25	
Pasta3	Pasta de arquivos	03/02/2019 18:46	
Aula do Site	Apresentação do Microsoft PowerPoint	03/02/2019 18:26	29 KB
Considerações Gerais	Apresentação do Microsoft PowerPoint	03/02/2019 19:01	2.322 KB
Contas de Suporte	Planilha do Microsoft Excel	03/02/2019 18:36	39 KB
Foto da Entrada	Imagem JPEG	14/07/2019 01:52	859 KB
Notas Importantes	Documento de Texto	03/02/2019 19:02	2.468 KB
Rascunho de Notas	Documento do Microsoft Word	03/02/2019 18:37	2.109 KB
Resumo do Livro	Documento do Microsoft Word	03/02/2019 18:37	583 KB
Texto para o Site	Documento do Microsoft Word	03/02/2019 18:36	211 KB

4. **(VUNESP – 2019 – PREFEITURA DE ITAPEVI/SP – AGENTE DE ADMINISTRAÇÃO PÚBLICA)** A partir da configuração exibida na figura, o usuário decide renomear um dos seus arquivos, sem alteração da sua extensão. Para tal, ele seleciona a opção Renomear do menu de contexto do arquivo "Rascunho de Notas" e digita o novo nome desejado: "Notas Importantes". Nenhum outro arquivo tem o nome alterado ou é modificado.

Após a confirmação da ação de renomear descrita, o novo nome do arquivo "Rascunho de Notas" será:
a) Notas Importantes (2).
b) Notas Importantes.
c) Notas Importantes – Cópia.
d) Rascunho de Notas.
e) Rascunho de Notas – (2).

INFORMÁTICA

5. **(VUNESP – 2019 – PREFEITURA DE ITAPEVI/SP – AGENTE DE ADMINISTRAÇÃO PÚBLICA)** Assinale a alternativa que contém o tipo do arquivo que contém o maior tamanho dentre os oito listados na figura.

   a) Planilha do MS-Excel.
   b) Imagem JPEG.
   c) Documento de Texto.
   d) Documento do MS-Word.
   e) Apresentação do MS-PowerPoint.

6. **(VUNESP – 2019 – PREFEITURA DE ITAPEVI/SP – AUDITOR FISCAL TRIBUTÁRIO)** Considere a janela do WordPad no MS-Windows, em sua configuração original, apresentada a seguir na qual se verifica a tentativa de se editar um arquivo.

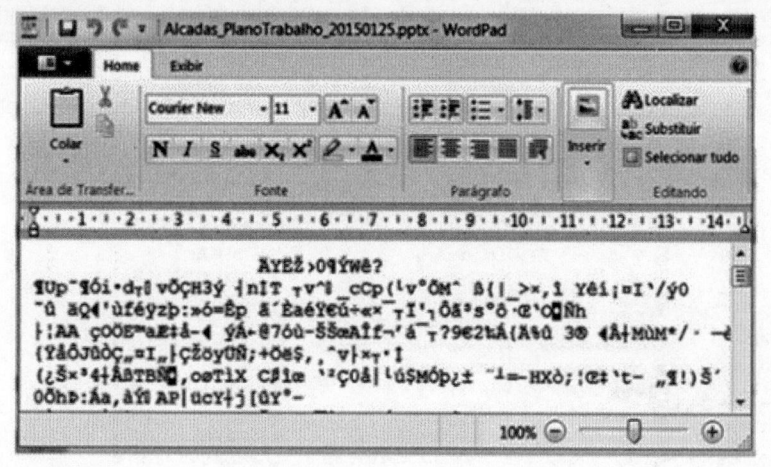

   O WordPad não conseguiu interpretar o arquivo porque se trata de um(a:)

   a) planilha eletrônica do Excel e o WordPad entende documentos XML.
   b) documento do Word e o WordPad entende documentos de texto sem formatação.
   c) apresentação do PowerPoint e o WordPad entende documentos com extensão RTF.
   d) página Web e o WordPad entende imagens JPG.
   e) imagem JPG e o WordPad entende páginas Web.

7. **(VUNESP – 2019 – PREFEITURA DE VALINHOS/SP – VICE-DIRETOR DE UNIDADE EDUCACIONAL)** Um usuário do MS Windows, em sua configuração padrão, está utilizando o Windows Explorer para visualizar os arquivos de uma pasta do disco rígido de seu computador. Pretendendo apagar definitivamente um arquivo do disco rígido, de modo que esse não possa ser recuperado da Lixeira, o usuário poderá selecionar esse arquivo por meio de um clique de mouse e, depois, acionar as teclas:

   a) TAB + DEL.
   b) SHIFT + DEL.

c) END + DEL.
d) CTRL + DEL.
e) e)ALT + DEL.

8. **(VUNESP – 2019 – PREFEITURA DE ARUJÁ/SP – ESCRITURÁRIO – OFICIAL ADMINISTRATIVO)** Um escriturário está trabalhando em um computador com Windows instalado na sua configuração original, com uma pasta de trabalho do Excel contendo 3 planilhas, um documento do Word, uma apresentação do PowerPoint e uma sessão do Google Chrome com 2 guias abertas. Assinale a alternativa que contém a quantidade de aplicativos em execução no momento descrito.

   a) 7.
   b) 6.
   c) 5.
   d) 4.
   e) 3.

9. **(VUNESP – 2019 – PREFEITURA DE ARUJÁ/SP – ESCRITURÁRIO – OFICIAL ADMINISTRATIVO)** Considere a janela do MS-Windows, em sua configuração original, que mostra o arquivo Arujá selecionado e assinale a alternativa correta.

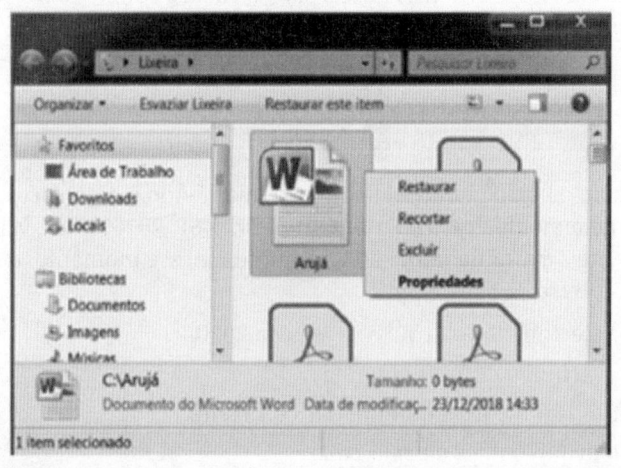

   Ao clicar em:
   a) Recortar fará com que o arquivo seja copiado para outra pasta.
   b) Restaurar fará com que o arquivo seja transferido para a pasta C:\Arujá\
   c) Restaurar fará com que o arquivo seja transferido para o diretório raiz C:\
   d) Restaurar fará com que o Windows pergunte se o usuário quer mover e substituir o mesmo arquivo ainda existente na pasta origem C:\Arujá\
   e) Excluir fará com que o arquivo seja enviado para a Lixeira.

10. (VUNESP – 2019 – CÂMARA DE SERTÃOZINHO/SP – ESCRITURÁRIO) O atalho de teclado para alternar janelas abertas no Windows é:

a) TAB.
b) WINDOWS+TAB.
c) SHIFT+TAB.
d) CTRL+TAB.
e) ALT+TAB.

11. (VUNESP – 2021 – CODEN/SP – TÉCNICO SEGURANÇA DO TRABALHO) Quando estivermos utilizando o MS-Windows 2010, podemos verificar os aplicativos que estão abertos:

a) na barra de Ferramentas.
b) no Painel de Controle.
c) na barra de Tarefas.
d) na Barra de Apresentação.
e) no explorador de Arquivos.

12. (VUNESP – 2021 – CODEN/SP – ADVOGADO) Um advogado, utilizando o Explorador de Arquivos do MS-Windows 10, ambos em configuração original, para organizar seus arquivos de processos por ano, abre uma pasta local de seu computador, chamada processos, e cria três novas pastas vazias, como se vê a seguir.

```
2018
2019
2020
2020_SP_23167
```

Ao clicar com o botão principal do mouse (mantendo o botão pressionado) sobre o arquivo de texto (fechado no momento), 2020_SP_23167.docx, visto na imagem, e arrastar até a pasta de nome 2020, soltando, nesse momento, o botão pressionado, a ação será:

a) ficarão selecionados o arquivo e a pasta 2020.
b) excluir o arquivo definitivamente.
c) mandar o arquivo inicialmente para a Lixeira.
d) mover o arquivo para a pasta 2020.
e) copiar o arquivo para a pasta 2020.

13. (VUNESP – 2021 – CODEN/SP – CONTADOR) Em uma pasta do Microsoft Windows 10, em sua configuração geral original, mas com uma configuração específica para que os arquivos ocultos sejam exibidos, existem 4 arquivos e 1 pasta, tal qual apresentado na imagem a seguir.

Nome	Data de modificação	Tipo	Tamanho
Pasta 1	01/03/2020 20:09	Pasta de arquivos	
Arq1.txt	12/01/2020 15:13	Documento de Texto	0 KB
Arq2.txt	12/01/2020 15:13	Documento de Texto	0 KB
Arquivo A.txt	07/09/2019 13:56	Documento de Texto	4 KB
Arquivo B.txt	07/09/2019 13:56	Documento de Texto	87 KB

O arquivo Arq1.txt está configurado como oculto. O arquivo Arquivo A.txt está configurado como apenas leitura. Os demais arquivos e a pasta Pasta 1 não possuem nenhuma configuração específica. Assinale a alternativa que indica qual(is) item(ns) será(ão) apagado(s) quando o usuário selecionar todos, pressionando as teclas CTRL+A e pressionando, em seguida, a tecla Delete.

a) Pasta 1, apenas.
b) Arq1.txt, Arq2.txt, Arquivo A.txt e Arquivo B.txt, apenas.
c) Pasta 1, Arq2.txt, e Arquivo B.txt, apenas.
d) Arq2.txt, e Arquivo B.txt, apenas.
e) Pasta 1, Arq1.txt, Arq2.txt, Arquivo A.txt e Arquivo B.txt.

14. (VUNESP – 2020 – CÂMARA DE BOITUVA/SP – AGENTE ADMINISTRATIVO) No Microsoft Windows 7, em sua configuração padrão, os sufixos .DOCX, .XLSX, .PPTX e .PDF representam:
a) extensões de nomes de arquivos.
b) mensagens de erro.
c) instruções de linha de comando.
d) sites da internet.
e) telas de configuração do sistema.

15. (VUNESP – 2020 – EBSERH – ANALISTA DE TECNOLOGIA DA INFORMAÇÃO) No Sistema de Comunicação e Arquivamento de Imagens (PACS), o formato para a transferência e o armazenamento de imagens é o:
a) FFDM.
b) GIF.
c) DICOM.
d) PDF.
e) JPEG7.

16. (VUNESP – 2020 – AVAREPREV/SP – TÉCNICO PREVIDENCIÁRIO) Para copiar arquivos no MS-Windows 7, em sua configuração original, de uma pasta local para uma outra pasta local inicialmente vazia, após selecionar o arquivo desejado por meio do Windows Explorer, um usuário deve usar o seguinte atalho por teclado:
a) Ctrl + V.
b) Ctrl + X.

c) Ctrl + Z.
d) Ctrl + C.
e) Ctrl + Y.

17. **(VUNESP – 2020 – CÂMARA DE BRAGANÇA PAULISTA/SP – ASSISTENTE DE GESTÃO E POLÍTICAS PÚBLICAS – GESTÃO ADMINISTRATIVA)** Um usuário do MS-Windows 10, em sua configuração padrão, baixou um arquivo da internet e salvou na Área de Trabalho para acesso rápido. Em seguida, para verificar o tamanho do arquivo, clicou com o botão _____ do mouse e escolheu a opção _____.

Assinale a alternativa que preenche, correta e respectivamente, as lacunas do enunciado.

a) secundário ... Propriedades.
b) primário ... Propriedades.
c) secundário ... Tamanho.
d) primário ... Size.
e) primário ... Tamanho.

18. **(VUNESP – 2019 – CÂMARA DE MONTE ALTO/SP – AUXILIAR TÉCNICO LEGISLATIVO)** Para criar uma nova pasta por meio do Windows Explorer do MS-Windows 7, em sua configuração padrão, de modo a organizar os arquivos recebidos como anexos via e-mail, um usuário pode dar um clique com o botão _____ do mouse dentro da pasta onde desejar criar a nova pasta e, _____, escolher a opção Nova, seguida da opção Pasta.

Assinale a alternativa que preenche, correta e respectivamente, as lacunas do enunciado.

a) principal ... no Menu de Contexto.
b) principal ... na janela aberta.
c) principal ... na área de trabalho.
d) secundário ... na janela aberta.
e) secundário ... no Menu de Contexto.

19. **(VUNESP – 2019 – CÂMARA DE MONTE ALTO/SP – AUXILIAR TÉCNICO LEGISLATIVO)** Em sua rotina de atendimentos telefônicos aos gabinetes, um auxiliar técnico legislativo recebe demandas frequentemente, de modo que está sempre anotando recados, além de outras atividades que desenvolve para atender tais demandas.

Assinale a alternativa que apresenta o aplicativo acessório do MS-Windows 7, em sua configuração padrão, muito útil para anotar recados na forma de lembretes que ficam na área de trabalho, como se fossem pequenos papéis colados na tela.

a) Notas Autoadesivas.
b) Bloco de Notas.
c) WordPad.

d) Caixa de Texto.
e) Ferramenta de Captura.

20. **(VUNESP – 2019 – CÂMARA DE MONTE ALTO/SP – AUXILIAR TÉCNICO LEGISLATIVO)** Durante um atendimento a um cidadão, um auxiliar técnico legislativo utiliza um aplicativo de acessibilidade do MS-Windows 7, em sua configuração padrão, para ampliar textos e outros itens da tela de seu computador, facilitando ao cidadão a leitura de sua tela.

Assinale a alternativa que apresenta o aplicativo a que se refere o enunciado.

a) Paint.
b) Painel de Controle.
c) Teclado Virtual.
d) Lupa.
e) Ferramenta de Captura.

Gabarito

1.	C
2.	A
3.	D
4.	B
5.	C
6.	C
7.	B
8.	D
9.	C
10.	E

11.	C
12.	D
13.	E
14.	A
15.	C
16.	D
17.	A
18.	E
19.	A
20	D

3 Internet, Redes de Computadores, Segurança e Banco de Dados

3.1 Internet

Tema dos mais recorrentes que demanda atenção redobrada na hora da prova, pois de todos os assuntos de informática é o que mais **induz ao erro**, visto que a internet e suas ferramentas são utilizadas de forma intuitiva. Fique atento, pois aquilo que na prática é extremamente intuitivo, em provas é exclusivamente teórico.

A definição de internet, ao contrário do conceito generalizado, não é uma rede de alcance global, e sim um conjunto de redes que compartilham serviços por meio de determinados protocolos, os quais representam a forma que cada serviço compartilha informações.

Um provedor de acesso, geralmente, possibilita a conexão com os múltiplos serviços da internet como navegação, e-mail, download etc.

Os Serviços da Internet

As redes que compõem a internet oferecem muitos serviços que podem ser disponibilizados por diferentes provedores ou por um único provedor. Cada serviço da internet tem uma forma diferente para transmissão de dados, envio e recebimento de conteúdo, denominados de protocolos de aplicações.

Principais serviços da internet:

- **Serviços de hipertexto**: é o serviço de navegação em sites, por meio de links e hiperlinks conectando uma página a outra possibilitando a navegação. O serviço de hipertexto utilizado na internet é o www.

  A transmissão de dados se dá por meio dos protocolos http e https e tem como programas os Browsers (Internet Explorer, Google Chrome, Mozilla Firefox...).

- **Serviço de e-mail**: depois do hipertexto é o serviço que tem mais incidência em provas de concursos, conhecido também como serviço de correio eletrônico. O serviço de e-mail utiliza o protocolo SMTP para envio de mensagens e os protocolos POP3 e IMAP4 para recebimento. Para acessar e-mails é possível utilizar o Browser, por meio do serviço denominado Webmail, ou programas específicos para o gerenciamento de e-mails, denominados clientes de e-mail (Microsoft Outlook, Mozilla Thunderbird etc.).

- **Serviço de voz por IP**: é o serviço que permite a conversação telefônica utilizando os recursos da internet. O serviço de Voz por IP utiliza o protocolo VoIP, e tem como programa padrão o Skype.

    Esse serviço tem uma abordagem ainda minoritária em provas, porém tem significativa importância corporativa

- **Serviço de chat (salas de bate-papo)**: os chats foram substituídos nos últimos anos por outros comunicadores instantâneos. No serviço público, ele mantém uma significativa importância, pois é a interface utilizada para o pregão eletrônico em processos de licitação. O serviço de chat utiliza o protocolo IRC e tem como programa padrão o mIRC.

- **Serviço de transferência de dados**: é o serviço de download (receber ou baixar mensagens) e upload (enviar mensagens), utiliza o protocolo FTP. Possui duas categorias de programas, os Via Servidor como o Emule e Via Torrent como o Ares Galaxy.

Camadas do TCP/IP

De forma genérica, o TCP/IP **pode ser considerado o principal protocolo da internet**, é, na verdade, uma pilha de protocolos que possui cinco camadas, as quais devem ser consideradas da mais básica para a avançada. Sem a camada inicial não é possível estabelecer a camada superior.

- Camada Física.
- Camada de Enlace.
- Camada de Rede.
- Camada de Transporte.
- Camada de Aplicação.

Detalhamento de cada camada da pilha TCP/IP:

- **Camada Física**: representa os componentes de hardware que são necessários para acessar a internet, como os modems ou hardwares específicos para redes de computadores (Hub, Roteador etc.).

- **Camada de Enlace**: camada que possibilita a interconexão entre redes autônomas sem a obrigatória definição de hierarquia entre elas, por meio, principalmente, da tecnologia Ethernet.

- **Camada de Rede**: estabelece os endereçamentos dos dispositivos tanto de origem quanto de destino do conteúdo compartilhado. Esses endereços de dispositivos são denominados IPs Internet Protocol.

- **Camada de Transporte**: camada que efetivamente possibilita o transporte de dados, por meio do protocolo que garante a entrega de pacotes TCP e o que não garante a entrega, pois tem envio único UDP.

- **Camada de Aplicação**: camada dos serviços da Internet, em que se encontram os protocolos dos serviços, como hipertexto (http e https), e-mails (SMTP, POP3, IMAP4), voz por IP (VoIP), chat (IRC) e transmissão de dados (FTP).

Pilha OSI

Nos primeiros anos de massificação do uso da internet em todo o mundo (final dos anos 1980 e início dos anos 1990), **havia a necessidade de sincronização e padronização entre as diferentes empresas que ofereciam serviços para acesso à internet**, desde o hardware (computador e componentes periféricos) até o serviço de provedores, e, inclusive, os próprios provedores de conteúdo. Nesse contexto, foram criadas as primeiras pilhas de protocolos, como o modelo OSI (Open System Interconnection).

Modelo de Referência TCP/IP

O TCP/IP (também chamado de pilha de protocolos TCP/IP) é um conjunto de protocolos de comunicação entre computadores em rede. Seu nome vem de dois protocolos: o TCP (Transmission Control Protocol - Protocolo de Controle de Transmissão) e o IP (Internet Protocol - Protocolo de Internet, ou ainda, Protocolo de Interconexão).

O conjunto de protocolos pode ser visto como um modelo de camadas (Modelo OSI), em que cada camada é responsável por um grupo de tarefas, fornecendo um conjunto de serviços bem definidos para o protocolo da camada superior.

A camada mais alta, denominada de camada de aplicação, está mais perto do usuário e trabalha com dados mais abstratos, confiando em protocolos de camadas mais baixas para tarefas de menor nível de abstração.

Intranet

É uma rede privada pertencente a uma empresa ou a um órgão público acessível apenas por quem for autorizado pela organização, estando essa pessoa na própria intranet ou por meio de autorização especial na internet.

Muitas vezes a terminologia utilizada, principalmente, pelo mercado de vendas de equipamentos de informática e serviços da internet não respeita essa definição, levando assim o candidato ao erro. Termos considerados os mais relevantes para concursos:

Provedor de Acesso

Não é possível ter uma conexão direta com a internet, simplesmente conectando o computador a um modem, pois esse serviço é intermediado por uma empresa denominada provedor de acesso.

O provedor de acesso é a empresa que fornece os serviços da internet (um ou múltiplos) aos usuários finais, podendo ser pessoas físicas ou jurídicas. Esse provedor pode ser uma empresa pública ou privada, sendo que as empresas públicas oferecem, por padrão, acesso apenas internos para as organizações do serviço público, e podem ser internos ou externos.

Fique ligado!

Provedores de acesso internos são aqueles em que a própria organização gera seu acesso, já os externos são aqueles que terceirizam o serviço para os usuários finais.

Servidor

Os provedores de acesso possuem **computadores centrais** que se conectam, por determinado meio físico (telefonia ou cabeamento), aos computadores dos usuários que adquirem os serviços.

Esses computadores centrais são denominados servidores. O servidor é o principal computador de uma rede, e os provedores tem seu servidor conectado diretamente via rede telefônica com os clientes.

Arquitetura

A arquitetura define a forma que os computadores são conectados entre si e qual a hierarquia estabelecida entre eles.

A internet é baseada na arquitetura Cliente-Servidor, na qual existe um servidor conectado diretamente aos clientes. Essa arquitetura possui hierarquias fixa e definida, pois os computadores atuam como clientes e como servidores, não ocorrendo alteração de suas funções e em decorrência disso não há mudança de hierarquia.

Outra arquitetura utilizada em alguns serviços é a Peer-to-Peer P2P, na qual os clientes estão conectados diretamente entre si.

Definição de Intranet

Intranet é uma rede privada, geralmente de uma **empresa ou órgão público**, contendo as seguintes características:

- Acesso restrito por senha ou por autorização de IP.
- Geralmente tem o servidor interno.
- Utiliza os mesmos serviços e protocolos da internet.

Como o serviço público se utiliza de redes privadas, por questões de necessidade de serviço, o termo intranet é extremamente abordado em provas de concursos públicos, muitas vezes tratando dos mesmos serviços que são comuns à internet.

VPN

Quando o usuário utiliza computadores que compõe uma intranet, ele usa os serviços e acessa os sites de forma interna. Porém, é possível o acesso à intranet da organização ocorrer por meio de um **local externo**, como a internet.

Por exemplo: um servidor público que possui uma senha vinculada ao seu registro funcional e tem a possibilidade de acessar a intranet da organização em que trabalha de sua residência ou de outro local.

> **Fique ligado!**
>
> Quando acontece a conexão intranet-internet ou internet-intranet, ou seja, quando se dá a conexão entre redes públicas e privadas, é criada uma VPN (Rede Virtual Privada). A rede virtual privada é estabelecida quando se utiliza uma rede pública internet para acessar uma rede privada, intranet.

Extranet

A Extranet é a extensão da intranet de uma organização para parceiros, em um contexto business-to-business. Por exemplo: a área privada de um site que é acessível apenas para intranets de outras empresas parceiras.

Equivocadamente é muito comum a confusão entre extranet e VPN, e apesar de existir a extranet-VPN os dois termos não são sinônimos.

Tunelamento em Backbone

- A evolução da internet apresenta as seguintes fases:
    - **Fase privada** (anos 1950 e 1960):
      Etapa 1 – Forças Armadas dos EUA.
      Etapa 2 – Universidades EUA.
      Etapa 3 – Empresas de TI (Vale de Silício) dos EUA.
    - **Fase pública** (início dos anos 1970): Quando uma primeira troca de conteúdo entre pessoas físicas acontece entre os EUA e a Europa.

> **Fique ligado!**
>
> A Fase Pública da internet tem início no final dos anos 1970 em todo o mundo. No Brasil a internet com acesso público surge em meados dos anos 1990.

Essas fases apresentaram a necessidade nas últimas décadas de se estruturar a internet mundialmente. Mesmo que existam acessos sem fio, como via satélite, rádio ou Wi-fi, a estrutura da internet é física, por meio de cabos que atravessam todos os continentes, denominados de Backbones, ou seja, em uma livre tradução, seria a espinha dorsal, ou coluna vertebral da internet.

Características principais das Backbones

- São cabeamentos de longa distância que atravessam continentes.
- São majoritariamente de fibra ótica, pois este tipo de cabeamento não tem maleabilidade, porém como opera com sinal de luz, mantém a frequência do sinal em longa distância.
- São majoritariamente submarinos, pois atravessam continentes pelo mar, porém em locais como a Amazônia legal ou o centro do continente africano, são submersas.

Exs.:

1) Ana é uma pessoa física e contrata um serviço oferecido pelo Provedor A.
2) O computador de Ana, denominado Cliente 1, está vinculado ao Servidor do Provedor A, denominado Servidor 1.
3) João é uma pessoa física e contrata um serviço oferecido pelo Provedor B.
4) O computador de João, denominado Cliente 2, está vinculado ao Servidor do Provedor B, denominado Servidor 2.
5) A única forma de Ana enviar um e-mail para João é por meio de um serviço de backbone local, que permite a interconexão ente o Provedor A e o Provedor B.
6) Caso Ana ou João resolvam conectar, por exemplo, um servidor localizado em outro continente, como o Facebook, acontece a seguinte conexão:
    - O Cliente 1 se conecta ao Servidor 1.
    - O Servidor 1 se conecta a uma Backbone regional.
    - A Backbone regional (do continente de origem) se conecta a uma Backbone continental.
    - A Backbone continental se conecta a outra Backbone regional (do continente de destino).
    - A Backbone regional (do continente de destino) se conecta ao Servidor do Facebook.

Serviço de Hipertexto

Hipertexto é uma linguagem que possibilita a navegação na internet por meio de link e hiperlinks em que os sites estejam vinculados a outros, possibilitando a navegação.

O sistema de hipertexto utilizado por padrão na Internet é o WWW.

O serviço de hipertexto é o serviço mais utilizado pelos usuários tanto no acesso privado à internet quanto no uso corporativo, em organizações públicas e privadas, pois é um serviço que possibilita a navegação em sites.

Protocolos

Cada serviço da internet tem uma forma diferenciada para transmissão de dados, enviando e recebendo informações, denominadas de protocolos.

Os principais protocolos do serviço de navegação são o HTTP e o HTTPs, possuindo como características:

- **HTTP:** protocolo de hipertexto que possibilita a visualização de terceiros, pois não estabelece uma conexão criptografa, portanto, não possui o critério de segurança da confidencialidade.

- **HTTPs:** protocolo de hipertexto que possibilita a não visualização de terceiros, pois estabelece uma conexão criptografada, portanto, possui o critério de segurança da confidencialidade.

> **Fique ligado!**
>
> Não é possível estar de forma simultânea em um site utilizando os protocolos HTTP e HTTPS. Porém, existe a possibilidade de estar em um mesmo site em HTTP (protocolo não seguro), clicar em um link e ser levado para uma página em HTTPS, como ocorre em sites de bancos, comércio eletrônico ou webmail.

Browsers

São os programas **para navegação em Word Wide Web que utiliza** protocolos específicos para hipertexto. Dentre eles se destacam: Internet Explorer, Google ChromeMozzila, Firefox, Opera, Safari, Netscape Navegator.

URL

A URL é o endereço do site, ou de domínio. Significa a localização universal de registro, sendo a estrutura utilizada pelos usuários para acessar determinado site.

Ex.: WWW.PUDIM.COM.BR

As partes de uma URL são:

- **WWW:** identificação do serviço de hipertexto.
- **PUDIM:** domínio (nome do site).
- **COM.BR:** extensão de domínio.

Endereço IP

É o Internet Protocol, ou o endereço do dispositivo. É o computador em que o site está fisicamente armazenado, hospedado.

Representa de fato o endereço de um site, o local onde ele se encontra nas redes que compõe a internet. A internet está migrando do IP V4 para o IP V6, pois o V4 está com sua capacidade de endereços esgotada,.

- **IPV4:** composto por 4 octetos.
- **IPV6:** composto por 8 duoctetos.

Servidor DNS

Os usuários não decoram ou tem conhecimento do endereço IP vinculado aos sites, por esta razão utilizam o endereço do site — a URL — para acesso. Porém, sem o endereço do dispositivo não é possível visualizar o conteúdo. Na internet existem os servidores DNS que traduzem o IP em URL e vice-versa.

> **Fique ligado!**
>
> Caso não existissem os servidores DNS, seria necessário o usuário conhecer o endereço IP de todos os sites acessados, o que tornaria a navegação na internet muito mais lenta e pouco acessível.

Histórico de Navegação

O histórico de navegação é a listagem das URLs acessadas no Browser. Por meio do histórico é possível identificar os sites que foram acessados, porém não é possível saber qual o procedimento dentro da URL.

Cookies

São arquivos de texto que registram a navegação do usuário em determinado site. São criados e excluídos pelo Browser.

Os cookies foram criados para aumentar o desempenho na navegação, porém, com a velocidade de navegação cada vez mais rápida, por conta da banda larga, os cookies perderam essa característica. Hoje são utilizados, principalmente, com a intenção de criar perfil de usuários com o objetivo de enviar propagandas direcionadas.

Pop-Up

São janelas automáticas do Browser, geralmente com conteúdo comercial. É possível bloquear os pop-ups por meio dos browsers.

Plugin

Também conhecido como Plug-in, é um módulo de extensão que possibilita a inclusão de um novo recurso no Browser, como o Java-Script. É utilizado sob demanda, pois o usuário só instala determinado plugin caso exista necessidade de tal recurso, não sendo obrigatório para o pleno funcionamento do Browser. Mas, é fundamental para gerar determinada operação por meio de demanda específica.

Streaming

O serviço de Streaming tem como característica a velocidade da transmissão multimídia. Quando **utilizado em serviços comerciais como Netflix ou Youtube**, basicamente os arquivos de áudio ou vídeo são divididos em pequenos pedaços, denominados STREAMS que são baixados e reproduzidos no computador do usuário, sendo excluídos após reprodução. Portanto, o usuário não permanece com o arquivo em seu computador após a reprodução, isso é o que acontece quando assistimos a um evento ao vivo no Youtube ou a um filme no Netflix. É necessário recarregar o vídeo para assisti-lo novamente.

Quando a conexão é lenta, faz-se necessário pausar o vídeo para que seja feito um acúmulo de STREAMS, denominado Buffer, e vitando assim que o vídeo trave.

O serviço de Streaming utiliza o envio de dados em BROADCAST, ou seja, um conteúdo é enviado para múltiplos usuários simultaneamente, permitindo que vários usuários assistam ao mesmo tempo.

No serviço se Streaming é utilizado o protocolo da camada de transporte UDP (User Datagram Protocol), que não é seguro, porém apresenta maior velocidade, o que é necessário para uma transmissão multimídia.

Quando é necessário fazer a sincronização de arquivos de áudio, vídeo e legenda em uma mesma pasta, com todos s arquivos tendo o mesmo prefixo de nome, essa sincronização é denominada ENCAPSULAÇÃO.

> Ex.: Ao enviar um conjunto de arquivos encapsulados para serem encaminhados de forma sincronizada e acumulada por e-mail ou transmissão FTP, é necessário que o conjunto de arquivos seja compactado.

Esse procedimento também pode ser denominado de procedimento de CONTÊINER.

3.2 Cloud Computing (Computação em Nuvem)

É o armazenamento, edição e aplicação de softwares utilizando os servidores da internet ou intranet.

Para armazenamento e edição não existe a necessidade de dispositivos de armazenamento massivo de dados, como Hard Disks, pen drives etc. Essa situação traz vantagens e desvantagens para quem faz uso desses serviços.

Vantagens

- Acesso de múltiplos pontos.
- Expansividade de espaço disponível.
- Acesso sob demanda.
- Maior segurança.

Desvantagens

- Dependência do servidor.
- Custo de serviços adicionais.
- Menor confidencialidade.
- Risco que quebra de disponibilidade com demanda concentrada de acesso.

Fique ligado!

Esse é um tema relativamente recente, mas com importante destaque em provas, pois é um conceito que está **sendo largamente adotado tanto por organizações privadas quanto públicas.**

Cloud Storage

É uma **subcategoria do serviço cloud que se caracteriza exclusivamente pelo armazenamento de dados**. É o armazenamento em nuvens, em que o usuário não tem a característica de edição, mas sim de guarda de dados.

Principais vantagens de Cloud Computing

- **Disponibilidade:** como os dados ficam gravados nos servidores da internet ou da intranet, o acesso pode ser feito de múltiplos pontos, sendo necessário apenas o acesso à internet.
- **Serviços sob demanda**: o uso e contratação do serviço, ou mesmo a utilização de algum aplicativo on-line, só é feita quando existe real demanda de trabalho por parte do usuário de tal serviço.
- **Escalabilidade**: é possível, de acordo com a necessidade de uso, aumentar o espaço para armazenamento de dados ou mesmo contratar múltiplos serviços Cloud.
- **Segurança**: como os dados ficam armazenados em servidores corporativos, os níveis de segurança são geralmente mais elevados do que os encontrados em computadores de uso pessoal.

Principais desvantagens de Cloud Computing

- **Comprometimento de dados**: com a disponibilidade dos dados em locais que não são os computadores de uso pessoal, uma invasão ao servidor pode comprometer a confidencialidade dos dados.

- **Velocidade de acesso/Dependência da internet**: como existe a dependência da internet para acessar os serviços Cloud, conforme a banda contratada, a velocidade de acesso aos serviços pode ser extremamente lenta.

- **Custo**: os serviços Cloud são oferecidos por empresas privadas, que geralmente disponibilizam um espaço inicial para armazenamento de dados e cobram por espaços adicionais.

- **Disponibilidade**: no serviço de Cloud Computing o usuário é completamente dependente dos servidores. Caso não estejam disponíveis para uso, por qualquer razão, o usuário não terá acesso aos dados.

Tipos de Clouds Computings

Existem **várias classificações e tipos de Cloud**. Essa classificação ocorre pela natureza do serviço e objetivos da empresa que é a provedora Cloud.

- **Cloud privado**: o serviço privado ou restrito é aquele disponível exclusivamente para único usuário (uma organização pública, por exemplo). Nesse caso, a infraestrutura física e lógica necessária para o serviço Cloud pertence ao próprio usuário, o que permite que a organização tenha total autonomia e controle sobre o serviço e disponibilidade. Portanto, um serviço Cloud privado demanda um Data Center próprio por parte da organização, uma vez que não é oferecido para terceiros. O Cloud privado pode ser tanto de organizações da iniciativa privada quanto de organizações públicas.

- **Cloud público**: o serviço Cloud público é aquele em que uma organização oferece os serviços para terceiros, mediante um contrato de uso. Múltiplos usuários utilizam os mesmos servidores para armazenamento de dados, aplicação, edição etc. No Brasil, o Cloud público, oferecido para terceiros, é geralmente disponibilizado por empresas da iniciativa privada.

- **Cloud em comunidade**: o serviço Cloud em comunidade é aquele que tem os mesmos servidores utilizados por diversas organizações, que compartilham das mesmas demandas e necessidades quanto à disponibilidade, segurança e demais critérios.

- **Cloud híbrido**: o serviço Cloud híbrido apresenta servidores que comportam operações tanto públicas quanto privadas. A caracterização híbrida do serviço Cloud pode acontecer, por exemplo, quando uma empresa já comprometeu a capacidade de armazenamento de seus servidores privados e tem a necessidade de ampliar sua capacidade de armazenamento temporariamente, contratando serviços de outras empresas que oferecem Cloud público.

Serviços Cloud

- **IaaS — Infrastructure as a Service (Infraestrutura como Serviço):** nesse modelo de nuvem, a empresa contrata uma capacidade de hardware que corresponde à memória, armazenamento, processamento etc. Podem entrar nesse pacote de contratações os servidores, roteadores, racks, entre outros.

- **PaaS — Platform as a Service (Plataforma como Serviço):** imagine que você contratou uma ótima solução para uma organização — que funciona na nuvem —, mas que não possui um recurso personalizado essencial para o seu trabalho. Nesse cenário, o PaaS surge como o ideal porque é, como o próprio nome diz, uma plataforma que pode criar, hospedar e gerir esse aplicativo.

- **SaaS — Software as a Service (Software como Serviço):** nesse terceiro modelo de nuvem, o usuário tem acesso ao software sem comprar a sua licença, utilizando-o a partir da Cloud Computing, muitas vezes com recursos limitados.

Soluções Big Data

Em tecnologia da informação, o termo Big Data refere-se a um grande conjunto de dados armazenados. Big Data é um termo amplamente utilizado na atualidade para nomear conjuntos de dados muito grandes ou complexos, que os aplicativos de processamento de dados tradicionais ainda não conseguem lidar. Os desafios dessa área incluem: **análise, captura, curadoria de dados, pesquisa, compartilhamento, armazenamento, transferência, visualização e informações sobre privacidade dos dados**.

Muitas vezes Big Data está relacionado ao uso de análise preditiva e de alguns outros métodos avançados para extrair valor de dados, e raramente a um determinado tamanho do conjunto de dados. Maior precisão nos dados pode levar à tomada de decisões com mais confiança. Além disso, melhores decisões podem significar maior eficiência operacional, redução de risco e redução de custos. Diz-se que o Big Data se baseia em 5 Vs:

- Velocidade.
- Volume.
- Variedade.
- Veracidade.
- Valor.

3.3 E-mail

O e-mail (correio eletrônico) representa um endereçamento que é vinculado a uma pessoa física ou jurídica e que é único, não existindo na internet dois endereços idênticos.

Grosso modo, o serviço de e-mail é mais antigo que a própria massificação da internet. Desde os anos 1970 ele manteve basicamente sua mesma estrutura de endereço e de campos de uma mensagem.

> **Fique ligado!**
>
> O tema e-mail é recorrente na maioria dos concursos públicos, é tão relevante quanto o serviço de hipertexto.

O e-mail apresenta a seguinte estrutura: login @ provedor de e-mail. Existem múltiplos endereços com o mesmo login, porém com provedor diferente. Também há a possibilidade de múltiplos e-mails com o mesmo provedor, porém com login diferente. A combinação "login+provedor" é única.

Estrutura do E-mail

Desde que foi concebido nos anos 1970, a estrutura do e-mail continua praticamente a mesma, e os campos atendem funções muito claras e definidas.

Campos que formam a estrutura de um e-mail:

- **Cabeçalho (healder):** o cabeçalho é composto do remetente (único), destinatário (único ou múltiplos nos campos Para, CC e CCO), e demais informações sobre a mensagem, como o título do e-mail.
- **Corpo (body):** o corpo contém o texto da mensagem a ser enviada.
- **Anexo:** não é obrigatório. É possível anexar arquivos comuns ou compactados. As pastas não se encaixam como Anexo.

Campos do E-Mail

- **Remetente**: único. É quem envia a mensagem.
- **Destinatário, PARA**: único ou múltiplo. É quem recebe a mensagem.
- **Destinatário CC**: único ou múltiplo. É quem recebe a mensagem "com cópia".
- **Destinatário CCO**: único ou múltiplo. É quem recebe a mensagem "com cópia oculta".

Protocolos de E-mail

Como todos os demais serviços da internet, o e-mail **possui formas próprias de envio e recebimento** de conteúdo, denominada de protocolos.

Principais protocolos de e-mail:

- **Protocolo de Envio:** SMTP.
- **Protocolos de Recebimento**: POP3 e IMAP4.

Existem basicamente duas formas de acesso a um e-mail:

- **Webmail**: utiliza-se dos servidores existentes na internet.
- **Cliente de e-mail**: são programas instalados no computador para gerenciar o e-mail.

Principais Clientes de E-mail

- Outlook Express.
- Windows Mail.
- Mozilla Thunderbird.
- Kmail.

Características dos clientes de e-mail:

Vantagens

- Edição e leitura de e-mails sem acesso à internet.
- Armazena as mensagens enviadas e recebidas no HD do computador.
- Cadastra simultaneamente múltiplas contas de e-mail.
- Melhor gerenciamento da lista de contatos.
- Melhor confidencialidade por meio da criptografia de mensagens.
- Filtro antispam.
- Melhor configuração de grupos de discussão.
- Edita e envia e-mail em diversos formatos.

Desvantagens

- Comprometimento de espaço no HD.
- As mensagens recebidas também ocupam espaço no disco.
- Há cobrança de determinados serviços.
- Indisponibilidade de configuração em clientes de alguns provedores de serviço de e-mail.

Webmail

O acesso à conta por meio do webmail consiste na utilização de Browsers para a visualização e edição de e-mails, em que as mensagens recebidas e enviadas são armazenadas nos servidores da internet e não nos computadores dos usuários.

O webmail traz vantagens e desvantagens para o usuário, e entre as vantagens, a possibilidade de acesso de múltiplos pontos se destaca, pois, basta um ponto com acesso à internet para visualizar os e-mails.

A desvantagem está no fato da total dependência da internet, pois se o servidor não estiver disponível ou mesmo se o usuário tiver interrompido o serviço de internet, não terá acesso ao webmail.

Atualmente, devido as tarefas cada vez mais corridas do cotidiano e o hábito das pessoas acessarem o e-mail de vários pontos, como computadores, tablets, smartphones etc., o webmail é a forma padronizada para acessar as contas de e-mail.

Fique ligado!

O tema webmail tem considerável incidência em provas de concursos públicos.

Serviços mais Comuns de Webmail

Existe na internet uma lista considerável de empresas que oferecem o serviço de e-mail, geralmente, de forma gratuita em sua configuração básica. Esse serviço é cobrado quando o usuário tem a necessidade de upgrade de recursos, como espaço para armazenamento ou capacidade de tamanho de arquivos anexados em uma mensagem.

Principais provedores de serviço de e-mail:

- Gmail.
- Outllok.com (antigo Hotmail).
- Terra.
- Bol.
- Zipmail.

Principais vantagens e desvantagens no serviço de e-mail utilizando Browser, por meio do Webmail.

Vantagens

- Possibilita acesso de múltiplos pontos.
- Níveis de segurança corporativos.
- Possibilita aumento de espaço para armazenamento.
- Recursos como antimalwares ou antiphishing.
- Não há necessidade de o usuário dispor de espaço físico de armazenamento.

Desvantagens

- Possível custo para utilização do serviço.
- Espaço predefinido para armazenamento.

- Nome do provedor no endereço de e-mail.
- Anúncios comerciais na página de acesso.
- Possibilita o recebimento de mais spams.
- Não permite acesso off-line.

E-Mails Maliciosos

O uso de e-mail é fundamental para uma organização pública, e por esse motivo existe preocupação quanto ao uso indevido. O procedimento de abrir um e-mail e executar um arquivo anexo de fonte desconhecida, pode comprometer tanto o computador em que tal procedimento foi realizado quanto toda a rede de computadores de uma organização, prejudicando os níveis de segurança da informação.

O **e-mail é uma das principais fontes de ataque aos usuários, por meio da engenharia social** (aproveitando-se da boa-fé das pessoas) para atacar os computadores e as redes de uma organização.

Categorias de e-mails maliciosos

Existem diversas formas de montar um e-mail malicioso para induzir o usuário a cair em uma fraude e ter, de alguma maneira, seus dados e privacidade comprometidos. As categorias de e-mails maliciosos se dividem sob a base dos seguintes critérios:

- Conteúdo do e-mail.
- Remetente.
- Destinatário.
- Tipo de ataque.

Spam (massivo): o Spam é o mais comum e-mail malicioso e se caracteriza por apresentar uma propaganda, a oferta de algum produto ou serviço, ele não tem o objetivo de furtar dados do usuário, e sim de realizar uma oferta comercial. O recebimento massivo de spams pode comprometer a caixa de entrada do e-mail e com isso gerar a quebra da disponibilidade do serviço.

Principais caraterísticas do Spam:

- Mensagem com conteúdo indesejado e comercial.
- Remetente desconhecido.
- Envio massivo de para destinatários individuais.
- Pode atacar o critério da disponibilidade.

Scam (confiabilidade): o Scam é um dos mais perigosos, pois sua forma de propagação está baseada na confiabilidade que a pessoa tem na outra. Geralmente ocorre pelo envio de um tema de interesse coletivo e que induz o destinatário a abrir a mensagem e executar o arquivo anexo, supostamente uma foto ou vídeo contendo uma ação maliciosa oculta.

Principais características do Scam:

- Mensagem de interesse coletivo (sazonal).
- Remetente conhecido (passivo pessoa física).
- Destinatário coletivo.
- Instala um Malware e reenvia o e-mail.
- Pode atacar o critério da integridade.

Phishing: e-mail que se passa por organizações públicas ou privadas, como bancos ou a Receita Federal. O Phishing se utiliza da credibilidade dessas instituições para induzir o usuário a fornecer dados pessoais, e com isso ter sua privacidade atacada. É comum os serviços de webmail oferecerem filtros antiphishing, com o objetivo de encontrar essas mensagens e bloquear sua ação maliciosa.

Principais características do Phishing:

- Mensagem de interesse coletivo.
- Remetente que se passa por empresa.
- Destinatário individual.
- Pode atacar o critério da confidencialidade.

Hoax: dos menos onerosos, o Hoax é o e-mail malicioso que é enviado sem alguma intenção maliciosa, mas seu envio massivo pode comprometer a capacidade da caixa de entrada do usuário.

Geralmente são as famosas "correntes" compartilhadas por e-mail, mensagens de autoajuda ou mesmo os virais e boatos transmitidos por internet.

Principais características do Hoax:

- Mensagem boato ou viral.
- Remetente conhecido.
- Destinatário coletivo.
- Pode atacar o critério da disponibilidade5

3.4 Rede de Computadores

Uma rede de computadores representa um **conjunto de computadores interligados para o compartilhamento de serviços**, pois sem compartilhamento de conteúdo não existiria a conexão entre computadores distintos.

A velocidade padrão de uma rede de computadores é medida em bps (bits por segundo).

Terminologia de Redes

- **Host ou nó**: todo hardware conectado a uma rede/ponto de conexão.
- **Comutação**: processo que interliga dois ou mais pontos entre si.
- **Servidor**: principal Host da rede que fornece os serviços.
- **Cliente**: Host que recebe os serviços.
- **Terminal**: Host disponibilizado aos usuários para acesso aos serviços.
- **Segmento de rede**: porção da rede que se encontra entre dois Hosts.

Serviços Compartilhados em uma Rede

Uma rede de computadores pode compartilhar serviços distintos. Destacam-se aqueles que são mais usados pelas organizações públicas e privadas:

- **Internet/intranet**: serviço mais compartilhado em uma rede de computadores, tendo um servidor que recebe a conexão do provedor de acesso e disponibiliza para os clientes de sua rede.
- **Aplicativos**: é possível que uma rede exista para compartilhar programas aplicativos que ficam hospedados em um servidor e podem ser acessados pelos clientes da rede de forma colaborativa.
- **Segurança**: uma rede de computadores pode ser estabelecida para compartilhamento de recursos de segurança como antimalwares e firewall físicos ou lógicos.
- **Dispositivos**: é muito comum que uma rede de computadores compartilhe dispositivos como impressora, scanner ou outros recursos de hardware, que são gerenciados e disponibilizados pelo servidor, possibilitando assim o acesso.
- **Comunicação**: uma rede de computadores apresenta basicamente a possibilidade de comunicação entre clientes, para que possam se comunicar terminal-terminal ou mesmo compartilhar arquivos.

Arquiteturas de Redes

A terminologia "arquitetura" está em desuso por conta das atuais tecnologias, **formas de conexão e serviços da internet**, porém ainda encontramos o termo em provas de concursos públicos. Arquitetura de rede é uma definição clássica de informática que designa um conjunto de camadas de protocolos de rede que interagem entre si. As informações sobre a arquitetura de rede devem conter orientações suficientes para o desenvolvedor implantar tais protocolos.

> **Fique ligado!**
>
> A interconexão dos sistemas finais estabelece rotas de comunicação que geram vários enlaces e tecnologias.

Cliente-servidor

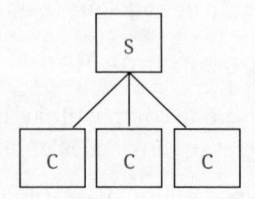

```
        S
       /|\
      C C C
```

O modelo cliente-servidor (client/server) representa uma estrutura de aplicação definida como distribuída, pois divide as tarefas e aplicações entre os provedores de um recurso ou serviço na internet, denominados fisicamente como servidores. Os requerentes são denominados como clientes.

Os dois elementos, clientes e servidores, se comunicam por meio de uma rede de computadores sendo computadores distintos ou enlace entre redes, porém um mesmo computador pode operar como cliente e servidor. Denomina-se servidor um host que executa um ou mais serviços, aplicativos ou recursos de hardware e que compartilhe recursos com os clientes. Um cliente realiza a solicitação do serviço ao servidor que dependendo do status, do grau de autorização de determinado cliente, fornece tal serviço, dando acesso aos recursos ou autorização para comunicação entre clientes.

> **Fique ligado!**
>
> O modelo cliente-servidor foi desenvolvido na empresa Xerox nos anos 1970. A arquitetura ou modelo cliente-servidor é o mais comum na informática e, em particular, na internet e intranet.

Características do cliente:

- Pedidos para o servidor são iniciados.
- Resposta é aguardada.
- Resposta é recebida.
- Cliente é conectado aos servidores.
- Cria-se uma interface direta entre servidor e cliente.
- Recursos de rede são compartilhados.

Características do servidor:

- Aguarda o pedido por parte do cliente.
- Atende aos pedidos respondendo aos clientes sobre a solicitação enviada para determinado serviço.
- Pode estabelecer comunicação com outros servidores para atender a demanda vinda de determinado cliente.
- Fornece os recursos para a rede.
- Estrutura todo o sistema de rede.

Ponto a ponto (Peer-to-peer – P2P)

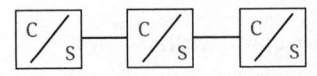

A arquitetura de redes Peer-to-peer caracteriza-se por computadores que representam pontos ou nós da rede e funcionam tanto como cliente quanto como servidor, permitindo que serviços e arquivos sejam compartilhados e dados sejam trocados sem a necessidade de um servidor central para tais procedimentos de comutação. As redes P2P podem ser configuradas para atender demandas de uso residencial, no uso de organizações pública se privadas, ou mesmo em comunicação e compartilhamento de dados na internet.

Fique ligado!

Em P2P todos os pontos da rede devem usar recursos de software que são compatíveis para que exista a comunicação com outro computador. Uma rede Peer-to-peer pode ser utilizada no compartilhamento de arquivos em formato digital.

Características de Peer-to-peer:

- Todos os usuários que estão neste tipo de arquitetura contribuem com recursos para a rede.
- Descentralização dos serviços por não existir um servidor central.
- É estabelecida a heterogeneidade na rede, não existindo hierarquia definida entre os computadores que compõem a comunicação.

Escopos de Redes

Uma rede de computadores **pode ter abrangências distintas.** Indo desde uma rede doméstica, composta por computadores pessoais interligados a um serviço de distribuição de acesso à internet, até uma rede de abrangência global. Na definição do escopo, o critério central é a abrangência da rede.

- **PAN (Personal Area Networks)**: é um escopo que caracteriza a rede de uma área pessoal, vinculada geralmente a uma pessoa física. Essas redes utilizam tecnologia sem fio para a conexão entre computadores e tem uma quantidade variada de dispositivos de conexão como computadores, tablets, smartphones e smart TVs.
- **LAN (Local Area Networks)**: escopo comumente abordado em concursos, pode também ser definido como redes locais. É o tipo de rede mais comum em organizações, pois possibilita a conexão entre clientes, servidores e dispositivos compartilhados em uma área restrita, como uma empresa, um pavimento etc.

Características da LAN:

- Alta velocidade de compartilhamento.
- Baixo custo de instalação.
- Alta estabilidade dos elementos.
- Flexibilidade na forma de instalação.
- Alta acessibilidade aos componentes.

- **SAN (Storage Area Networks)**: específico para armazenamento, tem como objetivo interligar e compartilhar servidores e clientes de armazenamento em uma área geográfica limitada.
- **MAN (Metropolitan Area Networks)**: escopo que se caracteriza pela conexão entre pontos de uma rede concentrada em uma área metropolitana, como exemplo os computadores que interligam a rede de uma prefeitura e se limita a uma cidade.
- **CAN (Campus Area Network)**: escopo que caracteriza a conexão entre componentes de uma mesma rede que se encontram em edificações distintas, porém em uma área geográfica próxima e pertencentes a mesma organização, como um condomínio, uma empresa com vários prédios próximos, um complexo industrial e de negócios, um campus universitário etc.
- **RAN (Regional Area Network)**: escopo que caracteriza uma rede de uma região geográfica determinada. Essa rede apresenta alta velocidade de conexão, utilizando recursos como cabeamento de fibra ótica. Redes com escopo definido como RAN são de abrangência maior do que redes PAN, LAN e MAN, porém são menores que as redes de longa distância, definidas como WAN. Uma RAN caracteriza-se por conectar cidades próximas.
- **WAN**: escopo que caracteriza por longas distâncias, de alcance global. Elas se diferenciam das redes de abrangências menor, como a LAN e as WANs em vários aspectos. Enquanto os outros escopos interligam componentes em áreas geograficamente limitadas (como um prédio, condomínio, cidade ou região), na WAN não existe limitação geográfica para o estabelecimento do escopo.

Características da WAN:

- Abrangência de longa distância.
- Utiliza a estrutura de empresas de telefonia.
- É composta de linhas de transmissão e roteadores.
- Apresenta baixa velocidade na comunicação entre os pontos de rede.
- Menor disponibilidade por apresentar possibilidade de erros.

Escopo Híbrido

Rede de escopo híbrido (LAN-WAN-LAN): muito comum na conexão da internet, é definida pela conexão entre duas redes locais, como de uma empresa e dos computadores de determinado serviço na internet, como o Facebook, por meio de um escopo de longa distância, caracterizando-se como LAN-WAN-LAN.

Escopos de Redes sem fio

- **WWAN (Wireless Wide Area Network)**: escopo de uma rede sem fio, e de abrangência de longa distância. Esse escopo é caracterizado como aquele utilizado pelas empresas de telefonia celular para estabelecer conexão entre os variados pontos internos à sua rede de transmissão.
- **WMAN (Wireless Metropolitan Area Network)**: escopo sem fio que tem a abrangência similar às redes de escopo MAN. Caracteriza-se por oferecer serviços, compartilhar dados em uma região metropolitana delimitada, como uma cidade que oferece ao cidadão a conexão à internet por meio de acesso sem fio.

Tipos de Conexão sem Fio

As conexões sem fio **são estipuladas pela forma de conexão entre os elementos de hardware**. Dividem-se em:

- **Infraestrutura**: são redes sem fio em que os computadores se comunicam a um ponto de acesso. A comunicação nunca ocorre diretamente entre dois clientes.
- **Ad-hoc**: não existe um ponto de acesso. Um cliente se comunica diretamente com todos os outros, retransmitindo o sinal e dados.

Topologia de Redes

A topologia de rede determina o segmento no qual o ponto de uma rede **está conectado aos outros pontos**, sendo estes computadores, servidores ou dispositivos

Topologia BARRAMENTO (bus)

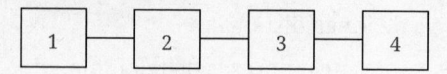

```
[1]—[2]—[3]—[4]
```

- Antiga, utilizava cabeamento coaxial.
- Cabeamento de caminho único.
- Um computador transmite os dados por vez.
- Cai um segmento, cai a rede.

Topologia ANEL (ring)

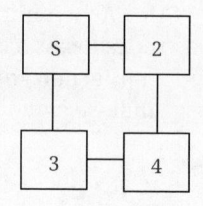

```
[S]—[2]
 |   |
[3]—[4]
```

- Circuito fechado.
- Cabeamento de caminho único.
- Um ponto retransmite os dados de forma unilateralmente até atingir seu destino final.

Topologia STAR (Estrela)

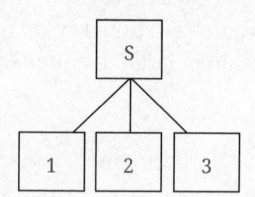

```
     [S]
    / | \
  [1][2][3]
```

- Mais utilizado atualmente.
- Utiliza cabo par-trançado.
- Cada cliente tem um segmento exclusivo com o servidor.
- Cliente não está conectado diretamente a outro cliente.
- Cai um segmento, não compromete a rede.

Topologia MESH (Malha)

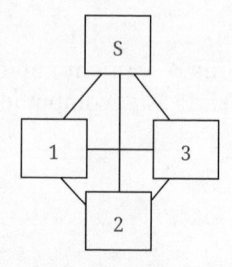

```
      [S]
     / | \
   [1]-+-[3]
     \ | /
      [2]
```

- Utiliza cabo par-trançado.
- Cada cliente tem um segmento exclusivo com o servidor.
- Cada cliente tem um segmento exclusivo com o servidor e a outro cliente.
- Cai um segmento, não compromete a rede e nem o cliente.

Topologia Híbrida

Representa a junção de duas ou mais topologias originais, que combinadas permitem a comunicação entre os elementos da rede.

> **Fique ligado!**
>
> Por necessidade de serviço ou critérios de segurança, é comum em uma mesma organização, cada departamento ter uma topologia interna diferente e independente. Ao analisar a rede que abrange todos os departamentos, é possível ter uma topologia hibrida, por exemplo: um departamento com os pontos de rede conectados em estrela e outro departamento com os pontos conectados em anel. Geralmente para estabelecer uma topologia híbrida são necessários subservidores.

Hardwares de Redes

A arquitetura de redes, o escopo e a topologia **são definidos por hardwares específicos de redes de computadores**. Esses hardwares são componentes periféricos que cumprem função input e output.

Hub (concentrador)

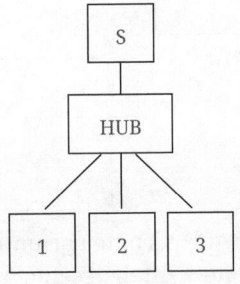

```
        ┌─────┐
        │  S  │
        └──┬──┘
           │
        ┌─────┐
        │ HUB │
        └──┬──┘
      ┌────┼────┐
   ┌──┴┐ ┌─┴─┐ ┌┴──┐
   │ 1 │ │ 2 │ │ 3 │
   └───┘ └───┘ └───┘
```

Um Hub é um hardware que permite a transmissão ou difusão de determinado serviço ou informação, tendo como característica principal enviar a informação para vários clientes de forma simultânea, atuando em broadcast.

Fique ligado!

Uma importante característica do HUB é que ele lê o IP de origem, mas não lê o IP de destino da informação, possibilitando assim identificar a origem da informação. Caso não identifique o destino de tal informação, distribui para todos os clientes da rede.

Switch

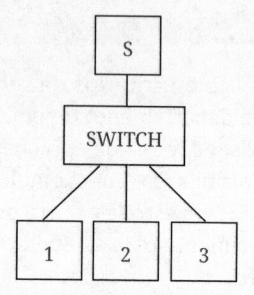

```
        S
        |
      SWITCH
      / | \
     1  2  3
```

É um componente de hardware que interliga os computadores em uma rede, tendo como característica enviar a informação ou serviço apenas para quem solicitou, atuando em multicast. Uma importante diferença do Switch para o Hub, é que o Switch consegue ler tanto o IP de origem quanto o IP de destino da informação, possibilitando que saiba tanto a origem quanto ao ponto que deve entregar a informação.

Roteador

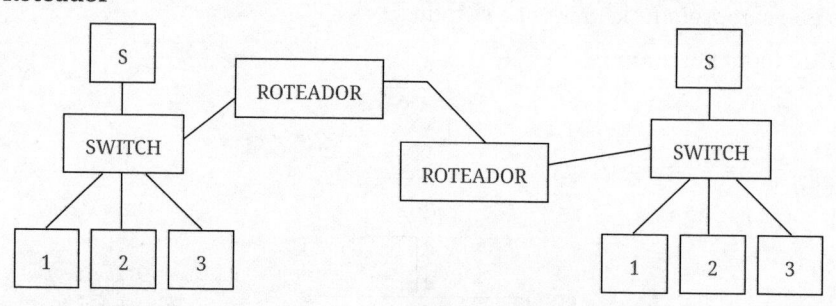

```
    S                                          S
    |                                          |
  SWITCH ── ROTEADOR                        SWITCH
   /|\            \                         /|\
  1 2 3          ROTEADOR ─────────        1 2 3
```

O roteador é um dispositivo que permite encaminhar dados entre redes de computadores distintas e independentes, estabelecendo um conjunto de redes em sobreposição. Um roteador é conectado a duas ou mais redes diferentes. Além de permitir a conexão entre redes independentes, ele também impõe políticas de segurança na rede.

Ponte

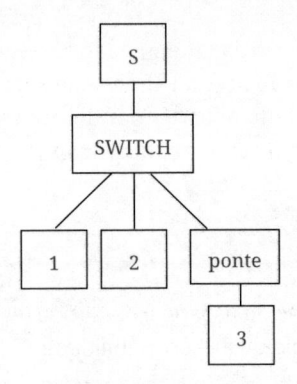

```
        ┌─────┐
        │  S  │
        └──┬──┘
        ┌──┴────┐
        │SWITCH │
        └───┬───┘
      ┌────┼──────┐
   ┌──┴┐ ┌─┴─┐ ┌──┴──┐
   │ 1 │ │ 2 │ │ponte│
   └───┘ └───┘ └──┬──┘
                ┌─┴─┐
                │ 3 │
                └───┘
```

O hardware definido como ponte ou bridge é caracterizado como o dispositivo que interliga duas ou mais redes que usam protocolos distintos ou iguais, ou dois segmentos da mesma rede que usam protocolos e tecnologias distintas. Também é possível que uma ponte estabeleça procedimentos exclusivos em um segmento de rede.

Cabos de Redes

Coaxial: o cabo coaxial foi o primeiro cabo disponibilizado no mercado para redes e computadores. Durante muito tempo foi o cabeamento padrão de redes, e mesmo que ainda hoje seja utilizado para transporte de dados, **não é mais predominante, pois perde** a força do sinal em longas distância entre os pontos de uma mesma rede.

Par-trançado: nos últimos anos os cabos par-trançado substituíram os cabos coaxiais, sendo hoje considerado **o cabeamento padrão de redes** de computadores. Ele utiliza o conector RJ-45, por padrão.

- Categoria 1: sistema de telefonia.
- Categoria 2: UTP tipo 3 definido pela IBM. Baixa transmissão.
- Categoria 3: transmissão de até 16 Mhz. Utilização típica em até 10 Mbps.
- Categoria 4: transmissão de até 20 Mhz. Utilização típica em até 16 Mbps.
- Categoria 5: transmissão de até 100 Mhz. Utilização típica em até 100 Mbp

3.5 Segurança da Informação

A segurança da informação não é uma qualidade, e sim uma área que tem quatro critérios que são analisados de forma individual, porém guardam relação entre si. Esses critérios não são exclusivos da informática, pois a segurança da informação pode ser verificada em um documento registrado e lavrado em cartório.

A segurança da informação tem uma relação muito forte com a informática e com a microinformática.

Critérios de segurança da informação

- **Autenticidade**: o critério da autenticidade assegura a legitimidade do usuário, isso acontece sempre ao acessar uma rede social utilizando login e senha. A quebra da autenticidade ocorre quando um terceiro se passa pelo usuário legítimo, violando uma senha ou falsificando uma assinatura.

> **Fique ligado!**
>
> Quando a autenticidade do usuário é garantida (ele é quem diz ser), a consequência é o não repúdio ou a irretratabilidade.

- **Integridade**: o critério da integridade é garantido quando o documento protegido não sofre alteração indevida. A integridade pode ser violada pela alteração indevida e não autorizada pelo autor ou pela inclusão, ou exclusão de conteúdo também não autorizado. Sempre que ocorrer alteração de volume com exclusão, ou inclusão sem autorização, esse conteúdo foi afetado na sua integridade.
- **Disponibilidade:** esse critério garante que a informação fique disponível para quem acessá-la. Quando o conteúdo não está disponibilizado de forma intencional ou não, existe aí a quebra da disponibilidade.
- **Confidencialidade**: o critério da confidencialidade refere-se à proteção de informação. Sempre que a informação não fica acessível para pessoas que não têm autorização para acessá-la ou visualizá-la, a confidencialidade está garantida, ou seja, está preservada. Quando por alguma forma a informação é visualizada por quem não poderia, a confidencialidade é violada.

Diferença Conceitual entre o Hacker e o Cracker

Os hackers são especialistas em tecnologia da informação e possuem a competência técnica para invadir sistemas de forma autorizada pelo proprietário.

Esse procedimento tem por objetivo realizar os testes críticos e prospectivos, e por meio deles implementar procedimentos para identificar falhas críticas e que sejam mitigadas possíveis fragilidades de sistema futuros.

Os crackers também são especialistas em segurança, a diferença é que eles invadem sistemas sem autorização do proprietário da informação, cometendo a invasão. Isso é considerado um ato criminoso.

A maioria dos crackers tem a intenção de cometer de fato algum crime, como invasão de servidores ou contas bancárias, porém existem vários grupos classificados como crackers que são militantes virtuais, invadindo servidores e sites governamentais

Tipos de Malwares

- **Pharming**: malware que se caracteriza por atacar o servidor DNS, que é o responsável pela vinculação do endereço do domínio (DNS) com o endereço do dispositivo (IP).

  Ao atacar o servidor DNS, o Pharming altera a vinculação correta da URL com o IP, induzindo a vítima para um site fraudulento, contendo alguma ação que leve a um possível golpe, como fornecimento de dados privados.

- **Bot**: o Bot executa uma ação similar ao Worm no sentido de que também é replicante. Porém, o Bot executa uma ação automática, que vai desde a criação de contas fakes em redes sociais como o Instagram, para um aumento artificial de número de seguidores, até como elevar de forma artificial as visualizações em lives do Youtube.

  Para tentar impedir ou dificultar a ação de Bots, quando é feita uma votação ou enquete na internet, geralmente o usuário precisa confirmar por meio de um captha para realizar o voto.

- **Botnet**: caracteriza uma rede de Bots da mesma natureza, ou seja, Bots que realizam ação idêntica e que são integrados em uma mesma LAN, realizando a chamada ação em cascata.

- **Sniffer**: o farejador se conecta de forma indevida a uma rede de computadores e copia os pacotes da rede invadida, atacando assim a autenticidade da informação.

- **Sniffer lógico (Programa)**: software malicioso que copia os pacotes da rede.

- **Sniffer físico (Hardware)**: aparelho que é conectado em qualquer parte do cabeamento da rede invadida com a finalidade de copiar o conteúdo de rede.

- **Trojan (Cavalo de Troia)**: o Cavalo de Troia é um programa que se passa por um software não malicioso, ele é sempre visível possibilitando uma interação com o usuário. Além disso, é uma aplicação, ou seja, ele cumpre aquilo que se propõe.

  Se o Trojan for um game ele é jogável, se for um navegador, ele é navegável; porém, ele esconde uma ação maliciosa em segundo plano, atacando o computador invadido.

- **Ransomware**: é uma subcategoria de Trojan que sequestra o conteúdo do computador por meio de criptografia, impedindo que o usuário acesse o conteúdo de seu próprio computador. Solicita um resgate geralmente por meio de envio de criptomoedas.

- **Spyware**: os Spywares são como os malwares "espiões", ou seja, não são visualizados pelo usuário, pois são instalados e executados em segundo plano, sem interação ou mesmo visualização do programa.

- **Keylogger**: o Keylogger é uma subcategoria de Spyware que se caracteriza por registrar aquilo que é digitado no teclado físico do computador. Por meio desse registro consegue, por exemplo, atacar a confidencialidade do acesso a locais privados, como contas de e-mail, redes sociais ou mesmo conversas realizadas pelo WhatsApp web ou direto do Facebook.

  O uso de teclados digitais, evita que o usuário digite seus dados e senhas no teclado físico. Essa é uma forma de se proteger contra o Keylogger.

- **Screenlogger**: o Screenlogger é outra categoria de Spyware, que tira instantâneos de tela (ação similar à ação executada quando o usuário pressiona a tecla Print Screen). O Screenlogger registra a tela do computador ou do smartphone em fotos sequenciais, permitindo ao invasor visualizar senhas digitadas, conversas realizadas, atacando frontalmente a confidencialidade da informação.

- **Adware (Advertising Software)**: são programas que se caracterizam por copiar os cookies utilizados no computador, com o objetivo de identificar os hábitos do usuário na navegação em redes sociais.

  São muitas vezes instalados nos servidores dos serviços utilizados. O usuário é induzido a dar anuência para serem instalados no computador, para que as empresas que vendem produtos on-line conheçam seus hábitos e venham a apresentar produtos vinculados à sua rotina.

- **Worm**: são softwares maliciosos que geralmente são executados por redes de computadores. São autoexecutáveis e, além disso, replicantes, pois conseguem criar cópias de si mesmo, ou seja, um arquivo em branco do Bloco de Notas, podem ser replicados em dezenas, centenas ou milhares. O Worm também tem a característica de navegar com os protocolos de rede, contaminando os outros computadores, deixando a rede cada vez mais congestionada até que venha a cair.

- **Backdoor**: permite o acesso remoto, não autorizado, ocasionando uma invasão ao computador.

  A invasão pode ser passiva, em que o invasor apenas visualiza o conteúdo; ou ativa, em que ele altera o conteúdo do computador invadido.

- **Hijackers**: esses programas maliciosos alteram a configuração de qualquer programa. Tradicionalmente eles foram instalados em navegadores para alterar a página inicial do navegador ou mesmo instalar uma barra de ferramentas indesejada que o usuário não tinha intenção de instalar.

  Esses programas também podem ser vistos em sistemas operacionais em que eles alteram as configurações, a página inicial ou mesmo algum aplicativo do sistema operacional, atacando a integridade da informação.

- **Sniffers**: esses programas maliciosos são os únicos que podem ser tanto um hardware quanto um software. Dessa forma, eles farejam e copiam o conteúdo compartilhado em rede, atacando a confidencialidade da informação.

Esse ataque ocorre por meio de hardware, denominado de conector dentado. Quando acontece por meio de um software, trata-se de um programa instalado que copia o conteúdo da rede.

- **Rootkit:** esses programas ocultam e protegem outros malwares. Serve, literalmente, como um laranja, integrando-se ao computador para evitar que o antivírus encontre o programa protegido.

  Como a intenção é proteger um outro programa malicioso existente no computador, ele não pode ser detectado facilmente, pois geraria uma desconfiança por parte do programa antivírus.

- **DDoS:** esse é um dos ataques mais comuns ultimamente, sendo abordado em provas de concursos públicos de forma recorrente. Caracteriza-se por um ataque de negação de serviço, atacando a disponível unidade da informação por meio da sobrecarga de demanda.

Vírus de Computadores

Como a internet surgiu para o uso massivo da sociedade em meados dos anos 1990 e os vírus foram a primeira categoria de programas utilizados para ataques, é muito comum denominar como vírus todos os tipos de ataques existentes. Isso se constitui em um erro conceitual, pois os vírus representam uma categoria à parte de softwares maliciosos, uma categoria extremamente importante, relevante, abordada em provas.

Tipos de vírus

- **Vírus de boot:** geralmente os antivírus existentes nos computadores se caracterizam por serem de alto nível, sendo aplicados após a execução do sistema operacional. Porém, os vírus de boot se caracterizam por estarem nos setores de inicialização do sistema operacional, ou seja operam em baixo nível e antes do boot, da inicialização.

  Para se proteger contra o vírus de boot é necessário que o usuário tenha instalado um antivírus de baixo nível, que geralmente são antivírus pagos e com alto poder de detecção de ameaças no sistema.

- **Time Bomb (bomba-relógio):** os vírus do tipo bomba-relógio mais comuns foram o Madonna, Sexta-feira 13 e Primeiro de Abril, todos eles prometiam alguma coisa inofensiva para o usuário que por meio da engenharia social instalava esses programas no computador e nas datas preestabelecidas formatava o computador do usuário.

- **Estado zombie:** tem como característica atacar os periféricos de entrada, particularmente o mouse e o teclado, alterando a forma de funcionamento.

  Eles podem, por exemplo, fazer com que a ordem dos botões do mouse se altere ou mesmo a direção do cursor seja invertido, da esquerda para a direita. Altera a ordem das teclas, fazendo por exemplo que a tecla Enter assuma a posição da tecla Espaço, e assim o usuário não consegue enviar comandos para o computador, perdendo o controle e fazendo com que o computador se torne literalmente um zumbi. Muitas vezes esse tipo de ataque faz com que o invasor assuma o controle do computador.

- **Vírus de macro (vírus de aplicativo):** também chamado de vírus de aplicativo, pois instala uma macro mal intencionada nos editores de texto, editores de planilha e editores de apresentação.

    Uma macro não é necessariamente um ataque, mas sim um elemento de banco de dados que possibilita ao usuário executar alguma ação automática. Um exemplo de macro ocorre quando ao preencher um formulário na internet e inserir o CEP, automaticamente todo o endereço é digitado. Porém, o vírus de macro caracteriza-se pela instalação de uma macro em um arquivo de programa de escritório que executa uma ação maliciosa, como a instalação de algum outro malware ao executar a macro.

    O pacote Microsoft Office e os seus principais aplicativos como Microsoft Word, Microsoft Excel, e Microsoft PowerPoint tem controle de macros. Isso significa que nas mais recentes versões, ou seja, a partir da versão 2007, quando o usuário abre algum programa que contém uma macro, é informado qual a ação existente nela dando a opção de executar ou não tal macro.

- **Nimda**: ataca as fragilidades do sistema operacional. Sempre que um sistema operacional novo é lançado, existe a possibilidade de criação de vários tipos de vírus que visam encontrar fragilidades na execução do sistema operacional ou mesmo fragilidades no acesso ao computador.

- **Stealth**: representam a geração mais moderna dos vírus que conseguem se ocultar do antivírus, mascarando a detecção. Eles não infectam arquivos inofensivos, porém copiam o cabeçalho do código-fonte desses arquivos passando-se por eles. Quando o antivírus detecta, ele entende que o arquivo é inofensivo, conseguindo se esconder.

Antimalwares

Trata-se de um exemplo típico de generalização de termos, pois no final dos anos 1990 e início dos anos 2000, vírus era praticamente sinônimo de ataque e o termo antivírus tornou-se genérico para descrever proteção. O vírus é apenas uma parte dos ataques existentes na informática, portanto, esse termo não é correto, pois se aplicado na sua concepção, protege o computador apenas contra uma pequena categoria de ataques.

Fique ligado!

A primeira geração de programas para a proteção contra códigos maliciosos visava proteger, apenas e tão somente, os discos rígidos ou os dispositivos externos como discos rígidos externos ou pen drives. Atualmente, com a massificação de dados nas redes sociais, existem vários tipos de programas de proteção que funcionam e são operados on-line.

Características dos Antimalwares

Existem basicamente duas categorias de programas de proteção: os programas permissivos em que tudo é possível a não ser que exista uma proibição e nesta categoria estão os antivírus. Os programas da categoria restritivos são executados por meios de proibições, ou seja, apenas executam com uma autorização prévia. Um exemplo de programa restritivo é o firewall.

Principais antimalwares: AVG, Malwarebytes, Norton Antivírus, Avira, Avast.

- **Métodos de funcionamento:** ao longo do desenvolvimento da tecnologia e da migração dos dados pessoais para a internet foram criados diferentes métodos de funcionamento de identificação de códigos maliciosos. Quanto mais é desenvolvida a engenharia social para pegar os dados das vítimas, maior é a necessidade dos programas antivírus entenderem a emergência de serem autoexecutáveis e alterarem a sua funcionalidade para maior eficiência contra os novos ataques.

- **Verificação dos malwares por meio das bibliotecas de vírus (malwares):** é um dos métodos de funcionamento mais antigos existentes na informática, pois os antivírus tem uma lista de códigos maliciosos. Esse método verifica se algum código malicioso dessa lista está presente no computador, realizando uma verificação de similaridade.

  Nesse sentido, é fundamental que os antivírus da biblioteca de códigos maliciosos tenham atualização constante, pois no caso da existência de uma biblioteca rígida e fixa não será possível a identificação de novos códigos.

- **Verificação de ações em execução:** uma outra forma de verificação de ações que caracterizam códigos maliciosos ocorre por meio da execução dos arquivos, monitorado por um antivírus. Quando o antivírus identifica uma ação que se assemelha a um código malicioso, ele detecta esse arquivo como um vírus.

- **Verificação por algoritmos:** esse método de verificação é um pouco mais avançado, pois diariamente lidamos com algoritmos tanto nas redes sociais quanto na navegação em internet banking. Muitas vezes os códigos maliciosos se escondem por meio dos algoritmos e o usuário pode ser atacado pelo simples fato de acessar um site.

- **Verificação de integridade:** método de proteção que visa proteger e verificar a integridade do sistema operacional, por meio da comparação da situação anterior. Uma comparação do estado anterior de segurança com o estado atual é capaz de registrar alguma alteração realizada por um código malicioso.

Firewall

São recursos que executam uma ação restritiva, ou seja, proíbem todas as ações e permitem apenas aquelas autorizadas pelo usuário.

A principal função do firewall é proibir que acessos externos possam atacar o sistema interno, podendo ser um computador ou mesmo uma rede interna de uma organização pública ou privada.

Os firewalls podem ser tanto físicos quanto softwares, e eles são adquiridos separadamente ou conjuntamente com o antivírus em uma central de segurança. O Windows, desde as suas versões mais antigas, tem um programa de proteção restritivo nativamente.

Fique ligado!

O firewall não é um antimalware, porém ele impede a instalação de um vírus no computador, protegendo-o de um ataque. Se a intenção do ataque for instalar um vírus, o programa pode impedir, isso não significa que ele seja antivírus, pois ele não detecta nem elimina o código malicioso.

Firewall (softwares)

Os sistemas operacionais, geralmente, tem um firewall instalado para que proteja os acessos remotos indevidos do tipo invasão.

Porém, como acessos remotos são necessários, é primordial a criação de autorizações para que programas específicos possam acessar o computador do usuário. Um exemplo disso ocorre quando é feito o download de conteúdo por meio de sites do tipo ponto a ponto, pois é necessário uma conexão externa ao computador. Os softwares são capazes de detectar se os acessos remotos são autorizados ou não pelo proprietário do computador.

Firewall (hardware)

Pode ser caracterizado como um elemento físico, ou seja, um hardware. É mais utilizado em servidores de empresas que trabalham com informações extremamente relevantes e sigilosas, operando fisicamente próximo ao servidor, analisando todos os acessos a todas as portas e a todos os pedidos de autorização fisicamente. Ele tem a vantagem de não ser vinculado a nenhum computador, e de não ser um programa que poderia eventualmente ter uma falha de execução.

Gerações de Firewall

Qualquer recurso de segurança que não seja atualizado, tende a ser ocioso e cair em desuso, pois os criminosos virtuais cada vez mais criam recursos e procedimentos avançados de invasão. Por essa razão, ao longo do tempo os engenheiros de segurança e as equipes que trabalham com segurança da informação desenvolveram várias gerações de Firewalls

1ª Geração: considerada a primeira geração que apresentou os files para as empresas e usuários. Tem a função de restringir o tráfego de dados nos dispositivos que tentam acessar o sistema por meio da análise do endereço lógico, ou seja, por meio da análise do endereço IP.

2ª Geração: permite que se verifique a solicitação de acesso por meio do endereço IP, assim como é feita a primeira geração. Porém, analisa outros aspectos como os atributos vinculados ao solicitante atrelados à criptografia ou compactação.

> **Fique ligado!**
>
> Em provas de concursos públicos podem ser denominados de firewalls de circuito.

Firewall Statefull

Tem a função de testar a velocidade de conexão em determinado segmento de rede, filtrando os dados de envio e recebimento.

Servidor Proxy

É uma forma de proteção restritiva que analisa os endereços IP que entram e os que saem de uma rede de computadores. Quando o servidor tem um Proxy a sua função é analisar os sites que são acessados pela organização, e, geralmente, bloqueiam alguns tipos de sites. Esse tipo de bloqueio de IP de entrada tem por objetivo restringir sites que não são autorizados, permitindo acesso apenas daqueles autorizados pela organização.

O bloqueio de peso de saída tem a funcionalidade de resguardar a identidade interna do endereço IP dos computadores.

Criptografia

A criptografia é uma ação de sigilo da informação que se caracteriza por transformar um conteúdo legível em um conteúdo ilegível por meio da transformação de letras e números em caracteres que não são compreensíveis para a linguagem humana. Dessa forma, o conteúdo fica inacessível para quem intercepta a informação. Quando essa informação chega até o seu usuário final 1, ele tem uma chave para reverter a criptografia, transformando esse conteúdo novamente em um conteúdo legível.

Para transformar um conteúdo legível em um conteúdo ilegível, e, em seguida transformá-lo novamente em conteúdo legível, são utilizados algoritmos denominados de chaves as quais podem ser públicas ou privadas, produzindo assim dois tipos de criptografia:

- Criptografia simétrica: criptografia de chave única.
- Criptografia assimétrica: criptografia de chave pública.

INFORMÁTICA

Objetivos da criptografia

- **Garantia da confidencialidade**: a garantia da confidencialidade ocorre por meio da transformação de um conteúdo legível em ilegível e da posterior alteração desse conteúdo em algo novamente legível. Isso impede a visualização da informação caso alguém tenha interceptado, garantindo assim confidencialidade, que é o principal objetivo da criptografia.

- **Garantir o critério da integridade**: a criptografia transforma o texto escrito em uma linguagem humana em caracteres incompreensíveis. Caso alguém intercepte essa informação de forma indevida, não conseguirá ler o conteúdo original e nem executar, protegendo assim a integridade da informação.

- **Garantir o critério da autenticidade**: quando o conteúdo é criptografado pelo receptor por meio de chaves que são compartilhadas entre ele e o emissor, assegurando assim que o conteúdo foi enviado por quem originalmente deveria fazê-lo e garantindo a autenticidade da informação.

- **Gerar o não repúdio ou irretratabilidade**: quando é garantido o critério da autenticidade, confirmando que o autor é realmente quem diz ser, a consequência é o não repúdio ou irretratabilidade. Nesse caso, o autor não pode alegar que não é responsável pelo conteúdo.

Criptografia Simétrica

A criptografia simétrica também é denominada de criptografia de chave única, pois tanto o emissor como o receptor utilizam a mesma chave para criptografar e descriptografar o conteúdo chave que é compartilhada entre os dois elementos.

O problema da criptografia simétrica, ou criptografia de chave única, é que qualquer pessoa que tenha a chave para criptografar também pode descriptografar o conteúdo, tornando-se assim menos confidencial do que a criptografia assimétrica. Essa fragilidade de permitir que qualquer pessoa que tenha a chave possa reverter a criptografia, faz com que ela seja apenas eficiente em um círculo fechado de confiança, pois quanto menos restrito for esse círculo de confiança e quanto maior o número de pessoas que tiver essa chave, menos confidencial a criptografia simétrica se torna.

A estrutura da criptografia simétrica é desenvolvida pelo emissor que criptografa o conteúdo por meio de uma chave pública criada pelo receptor, que reverte o conteúdo criptografado com a chave pública que ele mesmo criou.

Criptografia Assimétrica

Na criptografia assimétrica são utilizadas duas chaves e por essa razão é denominada de criptografia de chave dupla. Caracteriza-se por ser mais confiável que a simétrica, pois o usuário que criptografou o conteúdo tem uma chave que não permite a reversão da criptografia. Portanto, se a chave utilizada pelo emissor para criptografar o conteúdo cair nas mãos de alguém que não faz parte originalmente do relacionamento, não conseguirá reverter a criptografia.

A estrutura da criptografia assimétrica caracteriza-se pelo emissor criptografar o conteúdo utilizando a chave pública criada pelo receptor que reverte a criptografia, utilizando a chave privada criada por ele mesmo e de posse exclusiva do próprio receptor.

3.6 Banco de Dados

É um conjunto (coleção) de dados que se relacionam, apresentando informações sobre um tópico específico. Uma lista de informações aleatórias não caracteriza um Banco de Dados, pois para assim ser considerado, as informações sobre os itens devem ser as mesmas.

Elementos básicos sobre Bancos de Dados:

- Um Banco de Dados é pensado, estruturado e montado sempre com um objetivo específico previamente definido.
- Um Banco de Dados pode ser montado, atualizado e consultado de forma física ou informatizada.
- Um Banco de Dados pode ser utilizado tanto na atividade-meio quanto na atividade-fim das organizações modernas.

SGBD — Sistema Gerenciador de Banco de Dados

Um SGBD representa um conjunto de programas e aplicações que permitem a manipulação de um Banco de Dados, tais como: a definição conceitual, o desenvolvimento lógico, a inserção e consulta de dados.

Ações desenvolvidas por um SGBD:

- **Definir**: representa o primeiro passo para a elaboração de um Banco de Dados, projetando de forma prospectiva sua estruturação e manutenção.
- **Construir**: é a ação de armazenar dados, sendo controlado pelos programas que estabelecem o SGBD.
- **Manipular**: é a execução propriamente dita do Banco de Dados, em que as informações são efetivamente inseridas, consultadas e alteradas.

Fique ligado!

Os atuais Sistemas de Gerenciamento de Banco de Dados agregam diversas outras funções, especialmente pela maior complexidade de dados manipulados pelas organizações e por conta do uso e manipulação de Bancos de Dados na Internet, considerando elementos de Big Data.

Com a modalidade de trabalho home office cresceu a demanda por manipulação de dados on-line e, com isso, aumentou muito a oferta de SGBDs que apresentam versões gratuitas (demo ou trial), as quais disponibilizam os mesmos recursos avançados que são oferecidos apenas mediante pagamento.

SGBDs mais comuns: MS-SQL Server; NoSQL; ORACLE; PostGreSQl; IBM DB2; MYSQ; FireBird; DB4 e MS Access.

Arquitetura Básica de um Sistema de Gerenciamento de Banco de Dados

Os Sistemas de Gerenciamento de Bancos de Dados possuem as seguintes características elementares para a sua execução:

- **Compartilhamento de dados**: quando um Banco de Dados é acessado por múltiplos usuários, faz-se necessário que se execute um controle de acesso e manipulação, para evitar concorrências de dados.
- **Interfaceamento**: é necessário que a interface seja agradável e acessível aos usuários, pois vários membros das organizações não são programadores e não conhecem a linguagem de programação para acesso ao Banco de Dados.
- **Monitoramento de Redundâncias**: como um Banco de Dados geralmente é acessado por inúmeros usuários diferentes de forma simultânea, envolvendo diversas entidades (tabelas) que se relacionam entre si, isso ocasiona um problema de inserção de dados duplicados em locais diferentes. O controle e o monitoramento de redundância têm a função de manipular estes elementos (tabela com dados).
- **Esquematização**: um Banco de Dados é formado por diversos relacionamentos, que representam os vínculos entre as entidades que compõem esse Banco de Dados. É necessário entender como ocorrem esses relacionamentos e qual a relevância de cada um deles considerando as chaves existentes.
- **Backup:** a cópia de segurança assegura as características fundamentais do Bancos de Dados: manter a cópia em local diferente do original e periodicidade na atualização.
- **Integridade**: os dados que compõem um Bando de Dados devem ser preservados quanto a alterações indevidas, assim como inclusões ou exclusões de dados sem a autorização de seus administradores.
- **Controle de acesso**: é necessário que os níveis de acesso sejam controlados, pois nem todos que acessam um banco de dados possuem o mesmo nível de autorização, existindo desde usuários que apenas consultam até os administradores.

> **Fique ligado!**
>
> A garantia das características mencionadas demanda a implementação do Banco de Dados em diferentes níveis e camadas, com os responsáveis possuindo distintos níveis de abstração e responsabilidade.

Modelagem de Dados

Modelagem conceitual: caracteriza-se por ser o mais alto nível e por ser mais teórica, pois parte das necessidades do cliente na montagem do Banco de Dados, com o desenvolvedor apresentando uma proposta de solução tecnológica e de uso prático para o cliente.

Na modelagem conceitual não estão presentes as limitações que geralmente aparecem no desenvolvimento do SGBD em níveis de software ou hardwares.

Modelagem lógica: apresenta algumas limitações, pois representa a implementação do Banco de Dados propriamente dito, como a padronização, criação das chaves (primária, secundária etc.). A modelagem lógica é a materialização dos parâmetros definidos pela modelagem conceitual.

Chaves e Relacionamentos

- **Chave primária (Primary Key):** uma tabela é formada por uma coluna ou conjunto de colunas concatenadas que formam a chave primária, cujo valor é único e nunca se repetindo em nenhuma outra linha da tabela. .
- **Chave estrangeira (Foreign Key):** quando duas tabelas estão relacionadas por meio de atributos (colunas) comuns, a coluna é a chave primária em uma das tabelas. Na outra tabela, esse atributo caracteriza o que é denominado de chave estrangeira, propiciando assim, uma ligação lógica (relacionamento) entre as tabelas.
- **Chave candidata**: uma tabela relacional pode assumir alternativas de identificador único, ou seja, várias colunas ou concatenações delas podem ter essa propriedade. Esses identificadores são candidatos à chave primária. Como somente um poderá ser o escolhido (uma tabela só pode ter uma chave primária – que pode ser composta pela concatenação de mais de uma coluna), o restante passa a ser considerado como chave alternativa (secundária).
- **Chave secundária (Secundary Key):** serve para definir uma segunda chave primária por meio da criação de índices únicos de pesquisa. As chaves secundárias mantêm a integridade das tabelas que possuem mais de uma chave candidata.

Normalização de Dados

A normalização de dados tem por objetivo eliminar redundâncias e anomalias no Banco de Dados, evitando que exista na relação de vinculação e manipulação dados duplicados ou redundantes. Quanto mais normalizada é a aplicação do Banco de Dados, menos redundância ele apresenta, ficando mais eficiente e eficaz.

Normalmente a normalização de dados é realizada por meio da exclusão ou junção de colunas de uma tabela, eliminando-se assim os dados desnecessários, redundantes, ou mesmo conflitantes. A retirada de anomalias e a padronização de um Banco de Dados normalizado ocorre por meio da utilização das chaves primária, estrangeira, ou vinculada.

Fique ligado!

O processo de normalização de dados engloba as denominadas formas normais. Apesar de existirem outras modalidades, a terceira forma normal é aceitável pela manipulação de Banco de Dados.

Formas Normais

Primeira forma normal: a primeira forma normal é alcançada quando os atributos da tabela contém apenas um e tão somente um valor correspondente, não existindo atributos repetidos na mesma tabela do Banco de Dados. A primeira forma normal admite apenas dados inéditos, ou seja, não deve haver repetição de campos com os mesmos dados.

O procedimento inicial para identificar se a tabela está ou não na primeira forma normal, é identificar a chave primária existente nessa tabela e, em seguida, reconhecer se existem grupos repetidos na mesma entidade. Caso existam, devem ser retirados para que a tabela esteja na primeira forma normal.

Tabela 1: A tabela não se encontra na primeira forma normal, pois existem dados repetidos, tais como: dois telefones constando em cada linha da tabela.

Código	Nome	Endereço	Telefone
1001	Diego Machado	Rua Tal 321 Porto	5312345678 5398765432
1102	Fulano de Tal	Avenida Tal 71 Centro	5187654321 5143215678

Na tabela 1 é possível verificar que existem dois problemas que a impedem de ser caracterizada como a primeira forma normal, são eles:

- Dois números de telefone em uma mesma linha da coluna telefone, o que impede de existirem padronizações da primeira forma normal.
- Endereços de valores diferentes: rua e bairro.

Para que se chegue à primeira forma normal é necessário que se coloque cada informação em uma coluna diferente da tabela, relacionando essa nova tabela ao número de contato, desmembrando-se em duas ou mais tabelas.

Tabela 2: Tabela desmembrada e auxiliar à tabela principal. Encontra-se na primeira forma normal.

Código	Nome	Endereço	Telefone	Bairro
1001	D i e g o Machado	Rua Tal 321	5312345678 5398765432	Porto
1102	Fulano de Tal	Avenida Tal 71	5187654321 5143215678	Centro

Nesse sentido, a operação apresenta uma tabela na primeira forma normal, evitando assim a repetição de campos e apresentando múltiplos valores. Dessa forma, desdobra-se a tabela original em uma terceira tabela, conforme exemplo a seguir.

Tabela 3: Nova tabela criada a partir do desmembramento da tabela original.

Código	Telefone
1001	5312345678
1001	5398765432
1002	5112345678
1002	5187654321

Nesse caso, foi criada uma tabela referente ao código, permitindo que um único usuário tenha mais de um número de telefone, em linhas diferentes da coluna, deixando o conjunto de tabelas na primeira forma normal, eliminando a anomalia primária.

- **Segunda forma normal:** a segunda forma normal é alcançada na normalização de dados atendendo os seguintes critérios: a tabela deve estar completamente adequada à primeira forma normal e todos os atributos que não são chave forem totalmente dependentes da chave primária estabelecida na tabela ou entidade. Portanto, a segunda forma normal elimina a anomalia de redundância em Banco de Dados.

Para alcançar o objetivo da normalização de segundo nível, é necessário que todos os campos que dependam parcialmente da chave primária, sejam separados em outras tabelas para que os registros estejam vinculados por meio de uma chave estrangeira.

Tabela 4: A tabela não se encontra na segunda forma normal.

cd_locacao	cd_filme	título_filme	devolucao	cd_cliente
1010	201	The Matrix	2011-10-12	743
1011	302	O Grito	2011-12-10	549
1012	201	The Matriz	2011-12-30	362

A tabela apresenta colunas que agrupam informações sobre o título do filme, o local em que o filme foi alugado e o número que identifica a locação do filme. Porém, observa-se que ela está associada a um código, tornando esse valor vinculado ao código e não totalmente à chave primária.

Tabela 5: Tabela criada com o objetivo de armazenar os filmes e vinculá-lo ao código, buscando assim a normalização de segundo estágio.

cd_filme	titulo_filme
201	The Matrix
302	O Grito

A tabela original apresenta um problema, pois ao alugar um filme, é necessário que além do código também seja digitado o nome do filme, gerando assim um problema de redundância de digitação de dados. Com isso, a tabela torna-se extremamente ineficiente, gerando pouca produtividade na operação do banco de dados.

Ao criar uma tabela auxiliar vinculando o código ao nome do filme e vinculando uma chave estrangeira que liga esta tabela auxiliar à tabela principal, é possível trabalhar apenas com o código do filme. Nesse sentido, o nome do filme estará vinculado, evitando a digitação de dados redundantes, tornando a tabela mais eficiente e estando finalmente na segunda forma normal.

Tabela 6: Tabela na segunda forma normal, pois tem todos os dados dependentes exclusivamente e na sua integralidade a chave primária.

cd_locacao	cd_filme	devolucao	cd_cliente
1010	201	2011-10-12	743
1011	302	2011-12-10	549
1012	201	2011-12-30	362

- **Terceira forma normal:** ocorre quando ao analisar uma tupla não é encontrado nenhum atributo não chave dependendo de outro atributo não chave. Nesse sentido, afirma-se que a entidade analisada, encontra-se finalmente na terceira forma normal. Para chegar à terceira forma normal deve, necessariamente, atender os requisitos da primeira e segunda formas normais.

O procedimento principal para deixar a entidade na terceira forma normal é identificar algum campo que seja vinculado a um outro campo não chave e tentar quebrar esse vínculo, conforme exemplo a seguir.

Tabela 7: Tabela não se encontra na terceira forma normal, pois possui um campo não chave vinculado ao outro campo não chave.

placa	modelo	qnt_kmetro	cod_fab	nome_fab
qwe123	Modelo 1	867	3004	fabricante 1
asd456	Modelo 2	928	3005	fabricante 2

Na tabela 7 há uma entidade que lista carros cadastrados em uma concessionária apresentando outras informações, tais como: modelo, quantidade e quilometragem rodada, além do código e do nome do fabricante.

Observa-se que o nome do fabricante é gerado por meio do código do fabricante, deixando a tabela não adaptada à terceira forma normal, pois os dois campos que estão vinculados não são campos de chave primária. Devido a isso, é necessário desdobrar em outras tabelas para que se alcance a terceira forma normal.

Tabela 8: Tabela desmembrada na terceira forma normal.

placa	modelo	qnt_kmetro	cod_fab
qwe123	Modelo 1	867	3004
asd456	Modelo 2	928	3005

A coluna removida deve ser inserida em uma nova tabela para que todos os dados originais estejam vinculados e, dessa forma, corretamente se faça a vinculação do nome do fabricante com o código que é gerado, possivelmente pelo próprio fabricante, conforme na tabela desdobrada a seguir.

Tabela 9: Tabela criada com o único objetivo de armazenar o nome do fabricante - terceira forma normal.

cod_fab	nome_fab
3004	fabricante 1
3005	fabricante 2

Mineração de Dados

A mineração de dados caracteriza-sepor um conjunto de ferramentas e técnicas aplicadas a um conjunto de dados e algoritmos de aprendizagem, que utilizam desde computação cognitiva passando por aprendizado de máquinas, gerando redes neurais, estudos estatísticos capazes de analisar um conjunto de dados.

Esse conhecimento sobre dados minerados apresenta formas gráficas variadas, desde tabelas e bancos de dados até fluxogramas e organogramas. Dados minerados podem ser trabalhados de forma flexível, gerando assim elementos visuais completamente diferenciados.

O trabalho humano com dados sempre seguiu padrões estabelecidos que indicam informações importantes sobre hábitos de usuários do serviço público ou clientes de uma organização. Para atingir esses padrões é necessário criar regras e testá-las.

A mineração de dados tem como objetivo aplicar aos dados uma pesquisa avançada científica, possibilitando aumentar a lucratividade das organizações, assim como no serviço público melhorar a prestação de serviço identificando elementos necessários e possíveis à normalização e padronização de dados.

A padronização e a mineração de dados são identificadas por meio de classificações, algoritmos e prognósticos, que indicam as tendências a ser seguidas pelas organizações. A mineração de dados é extremamente utilizada no campo de políticas públicas para identificar tendências e desejos do cidadão na relação com a prestação do serviço público, ampliando assim a sua utilização.

- **Associações**: quando se trata de mineração de dados as associações representam ocorrências vinculados a um evento singular.

Ocorre quando uma ação é vinculada a outra, criando um referencial. Por exemplo: uma rede de supermercados percebe que homens que compram fraldas na sexta-feira à noite para ficarem o fim de semana em casa com seus filhos recém-nascidos, também tem o hábito de levar cerveja para tomarem em casa.

Essa associação, aparentemente sem sentido, de deixar cerveja perto de fraldas, pode indicar uma tendência de usuário e uma localização de produtos que aparentemente estariam desassociados próximos na disposição do layout do hipermercado.

- **Sequências:** representam padrões que são ligados por meio da análise de um tempo que é mais longo do que uma análise única, indicando uma relação de causa e efeito. Por exemplo: quando usuários compram Smart TVs, geralmente, logo depois eles buscam a assinatura de serviços em streaming, para potencializar o uso dos aparelhos que começaram a utilizar. Dessa maneira, é possível que uma empresa que trabalhe tanto com a venda de televisores quanto com a oferta de serviços de streaming, ofereça um em decorrência da compra do outro.

- **Classificação:** na classificação existe a mineração de dados por meio de grupos que pertencem a mesma regra e que tem a mesma postura, possibilitando assim analisar padrões coletivos de postura de clientes. Por exemplo: quando determinado grupo de clientes que costuma adquirir um produto coletivamente, deixa de utilizar esse produto indo para um de maior tecnologia. É necessário que esse grupo seja tratado de forma coletiva quanto às suas necessidades de consumo.

- **Aglomeração (clustering):** a aglomeração é uma etapa anterior à classificação, pois determinam posturas inicialmente caracterizadas como identificação de padrões de conduta, porém não se identifica ainda uma clara classificação. A aglomeração é o processo inicial de criação de subgrupos por meio dos dados apresentados no banco de dados.

- **Prognóstico:** ocorre quando se trabalha com prognósticos com uma relação prospectiva, envolvendo sobre o futuro e analisando vários elementos presentes no banco de dados, partindo de uma série de valores estabelecidos que evoluem ao longo do tempo, criando padrões, algoritmos, possibilitando previsões futuras, utilizadas inclusive no mercado financeiro.

Vamos praticar

1. **(VUNESP – 2021 – CDEN/SP – ALMOXARIFE)** Para ter acesso à Internet é necessário utilizar aplicativos específicos, que funcionam como uma ponte entre o usuário e o conteúdo virtual da Internet. Esses aplicativos são conhecidos como navegadores, "web browsers" ou simplesmente "browsers". São exemplos de navegadores:
   a) Power Point.
   b) Google Chrome.
   c) Excel.
   d) Outlook.
   e) Explorador de arquivos.

2. **(VUNESP – 2021 – CODEN/SP – ADVOGADO)** Por meio do Google Chrome 78, em sua configuração padrão, um advogado deseja imprimir uma página sendo exibida, para fazer um registro. Assinale a alternativa que apresenta o atalho por teclado usado para imprimir a página.
   a) Ctrl + P.
   b) Ctrl + U.
   c) Ctrl + I.
   d) Alt + J.
   e) Alt + M.

3. (VUNESP – 2021 – PREFEITURA DE MARÍLIA/SP – SUPERVISOR DE SAÚDE) Usando o navegador Google Chrome 87, em sua configuração padrão, um usuário navegou em um website. Automaticamente, esse endereço ficou gravado:

a) nos favoritos.

b) no histórico.

c) nas extensões.

d) nos downloads.

e) na página de inicialização.

4. (VUNESP – 2021 – TJM/SP – ANALISTA EM COMUNICAÇÃO E PROCESSAMENTO DE DADOS JUDICIÁRIO (ANALISTA DE REDES) Uma das classificações mais adotadas, no que diz respeito aos tipos de ameaças a sistemas de informação, refere-se à intenção pretendida com a ameaça. Dessa forma, considerando tal objetivo, as ameaças classificam-se em:

a) soft, hard e firm.

b) naturais, voluntárias e involuntárias.

c) manuais, automatizadas e autenticadas.

d) simples, compostas e mistas.

e) severas, auditáveis e secretas.

5. (VUNESP – 2021 – TJM/SP – ANALISTA EM COMUNICAÇÃO E PROCESSAMENTO DE DADOS JUDICIÁRIO - ANALISTA DE REDES) Um tipo de malware conhecido como ransomware em geral criptografa ou bloqueia o acesso aos arquivos do usuário no computador infectado, solicitando algum tipo de resgate para suposto desbloqueio. Uma boa prática que mitigaria as consequências de um ataque desse tipo é:

a) manter backups atualizados dos arquivos importantes do computador do usuário, em mídias externas off-line.

b) manter uma carteira bitcoin ativa e com algum saldo, o que permitiria efetuar o pagamento do resgate solicitado pelo atacante rapidamente, já que na maioria das vezes o resgate é solicitado nessa criptomoeda.

c) possuir um software antivírus atualizado que tenha capacidade de descriptografar os arquivos atacados, além de eliminar o ransonware, o que permite sua recuperação mesmo na ausência de backup e, portanto, é mais efetivo.

d) utilizar computadores Mac com o sistema operacional OS X no lugar de PCs com Windows, já que esse sistema é imune a ransonware.

e) manter o firewall do sistema operacional sempre ativo, o que impede a entrada de ransonware e outras ameaças.

6. (VUNESP – 2020 – CÂMARA DE BOITUVA/SP – AGENTE ADMINISTRATIVO) Após o usuário clicar em um link de uma página da Internet, o navegador exibiu a mensagem "Erro 404 – Página não encontrada". Isso mostra que:

a) o buscador não encontrou o termo procurado.

b) a conexão de internet está indisponível, pois o link não foi acessado.

c) o programa necessário para abrir o link não está instalado.

d) o download da página não foi concluído, por isso não foi encontrada.

e) o link está quebrado, pois encaminhou para um endereço indisponível.

7. **(VUNESP – 2020 – CÂMARA DE BOITUVA/SP – AGENTE ADMINISTRATIVO)** Ao receber uma mensagem de correio eletrônico, João notou que seu e-mail [joao@empresa.com] e o de Maria [maria@empresa.com] estavam listados no campo "Para", e o de seu gerente [gerente@empresa.com] estava listado no campo "CC" (com cópia).

    Tal constatação indica que:

    a) somente gerente@empresa.com pode responder a mensagem.

    b) joao@empresa.com, maria@empresa.com e gerente@empresa.com podem responder a mensagem.

    c) somente joao@empresa.com e maria@empresa.com podem responder a mensagem.

    d) somente joao@empresa.com pode responder a mensagem.

    e) somente maria@empresa.com e gerente@empresa.com podem responder a mensagem.

8. **(VUNESP – 2020 – EBSERH – ANALISTA DE TECNOLOGIA DA INFORMAÇÃO)** A emissão de certos tipos de notas fiscais eletrônicas por empresas requer um certificado digital, tal como o e-CNPJ. Nesse contexto, o objetivo deste certificado é permitir a geração de uma assinatura digital com relação ao conteúdo da nota fiscal eletrônica a ser transmitida para o órgão competente. Assinale a alternativa correta a esse respeito.

    a) O certificado digital implementa o algoritmo que gera a assinatura digital. A verificação da validade da assinatura requer a chave privada presente no certificado.

    b) O certificado digital contém uma chave pública que é utilizada para gerar a assinatura digital juntamente com o conteúdo da nota fiscal. A chave privada, também presente no certificado, permite a verificação da validade da assinatura.

    c) O certificado digital armazena a senha PIN. Essa senha é utilizada como chave para gerar a assinatura digital juntamente com o conteúdo da nota fiscal. Uma outra senha, chamada senha PUK, é utilizada para verificar a validade da assinatura.

    d) O certificado digital contém uma chave privada, que é utilizada para gerar a assinatura digital juntamente com o conteúdo da nota fiscal. A chave pública, também presente no certificado, permite a verificação da validade da assinatura.

    e) O certificado digital contém um par de chaves privada e pública. Esse par de chaves é transmitido para o órgão competente junto com a nota fiscal eletrônica, e lá é gerada a assinatura digital com base no par de chaves e no conteúdo da nota fiscal.

9. **(VUNESP – 2020 – PREFEITURA DE MORRO AGUDO/SP – AGENTE DO SETOR DE ÁGUA E ESGOTO)** João recebeu uma mensagem de correio eletrônico por meio do aplicativo Microsoft Outlook 2010, em sua configuração padrão. No entanto, João era o único que estava relacionado no campo Cco. Isso significa que todos os demais destinatários não sabem que João recebeu a mensagem. Assinale a alternativa que indica a pasta em que, por padrão, a mensagem foi gravada no aplicativo de João.

   a) Rascunhos.

   b) Caixa de Entrada.

   c) Itens Lidos.

   d) Caixa de Itens Ocultos.

   e) Caixa Confidencial.

10. **(VUNESP – 2020 – FITO – AUXILIAR DE ADMINISTRAÇÃO – APOIO ADMINISTRATIVO / REPROGRAFIA E GRÁFICA)** Leandro enviou uma mensagem a Mário e Sandra, ambos como CCO (cópia oculta). Caso Mário responda essa mensagem de correio eletrônico incluindo todos os destinatários da mensagem original:

    a) somente Leandro receberá a mensagem, pois é impossível a Mário determinar que a mensagem original enviada por Leandro também foi encaminhada a Sandra.

    b) Leandro e Sandra receberão a mensagem, mas Mário não visualizará que a mensagem foi enviada a Sandra, pois ela é uma leitora oculta.

    c) Leandro e Sandra receberão a mensagem e Mário será capaz de visualizar todos os destinatários dessa mensagem.

    d) somente Sandra receberá a mensagem, pois somente ela está na mesma categoria de destinatários que Mário.

    e) Leandro e Sandra receberão a mensagem, mas Mário não visualizará que a mensagem foi enviada a Leandro, pois Leandro ocultou-se como remetente.

11. **(VUNESP – 2019 – CÂMARA DE PIRACICABA/SP – JORNALISTA)** Andréa preparou e enviou uma mensagem de correio eletrônico, usando o Microsoft Outlook 2010, em sua configuração original, tendo preenchido no campo Para: Ricardo, Rafael e Lúcia, e tendo preenchido, também, no campo Cc: Fábio, André e Guilherme. Ao receber essa mensagem, Fábio respondeu, clicando no botão Responder. Andréa, assim que recebeu a mensagem de Fábio, respondeu, por sua vez, usando o botão: Responder a todos. Fábio, mais uma vez, respondeu, agora usando o botão: Responder a todos. Finalmente, de maneira conclusiva, André respondeu, usando o botão: Responder.

    Assinale a alternativa que indica o número de mensagens que Ricardo recebeu, depois de todos os procedimentos, considerando que não houve nenhuma falha nos envios.

    a) 1.

    b) 2.

    c) 3.

d) 4.

e) 5.

12. (VUNESP – 2018 – PC/SP – AGENTE POLICIAL) Utilizando um navegador típico de Internet, o usuário digitou o seguinte endereço: www.carlos.cim.br. De acordo com o endereço digitado, é correto afirmar que o usuário está acessando um site web de um profissional liberal da classe:

a) contador.

b) instrutor.

c) impressor.

d) corretor.

e) importador.

13. (VUNESP – 2018 – PC/SP – AGENTE POLICIAL) Atualmente, é muito comum realizar o acesso à Internet por meio de uma conexão sem fio disponibilizado por Access Points ou Roteadores fixos ou móveis. Dentre os esquemas de segurança disponibilizados nesse tipo de comunicação, o que fornece mais proteção é o:

a) WPA.

b) WiFi.

c) WPS.

d) WEP.

e) WPA2.

14. (VUNESP – 2018 – PC/SP – AGENTE POLICIAL) Uma das vantagens da telefonia IP (VoIP), se comparada com a telefonia tradicional (fixa e analógica), é a:

a) ausência de atrasos na conversação, ou seja, a comunicação é instantânea.

b) possibilidade de compartilhar o canal de comunicação de dados com outros serviços.

c) maior confiabilidade devido ao uso de uma conexão permanente entre os interlocutores.

d) maior disponibilidade do canal de comunicação, pois o canal é dedicado.

e) melhor qualidade da ligação sem interrupção ou cortes.

15. (VUNESP – 2018 – PC/SP – AGENTE POLICIAL) Na preparação de um e-mail a ser enviado, é necessário que se insira um endereço de e-mail válido.

Um endereço de e-mail com formato válido é:

a) usuario~sobrenome@provedor^br.

b) @usuario.provedor.br.

c) usuario@provedor.br.

d) #usuario@provedor.br.

e) usuario.provedor.br@.

16. (VUNESP – 2018 – PC/SP – AGENTE POLICIAL) Ao se preparar uma mensagem para envio por meio de um correio eletrônico, o usuário anexou dois ou mais arquivos em uma mesma mensagem, sendo correto afirmar que esses arquivos:

a) podem ser todos do tipo pdf.
b) devem ser criptografados.
c) não podem ser protegidos por senha.
d) não podem ser de mesmo tamanho.
e) devem ser compactados.

17. (VUNESP – 2018 – PC/SP – AGENTE POLICIAL) Ao se preparar uma mensagem para envio por meio de um correio eletrônico, é correto afirmar que:

a) os campos Cc e Cco são ambos obrigatórios.
b) o campo Assunto é obrigatório, e o campo Cco é opcional.
c) os campos Para e Cco são ambos obrigatórios.
d) pelo menos um dos campos Para, Cc ou Cco deve ser especificado.
e) o campo Cco é obrigatório, e o campo Assunto é opcional.

18. (VUNESP – 2018 – PC/SP – PAPILOSCOPISTA POLICIAL) Observando a página do concurso de Papiloscopista visitada com Google Chrome, assinale a alternativa que contém o URL do link Editais e Documentos indicado com 👆.

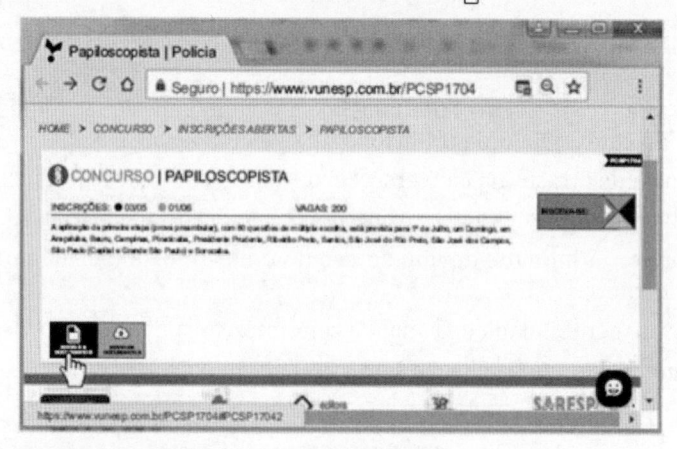

a) https://www.vunesp.com.br/PCSP1704
b) https://www.vunesp.com.br/PCSP1704#PCSP17042
c) CONCURSO | PAPILOSCOPISTA
d) Papiloscopista | Polícia
e) https://www.vunesp.com.br

19. (VUNESP – 2018 – PC/SP – PAPILOSCOPISTA POLICIAL) Observe a janela e guias do Google Chrome, em sua configuração padrão, apresentadas na figura a seguir.

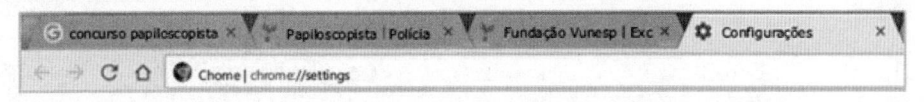

Para mostrar ou ocultar o botão Página Inicial 🏠 é necessário clicar na respectiva opção na seguinte seção da guia Configurações:

a) Privacidade e segurança.
b) Inicialização.
c) Navegador padrão.
d) Aparência.
e) Mecanismo de pesquisa.

20. (VUNESP – 2018 – PC/SP – PAPILOSCOPISTA POLICIAL) Na figura a seguir é apresentada a área de trabalho do MS-Outlook 2010, na sua configuração padrão, em que a primeira mensagem está selecionada na caixa de entrada.

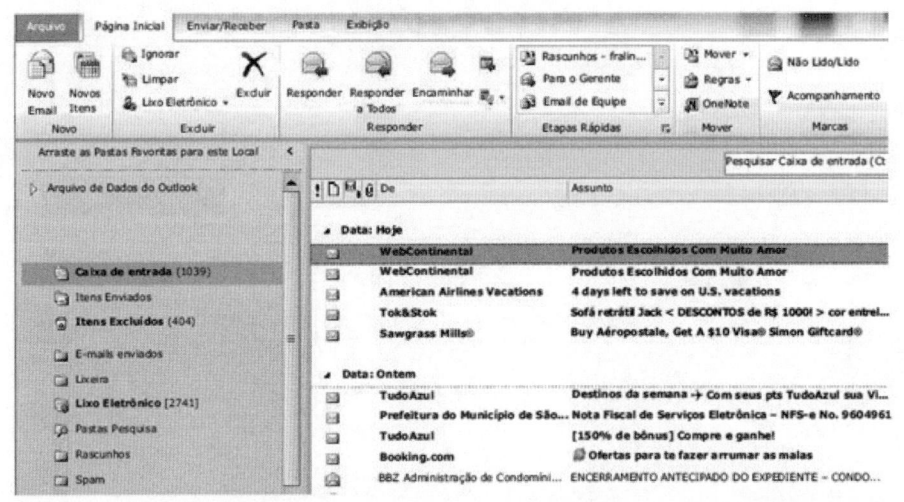

Ao clicar no botão 📭 Ignorar e, na sequência, confirmar a ação, fará com que a mensagem selecionada seja:

a) movida para Lixo Eletrônico.
b) transferida para Rascunhos.
c) movida para Itens Excluídos.
d) marcada como lida.
e) movida para Spam.

Gabarito

#		#	
1	B	11.	A
2.	A	12.	D
3.	B	13.	E
4.	B	14.	B
5.	A	15.	C
6.	E	16.	A
7.	B	17.	B
8.	D	18.	B
9.	B	19.	D
10.	A	20.	C

4 Microsoft Word

4.1 Microsoft Word / Libre Office Writer

Conceitos básicos

A mais recente versão do editor de textos do Pacote Office, o Microsoft Word 2019, além de manter os recursos das versões anteriores (como **ferramentas para formatação de textos**, parágrafos, páginas etc.), apresenta algumas ferramentas novas com nomenclatura diferente.

A figura a seguir exemplifica a página inicial do Word 2019, com arquivos recentes para serem acessados. Do lado esquerdo da janela, encontra-se a ferramenta Abrir outros documentos além dos recentes, e do lado direito os modelos já existentes.

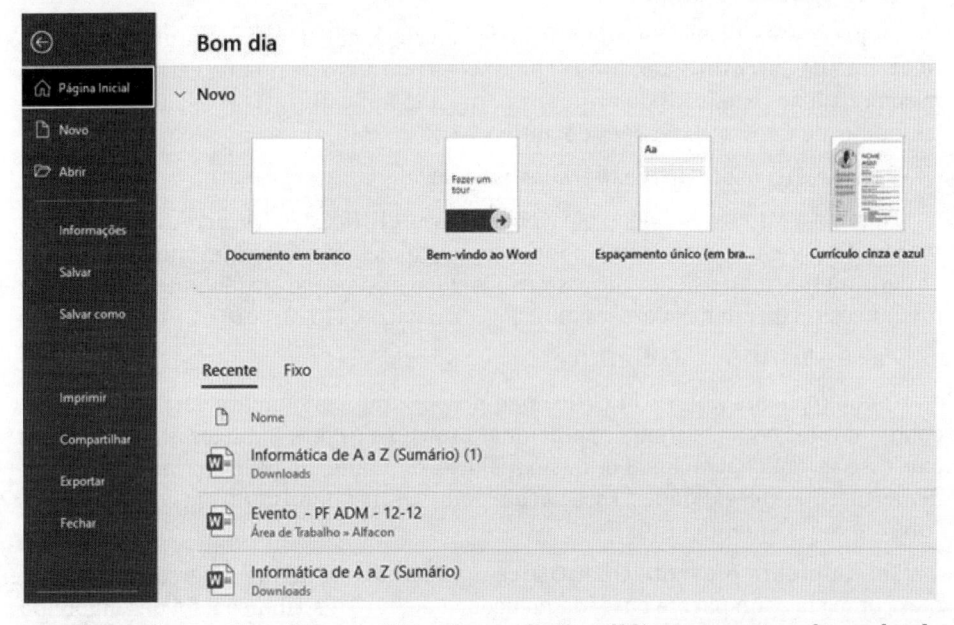

No Brasil o uso de softwares difere de um órgão público para outro, dependendo da política desenvolvida e da atividade-fim de cada organização. Com isso, em provas de concurso público tanto pode ter a abordagem do pacote Microsoft Office, utilizada no sistema operacional Windows, quanto do pacote BrOffice (LibreOffice) utilizado majoritariamente em sistemas operacionais Windows.

> **Fique ligado!**
>
> Como esses aplicativos são complexos, e cada um composto de centenas de ferramentas, a abordagem em provas se diferencia dependendo da banca organizadora, porém existem ferramentas prioritárias em cada aplicativo, que são recorrentes em questões de concursos públicos.

O Microsoft Word 2016 tem compatibilidade com o editor de textos Writer, do pacote LibreOffice.

Não existe incompatibilidade na instalação do pacote Microsoft Office (2013, 2016, 2019) e LibreOffice no mesmo computador com sistema operacional Windows, pois não há conflito nesse procedimento já que o pacote LibreOffice é multiplataforma, podendo ser instalado em computadores com Windows e Linux.

4.2 Compatibilidade do Microsoft Word 2016

Pacote Office (antigo)

Os programas do pacote Office até a versão 2003, **não sofreram mudanças drásticas em sua estrutura**, tendo suas operações por meio de menus verticais e com a mesma lista de extensões de arquivos para cada aplicativo. O Word 2016 consegue ler, editar e salvar as extensões do antigo Word.

Pacote Microsoft Office (versões atuais)

Quando a Microsoft lançou o pacote Microsoft Office 2007, ocorreram importantes mudanças estruturais, como a inclusão de guias horizontais em substituição aos antigos menus e alterações nas extensões de arquivos para cada aplicativo. Essas mudanças seguiram nas versões anteriores do pacote (2010, 2013 e 2016).

Pacote BrOffice — LibreOffce

Como o pacote Microsoft Office não possui uma versão para ser instalado em computadores com o sistema operacional Linux, os órgãos públicos que trabalham com esse sistema operacional utilizam majoritariamente um pacote criado para atender as mesmas necessidades. Esse pacote pode ser instalado tanto em computadores com Windows, quanto Linux.

Inicialmente o pacote OpenOffice apresentava somente a versão em inglês, mas como ele é um pacote baseado na licença de livre distribuição, foi desenvolvida uma versão traduzida para o português, denominada BrOffice. Recentemente uma outra distribuição desse pacote, passou a ser utilizada nas organizações agora com o nome LibreOffice.

A estrutura dos programas do pacote BrOffice-LibreOffice ocorre por meio de menus, como as antigas versões do pacote Microsoft Office, trabalhando com um conjunto de extensões de arquivos distinta em cada aplicativo.

Fique ligado!

O conjunto de extensões de arquivos utilizada nos aplicativos dos pacotes BrOffice e LibreOffice é denominado ODP (Formato de Documento Aberto).

Compatibilidade entre os pacotes

Pode existir compatibilidade ou não entre os aplicativos distintos de cada pacote, quanto à leitura, edição etc. Seguem as regras de compatibilidade:

Pacote Microsoft Office (versões antigas): não consegue ler e editar as novas extensões do pacote Microsoft Office e nem as extensões dos pacotes BrOffice – LibreOffice.

Pacote Microsoft Office (versões atuais): consegue ler e editar as extensões das versões antigas do pacote Microsoft Office.

Pacote Microsoft Office (versões atuais): dependendo da versão e da configuração do pacote consegue ou não ler e editar as extensões dos pacotes BrOffice e LibreOffice, conforme as regras a seguir:

- Regra 1: Versão 2007 em sua configuração padrão: não lê e não edita as extensões no formato ODP.
- Regra 2: Versão 2007 com a atualização "SP1":realiza leitura e edição das extensões no formato ODP.
- Regra 3: Versões 2010, 2013 e 2016 em sua configuração padrão: realiza leitura e edição das extensões no formato ODP.

Fique ligado!

Os aplicativos dos pacotes Microsoft Office 2016 e LibreOffice permitem salvar e publicar arquivos no formado PDF.

4.3 Estrutura do Microsoft Word

Uma importante diferença entre o Word e o Writer é a **regra para extensões de arquivos**, pois enquanto o Word, tem a extensão padrão ".docx" (padrão com macros "docm") e de modelos ".dotx" (modelo com macros "dotm"), o Writer tem como extensão padrão ".odt" e de modelos ".ott".

INFORMÁTICA

> **Fique ligado!**
>
> Aplicativos de edição de texto é um tema presente **em todos os concursos públicos**, pois independentemente das funções vinculadas ao cargo ou emprego pretendido, geração de documentos é algo inerente ao cargo a ser ocupado.
>
> Dependendo do edital, pode ser abordado o editor de textos do pacote Microsoft Office — o Word — ou o editor de textos do pacote BrOffice-LibreOffice — o Writer — porém, o mais comum, particularmente em concursos federais, é a cobrança dos dois programas.

Atalhos de Teclado

No Microsoft Word 2016 alguns atalhos de teclado, em particular para edição de textos, foram traduzidos para a língua portuguesa, como: Selecionar tudo Ctrl+T, e Negrito Ctrl+N. No Writer, mesmo nas versões em português os atalhos de teclado permaneceram em inglês, como Selecionar Tudo (All) Ctrl+A e Negrito (Bold) Ctrl+B.

Principais atalhos de teclado do Word 2016:

- **Com a tecla CTRL**
  - CTRL+A: abrir um documento.
  - CTRL+B: salvar um documento.
  - CTRL+N: criar um novo documento.
  - CTRL+W: fechar documento.
  - CTRL+T: selecionar tudo.
  - CTRL+N: aplicar negrito ao texto selecionado.
  - CTRL+I: aplicar itálico ao texto selecionado.
  - CTRL+S: aplicar sublinhar ao texto selecionado.
  - CTRL+[: diminuir o tamanho da fonte em 1 ponto.
  - CTRL+]: aumentar o tamanho da fonte em 1 ponto.
- **Modos de exibição**
  - ALT+K,T: alternar para o modo leitura.
  - ALT+CTRL+P: alternar para o modo de exibição layout de impressão.
  - ALT+CTRL+O: alternar para o modo de exibição de estrutura de tópicos.
  - ALT+CTRL+N: alternar para o modo de rascunho.

- **Trabalhar com títulos no modo de exibição de estrutura de tópicos**
  - » Alt+Shift+Seta para a esquerda: promover um parágrafo.
  - » Alt+Shift+Seta para a direita: rebaixar um parágrafo.
  - » Ctrl+Shift+Y: rebaixar para corpo do texto.
  - » Alt+Shift+Seta para cima: mover os parágrafos selecionados para cima.
  - » Alt+Shift+Seta para baixo: mover para baixo os parágrafos selecionados.
- **Editar elementos gráficos**
  - » F8: ativar o modo de extensão.
  - » F8+setas: selecionar o caractere mais próximo.
  - » Shift+F8: reduzir o tamanho de uma seleção.
  - » Esc: desativar o modo de extensão.
  - » Shift+seta para a direita: ampliar uma seleção com um caractere à direita.
  - » Shift+seta para a esquerda: ampliar uma seleção com um caractere à esquerda.
  - » CTRL+Shift+seta para a direita: ampliar uma seleção até o final de uma palavra.
  - » CTRL+Shift+seta para a esquerda: ampliar uma seleção até o início de uma palavra.
  - » Shift+End: ampliar uma seleção até o final de uma linha.
  - » Shift+Home: ampliar uma seleção até o início de uma linha.
  - » Shift+seta para baixo: ampliar uma seleção até uma linha abaixo.

Modelos

O Microsoft Word 2016, em sua configuração padrão, possibilita utilizar modelos preestabelecidos.

Guias e Menu do Word

O editor de textos Microsoft Word possui uma configuração padrão predefinida e sua estrutura básica de menus e guias apresentam:

Menu: Arquivo.

Guias: Página Inicial, Inserir, Design, Layout de Página, Referências, Correspondências, Revisão e Exibição.

Existem guias que são comuns aos demais programas do pacote Microsoft Office, e há aquelas que são exclusivas. As guias exclusivas do Word, que não existem em outros aplicativos, são aquelas que estão no plural: Referências e Correspondências.

> **Ex.:** Para trabalhar com cabeçalho e rodapé é necessário estar no modo de Exibição Layout de impressão que é a exibição padrão do Word.

Fique ligado!

As guias existentes no Microsoft Word 2016 podem ser fixas (aquelas visualizadas na configuração padrão do aplicativo) e dinâmicas, que surgem apenas quando determinado elemento é inserido no documento de texto em edição, como no uso de tabelas.

Ex.: Quando surgem as guias exclusivas para trabalho em edição de tabelas Design e Layout.

Configuração Padrão do Word

As últimas versões do Word mantiveram as mesmas definições de configuração padrão:

- **Fonte:** tipo Calibri, tamanho 11, cor preta.
- **Alinhamento da fonte**: alinhar à esquerda.
- **Papel**: uma página em branco, na orientação retrato papel A4.
- **Margens**: inferior e superior 2,5cm; esquerda e direita 3cm.
- **Medianiz**: a área reservada para encadernamento é definida em 0 cm à esquerda. A medianiz pode ser configurada tanto no tamanho quanto em sua orientação, e sua área não é vinculada à área das margens. Ao final da medianiz começa a margem.

Fique ligado!

Esse é um tema extremamente explorado em provas de concursos públicos.

Hiperlink

É possível incluir no Word hiperlinks, que **são atalhos tanto externos (para um site, por exemplo), quanto internos (para outra página do mesmo documento)**. Por padrão, um hiperlink inserido e ainda não habilitado é indicado na cor azul e sublinhado simples, já um hiperlink habilitado é indicado na cor roxa e sublinhado simples.

Caminho para inserir um hiperlink em um texto, ou imagem em um documento em Word: selecionar o elemento e na guia Inserir, escolher no grupo links a ferramenta hiperlink. Abrindo a janela de formatação do hiperlink é escolhido o endereço do atalho interno ou externo.

> **Fique ligado!**
>
> Para habilitar um hiperlink, por meio do cursor do mouse, é necessário manter pressionada a tecla Ctrl.

Pincel de Formatação

Uma das ferramentas mais importantes do Microsoft Word é o pincel de formatação, que **possibilita copiar e aplicar a formatação de um texto em outras partes**. Existem duas formas de trabalho com o pincel de formatação:

- **Clique simples no pincel de formatação:** copia, aplica e desabilita a ferramenta.
- **Clique duplo no pincel de formatação:** copia, aplica e mantém habilitada a ferramenta para aplicação em outras áreas do texto.

Estilos e efeitos

No Microsoft Word é possível inserir estilos e efeitos ao texto em edição:

- Regular: EXEMPLO.
- Negrito: **EXEMPLO**.
- Itálico: *EXEMPLO*.
- Negrito Itálico: ***EXEMPLO***.
- Tachado: ~~EXEMPLO~~.
- Subscrito: $_{EXEMPLO}$.
- Sobrescrito: ^{EXEMPLO}.

> **Fique ligado!**
>
> Não é possível vincular ao mesmo caractere subscrito e sobrescrito simultaneamente.

4.4 Seleção de textos no Microsoft Word 2016

Como é um editor de textos, a seleção de texto é uma importante ferramenta do Microsoft Word, além de ser um tema recorrente em provas de concursos.

Existem basicamente duas formas de seleção de textos no Word, por meio do cursor do mouse e da seta de seleção, que é habilitada quando o cursor do mouse é levado para a margem esquerda do documento em edição.

Regras de seleção por meio do cursor do mouse:

- Clique simples: define a posição do cursor.
- Clique duplo: seleciona a palavra e os espaços existentes até o próximo caractere, caso existam.
- Clique duplo no espaço simples entre duas palavras: seleciona a palavra que estiver mais próxima do cursor do mouse.
- Clique triplo: seleciona o parágrafo.
- Clique quádruplo: desfaz o clique triplo, retornando ao duplo.

Regras de seleção por meio da seta de seleção:

- Clique simples: seleciona a linha.
- Clique duplo: seleciona o parágrafo.
- Clique triplo: seleciona tudo o que estiver inserido no documento.
- Clique quádruplo: desfaz o clique triplo retornando ao clique duplo.

Mapas de caracteres e Símbolos - Equação

O Word 2016 permite a inserção de caracteres especiais, para a formatação de textos. O caminho é: a guia Inserir, o grupo Símbolos, podendo escolher Equação ou Símbolos.

4.5 Tabelas no Word

Apesar do Word trabalhar com edição de textos é possível inserir tabelas. Elas possuem regras próprias, que se diferem, por exemplo, da forma de trabalho com planilhas do Excel.

A forma de inserir uma tabela no Word é por meio da guia Inserir, e no grupo Tabelas selecionar a ferramenta **Inserir Tabela**. Após essa ação, o usuário escolhe a quantidade de colunas e linhas que a tabela terá. As células, que representam a interseção de colunas e linhas é a consequência dessa ação.

A tabela a seguir apresenta as bases para tais diferenças:

56	2	3
72	1	
63	9	
38		

Enquanto o Excel trabalha com referências absolutas, com todas as células tendo um nome definido (A1, F7...), a tabela do Word trabalha com referência relativas ao local que se trabalha. Ex.: **Não podemos afirmar que o número 5 se encontra na célula A1, e sim na primeira coluna e primeira linha, acima do 7 e a esquerda do 6.**

É possível trabalhar com a inserção de funções em uma tabela do Word. Como as guias são dinâmicas, quando se trabalha com tabela surgem as guias Design e Layout. O caminho para inserir fórmulas na tabela do Word é na guia Layout e no grupo Dados selecionando a ferramenta Fórmula.

Fique ligado!

Ao contrário da planilha do Excel que trabalha com as funções e fórmulas em português, a tabelas do Word, mesmo em português (como é a abordagem em concursos públicos) está baseada na língua inglesa. A função padrão da tabela do Word é a função SUM (Soma) e as referências são relativas ao local em que a fórmula foi inserida.

Exemplo 1:

Considerando o exemplo da tabela citada, caso o cursor do mouse esteja na primeira linha e última coluna, a fórmula inserida será =SUM(LEFT), somando os valores que se encontram à esquerda e retornando o resultado 16.

Exemplo 2:

Considerando o exemplo da tabela citada, caso o cursor do mouse esteja na quarta linha e terceira coluna, a função inserida será =SUM(ABOVE), somando os valores que se encontram acima e retornando o resultado 12, pois a prioridade são os dados acima e depois à esquerda

Ao contrário da planilha do Excel, que possui fórmulas dinâmicas, e alterando um dos elementos o resultado da fórmula é alterado, na tabela do Word a fórmula inserida é fixa, ou seja, alterando um dos elementos, o resultado permanece o mesmo.

Guias Exclusivos de Tabelas

Quando se trabalha com tabelas no Word, **são criadas duas guias** exclusivas: as guias Design e a guia Layout, elas permitem a formatação e inserção de fórmulas em tabelas.

Formatação de Tabelas

As tabelas do Microsoft Word 2016 tem seus elementos inseridos em células formatadas da mesma forma que os textos comuns, mas também é possível a formatação de tabelas com modelos preestabelecidos.

Formatação de Elementos Auxiliares

Inserindo planilhas do Excel no Microsoft Word

A compatibilidade existente **entre os diferentes aplicativos** do pacote Microsoft Office, permite inserir elementos do Excel em um documento editado no Microsoft Word, como planilhas de cálculos.

Caminho para inserir uma planilha do Excel em um documento em edição no Word: guia Inserir selecionar o grupo Tabelas e a ferramenta Planilha do Excel.

Regras de trabalho com uma planilha de Excel no Word

- A planilha inserida segue todas as regras do Excel e não de tabela do Word.
- Quando o usuário clica fora da área de edição da planilha, ela se transforma em uma imagem e nunca em uma tabela.
- Caso o usuário clique novamente na área de edição ela volta a ser uma planilha editável do Excel.
   - Ex.: Caso o usuário selecione a imagem e copie, colando em outro documento de qualquer aplicativo do pacote Microsoft Office, será colada como imagem. Porém, poderá ser editada no Microsoft Word.

4.6 Mala Direta

A ferramenta mala direta possibilita que sejam criadas **listagens preestabelecidas** para geração de cartas, mailings ou outros tipos de correspondências.

Tipos de malas direta:

- Cartas: envia cartas para um grupo de pessoas, sendo possível a personalização de carta que cada contato receber.
- E-mails: envia e-mails para um grupo de pessoas, sendo possível personalizar o e-mail que cada contato receberá.
- Envelopes: imprime envelopes com endereços para um determinado conjunto.
- Etiquetas: imprime etiquetas de endereços para um endereçamento conjunto.
- Diretório: cria um documento único com um catálogo ou lista impressa de endereços.

4.7 Senhas de Proteção e de Gravação

O Word 2016 permite que o usuário insira no documento senhas de proteção e senhas de gravação. O caminho é o menu Arquivo, opção Salvar Como, botão Ferramentas, opção Opções Gerais.

A senha de proteção impede a abertura do arquivo, protegendo o critério da confidencialidade, e apresenta tentativa única.

A senha de gravação impede a alteração dos arquivos, protegendo o critério da integridade, apresentando múltiplas tentativas e possibilitando vincular o atributo somente leitura.

Formatação de Imagens

O Word possibilita a inserção de imagens e sua formatação, quanto ao tamanho, cor, contraste etc. A formatação de imagens permite múltiplas ações, como o uso do

SmartArt que viabiliza a inserção de elementos predefinidos de auxílio gráfico, como organogramas e fluxogramas

Vamos praticar

1. **(VUNESP – 2021 – CODEN/SP – TÉCNICO SEGURANÇA DO TRABALHO)** Imagine que um documento foi criado no MS Word 2010, na sua configuração padrão, e precisa ser enviado para a equipe de trabalho, para que acrescentem seus comentários e sugestões de alteração. Antes de enviar o arquivo, seu criador deve se certificar de que os comentários e alterações sugeridas pelo grupo sejam facilmente identificadas no retorno do arquivo. Como isso deve ser feito através dos recursos disponíveis no MS-Word 2010? Assinale a alternativa correta.
   a) Na guia REFERÊNCIAS selecionar INSERIR CITAÇÃO.
   b) Na guia de REFERÊNCIAS selecionar REFERÊNCIA CRUZADA.
   c) Na guia REVISÃO selecionar CONTROLAR ALTERAÇÕES e CONTROLAR ALTERAÇÕES.
   d) Na guia INSERIR, selecionar LINKS e INDICADORES.
   e) Na guia DESIGN, selecionar MARCA-D'AGUA para deixar claro a origem do documento.

2. **(VUNESP – 2021 – CODEN/SP – ADVOGADO)** Um usuário, a partir de um documento vazio do MS-Word 2010, em sua configuração padrão, executou as seguintes ações, na ordem em que aparecem: 1 – Digitou a palavra "Pedra" seguida de um Enter. 2 – Clicou em "Centralizar". 3 – Digitou a palavra "uma" seguida de um Enter. 4 – Digitou a palavra "pedra" seguida de um Enter. 5 – Digitou a palavra "no" seguida de um Enter. 6 – Clicou em "Justificar". 7 – Digitou a palavra "caminho" seguida de um Enter. 8 – Clicou em "Alinhar Texto à Direita". Após essas ações, o número de parágrafos centralizados é:
   a) 1.
   b) 2.
   c) 3.
   d) 4.
   e) 5.

INFORMÁTICA

3. **(VUNESP – 2021 – CODEN/SP – ADVOGADO)** Um advogado, utilizando o Explorador de Arquivos do MS-Windows 10, ambos em configuração original, para organizar seus arquivos de processos por ano, abre uma pasta local de seu computador, chamada processos, e cria três novas pastas vazias, como se vê a seguir.

> 2018
> 2019
> 2020
> 2020_SP_23167

Ao clicar com o botão principal do mouse (mantendo o botão pressionado) sobre o arquivo de texto (fechado no momento), 2020_SP_23167.docx, visto na imagem, e arrastar até a pasta de nome 2020, soltando, nesse momento, o botão pressionado, a ação será:

a) ficarão selecionados o arquivo e a pasta 2020.
b) excluir o arquivo definitivamente.
c) mandar o arquivo inicialmente para a Lixeira.
d) mover o arquivo para a pasta 2020.
e) copiar o arquivo para a pasta 2020.

4. **(VUNESP – 2021 – PREFEITURA DE MARÍLIA/SP – SUPERVISOR DE SAÚDE)** Tem-se o seguinte documento criado no Microsoft Word 2016, em sua configuração original, com apenas 1 palavra, sem nenhuma formatação. Observe que o cursor está posicionado no final da palavra. Considere que o usuário clicou nos ícones Sublinhado, Itálico e Negrito, e, em seguida, digitou mais algumas letras, como apresentado a seguir. Na sequência, o usuário equivocou-se e pressionou a tecla BACKSPACE até apagar a última letra da primeira palavra, como demonstrado a seguir. A partir desse ponto, qualquer letra digitada no documento:

a) será formatada com Sublinhado, Itálico e Negrito.
b) será formatada com Sublinhado e Negrito, apenas.
c) será formatada com Negrito, apenas.
d) será formatada com Sublinhado, apenas.
e) não terá nenhuma formatação.

5. **(VUNESP – 2021 – PREFEITURA DE MARÍLIA/SP – SUPERVISOR DE SAÚDE)** Em uma pasta em um computador com o Microsoft Windows 10, existe apenas um arquivo, chamado Controle.xlsx. Um usuário está editando um documento no Microsoft Word 2016 e deseja salvá-lo com nome de Controle nessa mesma pasta. Considerando que todos os aplicativos estão em suas configurações originais e que não há restrições de espaço ou de gravação no computador, assinale a alternativa que preenche, correta e respectivamente, as lacunas do texto. O usuário _____ gravar o arquivo Controle editado no Microsoft Word porque _____ do novo arquivo é _____ do arquivo já existente.

a) não conseguirá ... a extensão ... a mesma.
b) não conseguirá ... o nome ... o mesmo.
c) conseguirá ... a extensão ... diferente.
d) conseguirá ... a extensão ... a mesma.
e) não conseguirá ... a extensão ... diferente.

6. (VUNESP – 2021 – CODEN/SP – CONTADOR) Um usuário clicou em um link para um documento PDF no navegador Google Chrome versão 80, em sua configuração original. No topo da guia em que o documento foi carregado, aparecem 3 ícones na lateral direita, conforme imagem a seguir.

O ícone com a seta para baixo, com um traço logo embaixo, tem a função de:
a) fazer a correção ortográfica do documento.
b) fazer o download do documento.
c) gravar o documento nos Favoritos do Google Chrome.
d) imprimir o documento.
e) atualizar o documento.

7. (VUNESP – 2021 – CODEN/SP – CONTADOR) Em um documento do Microsoft Word 2010, em sua configuração original, com apenas 1 palavra digitada na primeira linha, sem qualquer formatação, têm-se as seguintes ações, executadas em sequência:
I. Selecionar a palavra;
II. Clicar sobre o ícone Cor da fonte alterando a cor para azul;
III. Selecionar a palavra;
IV. Clicar sobre o ícone Cor do Realce do Texto alterando para amarelo;
V. Selecionar a palavra;
VI. Clicar sobre o ícone Maiúsculas e Minúsculas e selecionar a opção MAIÚSCULAS.

Assinale a alternativa que indica a formatação final dessa palavra.
a) Cor da fonte em azul, cor de realce do texto em amarelo e a palavra inteira em letras maiúsculas.
b) Cor da fonte em azul e cor de realce do texto em amarelo, apenas.
c) Palavra inteira em letras maiúsculas, apenas.
d) Cor da fonte em azul, cor de realce do texto em amarelo e a primeira letra em maiúscula.
e) Primeira letra em maiúscula, apenas.

8. (VUNESP – 2020 – CÂMARA DE BOITUVA/SP – AGENTE ADMINISTRATIVO) Ao digitar um texto no Microsoft Word 2010, em sua configuração padrão, um usuário notou que uma palavra foi automaticamente destacada com sublinhado vermelho ondulado. Isso indica que

a) o texto contém erros gramaticais, como concordância de gênero e número.

b) a palavra deve ser grafada utilizando somente letras maiúsculas.

c) outra pessoa está editando o documento simultaneamente.

d) a palavra não consta no dicionário configurado, o que possivelmente representa um erro ortográfico.

e) as últimas alterações realizadas no documento ainda não foram salvas.

Gabarito

1.	C
2.	C
3.	D
4.	E
5.	C
6.	B
7.	A
8.	D

5 Microsoft Excel

O Microsoft Excel é um editor de planilhas robusto que ganhou muitas atualizações desde sua versão inicial. Um grande salto em atualizações ocorreu em 2013 com a inclusão de recursos como o preenchimento relâmpago, que permite trabalhar com reconhecimento de expressões regulares rapidamente, algo que em termos computacionais é de grande complexidade.

5.1 Formatos de arquivos

Dentre os elementos observados sobre um editor de planilhas estão seus formatos de arquivos. É comum questões em provas argumentarem sobre as extensões de arquivos padrões utilizados pelos programas.

Um arquivo do Excel é considerado uma **pasta de trabalho** composta por uma ou mais planilhas.

Formato	Excel 1997 a 2003	Excel 2007 a 2021
Pasta de trabalho	XLS	XLSX
Modelo	XLT	XLTX
Demais formatos		XLS, ODS
PDF	Não trabalha com	SALVA em PDF

Note que o formato padrão utilizado atualmente pelo Excel é o de Pasta de Trabalho com XML, representado pela extensão XLSX.

O Excel permite tanto abrir como salvar arquivos com a extensão ODS padrão do Libre Office Calc. Uma outra diferença, em relação ao Libre Office, presente nos aplicativos do Microsoft Office é que para gerar um arquivo PDF usa-se a opção "**Salvar Como**", embora a opção exportar como PDF também exista.

INFORMÁTICA

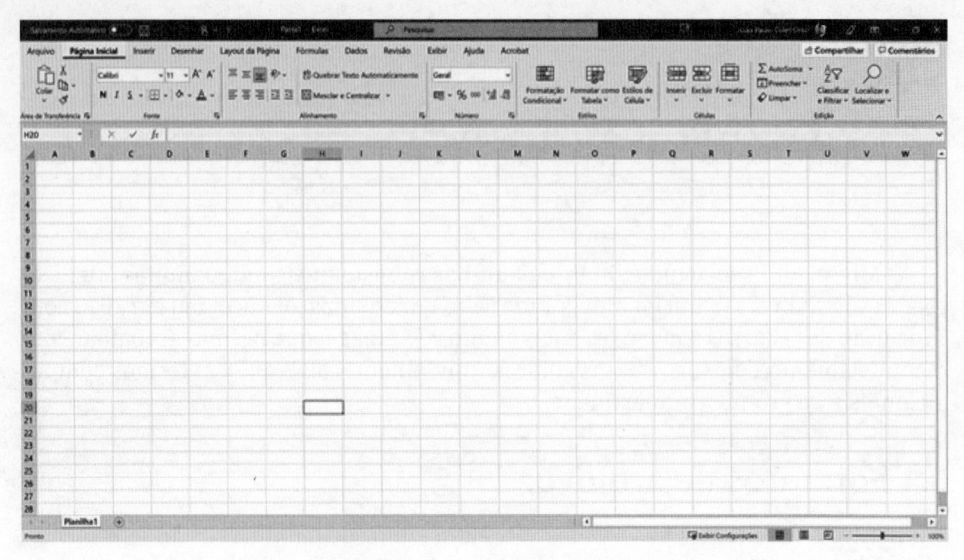

Figura 1: Janela do Microsoft Excel (versão Desktop).

Ao trabalhar com planilhas, deve ser observado que a sua estrutura é mais robusta do que aquela presente em tabelas utilizadas dentro do editor de texto como o Microsoft Word. As planilhas possuem endereçamentos que permitem a manipulação de valores presentes em células independentes, ao contrário de uma tabela em que as fórmulas possíveis utilizam valores adjacentes.

Ao abrir o editor de planilhas, com uma pasta de trabalho em branco, é apresentado ao usuário uma planilha com estrutura predefinida e imutável, possuindo 1.048.576 linhas e 16.384 colunas, enquanto que em uma tabela é adicionada quantidade de linhas e colunas desejadas.

Fique ligado!

As planilhas do Excel, diferentemente das tabelas no Word, possuem número fixo de linhas e colunas, assim como as colunas de uma planilha são representadas por letras, enquanto as linhas são enumeradas de 1 até 1.048.576.

	Nº de Linhas	Nº de Colunas
Excel 2003	65536	256
Excel 2007 a 2021	$1.048.576 = 2^{20}$	$16.384 = 2^{14}$ Última coluna: XFD

Microsoft Excel

Fique ligado!

Embora seja possível inserir linhas e colunas dentro de uma planilha do Excel, essa operação não altera a quantidade de linhas ou colunas da planilha.

5.2 Janela

A janela do Microsoft Excel apresenta uma barra de fórmulas, além da faixa de opções presentes no Microsoft Word. Na parte inferior à esquerda destacam-se as guias de seleção das planilhas presentes na pasta de trabalho, como ilustra a Figura 2.

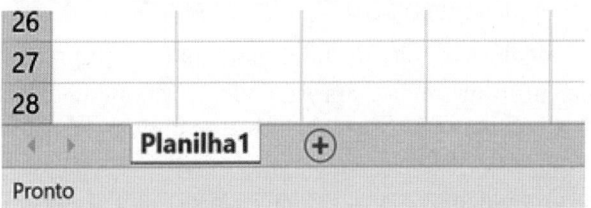

Figura 2: Índice de Planilhas de uma Pasta de Trabalho.

A barra de fórmulas possui duas partes básicas, como ilustra a Figura 3: à esquerda encontra-se a caixa de nome (retângulo destacado) seguida por alguns botões, dentre eles a opção para inserir função. A outra, localizada mais à direita, é a parte em que se insere uma fórmula.

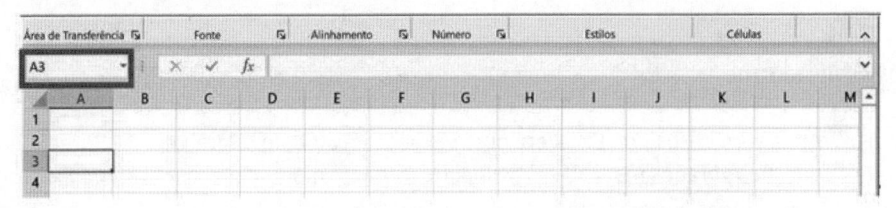

Figura 3: Barra de Fórmulas do MS Excel.

Fique ligado!

Sempre que uma célula for selecionada, o seu endereço será exibido na caixa de nome, enquanto o seu conteúdo será mostrado na barra de fórmulas. Caso a célula contenha uma fórmula, ela exibe o resultado da conta enquanto a barra de fórmulas mostra a função ou a fórmula.

Para identificar uma célula ou conjunto de células com um "Rótulo" é necessário:

- Selecionar uma célula ou mais.
- Clicar na caixa de nome.
- Digitar o nome que servirá de identificação.

Além de utilizar o endereço habitual para representar a célula, ou o conjunto de células indicadas, utiliza-se o nome que for definido.

5.3 Cálculos

O editor de planilha permite:

- Tabular dados.
- Colocar os dados em gráficos.
- Realizar cálculos, usando fórmulas matemáticas e funções.

Esses cálculos utilizam valores apresentados diretamente como constantes, ou ainda, utilizam as células como variáveis. Desse modo, o valor presente na célula será considerado para o cálculo.

Uma vez que pretendemos realizar cálculos, precisamos indicar para o programa essa intenção, pois por padrão a célula entende que estamos inserindo um conteúdo na forma textual. Por exemplo: caso seja inserido algo como 5+5, o programa representará exatamente a expressão inserida, não o resultado da soma.

Assim, para indicar no cálculo, utilizamos sinais gráficos chamados de **indicadores de célula de absorção** ou também conhecidos como **indicadores de cálculo**.

> **Fique ligado!**
>
> Até a versão 2019 do Excel era possível utilizar também o caractere @. Porém, em suas versões mais atuais o sinal de @ não é mais aceito para tal função.

Células de Absorção

Indicador padrão de células de absorção é o = (sinal de igualdade). Contudo, o editor de planilha também reconhece quando é utilizado o + (sinal de adição) ou o – (sinal de subtração).

A Tabela 1, a seguir, mostra um exemplo de conteúdo inserido em uma célula e o seu resultado na planilha.

Tabela 1: Indicadores de Células de Absorção.

Fórmulas	Exemplo	Resultado
=	=5+5	10
+	+5+5	10
-	-5+5	0

Fique ligado!

O sinal de subtração, além de servir como indicador de cálculo, indica que o valor da primeira parcela é negativo.

Uma outra particularidade do Excel é que ao selecionar uma célula e apertar a tecla / (barra), a ação não insere o sinal de barra (/), mas produz o mesmo resultado que apertar a tecla ALT.

Se o conteúdo de uma célula iniciar com algum outro caractere, o programa entende que se trata de um texto, contudo a formatação da célula permanece como geral.

Fique ligado!

Em uma questão de prova que apresente uma figura de uma planilha, é sempre importante prestar mais atenção ao conteúdo da barra de fórmulas do que ao conteúdo exibido na célula.

5.4 Operadores

Para montar uma fórmula no editor de planilhas há 4 tipos de operadores: **aritméticos; de texto; de referência; e comparação**. Além de montar uma expressão utilizando tais operadores, é possível, ainda, usar as funções do editor de planilhas.

Operadores Aritméticos

Os operadores aritméticos representam as expressões básicas da matemática: soma, subtração, multiplicação e divisão, além da presença de outros 2: operador de percentagem e operador de potenciação. A Tabela 2 destaca os caracteres usados como operadores.

Fique ligado!

Ao realizar uma operação aritmética, o resultado desde que seja válido, será tomado como um valor numérico e, portanto, será representado alinhado à direita na célula.

Tabela 2: Operadores Aritméticos.

Operador	Ação	Exemplo	Resultado
+	Soma	=5+5	10
-	Subtração	=5-5	0
*	Multiplicação	=5*5	25
/	Divisão	=5/5 =5/0	1 #DIV/0!
%	Percentagem	=50% =200 * 10%	0,5 20
^	Potenciação	=2^3 =3^2	8 9

Na Tabela 2 verificamos o resultado obtido, ao inserir em uma célula a expressão com o operador indicado.

Fique ligado!

Usar o operador % equivale a empregar uma divisão por 100. Portanto, inserir em uma célula =50% reproduz o mesmo resultado que inserir =50/100.

Ao utilizar vários operadores em uma única expressão, deve-se atentar à precedência de cálculo, isto é, qual operação deve ser realizada primeiro e quais devem ser feitas na sequência. Basicamente, a ordem dos operadores é a mesma empregada na matemática básica:

- Primeiro os cálculos de percentagem: %
- Depois as potências: ^
- Seguida pelas operações de multiplicação ou divisão: * e /
- Por fim, as operações de soma e subtração: + e –

> **Fique ligado!**
>
> Para os cálculos que não seguem a ordem padrão dos operadores, utilizam-se os parênteses devendo ser calculado primeiro o que está nos ( ). É possível, ainda, fazer um encadeamento de parênteses, calculando primeiro os mais internos.

Ao encontrar operadores de mesma precedência, ou o mesmo operador seguidamente em uma expressão aritmética, os cálculos devem ser realizados na ordem em que os operadores aparecem, conforme o exemplo a seguir.

$$=3*9/3$$

Tanto faz calcular primeiro a multiplicação ou a divisão, pois em ambos os casos o resultado será 9. Mesmo sendo igual a precedência de operação, recomenda-se que o cálculo seja feito na ordem que foi apresentado: multiplicar primeiro 3 por 9, para depois dividir o resultado (27) por 3, obtendo assim 9. Desse modo, evitaremos erros.

$$=9/3*3$$

Com base nas regras de precedência de operadores é indiferente a ordem do cálculo (multiplicar ou dividir primeiro), pois em ambas situações obtêm-se o mesmo resultado. Porém, é necessário resolver na ordem em que as operações de mesma precedência aparecem. Desse modo, evitam-se erros que possam surgir ao encontrar expressões, tais como:

$$=8/2\text{^}3$$

Nessa situação, caso o cálculo seja realizado de forma errada, o resultado 64 pode ser apresentado. Porém, retomando a sequência de operações, calcula-se primeiro a potência 2^3 que resulta em 8. Em seguida, divide-se 8 (numerador) pelo 8 resultante da potência (2^3), obtendo assim como resultado o valor 1.

Caso a intenção seja calcular primeiro a divisão para depois realizar a potência, utilizamos os parênteses e mudamos a precedência de operação, escrevendo a expressão como apresentado a seguir.

$$=(8/2)\text{^}3$$

Primeiro deve-se calcular o que está entre parênteses, isto é, 8 ÷ 2 e, então, utilizar o resultado (4) elevada à potência de 3, obtendo como resposta 64.

INFORMÁTICA

> **Fique ligado!**
>
> Para calcular a potência, utiliza-se, ainda, a função potência:
>
> =POTÊNCIA (<base>;<expoente>)
>
> Exemplo: para calcular a expressão =2^3, utiliza-se a função:
>
> =POTÊNCIA(2;3)
>
> Em ambos os casos o resultado será o número 8.

Operador de Texto

O operador de texto & é utilizado para realizar a operação de concatenação que consiste em juntar os **conteúdos** de células ou aqueles expressos diretamente na fórmula.

A operação de concatenação pode ser realizada com qualquer valor presente dentro de uma célula: número, texto, data, hora ou percentagem. Devemos observar que por mais que se faça a união de 2 valores numéricos, o **resultado** ficará **formatado como texto**, uma vez que a operação empregada é de texto. Portanto, os valores dentro da célula serão alinhados à esquerda.

> **Fique ligado!**
>
> A operação de concatenação junta o CONTEÚDO das células, não une células. Assim, não confunda com a operação de "Mesclar Células".

A Figura 4 a seguir, ilustra uma planilha no modo de exibição de fórmulas, na qual se encontram os valores digitados e as fórmulas presentes em cada célula:

- As células A1 e B1 foram preenchidas com valores numéricos, respectivamente 10 e 40.
- A células A2 e B2 foram preenchidas com texto, respectivamente, AB e CD.
- As demais indicam as fórmulas inseridas nas mesmas células.

Microsoft Excel

INFORMÁTICA

	A	B	C	D
1	10	40	=A1&B1	=C1+1
2	AB	CD	=B2&A2	
3	=A1&A2	=B2&B1		

Figura 4: Operador de Texto (fórmulas).

A operação de concatenação, seja ela realizada pelo operador ou pela função, leva em conta a ordem dos parâmetros apresentados. Observe atentamente a diferença entre a fórmula da célula A3 → =A1&A2 para a célula B3 → =B2&B1.

A Figura 5 a seguir, ilustra os resultados produzidos pelas fórmulas utilizadas. Alguns apontamentos que merecem atenção:

- Não há um espaço entre valores, pois une exatamente o que existe em uma célula e concatena com o conteúdo da outra indicada.
- Todas as operações de concatenação produziram resultados alinhados à esquerda da célula.
- Na Figura 4 a fórmula presente na célula D1 é uma operação aritmética de soma, por isso o resultado sendo um valor numérico fica alinhado à direita.

Por mais que a operação C1 seja uma operação de concatenação entre os valores 10 e 40, o editor de planilhas ainda considera o valor resultante como sendo o número 1040. Seu alinhamento ficou à esquerda apenas por ser resultado de uma operação de texto.

	A	B	C	D
1	10	40	1040	1041
2	AB	CD	CDAB	
3	10AB	CD40		

Figura 5: Operador de Texto (resultados).

Fique ligado!

O resultado produzido pela fórmula =A1&A2, também pode ser encontrado ao utilizar a função =CONCATENAR (A1;A2) ou a sua versão mais nova =CONCAT(A1;A2).

Operadores de Referência

Os operadores de referência são utilizados para separar conjunto de valores em funções que aceitam mais de um valor como parâmetro. A Tabela 3 ilustra os 3 operadores de referência que podem ser utilizados no MS Excel, note que o terceiro é apenas um espaço em branco.

Tabela 3: Operadores de Referência do Excel.

;	E	União
:	Até	Intervalo
		Interseção

Fique ligado!

As questões mais clássicas de editores de planilhas cobradas em prova abrangem análise dos operadores de referência (;) e (:). São questões que envolvem a atenção do candidato mais do que o conhecimento.

Primeiro vamos entender o uso dos dois-pontos (:) para representar um intervalo de células adjacentes. No exemplo a seguir foi empregada a função **=SOMA(A1:A4)**, **com** o sinal de dois-pontos (:) utilizado para representar o intervalo que compreende desde a célula **A1 até A4**, inclusive.

Figura 6: Operação de Soma com operador Até.

Observe na Figura 6 que as células da coluna A, as quais serão consideradas na fórmula, estão destacadas no retângulo. Desse modo, o resultado obtido ao aplicar a função será 40.

Para efeitos de comparação vamos utilizar o exemplo anterior, apenas alterando o sinal de (:) para o sinal de (;), conforme ilustrado na Figura 7 a seguir.

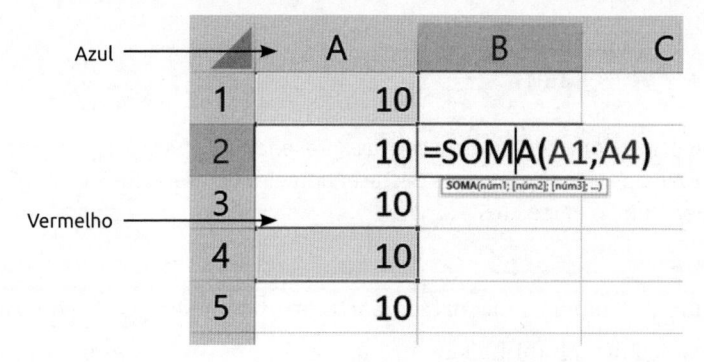

Figura 7: Operação de Soma com operador E.

Ao usar a função =SOMA(A1;A4) apenas as células A1 e A4 ficaram destacadas respectivamente em azul e vermelho. As cores são utilizadas pelo próprio programa para identificar de modo mais visual as células da planilha que são empregadas em uma fórmula ou função.

Nesse novo exemplo o resultado obtido será apenas 20, uma vez que apenas 2 células foram somadas.

Algumas funções permitem a inserção de um ou mais intervalos de valores, e que seus valores sejam intercalados com o sinal de ponto e vírgula (;). Desse modo, podemos trabalhar com vários conjuntos de valores, conforme ilustrado pela Figura 8.

Figura 8: Operação de Soma com operadores de Referência.

Nessa situação, foram realizadas as somas de várias células de intervalos diferentes e para intercalar os intervalos foi empregado o operador E (;).

Observe atentamente que cada intervalo é representado com uma cor distinta, essa é a forma que o editor de planilhas utiliza para facilitar a compreensão por parte do usuário sobre quais valores são considerados.

Fique ligado!

Sempre que um conjunto de células apresentar os operadores de referência ATÉ e o operador E, devemos destacar primeiro os intervalos, somente depois fazer a união entre eles.

Na Figura 8 a Célula C4 foi apresentada individualmente, assim como a célula D3.

As questões mais habituais de prova costumam utilizar apenas um intervalo com várias linhas em diversas colunas. Cabe ao candidato identificar corretamente o conjunto de células que será trabalhado, veja o exemplo a seguir.

	A	B	C	D	E
1	10	10	10	10	
2	10	10	10	10	
3	10	10	10	10	
4	10	10	10	10	
5	10	10	10	10	
6	=SOMA(B2:D4)				

Figura 9: Operação de Soma com várias linhas e colunas.

Nesse caso foi utilizada a função SOMA com o intervalo de células de **B2 até D4** (**B2:D4**). Perceba que a planilha possui mais valores do que foram utilizados no cálculo da soma. É comum o uso dessa situação em provas a fim de levar o candidato a acreditar que deveria somar todos os valores, porém deve somar apenas aqueles dentro do retângulo destacado.

Para evitar pegadinhas de prova siga os passos:

- Marque antes da menor linha do intervalo indicado, no caso a linha 2 é a menor linha do intervalo.
- Faça uma marcação entre ela e a anterior. A linha 4 é a maior linha, faça uma marcação entre ela e a próxima linha.
- Em seguida, faça o mesmo com as colunas. Marque antes a menor coluna, ou seja, entre ela e a coluna anterior, nesse caso entre a coluna A e B.
- Observe que a maior coluna, isto é, a coluna mais à direita do intervalo, é a coluna D, portanto, faça uma marcação entre ela e a próxima coluna.

Com isso, você terá desenhado o retângulo de igual modo ao apresentado pelo programa.

Fique ligado!

Nem sempre o ponto e vírgula (;) é empregado com um operador de referência. Para diferenciar, verifique se a posição em que ele foi empregado e a função em uso, admitem os dois-pontos (:) (ATÉ) no lugar do ponto e vírgula (;). Caso seja possível essa utilização, significa que os dois-pontos (:) representam um operador de referência. Note as funções apresentadas anteriormente:

=POTÊNCIA(2;3)

=CONCATENAR(A1;A2)

Essas funções são exemplos em que o ponto e vírgula (;) não é utilizado como um operador de referência, mas simplesmente um separador de parâmetros. Essa dupla utilidade ocorre por conta da tradução para a versão em português brasileiro, pois na versão em inglês utiliza-se a vírgula (,) como separador de parâmetros. No português brasileiro como a vírgula também é usada como separador de casas decimais, foi necessário alterar o caractere para separar os parâmetros.

Não podemos esquecer o terceiro operador disponível apenas no Excel, o espaço em branco. Ele é empregado como operador para realizar a interseção, isto é, ao apresentar 2 intervalos desejamos destacar apenas as células que são comuns aos 2 intervalos. Observe o exemplo a seguir.

	A	B	C	D	E
1	10	10	10	10	
2	10	10	10	10	
3	10	10	10	10	
4	10	10	10	10	
5	10	10	10	10	
6	=SOMA(A1:C3 B2:D4)				

Figura 10: Operação de Soma com operador de Interseção.

Na situação ilustrada pela Figura 10, temos a função Soma destacando 2 intervalos;

- O primeiro da célula **A1 até** a célula **C3** (**A1:C3**).
- O segundo da célula **B2 até** a célula **D4** (**B2:D4**).

Os valores importantes são aqueles comuns aos 2 intervalos apresentados, pois o operador de interseção foi empregado entre os intervalos. Desse modo, o resultado da soma será **40**, uma vez que as células somadas serão: B2, C2, B3 e D3 apenas.

Fique ligado!

Visualmente é fácil destacar o intervalo de interseção, basta observar na Figura 10 as células que são destacadas simultaneamente pelos retângulos destacados.

Operadores de Comparação

Os operadores de comparação também são chamados de operadores lógicos, pois o resultado apresentado por eles será uma informação do tipo lógico: verdadeiro ou falso.

As comparações se baseiam em valores menores, maiores ou iguais. Para textos comparamos apenas se são iguais ou diferentes.

A Tabela 4 a seguir, representa a descrição dos operadores, o seu símbolo e o exemplo do que inserir em uma célula, bem como o resultado apresentado para cada situação.

Tabela 11: Operadores de Comparação.

Operador	Símb.	Exemplo de uso	Resultado
Menor que	<	=7<10	VERDADEIRO
Maior que	>	=7>10	FALSO
Igual à	=	=7=10	FALSO
Maior ou igual à	>=	=7>=10	FALSO
Menor ou igual à	<=	=7<=10	VERDADEIRO
Diferente de	<>	=7<>10	VERDADEIRO

Fique ligado!

O entendimento dos operadores de comparação é fundamental, pois seu uso é muito comum em questões típicas sobre planilhas que empregam funções como: SE, SOMASE, CONT.SE, SOMASES, CONT.SES, entre outras menos comuns em provas.

Caso o número não seja menor que o outro, ele é automaticamente maior ou igual. Da mesma forma que um número não é igual a outro, ele é diferente de.

No Excel embora não tenha o formato de célula do tipo lógico, há os valores lógicos: VERDADEIRO e FALSO. Ao inserir essas palavras em uma célula, mesmo que em minúsculo, o programa irá deixá-las em caixa alta e centralizadas na célula.

5.5 Modos de Endereçamento

Ao utilizar fórmulas e funções em um editor de planilhas, podemos empregar constantes diretamente na fórmula, ou utilizá-los como se fossem variáveis identificando o endereço de uma célula que conterá o valor desejado. Porém, ao inserir o endereço de uma célula em uma fórmula, caso seja utilizado os recursos como **copiar e colar** ou a **alça de preenchimento**, o programa poderá ajustar as fórmulas de acordo com o deslocamento realizado.

Os editores de planilha contam com 3 modos de endereçamento: **relativo**, **misto** e **absoluto**, embora possam ser reduzidos a 2. Quando identificamos o endereço de uma célula podemos considerar um dos 3 modos, porém quando analisamos individualmente em uma coluna ou linha, usamos apenas o relativo ou o absoluto.

Para diferenciar os modos de endereçamento, devemos analisar o emprego do sinal do $ (cifrão):

- A ausência do $ no endereço de uma célula indica o modo relativo.
- A presença de um $ na representação de um endereço de célula representa o modo misto.
- A presença de 2 cifrões em um endereço de célula representa o modo absoluto, conforme é ilustrado na Tabela 5 a seguir.

Tabela 5: Modos de Endereçamento de Células.

Modo	Relativo		Misto				Absoluto	
Estrutura	Coluna	Linha	$Coluna	Linha	Coluna	$Linha	$Coluna	$Linha
	CL		$CL		C$L		CL	
Exemplo	A3		$A3		A$3		$A$3	
Observação	Tanto linha quanto coluna podem mudar.		Sempre a mesma coluna, mas a linha pode mudar.		A coluna pode mudar, mas a linha será sempre a mesma.		Sempre a mesma célula, pois nem coluna nem linha podem mudar.	

Fique ligado!

O emprego do $ (cifrão) só tem utilidade quando forem realizadas as operações de copiar e colar na sequência, ou quando for realizado o uso da alça de preenchimento. No caso da operação de recortar e colar o $ não apresenta utilidade, pois o programa mantém a fórmula com os mesmos endereços de células.

É importante observar que o emprego do $ **não altera os valores** presentes em uma célula ou fórmula, sua finalidade está no controle do reuso de fórmulas em outras células. A presença do $ também **não afeta a formatação da célula**.

Endereçamento Relativo

Para entender a aplicabilidade do $ em fórmulas, devemos entender a dinâmica das operações de copiar uma célula com uma fórmula ou utilizar a alça de preenchimento.

A Figura 11 a seguir, representa uma planilha preenchida com os valores 10, 20, 30 e 50, nas células A1, B1, A2 e B2 respectivamente.

	A	B	C	D
1	10	20	=A1+B1	
2	30	50		
3				
4				

Figura 11: Fórmula com modo de endereço relativo.

Fique ligado!

As questões de prova costumam colocar a operação indicando que uma determinada célula foi preenchida com uma fórmula ou função, posteriormente a célula é copiada e colada em outra célula.

A fórmula = A1+B1 utiliza apenas modo de endereçamento RELATIVO.

Desse modo, vamos considerar a situação a seguir:

- Foi inserido na célula C1 a fórmula: =A1+B1
- Após, foi selecionada a célula C1 e a ação de copiar foi executada.
- Em seguida, a célula C2 foi selecionada e a ação de colar foi executada.
- A fórmula será ajustada para a célula C2 ficando: =A2+B2

Observe que a operação foi de copiar o conteúdo da célula C1 para a célula C2, nesse caso ocorreu um deslocamento apenas de uma linha, não ocorrendo alterações na coluna. Como a fórmula presente na célula C1 não possui $, os números das linhas se ajustam relativamente ao deslocamento, no caso aumentando uma linha. Como não houve deslocamento de coluna, as colunas permaneceram A e B.

A célula C1 apresentará como resultado da soma 30, enquanto a célula C2 apresentará 80.

Fique ligado!

O resultado desse exemplo também seria obtido, ao clicar na alça de preenchimento da célula C1 e arrastar até a célula C2.

Endereçamento Misto

As questões mais frequentes em provas envolvem o modo de endereçamento misto, pois é aquele que exige do candidato maior atenção para observar quando deve ou não ajustar o deslocamento na fórmula resultante.

Observe o exemplo apresentado pela Figura 12.

Figura 12: Fórmula com modo de endereçamento misto.

- Foi inserido na célula C1 a fórmula: =$A1+B$1
- Após, foi selecionada a célula C1 e a ação de copiar foi executada.

- Em seguida, a célula C2 foi selecionada e a ação de colar foi executada. Desse modo, a fórmula será ajustada para a célula C2: =**$A2+B$1**

Note que nesse caso, a presença do $ deve ser levada em consideração. A sugestão é que seja marcado o cifrão e o valor adjacente a ele, seja coluna ou linha. No exemplo foram destacadas as informações da fórmula em C1 que estão vinculadas ao $, de maneira que não podem ser alteradas mesmo ocorrendo deslocamento.

Na figura temos deslocamento apenas na linha (da linha 1 para linha 2), portanto se comparado ao primeiro exemplo do modo de endereçamento relativo, observa-se que não é necessário o $ para a coluna A. Em parte é verdade, porém devemos sempre observar o que a questão apresenta, ou mesmo o que será feito.

Vejamos outro exemplo:

- Foi inserido na célula C1 a fórmula: =**$A1+B$1**
- Após, foi selecionada a célula C1 e a ação de copiar foi executada.
- Em seguida, a célula D4 foi selecionada e a ação de colar foi executada.
- Desse modo, a fórmula será ajustada para a célula D4: =**$A4+C$1**

Novamente estão destacadas as estruturas travadas pelo $, assim temos que aplicar o deslocamento apenas da linha em $A1 e da coluna em C$1.

Endereçamento Absoluto

O modo de endereçamento absoluto é o mais simples de ser trabalhado, uma vez que seu uso prático se resume a copiar a célula que foi travada com o $. Veja a Figura 13 e o exemplo dado.

	A	B	C	D
1	10	20	=$A$1+B1	
2	30	50		
3				
4				

Figura 13: Fórmula com modo de endereçamento absoluto.

- Foi inserido na célula C1 a fórmula: =**$A$1+B1**
- Após, foi selecionada a célula C1 e a ação de copiar foi executada.
- Em seguida, a célula C2 foi selecionada e a ação de colar foi executada.
- Desse modo, a fórmula será ajustada para a célula C2: =**$A$1+B2**

Observe que a segunda parcela **B2** teve apenas a linha ajustada, pois o deslocamento de C1 para C2 foi de apenas uma linha. Já a parcela **$A$1** não foi alterada, pois tanto a coluna A como a linha 1 estão fixadas com o $.

O modo de endereçamento absoluto possui uma outra forma que simplifica a utilização para usuários pouco habituados ao editor de planilhas. Essa forma consiste no uso de rótulos para as células.

Fique ligado!

Podemos rotular uma célula ou um conjunto de células.

Para aplicar um rótulo usa-se a **caixa de nome** presente no início da barra de fórmulas, conforme destacado na Figura 14. Ao selecionar uma célula é exibido o seu endereço nesse espaço. Para rotular a célula basta digitar o nome desejado nessa caixa e teclar ENTER.

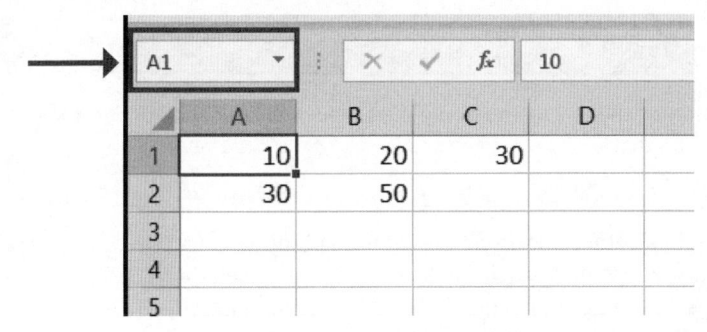

Figura 14: Caixa de nome.

Após nomear uma célula, ao selecioná-la o Excel irá exibir o nome atribuído à célula, conforme ilustrado a seguir na Figura 15.

Figura 15: Célula A1 com Rótulo "Valor".

Após atribuir um rótulo a uma célula, podemos usar esse nome em fórmulas e funções ao invés do endereço tradicional, como representado na Figura 16. Contudo, ainda podemos usar o endereço habitual.

	A	B	C
1	10	20	=$A$1+B1
2	30	50	=valor+B1
3			
4			

Figura 16: Fórmula com célula representada pelo seu rótulo.

No exemplo ilustrado na Figura 16, as fórmulas presentes nas células C1 (=$A$1+B1) e C2 (=valor+B1) apresentarão o mesmo comportamento tanto para a operação de copiar e, em seguida colar, como para a operação com a alça de preenchimento, pois o nome **valor** representa a célula $A$1 com modo absoluto.

Fique ligado!

Não podemos usar o mesmo nome para mais de uma célula ou intervalo da mesma planilha.

Podemos nomear intervalos de células de uma planilha. Para isso devemos selecionar o conjunto de células necessárias e inserir o nome desejado na caixa de nome, da mesma forma realizada para uma célula selecionada apenas. Veja a Figura 17 em que o intervalo de células de A1 até A4 (**A1:A4**) foi selecionado e rotulado como **conjunto**.

	A	B
1	10	
2	20	
3	30	
4	40	
5	100	
6		

Figura 17: Conjunto de células rotuladas.

A célula A5 da Figura 17 contém a função =**SOMA(conjunto)** de modo que o mesmo resultado seria obtido se a função fosse escrita =**SOMA($A$1:$A$4)**. Perceba que foi empregado o $, pois ao usar o nome ele comporta-se como modo de endereçamento absoluto.

5.6 Abas

Como componente do MS Office o MS Excel também emprega a interface Ribbon (faixa de opções) distribuindo suas ferramentas em **abas**, também chamadas **guias**, ou mesmo **opção** de uma faixa de opções.

> **Fique ligado!**
>
> Fique atento à nomenclatura, pois mesmo em provas alguns empregam erroneamente o termo menu, para se referir a essas estruturas.

Figura 18: Faixa de Opções do Excel.

A Figura 18 ilustra a barra de títulos do Excel, o menu Arquivo e suas abas:

- Página Inicial: apresenta, além das ferramentas de formatação padrões de texto, as formatações de células e outras opções de uso mais frequentes.
- Inserir: além dos recursos presentes no Word como bloco ilustrações, links, comentários, texto e símbolos, apresenta recursos para trabalhar com tabelas dinâmicas, filtragem de dados e ênfase especial aos gráficos e minigráficos.
- Desenhar: possui a mesma finalidade que o Word, para usar de telas sensíveis a toque melhor.
- Layout de Página: enquanto o Word separou as ferramentas nas abas Layout e Design, o Excel concentra na aba Layout de Página as opções de Temas, Configurações de Páginas e para Organizar elementos, mas também possui recursos específicos de planilhas.
- Fórmulas: apresenta ferramentas específicas para o trabalho em planilhas, como as fórmulas. Nessa guia é possível acessar as fórmulas em suas categorias. Também encontram-se outros recursos relacionados às fórmulas presentes nas células.
- Dados: outra guia com recursos próprios de planilhas, essa aba oferece desde recursos simples como filtragem até recursos de transformação e limpeza de dados.
- Revisão: opção no geral bastante similar àquelas presentes na mesma aba do Word, com destaque para a proteção da planilha.

- Exibir: assim como o Word o Excel possui diferentes modos de exibição para facilitar a manipulação de planilhas em diferentes contextos de necessidade, como grandes espaços de análise de dados a documentos para serem impressos.
- Ajuda: a estrutura da ajuda, embora sempre presente, voltou a ter destaque como aba para que o usuário possa acompanhar as novidades do programa, acessar a vídeos de treinamento ou mesmo sugerir melhorias para o programa.

5.7 Aba Página Inicial

A aba Página Inicial, ilustrada pela Figura 19, apresenta os seguintes blocos:

- Área de Transferência: exibe as mesmas opções que o Word.
- Fonte: opções presentes também no Word, com diferença para a opção preenchimento e bordas que no Word estão no bloco parágrafo.
- Alinhamento: opções de alinhamento de parágrafos, direção de texto, mesclar células e quebra de texto.
- Número: apresenta as formatações de células.
- Estilos: oferece estilos rápidos que alteram várias formatações de células ao mesmo tempo.
- Células: permite inserir e excluir novas linhas, colunas, planilhas ou células, além de alterar sua dimensão.
- Edição: recursos frequentemente usados em planilhas, como Autossoma, Filtragem e Classificação de Dados.

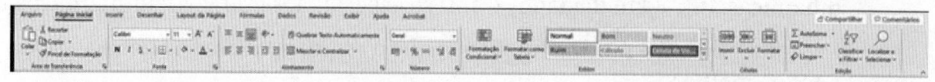

Figura 19: Aba Página Inicial MS Excel.

Bloco Área de Transferência

Embora o Excel apresente o bloco Área de Transferência igual ao Word, a forma de manipulação é diferente em cada programa.

Ao selecionar uma (ou mais) célula e clicar na opção **copiar**, aparecerá um pontilhado indicando que aquele conteúdo ocupa a área de transferência. Após colar, repete-se a operação, porém ao editar alguma outra célula ou realizar outras operações o pontilhado some, demonstrando assim que a opção **colar** não está mais ativa, pois não há mais conteúdo na área de transferência.

Com a opção **recortar** o procedimento assemelha-se à ação de recortar arquivos ou pastas no Explorador de Arquivos. Ao recortar o programa, também destaca o conteúdo recortado com o pontilhado, porém é possível colar apenas uma vez, como ocorre com os arquivos e pastas.

Bloco Fonte

O bloco fonte, ilustrado pela Figura 20, apresenta as opções para alterar o **Tamanho** da fonte do texto selecionado, os estilos (**Negrito**, **Itálico** e **Sublinhado**) e **Cor da Fonte**, presentes também no bloco fonte do MS Word. Encontram-se nesse bloco também a opção **Bordas** e a opção **Preenchimento**, que no Word estão presentes no bloco Parágrafo. Note que no Excel não temos bloco Parágrafo.

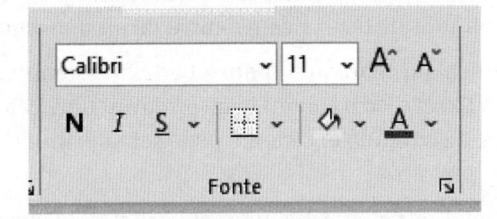

Figura 20: Bloco Fonte, aba Página Inicial, MS Excel.

Fique ligado!

Em versões anteriores do Excel os atalhos CTRL+N (Negrito), CTRL+I (Itálico) e CTRL+S (Sublinhado) não funcionam. Para tanto, são usados os atalhos CTRL+2, CTRL+3 e CTRL+4.

Obs.: devem ser usados os números do teclado alfanumérico, aquelas teclas que têm os símbolos @, # e $, pois o teclado numérico não funciona para fins de atalhos. O atalho CTRL+5 aplica a formatação de fonte Tachado no Excel.

A opção para expandir o bloco fonte (seta no canto inferior direito do bloco) abre a janela Formatar Células, que também pode ser aberta pelo atalho CTRL + 1.

Bloco Alinhamento

No Excel, além dos alinhamentos horizontais (esquerdo, centralizado e direito) destacados pelo retângulo na Figura 21, há os alinhamentos verticais (em cima, no meio e embaixo) destacados pelo retângulo no bloco alinhamento ilustrado a seguir.

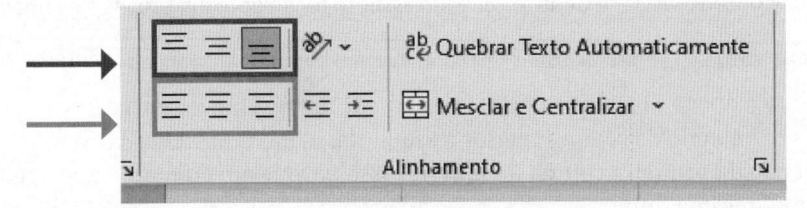

Figura 21: Bloco Alinhamento, aba Página Inicial, MS Excel.

Fique ligado!

No Excel o conteúdo de uma célula tem como alinhamento vertical padrão a posição embaixo.

A opção **Quebrar Texto Automaticamente** ao ser ativada, permite que o conteúdo da célula(s) selecionada(s) se ajuste em várias linhas de texto, de acordo com a largura da coluna. As linhas de texto ficam dentro de uma mesma linha de planilha.

Nas tabelas do Word a quebra automática de texto está ativada por padrão, ao contrário do Excel. No Excel caso o conteúdo inserido em uma célula seja maior que a largura da sua coluna, o conteúdo excedente pode ser suprimido se algo for inserido na célula à direta por padrão.

Na opção **Mesclar e Centralizar** há uma seta à direta da opção, que aponta para baixo, indicando que existem mais opções, a Figura 22 ilustra essas opções.

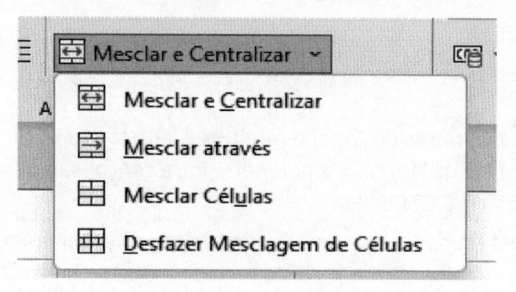

Figura 22: Opções de mesclagem de células Excel.

Fique ligado!

A diferença sutil entre Mesclar e Centralizar e a opção Mesclar Células, está no resultado alinhamento horizontal. A opção Mesclar Células não centraliza o conteúdo horizontalmente. Em ambas as ações o alinhamento vertical permanece o padrão, isto é, embaixo.

A opção Mesclar e Centralizar é um assunto recorrente em provas e exames.

Tanto a opção **Mesclar Células** como a opção **Mesclar e Centralizar**, mantêm apenas o conteúdo da célula superior à esquerda. A opção **Mesclar Através** mantém o conteúdo da primeira coluna à esquerda, isso porque a ferramenta une apenas as células da mesma linha.

Bloco Número

O bloco **Número**, Figura 23, apresenta as formatações de células quanto aos valores que apresentam. Assim temos à disposição os formatos:

» Geral;
» Número;
» Moeda;
» Contábil;
» Percentagem;
» Data;
» Hora;
» Fração;
» Científico;
» Texto;
» Especial;
» Personalizado.

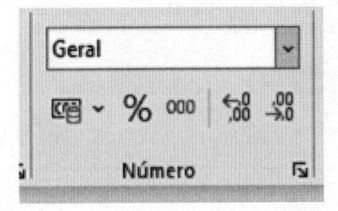

Figura 23: Bloco Número, aba Página Inicial, Excel.

Ao clicar no canto inferior direito do bloco **Número**, é aberta a janela **Formatar Células** com a aba Número em destaque, como ilustrado na Figura 25.

O bloco exibe botões para as formatações mais utilizadas com planilhas, como o botão **Formato de Número de Contabilização** ilustrado na Figura 24. Note a seta à direita do botão apontando para baixo, indicando que existem outras opções de unidade monetária, como $ (Dólar) ou € (Euro).

Figura 24: Botão Formato de Número de Contabilização.

Ao usar esse botão, a célula é formatada como célula **Contábil** que insere o R$ à esquerda na célula e alinha o valor à direita com duas casas decimais. À medida que a largura da coluna é ajustada, o R$ permanece à esquerda e o valor à direita.

Fique ligado!

Atenção!! Há um formato muito similar ao Contábil: o formato Moeda. Ele também coloca o R$ na célula à esquerda do valor, porém o R$ fica junto ao valor, enquanto no formato Contábil fica alinhado à esquerda na célula.

Podemos aplicar o formato de célula **Moeda** digitando na célula o **R$** junto ao valor ou usando a combinação de teclas de atalho **CTRL + SHIFT + $** com a célula selecionada.

Fique ligado!

O atalho CTRL+SHIFT+$ pode ser apresentado como CTRL+SHIFT+4, ou ainda, da forma correta CTRL+$. Para acessar o símbolo $ no teclado é necessário usar a tecla SHIFT, uma vez que ele se encontra na segunda função da tecla, assim o emprego do SHIFT é implícito.

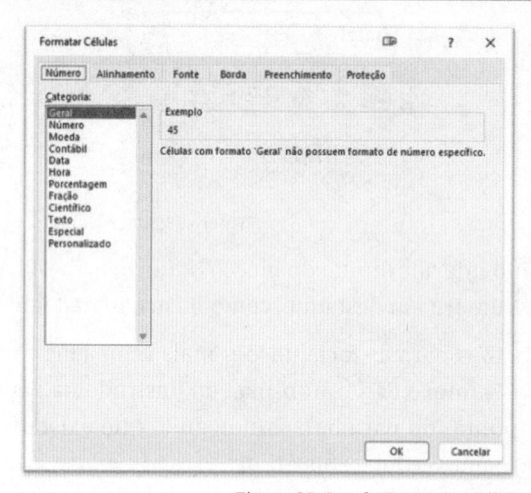

Figura 25: Janela Formatar Células exibindo aba Número.

Outro botão presente no bloco Número é o Estilo de Percentagem representado na Figura 26. A formatação de percentagem também pode ser empregada pelo atalho **CTRL+SHIFT+%**, ou pela inserção direta de valor, dentro da célula, seguido do % (sinal de percentagem).

Figura 26: Botão Estilo de Percentagem.

Fique ligado!

O formato de célula de percentagem é recorrente como pegadinha em provas, pois ao selecionar uma célula com um número, por exemplo 5, e aplicar a formatação, o valor que ficará visível na célula será 500%.

Caso seja inserido em uma célula um número e juntamente o sinal de %, o valor visível ficará como digitado. Assim, ao inserir 5% em uma célula, o resultado visual será o mesmo, alinhado à direita na célula. Contudo, o valor real presente na célula será 0,05.

Fique ligado!

Lembre-se: o sinal de % representa uma divisão por 100, seja em uma fórmula ou em uma célula ao lado direito de um valor.

Ao inserir conteúdo em uma célula, o editor de planilhas ajusta o formato da célula de acordo com o valor inserido. Caso seja colocado um texto ou número, o Excel formata a célula como Geral, conforme ilustrado na Figura 27. Observe, também, que ao selecionar uma célula, o campo destacado apresenta o formato usado na célula.

Conteúdo	Formato
Geral	Geral
45	Geral
44 geral	Geral

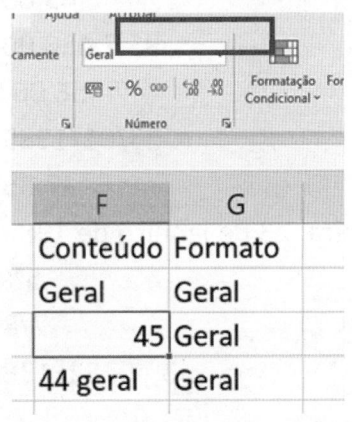

Figura 27: Células com formato Geral.

Outro botão problemático, pelo menos nas versões mais atuais do Excel, é o **Separador de Milhares**. Desde as versões iniciais do Excel era aplicado o formato de **Número** com duas casas decimais, porém nas versões recentes passou a aplicar erroneamente o formato de célula **Contábil**, sem exibir o **R$**. O **Separador de Milhares** é representado pelo botão à direita do **%**, ilustrado com **000** (três zeros).

Fique ligado!

Lembre-se: formatações de células, seja de estilos de valores ou de apresentação de conteúdo não alteram a magnitude do valor, mas apenas a forma como é apresentado.

Sempre que a barra de fórmulas estiver exemplificada na prova, observe atentamente o que ela exibe, pois esse é o real conteúdo da célula selecionada.

A Figura 28 ilustra alguns dos formatos de células que podem ser usados no Excel. Note que existe o formato **Fração** e para usá-lo é necessário formatar a célula como fração antes de inserir o valor na célula. No caso apresentado pela figura, o valor 7/8 é compreendido como a fração geratriz do decimal 0,875 que é usado para cálculos normalmente pelo programa.

	A	B
1	**Conteúdo**	**Formato**
2	Geral	Geral
3	34	Geral
4	Geral 34	Geral
5	45,00	Número
6	R$ 7.456,00	Moeda
7	R$ 7.456,00	Contábil
8	23/01/1989	Data
9	17:35	Hora
10	segunda-feira, 23 de janeiro de 1989	Data
11	5%	Percentagem
12	7/8	Fração
13	3,40282E+38	Científico
14		

Figura 28: Exemplos de formatos de células.

> **Fique ligado!**
>
> O valor presente na célula A13 está definido com o formato científico, e o valor representado é a quantidade de combinações distintas de endereços IPv6 3,4 undecilhões, resultado de 2128.

No Excel, mesmo existindo os valores lógicos VERDADEIRO e FALSO, não existe o formato de células lógico como no LibreOffice Calc.

5.8 Aba Fórmulas

A Aba Fórmula demonstrada a seguir, apresenta as funções que podem ser utilizadas no editor de planilha juntamente a recursos que permitem realizar auditoria das fórmulas presentes nas células.

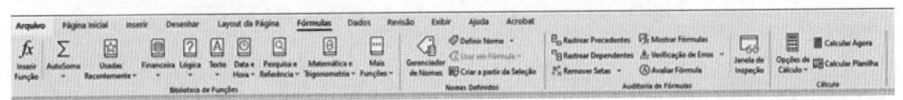

Figura 29: Aba Fórmulas do MS Excel.

Nessa guia encontram-se as categorias de fusões que são utilizadas dentro do editor de planilhas, ainda é possível abrir a janela para inserir função, por meio do botão localizado no início da aba **Inserir Função**. As seguintes categorias são disponibilizadas dentro do Excel, conforme ilustra a Figura 30:

- » Financeira;
- » Lógico;
- » Texto;
- » Data e hora;
- » Pesquisa e referência;
- » Matemática e Trigonométrica;
- » Estatística;
- » Banco de dados;
- » Informações;
- » Engenharia;
- » Cubo;
- » Compatibilidade;
- » Web.

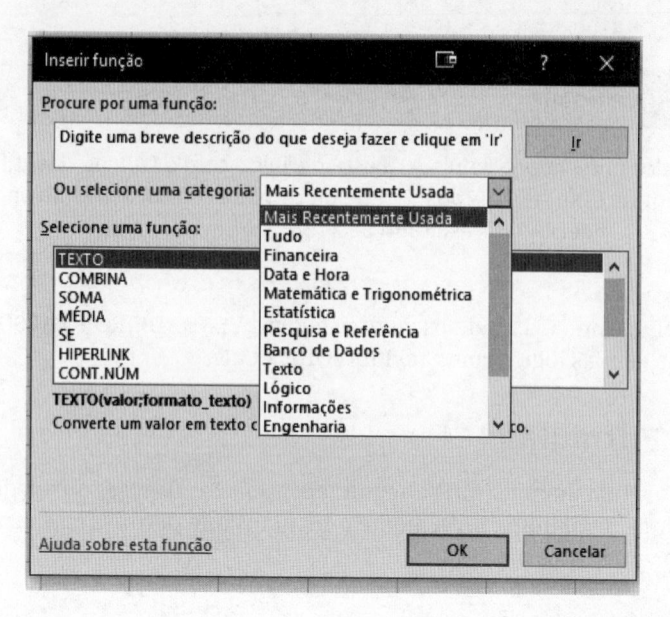

Figura 30: Janela Inserir Função MS Excel.

Na categoria compatibilidade são colocadas as funções que ainda podem ser utilizadas no programa, mas que são consideradas depreciadas, pois existe função que faz a mesma ação de alguma forma melhor.

Também podemos observar que as categorias de funções são apresentadas no bloco Biblioteca de Funções, conforme ilustrado a seguir na Figura 31.

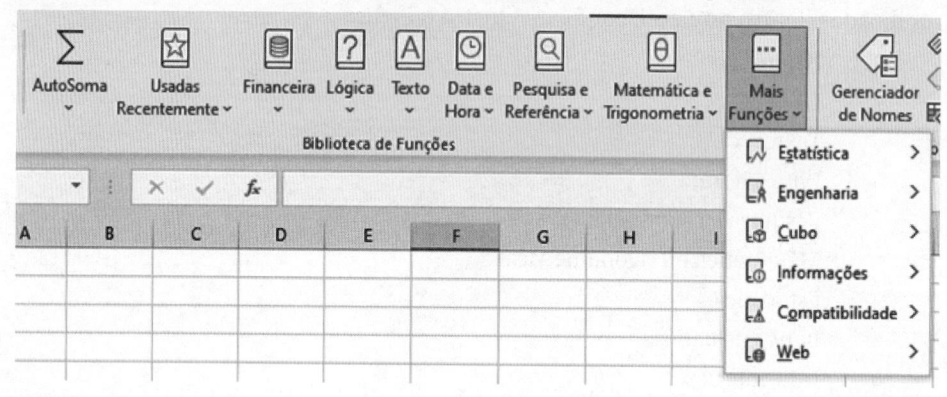

Figura 31: Bloco Biblioteca de Funções do MS Excel.

A maioria das funções pertencem à categoria Estatística, pois contempla as funções mais recorrentes em questões de prova.

> **Fique ligado!**
>
> Não é necessário conhecer todas as funções do editor de planilhas para fazer uma prova de concurso.

5.9 Funções

Função é uma estrutura que possui um nome e que pode receber ou não parâmetros para realizar um determinado procedimento, não sendo necessário saber como é feito o cálculo para chegar ao resultado, basta apenas informar os dados em cada parâmetro da função, caso seja necessário.

Uma função não deixa de ser uma fórmula, embora o termo fórmula seja usado mais frequentemente para apresentar alguma estrutura ou cálculo aritmético que não envolva diretamente uma função.

Soma

A função **Soma** realiza, basicamente, a soma de todos os valores **numéricos** passados como argumentos. Caso a célula possua texto, esse dado será ignorado para a realização da soma.

> **Fique ligado!**
>
> Por ser uma função simples, muitas pegadinhas sobre esse assunto são recorrentes em questões de prova, desde questões que argumentam sobre operadores de referência a questões sobre os modos de endereçamento.

A função **Soma** pode receber 256 parâmetros, dentre eles valores isolados ou intervalos de células, como demonstra o exemplo a seguir:

```
=SOMA(5;10,12; 3)
```

- Nessa situação foram apresentados os valores 5, 10,12 e 3 como parâmetros.
- A presença de espaço entre eles não faz diferença.
- O importante é observar que o sinal de (;) foi utilizado para separar cada parâmetro. Perceba a sutileza na diferença entre o sinal de (;) e (,) utilizados na função.

Além de apresentar os valores diretamente na função, é comum o uso dos endereços de células, para isso considere a Figura 32 a seguir como base para alguns cálculos.

	A	B	C
1	7	3	
2	3	7	
3		7	
4	7	3	
5	3	5	
6	Texto		
7			
8			

Figura 32: Planilha do Excel com valores para exemplos de funções.

Considere que na célula A7, selecionada na Figura 32, seja inserida a função a seguir:

=SOMA(A1:A6)

- Será realizado o cálculo da soma dos valores presentes da célula A1 **até** a célula A6, apresentando como resultado o número 20.
- Observe que o valor presente na célula A6 (Texto) é ignorado pela função soma, assim como a célula vazia A3.

Podemos utilizar os operadores de referência são utilizados para montar expressões mais elaboradas:

=SOMA(A1:A6;B2;B4)

- Nesse outro exemplo foi realizada a soma das células de **A1 até A6** juntamente aos valores das células **B2 e B4**, resultando em 30.

Fique ligado!

As funções de Contagem também são de suma importância para as provas de concurso.

Cont.núm

A função CONT.NÚM contabiliza a quantidade de células que possuem como conteúdo valor numérico. Para os exemplos considere, ainda, os valores apresentados pela Figura 32.

Caso seja inserido na célula A7 a função a seguir:

=CONT.NÚM(A1:A6)

- O resultado obtido será 4, pois apenas as células A1, A2, A4 e A5 possuem valores numéricos.
- Enquanto a célula A3 está vazia e a célula A6 possui um texto.

Fique ligado!

Lembre-se: vazio é diferente de zero.

Contar.vazio

Para identificar dentre um conjunto de células a quantidade de células vazias, utiliza-se a função CONTAR.VAZIO, conforme o exemplo a seguir:

=CONTAR.VAZIO(A1:A6)

- O resultado obtido será 1, pois apenas a célula A3 está vazia.
- Caso a resposta seja zero, podemos concluir que a célula A3 pode ter conteúdo como a presença do caractere espaço.

Cont.valores

Diferentemente da função CONT.NÚM, a função CONT.VALORES conta a quantidade de células não vazias dentro do conjunto de valores apresentado como parâmetro para a função. A função CONT.VALORES é complementar à função CONTAR.VAZIO, de modo que ao utilizar as 2 para o mesmo intervalo de células e somá-las, o resultado será sempre a quantidade de células.

Utilizando a função CONT.VALORES no exemplo a seguir:

=CONT.VALORES(A1:A6)

- Temos como resultado 5.
- Das 6 células presentes no intervalo apenas uma está vazia.

Cont.se

Além de realizar a Contagem de células para os 3 casos apresentados até então, podemos contar a quantidade de células que atendam determinada condição, para tanto utilizamos a função CONT.SE. Essa função diferentemente das demais, é empregada com 2 parâmetros, sendo o primeiro o intervalo de células que serão analisadas e o segundo parâmetro a regra com a qual analisaremos as células.

> =CONT.SE(<intervalo_de_células>;<regra>)

- Observe que na função o (;) não é um operador de referência, ele apenas é empregado para separar os parâmetros da função.
- Outro ponto importante da sintaxe da função é a regra que, normalmente, é representada entre aspas.

Para a função CONT.SE vamos utilizar um outro conjunto de valores ilustrado na Figura 33 a seguir.

Nessa planilha foram apresentados alguns produtos de informática: mouse, teclado, monitor impressora, para diferentes fabricantes, representando a quantidade dos itens em estoque. Note que os dados estão agrupados por produto, porém poderiam ser agrupados por fabricante. Sabemos que a ordem das linhas pode alterar, nosso interesse é utilizar algo que permita calcular sem que a ordem afete os resultados.

Para o primeiro exemplo vamos supor que seja de nosso interesse ver quantos produtos diferentes temos para um determinado fabricante.

Para que a função CONT.SE faça sentido, em alguns casos é necessário observar ocorrências únicas, isso significa que a planilha de valores deve possuir a seguinte estrutura:

- Quando o fabricante for listado na coluna **B,** na coluna **A** deverá obrigatoriamente aparecer um produto diferente dos já presentes na planilha.
- Caso ocorra uma repetição, o emprego da função não fará sentido para obter a resposta do problema dado.

Assim, vamos considerar o fabricante "**Razer**" como referência e para identificar quantos produtos diferentes temos desse fabricante usamos a função a seguir:

> =CONT.SE(B1:B13;"=Razer")

- Observe como foi empregado a regra, além de estar entre aspas duplas o sinal de igualdade foi utilizado, pois desejamos contar quantas vezes o texto indicado (Razer) aparece na coluna B, sabendo que cada ocorrência na coluna B corresponde a um produto distinto na coluna A.
- O sinal de igualdade usado na regra poderia ser suprimido, porém caso seja utilizado outro operador de comparação ele deverá estar explícito na estrutura.

> **Fique ligado!**
>
> Basicamente, ao usarmos texto comparamos se é igual a (=) ou diferente de (<>), já para valores numéricos podemos utilizar os outros operadores de comparação.

Como resultado do exemplo anterior teremos como resposta o número 3, pois a expressão **Razer** aparece 3 vezes.

Os editores de planilha não são CASE SENSITIVE, isto é, caso o texto estivesse em caixa alta não faria diferença para análise de comparação.

	A	B	C	D
1	Produto	Fabricante	Quantidade	
2	Mouse	Razer	5	
3	Mouse	Corsair	10	
4	Mouse	Redragon	15	
5	Mouse	Logitech	5	
6	Teclado	Razer	5	
7	Teclado	Logitech	10	
8	Teclado	Satélite	15	
9	Monitor	Samsung	20	
10	Monitor	Razer	12	
11	Monitor	HP	15	
12	Impressora	HP	18	
13	Impressora	Samsung	20	
14				

Figura 33: Planilha Excel com valores para exemplos de funções.

Caso nosso interesse seja realizar a soma da quantidade de itens em estoque, devemos utilizar outra função, pois a função CONT.SE apenas realiza a contagem de células.

SOMASE

A função **SOMASE** permite comparar um conjunto de valores e somar outros valores, ou os comparados, que estejam na mesma linha que atendam à condição apresentada. A sintaxe da função é dada a seguir:

=SOMASE(<Intervalo_Comparado>;<Regra>;<Intervalo_Somado>)

- O primeiro e o segundo parâmetros da função SOMASE tem forma similar ao da função CONT.SE.

- O diferencial é a presença de outro intervalo para identificar as células que serão somadas. Considere o seguinte problema:

Dada a planilha representada pela Figura 33, deseja-se saber qual a quantidade de mouses em estoque. Para isso, utiliza-se a função SOMASE com a seguinte forma:

=SOMASE(A1:A13 ; "=Mouse" ; C1:C13)

- Podemos ler a função apresentada da seguinte forma: somar as células de C1 até C13 que na coluna A tem um conteúdo igual a Mouse.
- Uma particularidade da função é que no intervalo somado não é necessário indicar as linhas, pois a função irá considerar apenas as linhas apresentadas no primeiro intervalo, isso significa que a expressão a seguir produziria o mesmo efeito da anterior:

=SOMASE(A1:A13 ; "=Mouse" ; C:C)

- Outro detalhe importante é observar que as aspas utilizadas nas funções de planilhas são necessariamente as aspas duplas, porém com um símbolo gráfico diferente. Observe a Figura 34, com a aplicação da função exemplificada:

	A	B	C	D	E	F	G	H
1	Produto	Fabricante	Quantidade		=SOMASE(A1:A13;"Mouse"; C1:C13)			
2	Mouse	Razer	5					
3	Mouse	Corsair	10					
4	Mouse	Redragon	15					
5	Mouse	Logitech	5					
6	Teclado	Razer	5					
7	Teclado	Logitech	10					
8	Teclado	Satélite	15					
9	Monitor	Samsung	20					
10	Monitor	Razer	12					
11	Monitor	HP	15					
12	Impressora	HP	18					
13	Impressora	Samsung	20					
14								

Figura 34: Função SomaSe na prática.

Aplicando os exemplos acima, o resultado obtido para o total de Mouse no estoque é de 35 itens.

Outra particularidade da função SOMASE é a possibilidade de abreviar a função, quando os 2 intervalos forem as mesmas células, isto é, caso utilizemos a expressão a seguir:

=SOMASE(C1:C13 ; ">12" ; C1:C13)

- A função apresenta a soma do valor presente nas células da coluna C de C1 até C13, que possuem valor maior que 12. Podemos abreviar esta função da seguinte forma:

=SOMASE(C1:C13 ; ">12")

- Em ambos os casos o resultado obtido será 103.

Média

A função Média é empregada para calcular a média aritmética do conjunto de valores apresentados como parâmetros.

Fique ligado!

A função Média é comum em provas, também utilizada para pegadinhas envolvendo os operadores de referência dada a simplicidade da função.

Para conhecer a função e suas características vamos utilizar a planilha apresentada na Figura 32. Ao inserir na célula A7 a seguinte função:

=MÉDIA(A1:A6)

- O resultado obtido será 5.
- A função Média realiza a soma do conjunto de células apresentadas e depois divide pela quantidade de células que foram somadas.
- Assim, a função anterior produz o mesmo efeito que utiliza a fórmula descrita a seguir:

=SOMA(A1:A6)/CONT.NÚM(A1:A6)

- Desse modo, a função Média ignora células vazias e células que possuem texto.

Médiaa

É uma função variante da função Média. Muito cuidado para não se confundir. Note a presença de um segundo A: MÉDIAA. Exemplificando na mesma planilha, utilizando a seguinte função:

=MÉDIAA(A1:A6)

- Teremos como resultado o valor 4.
- A diferença entre as duas formas de Média é que a MÉDIAA considera todas as células não vazias.

- Podemos dizer que a MÉDIAA tem resultado similar ao da fórmula:

=SOMA(A1:A6)/CONT.VALORES(A1:A6)

- Tendo como exceção quando há presença do valor lógico VERDADEIRO nas células do intervalo.

Mediana

Outro cálculo estatístico bastante comum de prova é a **Mediana**, que consiste em encontrar o valor central de um conjunto de valores. Quando o Rol de valores for ímpar é fácil identificar a Mediana, pois basta distinguir o elemento central, isto é, aquele que apresenta a mesma quantidade de elementos antes e depois.

> **Fique ligado!**
>
> O cálculo estatístico Mediana considera o conjunto de valores (Rol) de maneira ordenada.

No caso do conjunto ser formado por uma quantidade de elementos par, a Mediana é dada pela média dos 2 elementos centrais, ou seja: soma os 2 do meio e divide por 2.

Considerando a planilha da Figura 32 e inserindo a função:

=MED(B1:B5)

- Devemos olhar para o rol de valores {3, 3, 5, 7, 7} e destacar aquele que divide o conjunto ao meio, uma vez que o conjunto possui 5 elementos { 3, 3, 5, 7, 7}.
- Desse modo, encontramos um número 5. Observe outra situação:

=MED(A1:A5)

- Nesse caso, o rol de elementos é formado por {3, 3, 7, 7}, ou seja, temos apenas 4 elementos, uma quantidade par.
- Para encontrarmos a mediana, devemos somar os dois centrais 3 e 7 e dividir o resultado por 2, obtendo assim o número 5.

Modo

Outra função estatística cobrada em provas é aquela que calcula a Moda, isto é, o valor com maior frequência dentre um conjunto de valores. Note que a função é escrita da seguinte forma:

=MODO(B1:B5)

- Ao analisar o intervalo de células, temos os seguintes valores destacados na ordem que aparecem na planilha {3, 7, 7, 3, 5}.
- Para o Excel, a ordem dos valores influencia no cálculo da função Modo.
- Com isso, o resultado apresentado pela fórmula acima será 3.
- Note que o conjunto de valores é um conjunto bimodal, isto é, possui dois valores que aparecem com a mesma frequência. O Excel consegue representar apenas um valor como resultado para a função. Nesse caso, a escolha é dada pelo valor que aparecer por primeiro na sequência de células.

Observe o segundo exemplo, caso seja inserida a fórmula:

=MODO(A1:A5)

- Nesse exemplo, os valores presentes nas células, em ordem que aparecem, são {7, 3, 7, 3}.
- Novamente temos um conjunto bimodal.
- O valor que aparece primeiro é o número 7, sendo a resposta para a função.

Em virtude dessa ambiguidade da função MODO, foram criadas outras duas funções para serem utilizadas em seu lugar, porém a função Modo ainda existe junto às ações de compatibilidade com versões anteriores, e ainda é muito cobrada em provas.

Modo.único

A função **MODO.ÚNICO** executa o mesmo que a função MODO, observando a ordem em que os valores aparecem. A diferença é que apresenta apenas um dos valores, caso o conjunto seja multimodal.

Utilizando a seguinte fórmula:

=MODO.ÚNICO(B1:B5)

- Teremos como resultado o número 3
- Na fórmula a seguir:

=MODO.ÚNICO(A1:A5)

- Teremos como resultado o número 7.

Modo.mult

A função **MODO.MULT** foi criada para deixar evidente a possibilidade de mais de uma resposta. Contudo, as demais respostas não serão representadas na mesma célula, cada valor ficará em uma célula.

Fique ligado!

A função MODO.MULT é uma função matricial, assim como a função TRANSPOR.

Funções matriciais tem um jeito especial de serem utilizadas:

- Antes de inserir a função, devemos selecionar o conjunto de células desejadas, fica a critério do usuário a quantidade.
- Depois devemos digitar a função, porém não podemos apertar a tecla ENTER, principalmente nas versões antigas do Excel, pois ao fazer isso teremos apenas o primeiro valor.
- Para apresentar os demais valores possíveis, devemos utilizar a combinação de teclas CTRL+SHIFT+ENTER.

O Excel 2021 apresentou melhorias no trato de conjuntos de células, assim é possível inserir a função em apenas uma célula e teclar ENTER.

Exemplo de uso com a função MODO.MULT, ilustrado pela Figura 35:

	A	B	C	D	E
1	7	3		=MODO.MULT(B1:B5)	
2	3	7			
3		7			
4	7	3			
5	3	5			
6					

Figura 35: Planilha do Excel com função MODO.MULT.

Antes de inserir a função, as células D1 até D4 foram selecionadas. Na sequência ao teclar o atalho CTRL+SHIFT+ENTER temos como resultado a situação ilustrada pela Figura 36.

D1	fx	{=MODO.MULT(B1:B5)}			
	A	B	C	D	E
1	7	3		3	
2	3	7		7	
3		7		#N/D	
4	7	3		#N/D	
5	3	5			
6					

Figura 36: Planilha do Excel com resultados para a função MODO.MULT.

Observe na barra de fórmulas da Figura 36 o emprego das chaves no início e no fim da função expressa que o conjunto de células faz parte de uma matriz.

Fique ligado!

Ao trabalhar com estruturas matriciais não conseguimos apagar apenas um dos valores do conjunto. Ao tentar apagar, será apresentada a seguinte mensagem:

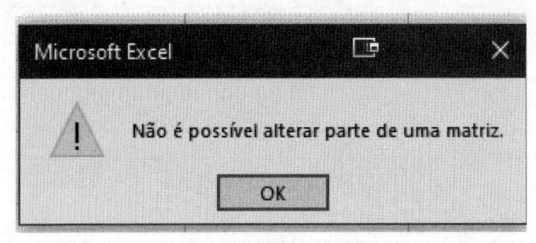

Microsoft Excel

Não é possível alterar parte de uma matriz.

OK

Nas versões mais atuais do Excel é possível utilizar apenas a tecla ENTER para concluir a inserção da função. Essa é a forma mais indicada de uso para a função, pois não aparece a mensagem de valor não definido, como aqueles destacados nas células D3 e D4 na Figura 36.

Mod

Outra função que ganha destaque é a função MOD, que calcula o **resto de uma divisão inteira**.

A função MOD usa dois parâmetros em sua estrutura, dos quais temos a divisão do primeiro pelo segundo valor, veja o exemplo a seguir:

=MOD(400;60)

- O valor 400 será dividido por 60.
- O resultado apresentado será o resto da divisão enquanto o quociente permanecer inteiro, conforme ilustrado pela Figura 37

```
400 | 60
360   6    ← Quociente
 40        ← Resto
```

Figura 37: Diferença entre o resto e o quociente de uma divisão.

- Para continuar a divisão, após encontrar o primeiro múltiplo de 60 apresentado no quociente, é necessário colocar a vírgula no quociente e adicionar um 0 à direita do resto 40, ficando 400.

- Resultando na dízima periódica 6,6666666666666666.
- Porém, a função consiste em uma divisão inteira, então o quociente não pode ser fracionário e o valor de resto é o exibido como resultado.

Potência

A função **Potência**, como o próprio nome sugere, resulta do cálculo de um valor elevado a uma potência:

=POTÊNCIA(2;3)	
Resulta em 8.	Pois, calcula-se 23.

Já o caso:

=POTÊNCIA(3;2)	
Resulta em 9.	Nesse caso, calcula-se 32.

- Observe a ordem de cada valor.

Máximo

A função MÁXIMO retorna o valor mais alto do rol de valores indicados como parâmetros.

Note o exemplo, considerando a planilha da Figura 32:

=MÁXIMO(B1:B5)
A resposta será 7.

Maior

A função MAIOR retorna o N-ésimo maior valor de um conjunto.

A função maior emprega 2 parâmetros em sua sintaxe:

=MAIOR(<intervalo> ; <Número de Ordem>)

Ao aplicar a função a seguir em uma célula da planilha representada na Figura 32, temos como resultado o **3º maior** valor do **intervalo de B1 até B5**.

=MAIOR(B1:B5;3)

- Observe que para isso o rol de valores deve ser tomado em ordem do maior para o menor {7, 7, 5, 3, 3}.
- Resultando em 5 como sendo o 3º maior.

Mínimo

Oposta à função MÁXIMO, a função MÍNIMO resulta no mais baixo valor do conjunto dado como parâmetro, logo ao aplicar a função na planilha ilustrada na Figura 32:

> =MÍNIMO(B1:B5)
> O resultado obtido será 3.

Menor

Similar à função MAIOR, a função MENOR busca o N-ésimo menor valor de um intervalo de células. Nesse caso usando a função:

> =MENOR(B1:B5;4)

- Ao aplicar essa função em uma célula da planilha representada na Figura 32, temos como resultado o **4º menor** valor do **intervalo de B1 até B5**.
- Observe que para isso o rol de valores deve ser tomado em ordem do menor para o maior {3, 3, 5, 7, 7}.
- Resultando em 7 como sendo o 4º menor valor.

Agora

Trata-se de uma função do grupo Data. A função AGORA tem como peculiaridade ser uma função que não recebe parâmetros. Para usá-la basta abrir e fechar os parênteses.

Assim, ao inserir em uma célula de uma planilha a função:

> =AGORA( )

- Será retornado a data e a hora do sistema operacional na célula ao teclar ENTER.
- Caso, após teclar ENTER, o usuário deixar o programa aberto por muito tempo, as informações de data e hora resultantes da função não se alteram.
- Ao teclar F9 toda a planilha é atualizada.

Fique ligado!

Sempre que inserirmos um dado em uma célula de uma planilha e teclarmos ENTER, por padrão, toda a planilha é recalculada, não apenas a célula em que realizamos a inserção.

Enquanto estiver interagindo com a planilha, os valores são sempre atualizados. Ao salvar um arquivo e abri-lo em outro momento, a data e a hora apresentadas serão a do momento em que o arquivo for aberto.

HOJE

Similar à função AGORA, a função HOJE também é uma função da categoria Data e Hora, porém a função HOJE retorna apenas a data do sistema.

A sintaxe da função também não recebe parâmetros:

> =HOJE( )

Arred

A função ARRED, pertencente à categoria Matemática e Trigonometria, arredonda um valor numérico dado como primeiro parâmetro para o número de casas decimais indicado como segundo parâmetro. Tendo a seguinte sintaxe:

> =ARRED(<valor>; <número_de_Casas_Decimais>

- É importante relembrar o conceito matemático para o arredondamento:
- Quando o valor mais significativo a ser ocultado for maior ou igual a cinco, arredonda-se (para cima).
- Em caso contrário o valor é truncado, isto é, os valores excedentes ao número de casas decimais estabelecido são eliminados.

Na planilha ilustrada pela Figura 38, foi inserido na célula C3 a função:

> =ARRED(A3;B4)

- Após, a célula C3 foi copiada e colada nas células de C4 até C11.
- O valor passado como parâmetro em todas as linhas foi 1734,6437521.
- A coluna B apresenta o número de casas decimais consideradas na função usada na respectiva linha da planilha.

	A	B	C
1	ARRED(<num>;<casas decimais>)		
2	Número	Casas Decimais	ARRED
3	1734,6437521	4	1734,64380
4	1734,643752	3	1734,644
5	1734,643752	2	1734,64
6	1734,643752	1	1734,6
7	1734,643752	0	1735
8	1734,643752	-1	1730
9	1734,643752	-2	1700
10	1734,643752	-3	2000
11	1734,643752	-4	0
12			

Figura 38: Planilha do Excel com exemplos de uso da função ARRED.

Observe o valor presente na célula C3:

- É resultado do arredondamento para quatro casas decimais, do número 1734,643**7521**.
- Dos valores suprimidos o 5 é o mais significativo, por estar mais à esquerda, logo o resultado arredonda o número 7 para 8, ficando 1734,6438.
- O zero exibido à direita do 8 é resultado da ação de adicionar casas decimais, para ilustrar que a função retornou apenas o valor arredondado.

Observe o valor presente em C5:

- Resultado do arredondamento do número1734,64**37521** para duas casas decimais.
- Nesse caso, o número mais significativo suprimido é o 3, por ser menor que 5 o valor resultante ficou truncado a 1734,64.

Fique ligado!

Caso seja empregado um número de casas decimais negativas para a função ARRED, o número será arredondado para o múltiplo de 10<casas> mais próximo.

- Observe que a célula C8 usa -1 como parâmetro para o número de casas decimais, isso significa que o valor 1734,6437521 deve ser arredondado para o múltiplo de 101 mais próximo, no caso 1730.

- Já na célula C9 é apresentado -2 como número de casas decimais, assim o número 1734,6437521 deve ser arredondado para o múltiplo de 10² = 100 mais próximo, no caso 1700.
- No caso da célula C11 devemos arredondar o número 1734,6437521 para o múltiplo de 10⁴ = 10.000 mais próximo. Nesse caso, 1734 está mais próximo de zero do que de 10.000, por isso o resultado foi zero.

INT

A função INT retorna apenas a parte inteira do valor informado, ou seja, trunca o valor para zero casas decimais ignorando o conteúdo que existe após a vírgula. Assim, ao inserir em uma célula a função:

> =INT(1734,9999999999999999)

O valor resultado será 1734, apenas.

Truncar

De modo similar à função ARRED, a função TRUNCAR usa dois parâmetros: o primeiro é o valor a ser truncado, enquanto o segundo é o número de casas decimais desejadas.

A planilha a seguir ilustrada pela Figura 39, destaca o uso da função TRUNCAR para o valor 1734,6437521 presente na coluna A, para o número de casas decimais indicados na coluna B. A função inserida na célula C3 e após arrastada pela Alça de Preenchimento até a célula C11 foi:

> =TRUNCAR(A3;B3)

	A	B	C	D
1	TRUNCAR(<num>;<casas decimais>)			
2	Número	Casas Decimais	TRUNCAR	
3	1734,643752	4	1734,64370	
4	1734,643752	3	1734,643	
5	1734,643752	2	1734,64	
6	1734,643752	1	1734,6	
7	1734,643752	0	1734	
8	1734,643752	-1	1730	
9	1734,643752	-2	1700	
10	1734,643752	-3	1000	
11	1734,643752	-4	0	
12				

Figura 39: Planilha do Excel com exemplos de uso da função TRUNCAR.

- Observe na célula C3 que os números, após a quarta casa decimal, foram zerados, independentemente do dígito mais significativo ser maior ou igual a cinco.

> **Fique ligado!**
>
> Assim como na função ARRED, podemos encontrar valores negativos para o número de casas decimais na função TRUNCAR. Caso ocorra, significa que o número de dígitos à esquerda da vírgula, deverão ser zerados após a vírgula. E o valor não possui mais dígitos decimais.

- Observe o valor presente na célula C8 resultado da operação de TRUNCAR para - 1 casa decimal, o número 4 em 1734,6... foi zerado.
- No caso da célula C10 temos a função TRUNCAR para -3 casas decimais, logo temos três zeros (000) à esquerda da vírgula, resultando em 1.
- Em seguida, compare os valores das células C10 nas planilhas representadas pela Figura 38 e Figura 39.

Raiz

A função **RAIZ** calcula a raiz quadrada do valor passado como parâmetro, assim ao aplicar a função:

$$=RAIZ(81)$$

- O resultado apresentado será 9.
- É importante lembrar conceitos da matemática básica.

> **Fique ligado!**
>
> Podemos calcular a raiz de um número usando potências. Ao elevar um valor a uma potência fracionada, o denominador da potência torna-se a chave da raiz e o numerador, a potência do valor dentro da raiz.
>
> $$x^{a/b} = \sqrt[b]{x^a}$$

Ao utilizar a fórmula a seguir em uma planilha:

$$=81\wedge(1/2)$$

- Temos como resultado 9, pois foi calculada a raiz quadrada de 81.
- Contudo, algumas provas podem apelar na matemática e apresentar essa mesma expressão da seguinte forma:

$$=81\wedge(0,5)$$

- Note que 0,5 pode ser tomado na forma de fração para melhor visualizar a regra.

PROCV

Dentre as funções de nível intermediário temos as funções da categoria Pesquisa e Referência: PROCV, PROCH e PROCX. A mais recorrente em questões de provas é a função PROCV.

A função **PROCV** permite buscar um valor em diferentes linhas de uma coluna e retornar o valor de outra coluna que esteja na mesma linha.

A sintaxe da função é apresentada a seguir:

=PROCV(<valor procurado> ;
<matriz tabela> ; <número_índice_coluna>
; [procurar intervalo])

- O **valor procurado**, também chamado de chave de pesquisa, precisa ser necessariamente um dado que possamos encontrar na primeira coluna da **matriz** desejada.
- A **matriz tabela** precisa começar com a coluna na qual será buscado o valor indicado e incluir, pelo menos, até a coluna que possui o valor desejado como resultado. É comum as questões de prova incluírem mais colunas que o necessário, isso não gera erro, porém colar menos gera.
- O **número_índice_coluna** é a coluna que possui o valor desejado como resposta. Caso o valor procurado seja encontrado, esse índice começa em 1 a contar da coluna em que o valor é pesquisado. Assim, caso seja usado 1, o resultado é o próprio valor buscado. Caso já exista o 2, retorna o valor da coluna à direita, e assim por diante.
- O último parâmetro **procurar intervalo** é usado para indicar se desejamos realizar a busca pelo valor exato procurado, ou se um valor aproximado pode ser aceito, caso não seja encontrado o valor procurado. Desse modo, devemos colocar FALSO ou 0 para indicar busca exata, ou usar VERDADEIRO ou 1 para busca por valor aproximado.

Fique ligado!

Apesar de ser opcional o último parâmetro, caso ele não seja usado, assume o valor padrão VERDADEIRO.

- O recomendado é usar a busca por valor exato, pois a busca por valor aproximado exige que a coluna em que o valor será procurado, esteja em ordem crescente.

Para facilitar a memorização de uso da função PROCV podemos usar a estrutura a seguir:

=PROCV(O quê? ; Onde? ; Coluna ; Valor aproximado?)

Observe a planilha ilustrada pela Figura 40, nela consta uma tabela com dados de alunos e professores.

	A	B	C	D	E	F	G
1		Categoria	ID	Nome	idade	Turma	
2		Aluno	1001	Ana	30	A	
3		Aluno	1003	Bruno	25	A	
4		Aluno	1004	Pedro	20	B	
5		Aluno	1007	Diana	30	C	
6		Aluno	1010	Heloisa	40	C	
7		Professor	1019	Rafael	40	A	
8		Professor	1023	Luiz	52	B	
9		Aluno	1027	Antônio	31	C	
10		Professor	1028	João	10	C	
11		Aluno	1030	José	47	B	
12							

Figura 40: Planilha do Excel para aplicação da Função PROCV.

- A função PROCV permite que realizemos a busca por um valor em uma coluna e tenhamos como resultado um valor de alguma coluna à sua direita, ou a informação buscada.
- Desse modo, caso seja usado o nome como chave de pesquisa, só podemos ter como resposta a idade ou turma relativa ao nome quando encontrado, ou o próprio nome.

INFORMÁTICA

> **Fique ligado!**
>
> Na sua forma padrão e sem auxílio de outras funções, a função PROCV não permite buscar valores à esquerda.

Dado o seguinte problema: o usuário deseja pesquisar o **nome** do cadastro de ID **1028**. Para encontrar o valor desejado podemos empregar a seguinte função PROCV:

=PROCV(1028 ; C1:E11 ; 2 ; FALSO)

A Figura 41 a seguir ilustra a aplicação dessa função:

	A	B	C	D	E	F
1		Categoria	ID	Nome	idade	Turma
2		Aluno	1001	Ana	30	A
3		Aluno	1003	Bruno	25	A
4		Aluno	1004	Pedro	20	B
5		Aluno	1007	Diana	30	C
6		Aluno	1010	Heloisa	40	C
7		Professor	1019	Rafael	40	A
8		Professor	1023	Luiz	52	B
9		Aluno	1027	Antônio	31	C
10		Professor	1028	João	10	C
11		Aluno	1030	José	47	B
12						
13	=PROCV(1028;C1:E11;2;0)					

Figura 41: Exemplo de uso da função PROCV.

O resultado obtido será: **João**.

Caso seja necessário encontrar a **idade** do cadastro de ID **1023**, podemos usar a função a seguir:

=PROCV(1023;C2:E11;3;0)

O resultado é 52.

SE

Também chamada de função condicional. A função SE permite escolher entre duas ações que será executada a partir de uma condição apresentada. Caso a condição seja verdadeira, uma ação será executada; do contrário a outra é que será.

A sintaxe da função SE possui a seguinte estrutura:

=SE(<condição> ; <ação executada caso condição verdadeira> ; <ação executada caso condição falsa>)

- Observe que somente uma das ações será executada, a escolha depende do resultado da condição. Assim, a estrutura presente no primeiro parâmetro da função SE deve resultar em um valor lógico VERDADEIRO ou FALSO, podendo ser inclusive o endereço de uma célula que possua o valor, ou uma fórmula produzida.
- O exemplo mais clássico para poder entender a aplicabilidade da função SE é o de um boletim escolar, em que a função será aplicada para indicar se o aluno foi APROVADO ou REPROVADO, com base em sua média final.
- A Figura 42 ilustra um boletim contendo notas de cinco alunos em quatro bimestres, bem como a média final. Deve ser levado em consideração que a nota seja 70 ou mais para o aluno ser aprovado ou não.

Fique ligado!

O primeiro passo importante para trabalhar com a função SE é destacar a condição.

Desse modo, a **condição** apresentada é:

NOTA >= 70 → Aprovado

NOTA < 70 → Reprovado

	A	B	C	D	E	F	G	H
1				Notas dos alunos				
2	Nome	1 Bim	2 Bim	3 Bim	4 Bim	Média	Resultado	
3	João	75	45	65	90	68,75	REPROVADO	
4	Ana	60	45	99	80	71	APROVADO	
5	Maria	40	45	65	40	47,5	REPROVADO	
6	Pedro	80	75	55	70	70	APROVADO	
7	Paulo	80	85	84	90	84,75	APROVADO	
8								

Figura 42: Planilha de referência para uso da função SE.

Com base nessas informações podemos escrever a função SE de duas formas diferentes para obter o mesmo resultado ilustrado pela Figura 42:

=SE(F2>=70; "APROVADO" ; "REPROVADO")

- No caso exemplificado é representado a fórmula a ser inserida na célula G3, caso o valor da média do aluno João presente na célula **F2 seja maior ou igual a 70**, o resultado apresentado será o texto **APROVADO**. Caso contrário, isto é, quando o valor presente na célula **F2 for menor que 70**, o resultado será o texto **REPROVADO**.

- Observe que a segunda condição que identificamos é para que a nota seja menor do que 70, porém ela é implícita ao empregar a comparação maior ou igual a 70.

- Essa análise lógica é de extrema importância para o entendimento da função, assim é preciso observar que o número quando não é maior ou igual a outro, significa que ele é menor que. O contrário também pode ser observado, caso o número não seja menor que outro, ele é maior ou igual.

Veja a seguir a outra forma de calcular a função SE para a condição dada:

=SE(F2<70 ; "REPROVADO" ; "APROVADO")

- Observe que o operador presente na condição agora é o menor que, e ainda, os textos reprovado e aprovado estão em partes diferentes da função SE.

- Nesse caso, quando a nota presente em **F2 for menor que 70**, o texto apresentado como resposta será **REPROVADO**, do contrário é que aparece o texto **APROVADO**.

Fique ligado!

Ao trabalhar com textos dentro de funções, eles sempre são representados entre aspas duplas. Quando isso não ocorre, o editor de planilha entende como nome de uma célula ou função, apresentando como erro: #NOME?

Considerando adicionar a possibilidade de o aluno ficar em exame, existem várias lógicas que envolvem o uso de funções SE encadeadas, ou também ditas aninhadas.

Vejamos o primeiro exemplo, considerando que a maioria dos alunos será aprovada. Para isso vamos considerar as seguintes regras:

Nota >= 70 → Aprovado

Nota < 70 e Nota >=50 → Exame

Nota < 50 → Reprovado

Para simplificar a estrutura da função utilizaremos apenas as siglas AP para aprovado, EX para exame e RP para reprovado.

=SE(F2>=70; "AP" ; SE(F2>=50; "EX" ; "RP"))

- Observe que a primeira função SE utiliza a condição F2>=70 que, caso seja verdadeira, leva ao texto "**AP**".
- Caso essa condição seja falsa, devemos executar o conteúdo do segundo parâmetro da primeira função SE.
- Desse modo, é encontrada outra função SE (destacada com sublinhado).
- Portanto, devemos analisar a condição F2>=50, que ao ser verdadeira "**EX**", do contrário o texto "**RP**" será reproduzido (sem as aspas).

A Figura 43 representa o exemplo descrito.

	A	B	C	D	E	F	G
1				Notas dos alunos			
2	Nome	1 Bim	2 Bim	3 Bim	4 Bim	Média	Resultado
3	João	75	45	65	90	68,75	=SE(F3>=70;"AP";SE(F3>=50; "EX";"RP"))
4	Ana	60	45	99	80	71	AP
5	Maria	40	45	65	40	47,5	RP
6	Pedro	80	75	55	70	70	AP
7	Paulo	80	85	84	90	84,75	AP

Figura 43: Exemplo de uso da função SE aninhada a outra.

- Para esse caso existem várias soluções, considerando as mais simples que usam apenas duas funções SE temos 4 soluções:

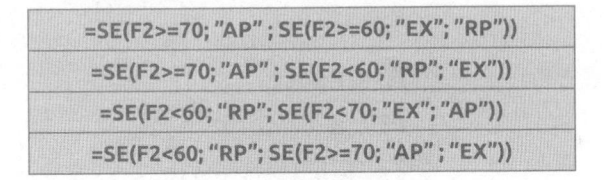

=SE(F2>=70; "AP" ; SE(F2>=60; "EX"; "RP"))
=SE(F2>=70; "AP" ; SE(F2<60; "RP"; "EX"))
=SE(F2<60; "RP"; SE(F2<70; "EX"; "AP"))
=SE(F2<60; "RP"; SE(F2>=70; "AP" ; "EX"))

Formatação Condicional

É importante ressaltar uma outra ferramenta oferecida pelo editor de planilhas para destacar os valores baseando-se em condições, pois as provas costumam induzir o candidato ao erro usando a função SE.

> **Fique ligado!**
>
> A função SE escreve um resultado em uma célula, para alterar a formatação de uma célula dada uma condição devemos utilizar a formatação condicional.

A ferramenta formatação condicional encontra-se na aba Página Inicial do Excel junto ao bloco Estilos, conforme ilustrado na Figura 44 a seguir.

INFORMÁTICA

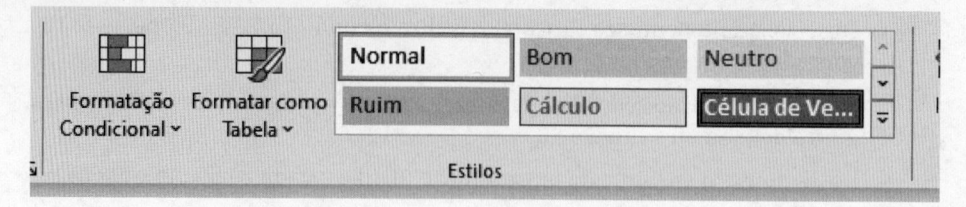

Figura 44: Bloco Estilos da aba Página Inicial do Excel.

A ferramenta formatação condicional permite que seja exibida uma formatação para a célula, de acordo com o valor que for inserido ou mesmo fórmula que a componha. Podemos utilizar formatações de célula desde bordas, preenchimento até as formatações fonte.

Dentre as opções, podemos utilizar escala de cores, regras de realce, conjunto de ícones, barras de dados predefinidas pelo programa ou criar formatações próprias. As opções baseadas em conjunto de ícones trabalham com percentis. A Figura 45 ilustra algumas dessas opções presentes ao clicar no botão **Formatação Condicional**.

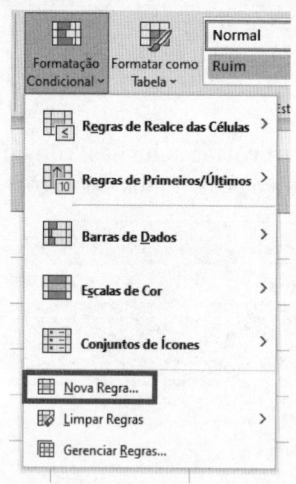

Figura 45: Ferramenta Formatação Condicional Excel.

É importante ter cuidado com algumas situações, por exemplo: ao utilizar a formatação de **Barras de Dados,** o editor de planilhas usa como referência o maior valor presente no conjunto de células selecionadas como sendo 100%. Assim, o preenchimento das células será distribuído de acordo com o percentual que o valor da célula representa em relação ao maior valor encontrado.

Para o exemplo da Figura 42 podemos criar a nossa própria regra para destacar as notas acima da média das notas abaixo da média. Para cada regra nova tem-se uma formatação desejada.

Ao selecionar a célula B3 até F7 e clicar na opção **Nova Regra...** da ferramenta Formatação Condicional, será apresentada a Figura 46 ilustrada a seguir.

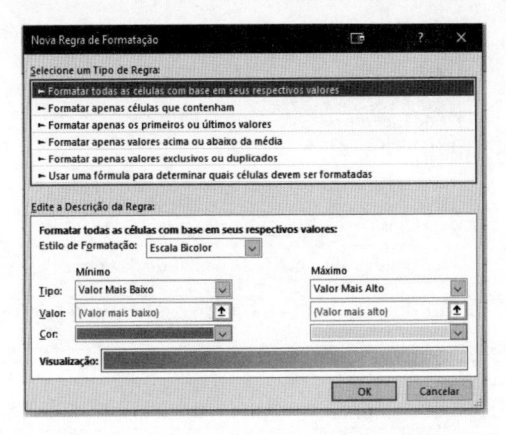

Figura 46: Janela Nova Regra de Formatação MS Excel.

- Perceba que existem várias opções a serem utilizadas. No exemplo iremos selecionar a opção **Formatar apenas células que contenham** que alterará a apresentação da janela para a representada pela Figura 47.
- Observe os Campos **Valor da Célula** e **está entre.** As opções para o primeiro campo são apresentados na Figura 48. No exemplo iremos utilizar a opção padrão **Valor da Célula**.

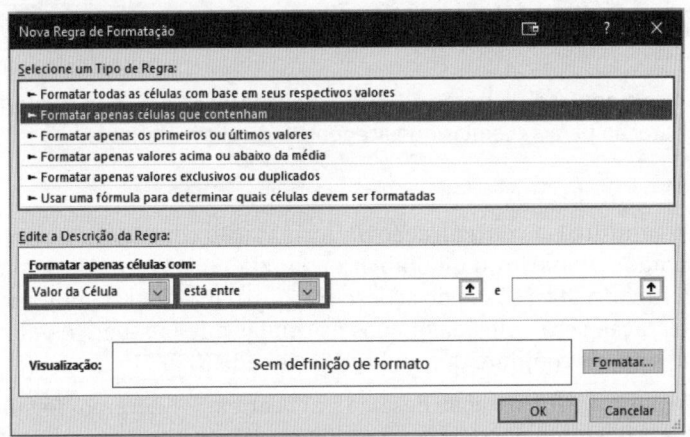

Figura 47: Janela Nova Regra de Formatação para células que contenham.

- No campo ao lado do valor da célula vamos selecionar a opção é **maior ou igual.** Assim, no espaço ao lado, basta digitar o valor da média que o aluno necessita alcançar, no nosso caso 70.

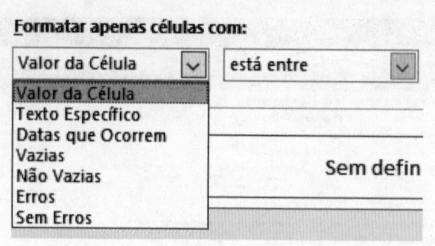

Figura 48: Opções de conteúdo de Células para Formatação condicional.

- O resultado obtido na janela será o representado a seguir.

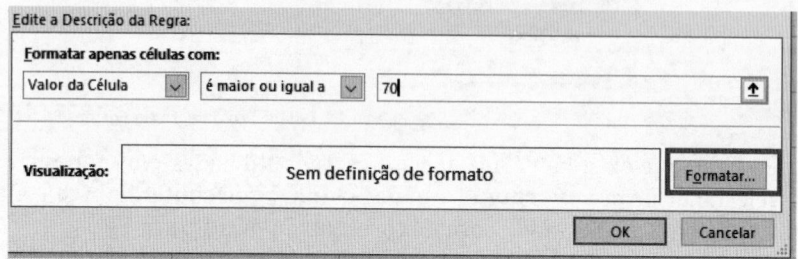

Figura 49: Formatação condicional para notas maiores ou iguais a 70.

Fique ligado!

Caso seja apertado o botão OK nada irá acontecer, pois não foi definida a formatação para as células que atendam à condição definida.

- Para continuar a configuração da formatação condicional, devemos clicar no botão **Formatar**, o qual abrirá a janela **Formatar Células**, para que o usuário formate a célula de acordo com o seu interesse. Lembrando que essa formatação será aplicada apenas às células que possuem o valor maior ou igual a 70, do conjunto de células selecionado (B3:F7).

- Após definir a formatação desejada e clicar em **OK** seremos levados de volta à janela ilustrada parcialmente na Figura 49, porém observe agora na Figura 50 a diferença:

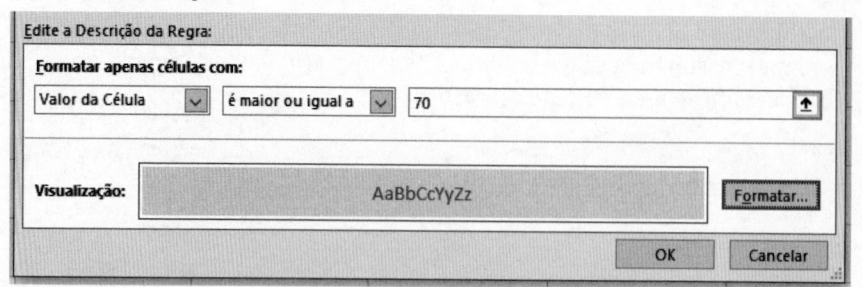

Figura 50: Formatação condicional para notas maiores ou iguais a 70 com formatação.

- Ao clicar em **OK**, o usuário poderá observar o resultado ilustrado pela Figura 51.

	A	B	C	D	E	F	G	H
1				Notas dos alunos				
2	Nome	1 Bim	2 Bim	3 Bim	4 Bim	Média	Resultado	
3	João	75	45	65	90	68,75	EX	
4	Ana	60	45	99	80	71	AP	
5	Maria	40	45	65	40	47,5	RP	
6	Pedro	80	75	55	70	70	AP	
7	Paulo	80	85	84	90	84,75	AP	
8								

Figura 51: Planilha com células formatadas com Formatação Condicional.

Observe que somente células que possuem valores maiores ou iguais a 70 tiveram sua formatação alterada. Caso deseje adicionar outras formatações, basta adicionar novas regras para cada formatação desejada, assim podemos obter o resultado como apresentado pela Figura 52.

	A	B	C	D	E	F	G
1				Notas dos alunos			
2	Nome	1 Bim	2 Bim	3 Bim	4 Bim	Média	Resultado
3	João	75	45	65	90	68,75	EX
4	Ana	60	45	99	80	71	AP
5	Maria	40	45	65	40	47,5	RP
6	Pedro	80	75	55	70	70	AP
7	Paulo	80	85	84	90	84,75	AP
8							

Figura 52: Planilha de notas com formatação condicional.

Fique ligado!

A formatação condicional é dinâmica. Portanto, caso um valor seja alterado da planilha, ele será analisado novamente com as regras estabelecidas. Se o valor da célula B3 for alterado para 50, automaticamente a célula será formatada como as demais notas abaixo de 70, com fonte e fundo vermelhos.

Função E

Assim como acontece no Raciocínio Lógico, a função E só se tornará verdadeira se todas as premissas forem verdadeiras. Caso uma das premissas seja falsa, o resultado para a função E será falso.

A Figura 53 a seguir, ilustra a tabela verdade para a função E. Observe a célula C2 selecionada e a função presente na barra de fórmulas. Apenas na linha 2 temos todas as premissas verdadeiras, portanto a resposta é VERDADEIRO, enquanto nas demais premissas a resposta é FALSO.

	A	B	C
1	P	Q	P ^ Q
2	VERDADEIRO	VERDADEIRO	VERDADEIRO
3	VERDADEIRO	FALSO	FALSO
4	FALSO	VERDADEIRO	FALSO
5	FALSO	FALSO	FALSO

Figura 53: Planilha do Excel com a função E.

Podemos incluir vários parâmetros na função E, porém a regra lógica é sempre a mesma. Observe a Figura 54 a seguir com uma tabela verdade com 3 premissas.

P	Q	R	P ^ Q ^ R
VERDADEIRO	VERDADEIRO	VERDADEIRO	VERDADEIRO
VERDADEIRO	VERDADEIRO	FALSO	FALSO
VERDADEIRO	FALSO	VERDADEIRO	FALSO
VERDADEIRO	FALSO	FALSO	FALSO
FALSO	VERDADEIRO	VERDADEIRO	FALSO
FALSO	VERDADEIRO	FALSO	FALSO
FALSO	FALSO	VERDADEIRO	FALSO
FALSO	FALSO	FALSO	FALSO

Figura 54: Planilha do Excel com 3 premissas na função E.

Função OU

Outra função lógica presente no editor de planilhas é a função OU. Assim como no Raciocínio Lógico, basta que uma das premissas seja verdadeira para que o resultado da função OU SEJA é VERDADEIRO. Por consequência, a função OU só apresentará resultado FALSO quando todas as premissas forem falsas.

A Figura 55 a seguir destaca a função **OU** inserida na célula D2, exemplificando os seus resultados para a tabela verdade considerando duas premissas.

D2		fx	=OU(A2;B2)
	A	B	D
1	P	Q	P v Q
2	VERDADEIRO	VERDADEIRO	VERDADEIRO
3	VERDADEIRO	FALSO	VERDADEIRO
4	FALSO	VERDADEIRO	VERDADEIRO
5	FALSO	FALSO	FALSO

Figura 55: Planilha do Excel com a função OU.

É possível ainda utilizar mais que duas premissas junto à função OU, separando cada premissa com o sinal de (;), conforme ilustrado na Figura 56 a seguir.

E10		fx	=OU(A10;B10;C10)	
	A	B	C	E
9	P	Q	R	P v Q v R
10	VERDADEIRO	VERDADEIRO	VERDADEIRO	VERDADEIRO
11	VERDADEIRO	VERDADEIRO	FALSO	VERDADEIRO
12	VERDADEIRO	FALSO	VERDADEIRO	VERDADEIRO
13	VERDADEIRO	FALSO	FALSO	VERDADEIRO
14	FALSO	VERDADEIRO	VERDADEIRO	VERDADEIRO
15	FALSO	VERDADEIRO	FALSO	VERDADEIRO
16	FALSO	FALSO	VERDADEIRO	VERDADEIRO
17	FALSO	FALSO	FALSO	FALSO

Figura 56: Planilha do Excel com tabela verdade da função OU com 3 premissas.

Função NÃO

Assim como no Raciocínio Lógico, podemos utilizar a função **NÃO** para inverter uma premissa e apresentar a sua negação. Ao utilizar valor VERDADEIRO, o resultado será FALSO e vice-versa.

Função XOR

Nas versões mais recentes do Excel também podemos utilizar a função **XOR**, conhecida como **OU EXCLUSIVO**. De acordo com a lógica matemática o OU EXCLUSIVO só é verdadeiro, se seu número de premissas verdadeiras for ímpar. Caso o número de premissas verdadeiras seja par, o resultado será falso.

A Figura 57 ilustra a tabela verdade da função XOR para duas premissas. Observe a sintaxe da função na barra de fórmulas.

E2		fx	=XOR(A2;B2)

	A	B	E
1	P	Q	P v Q
2	VERDADEIRO	VERDADEIRO	FALSO
3	VERDADEIRO	FALSO	VERDADEIRO
4	FALSO	VERDADEIRO	VERDADEIRO
5	FALSO	FALSO	FALSO

Figura 57: Planilha do Excel com função XOR.

Nesse exemplo, temos a função XOR aplicada com três premissas. Observe que a célula F10 está selecionada e a barra de fórmulas exibe a função e as premissas usadas na Figura 58.

F10		fx	=XOR(A10;B10;C10)	

	A	B	C	F
9	P	Q	R	P v Q v R
10	VERDADEIRO	VERDADEIRO	VERDADEIRO	VERDADEIRO
11	VERDADEIRO	VERDADEIRO	FALSO	FALSO
12	VERDADEIRO	FALSO	VERDADEIRO	FALSO
13	VERDADEIRO	FALSO	FALSO	VERDADEIRO
14	FALSO	VERDADEIRO	VERDADEIRO	FALSO
15	FALSO	VERDADEIRO	FALSO	VERDADEIRO
16	FALSO	FALSO	VERDADEIRO	VERDADEIRO
17	FALSO	FALSO	FALSO	FALSO
18				

Figura 58: Planilha do Excel com tabela verdade da função XOR com 3 premissas.

O editor de planilhas não possuía função equivalente ao condicional do Raciocínio Lógico. Porém, chega-se ao resultado utilizando as equivalências lógicas, conforme exemplificado na Figura 59.

G2	:	×	✓	fx	=OU(NÃO(A2);B2)	

	A	B	F	G
1	P	Q	~P v Q	P --> Q
2	VERDADEIRO	VERDADEIRO	VERDADEIRO	VERDADEIRO
3	VERDADEIRO	FALSO	FALSO	FALSO
4	FALSO	VERDADEIRO	VERDADEIRO	VERDADEIRO
5	FALSO	FALSO	VERDADEIRO	VERDADEIRO
6				

Figura 59: Planilha do Excel com função equivalente a operação Condicional

Observe a célula G2 selecionada e o seu conteúdo na barra de fórmulas. Na coluna F é indicada a expressão lógica equivalente ao condicional.

5.10 Alça de preenchimento

Ao selecionar uma ou mais células de uma planilha, destaca-se um retângulo ao redor da seleção e, mais especificamente, no canto inferior direito desse retângulo nota-se um pequeno quadrado ressaltado denominado de Alça de Preenchimento. Observe a Figura 60 para identificar esse ponto.

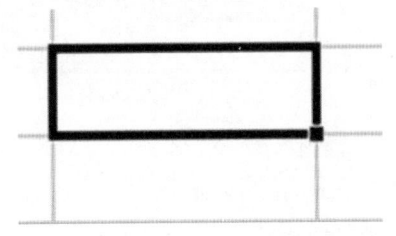

Figura 60: Alça de Preenchimento.

Embora o uso da Alça de Preenchimento seja simples, ela apresenta inúmeras possibilidades de resultados que dependem do conteúdo das células, assim como da quantidade de células selecionadas. O sentido em que ela é arrastada também pode afetar o resultado.

Fique ligado!

A alça de preenchimento só funciona na vertical ou na horizontal. Não é possível arrastá-la diagonal.

Alça de preenchimento para a célula com o número

Ao selecionar uma célula que contém um valor numérico e arrastar pela Alça de preenchimento no Excel, o valor será repetido nas células até a posição em que for arrastada.

Contudo, se ao realizarmos o procedimento de arrastar pela alça de preenchimento, utilizando a tecla CTRL pressionada, o programa entende que deverá preencher uma sequência iniciada a partir do número presente na célula selecionada. Nesse caso, ao arrastar em sentido favorável ao da leitura, isto é, da esquerda para a direita ou de cima para baixo, a sequência será crescente. Porém, caso seja arrastado no sentido contrário ao da leitura, ou seja, para cima ou para a esquerda o programa preencherá com uma sequência decrescente.

Imagine que dentro de uma célula seja inserido o número 5, ao clicar arrastar pela Alça de preenchimento para os 4 sentidos, teremos um resultado como o da Figura 61 apresentado a seguir.

	A	B	C	D	E	F	G
1							
2				5			
3				5			
4				5			
5		5	5	5	5	5	
6				5			
7				5			
8				5			
9				5			
10				5			
11							
12							

Figura 61: Resultado do uso da Alça de Preenchimento com número.

Agora imagine o exemplo anterior, porém ao arrastar pela Alça de preenchimento a tecla CTRL foi utilizada, temos o resultado exemplificado pela figura.

	A	B	C	D	E	F
1						
2				2		
3				3		
4				4		
5		3	4	5	6	7
6				6		
7				7		
8				8		
9				9		
10				10		
11				11		
12						

Figura 62: Resultado do uso da Alça de Preenchimento com número usando CTRL.

Contudo, ao selecionar suas células adjacentes que possuam valores numéricos distintos, ou usar a Alça de preenchimento na direção em que temos suas células, o editor de planilhas irá preencher com uma progressão aritmética, utilizando a diferença entre os valores como razão.

A célula B2 foi preenchida com o número 10 enquanto a célulaB3 foi preenchida com o número 15. Ao selecionar as suas células, foi arrastado a Alça de preenchimento para baixo, nesse caso obteve-se o resultado apresentado no recorte da planilha que está à direita na Figura 63.

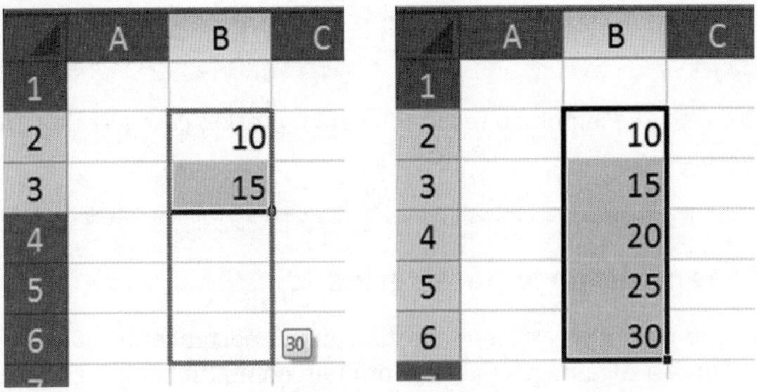

Figura 63: Alça de Preenchimento com duas Células com números.

Se a alça de preenchimento tivesse sido arrastada para cima, teríamos uma progressão aritmética reduzindo os valores de 5 em 5.

Em uma outra situação, caso sejam selecionadas as células B2 e B3 pela alça de preenchimento para baixo, usando a tecla CTRL, o Excel irá preencher as células com o padrão de ocorrências, isto é, irá repetir os valores selecionados nas próximas células, conforme ilustrado à direita da Figura 64.

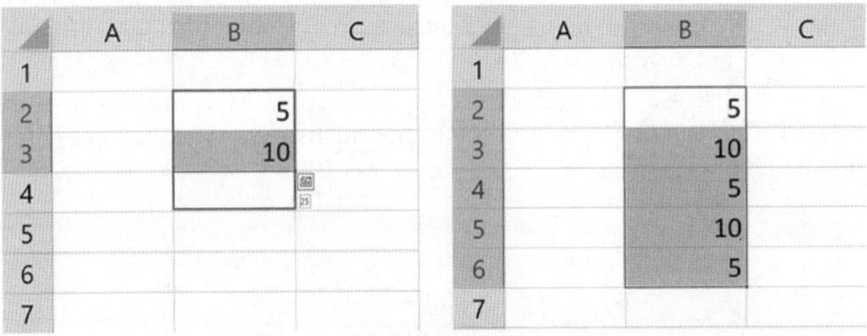

Figura 64: Alça de Preenchimento com duas Células com números, usando tecla CTRL.

Contudo, no Excel temos uma situação peculiar: ao selecionar e arrastar em uma direção em que há apenas uma célula selecionada, para a direita ou para a esquerda, o Excel repete a sequência de valores, conforme ilustrado na Figura 65 à direita.

Figura 65: Alça de Preenchimento com duas Células com números, porém com repetição.

> **Fique ligado!**
>
> Nesse último exemplo, o resultado será o mesmo caso a tecla CTRL seja utilizada.

Alça de Preenchimento para séries

No editor de planilhas existem alguns valores pertencentes a séries de dados. Para esses valores a Alça de preenchimento tem como função preencher a série na sequência em que ela ocorre, por isso precisamos conhecer quais são os valores pertencentes a essas séries:

- Dia da semana por extenso: domingo, segunda-feira, terça-feira, quarta-feira, quinta-feira, sexta-feira e sábado.
- Dia da semana abreviado em 3 letras: dom, seg, ter, qua, qui, sex, sáb.
- Meses do ano por extenso: janeiro, fevereiro, março, abril, maio, junho, julho, agosto, setembro, outubro, novembro e dezembro.
- Meses do ano abreviados em 3 letras: jan, fev, mar, abr, mai, jun, jul, ago, set, out, nov e dez.

Além dessas listas, o usuário pode criar a sua própria lista, para isso deve acessar o menu **Arquivo, Opções** e em **Avançado** buscar listas personalizadas, conforme ilustrado na Figura 66.

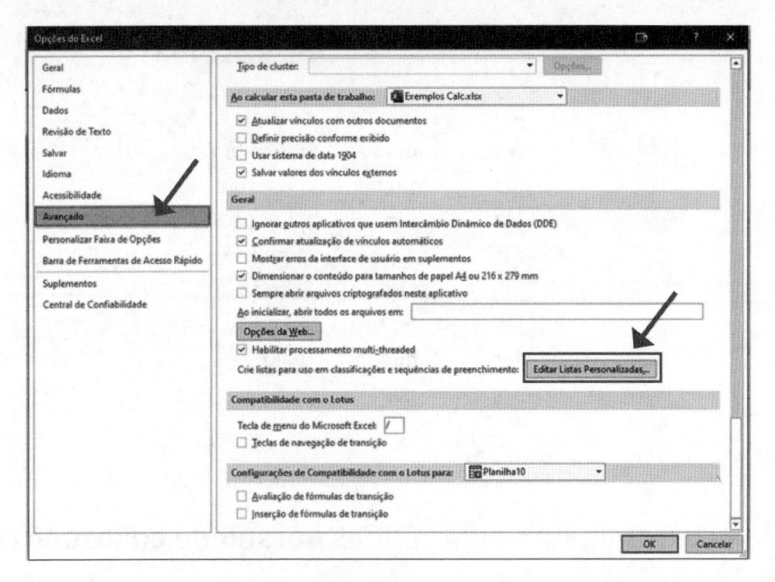

Figura 66: Janela de Opções do MS Excel para criar Listas Personalizadas.

Ao acessar esse menu e clicar na opção **Editar Listas Personalizadas**, a janela ilustrada pela Figura 67 será exibida.

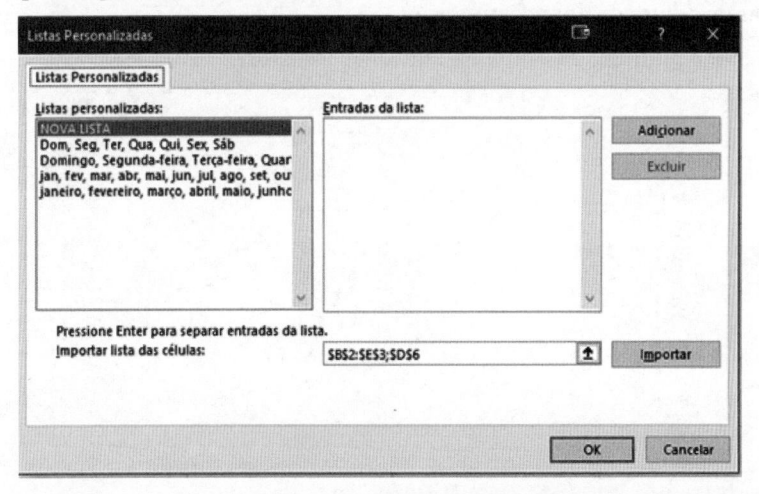

Figura 67: Janela de Listas Personalizadas do MS Excel.

Ao usar a Alça de Preenchimento para alguma dessas listas, chegando ao final do valor a lista é reiniciada na próxima célula. Observe o exemplo aplicado na Figura 68 em que foram digitados apenas os valores das células B2 (jan), B2 (qua) e D2(outubro) e, após, foi utilizada a Alça de Preenchimento para baixo a partir de cada uma das três células.

	A	B	C	D	E
1					
2		jan	qua	outubro	
3		fev	qui	novembro	
4		mar	sex	dezembro	
5		abr	sáb	janeiro	
6		mai	dom	fevereiro	
7		jun	seg	março	
8		jul	ter	abril	
9		ago	qua	maio	
10		set	qui		
11					

Figura 68: Alça de Preenchimento para valores de Listas Personalizadas.

Alça de preenchimento com células possuindo conteúdos diferentes

Ao selecionar uma célula com texto e uma célula adjacente com valor numérico arrastada pela Alça de preenchimento, o comportamento será distinto do padrão para as células de conteúdo apenas numérico.

Observe a planilha ilustrada na Figura 69 a seguir:

	A	B	C	D	E
1					
2					
3			João		
4			23		
5			bim 2		
6					
7					
8					
9					
10					
11					

Figura 69: Valores para uso da Alça de Preenchimento.

A figura 70 demonstra o resultado obtido ao arrastar pela Alça de Preenchimento do conjunto selecionado.

Figura 70: Resultado do uso da Alça de Preenchimento.

Observe duas situações: ao arrastar para baixo ocorre o preenchimento do padrão João, 23 e bim 2 sendo repetido. A outra situação é que o valor da célula com apenas número foi automaticamente acréscimo de 1 ao arrastar para baixo. Assim como ocorreu ao arrastar para o lado, pelo fato de uma célula contendo o texto ter sido selecionada junto. Observe ainda que célula que contém texto e número também teve o valor numérico alterado. Essa situação é válida apenas quando a célula contendo texto e número seja selecionada e arrastada pela Alça de Preenchimento.

5.11 Formatação de Células

Aba Alinhamento

Na aba **Alinhamento** estão as principais opções de distribuição de dados internamente à célula.

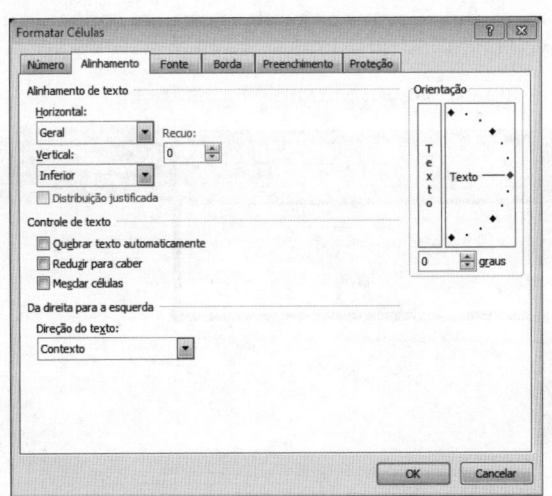

Muita atenção aos controles de texto: **Quebrar texto automaticamente** e **Mesclar células**.

A opção **Quebrar texto automaticamente** também pode ser acionada a partir do bloco Alinhamento pelo botão . O texto é distribuído em várias linhas de texto (dentro da mesma célula), de acordo com a largura da coluna.

A opção Mesclar células junta duas ou mais células.

A opção Mesclar e Centralizar presente no bloco Alinhamento da aba Página Inicial, além de juntar, centraliza o conteúdo.

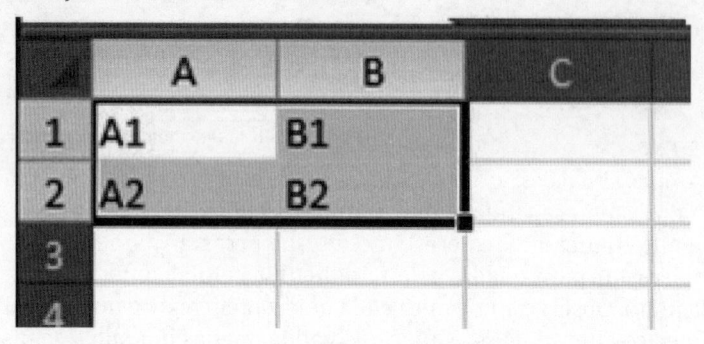

Ao selecionar as quatro células indicadas na figura anterior e clicar o botão Mesclar e Centralizar será exibida a mensagem a seguir:

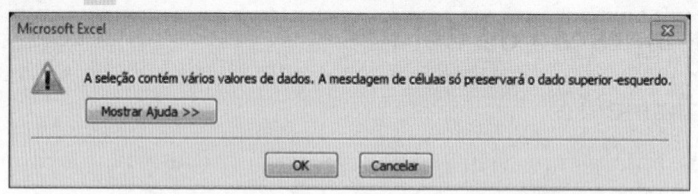

A mensagem foi exibida porque as células possuem conteúdo, pois se estivessem vazias a ação ocorreria direto, ou seja, sem a exibição da mensagem.

Ao fim, o resultado é apresentado como a seguir.

5.12 Gráficos

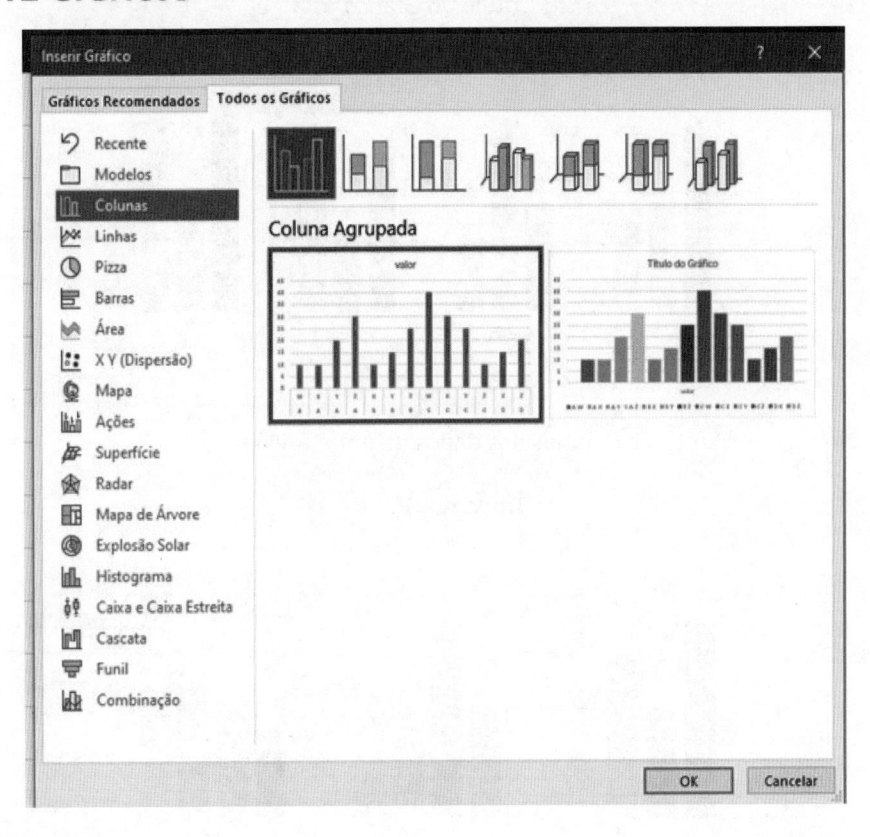

Colunas

Os dados organizados em colunas ou linhas em uma planilha podem ser plotados em um gráfico de colunas. Em geral, um gráfico de coluna exibe categorias ao longo do eixo horizontal (categoria) e valores ao longo do eixo vertical (valor), como mostra o gráfico:

	Jan	Fev	Mar
Produto 1	4,3	2,4	2
Produto 2	2,5	4,4	2
Produto 3	3,5	1,8	3
Produto 4	4,5	2,8	5

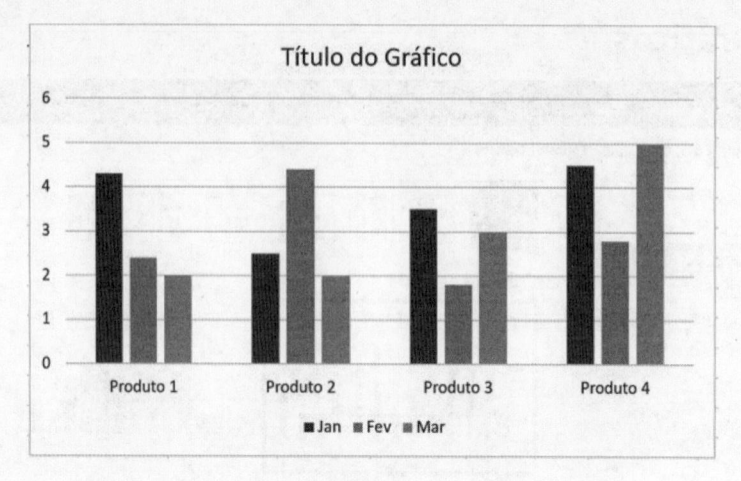

Ao inverter Linhas e Colunas dos dados de um gráfico temos:

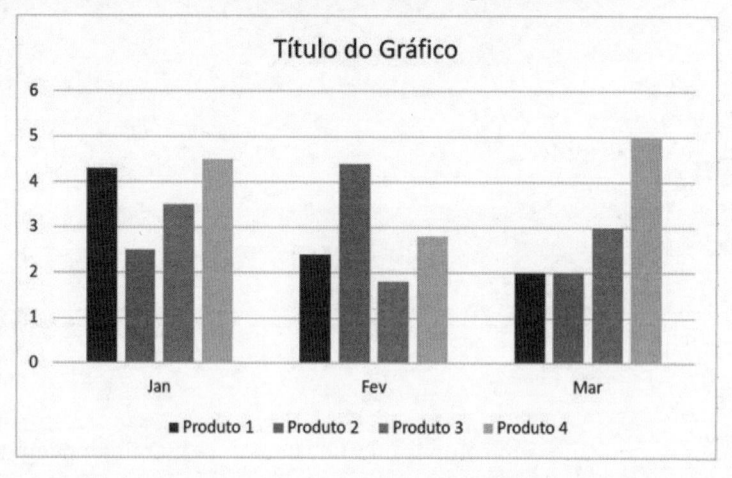

A partir da mesma tabela de dados, também são gerados outros gráficos, tais como:

Linhas

Dados organizados em colunas ou linhas em uma planilha podem ser plotados em um gráfico de linhas. Em um gráfico de linhas, os dados de categorias são distribuídos uniformemente ao longo do eixo horizontal, e todos os dados de valores são distribuídos uniformemente ao longo do eixo vertical. Gráficos de linhas podem mostrar dados contínuos ao longo do tempo em um eixo com escalas iguais e, portanto, são ideais para mostrar tendências de dados em intervalos iguais, como meses, trimestres ou anos fiscais.

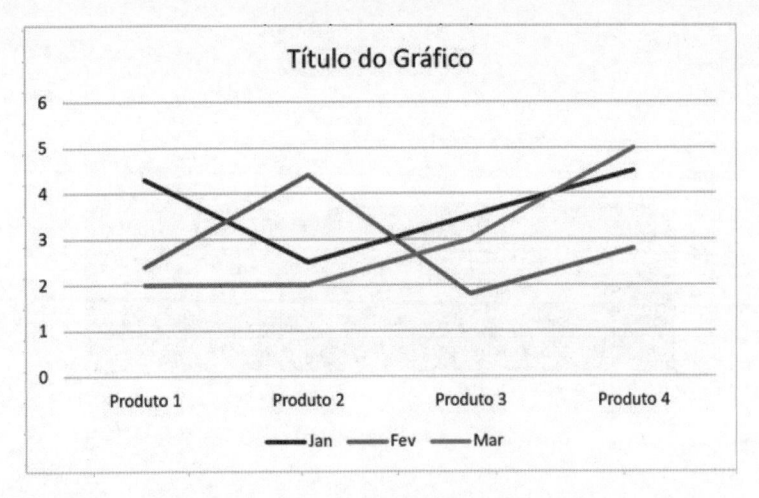

Alguns dados não são proeminentes para alternar entre os eixos.

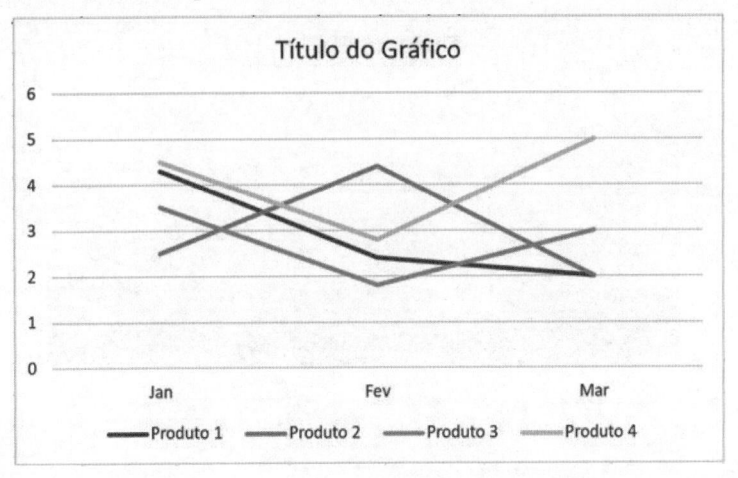

Áreas

Dados organizados em colunas ou linhas em uma planilha podem ser plotados em um gráfico de áreas. Gráficos de áreas podem ser usados para plotar mudanças ao longo do tempo e chamar a atenção para o valor total no decorrer de uma tendência. Mostrando a soma dos valores plotados, um gráfico de áreas também mostra a relação de partes com um todo.

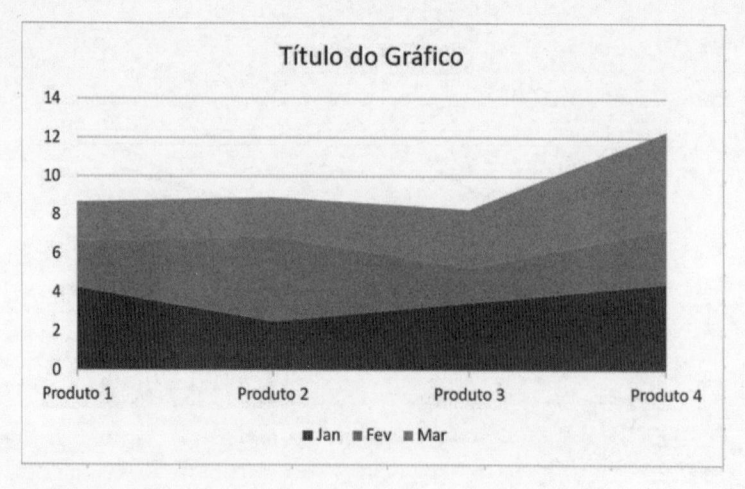

Invertendo os eixos:

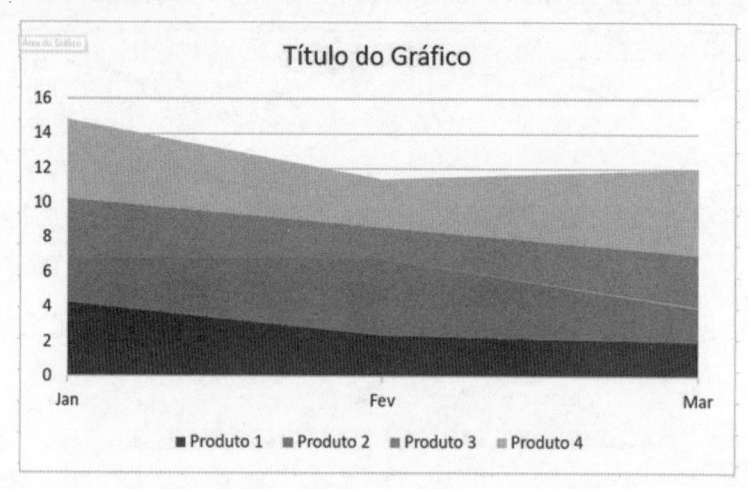

Radar

Dados organizados em colunas ou linhas em uma planilha podem ser plotados em um gráfico de radar. Gráficos de radar comparam os valores agregados de várias séries de dados.

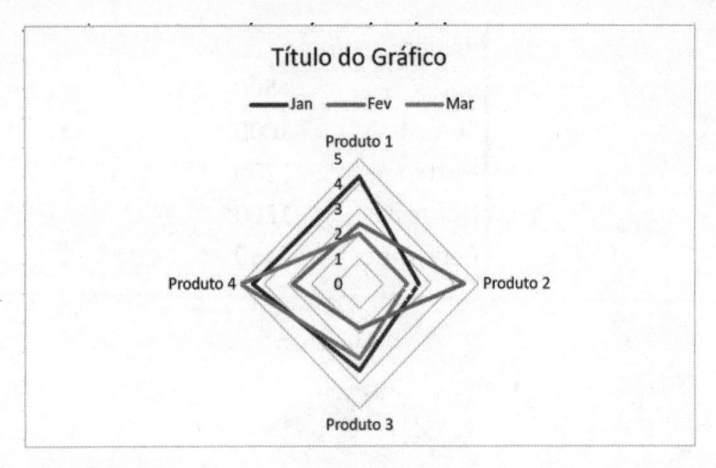

Invertendo os eixos:

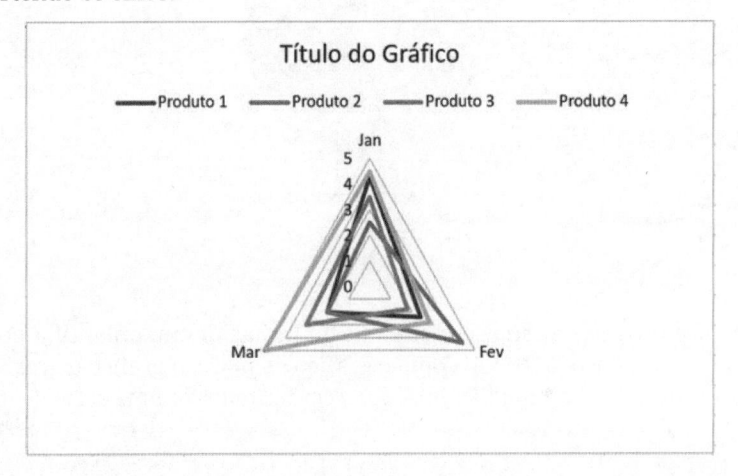

Pizza

Dados organizados em uma coluna ou linha de uma planilha podem ser plotados em um gráfico de pizza. Esses gráficos mostram o tamanho dos itens em uma série de dados, proporcional à soma desses itens. Pontos de dados em um gráfico de pizza são exibidos como uma porcentagem da pizza inteira.

Região	Votos
Sul	500
Sudeste	1000
Norte	300
Nordeste	1200
Centro-oeste	450

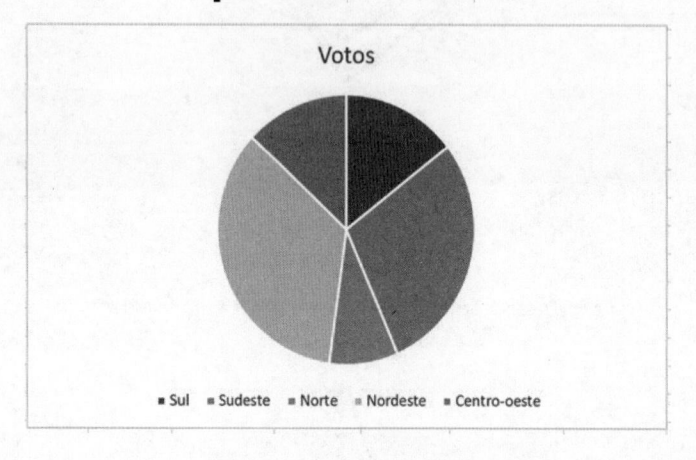

Rosca

Dados organizados apenas em colunas ou linhas de uma planilha podem ser plotados em um gráfico de rosca. Como o gráfico de pizza, o gráfico de rosca mostra a relação das partes com um todo, mas pode conter mais de uma série de dados.

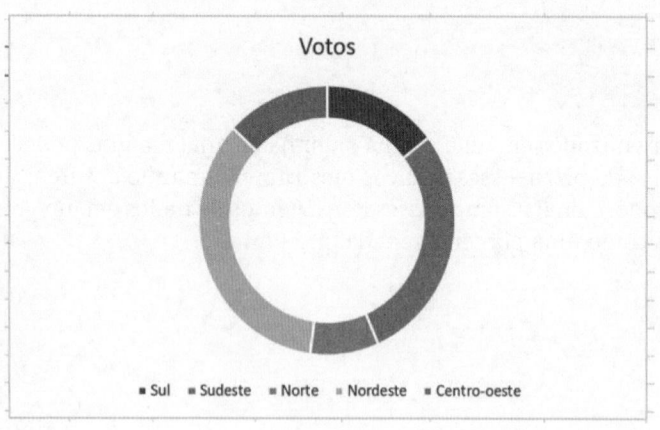

XY (Dispersão)

Dados organizados em colunas e linhas em uma planilha podem ser plotados em um gráfico de dispersão (XY). Coloque os valores X em uma linha ou coluna e depois insira os valores Y correspondentes nas linhas ou colunas adjacentes.

Um gráfico de dispersão tem dois eixos de valores: um eixo horizontal (X) e um vertical (Y). Ele combina os valores X e Y em pontos de dados únicos e os exibe em intervalos irregulares ou agrupamentos. Gráficos de dispersão costumam ser usados para exibir e comparar valores numéricos, como dados científicos, estatísticos e de engenharia.

X	Y	Tamanho
14	12.200	15%
7	50.000	33%
18	24.400	10%
22	32.000	42%

O gráfico XY (anterior) e o gráfico de bolha a seguir, foram criados a partir da mesma tabela de dados. Note que para o gráfico de bolhas os valores em % se apresentam como o tamanho da bolha no gráfico de bolha e como pontos no gráfico XY.

Gráfico de Bolha

Explosão solar

O gráfico explosão solar é ideal para exibir dados hierárquicos e pode ser plotado quando há células vazias (em branco) na estrutura hierárquica. Cada nível da hierarquia é representado por um anel ou círculo, com o círculo mais interno na parte superior da hierarquia. Um gráfico de explosão solar sem dados hierárquicos (um nível de categorias) é semelhante a um gráfico de rosca. No entanto, um gráfico de explosão solar com vários níveis de categorias mostra as relações entre os anéis externos e os internos. O gráfico de explosão solar é mais eficiente ao mostrar como um anel se divide nas respectivas partes constituintes.

Categoria	subcatego	valor
A	W	10
A	X	10
A	Y	20
A	Z	30
B	X	10
B	Y	15
B	Z	25
C	W	40
C	X	30
C	Y	25
C	Z	10
D	X	15
D	Z	20

Título do Gráfico

Mapa de Árvore

O gráfico mapa de árvore fornece uma exibição hierárquica dos seus dados e uma maneira fácil de comparar diferentes níveis de categorização. O gráfico mapa de árvore exibe categorias por cor e proximidade, podendo facilmente mostrar muitos dados, o que seria difícil com outros tipos de gráfico. O gráfico mapa de árvore pode ser plotado quando houver células vazias (em branco) na estrutura hierárquica e forem adequados para comparar as proporções dentro da hierarquia.

Título do Gráfico

Ações

Dados organizados em colunas ou linhas em uma ordem específica em uma planilha podem ser plotados em um gráfico de ações. Como o nome sugere, um gráfico de ações pode ilustrar flutuações nos preços das ações. No entanto, esse gráfico também pode ilustrar flutuações em outros dados, como níveis de chuva diários ou temperaturas anuais. Lembre-se de organizar seus dados na ordem correta para criar um gráfico de ações.

Por exemplo: para criar um simples gráfico de ações de alta-baixa-fechamento, você deve organizar seus dados com os valores Alta, Baixa e Fechamento inseridos como títulos de colunas, nessa ordem.

dia	abertura	Alta	baixa	fechamento
10/10/2020	R$ 7,00	R$ 8,20	R$ 7,40	R$ 7,90
11/10/2020	R$ 6,00	R$ 7,50	R$ 6,80	R$ 7,00
12/10/2020	R$ 9,00	R$ 8,90	R$ 8,00	R$ 8,50
13/10/2020	R$ 10,00	R$ 9,80	R$ 9,00	R$ 9,70
14/10/2020	R$ 8,00	R$ 10,00	R$ 8,70	R$ 9,00

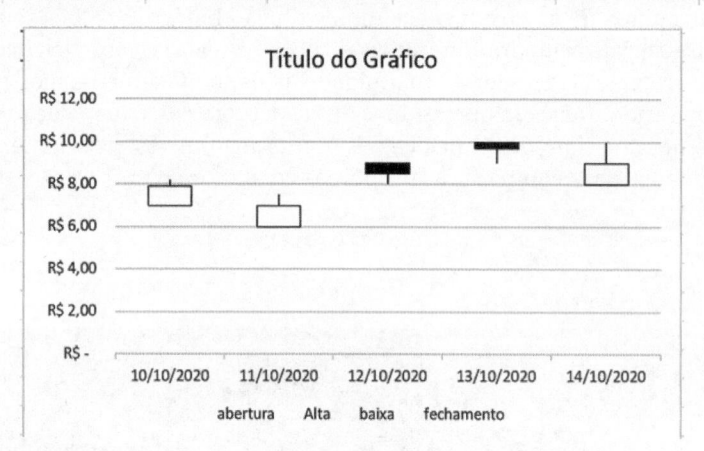

Caixa Estreita

Um gráfico de caixa estreita mostra a distribuição dos dados em quartis, realçando a média e as exceções. As caixas podem ter linhas, estendendo-se verticalmente, chamadas de caixa estreita. Essas linhas indicam variabilidade fora dos quartis superiores e inferiores, e qualquer ponto fora dessas linhas ou caixas estreitas é considerado uma exceção. Use esse tipo de gráfico quando houver vários conjuntos de dados relacionados uns com os outros de alguma maneira.

X	Y	Z
10%	50%	30%
30%	55%	50%
50%	64%	10%
80%	80%	10%
40%	70%	90%

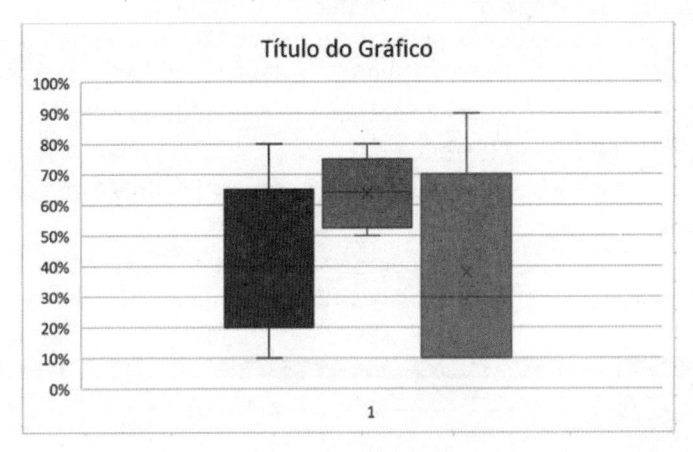

Minigráfico

Um minigráfico é um gráfico que ocupa o espaço de uma célula, mais especificamente ele altera o plano de fundo da célula, ou seja, uma célula que contém um minigráfico é possível também se inserir um dado.

Um minigráfico pode ser do tipo Linha; Coluna ou Ganhos e Perdas, conforme ilustra a figura a seguir do bloco Minigráficos da Aba Inserir.

A figura a seguir, ilustra parte de uma planilha do Excel com esse recurso sendo exibido nas suas três formas de uso.

Linha	Coluna	Perdas/Ganhos

Ferramentas

Imprimir Títulos: a opção imprimir títulos é muito útil quando é preciso imprimir uma planilha em várias páginas, pois o programa automaticamente repete a linha e/ou a coluna dos títulos a cada página para facilitar a identificação dos dados.

Área de Impressão: é possível selecionar as células da planilha com o intuito de definir o espaço que será impresso.

Quebras: por meio dessa opção também é possível definir o que será impresso em cada página.

Visualizar Quebra de Página: por meio da opção de Visualização da Quebra de Página podemos averiguar e definir como ficará o conteúdo distribuído nas páginas a serem impressas, conforme demonstra a figura a seguir.

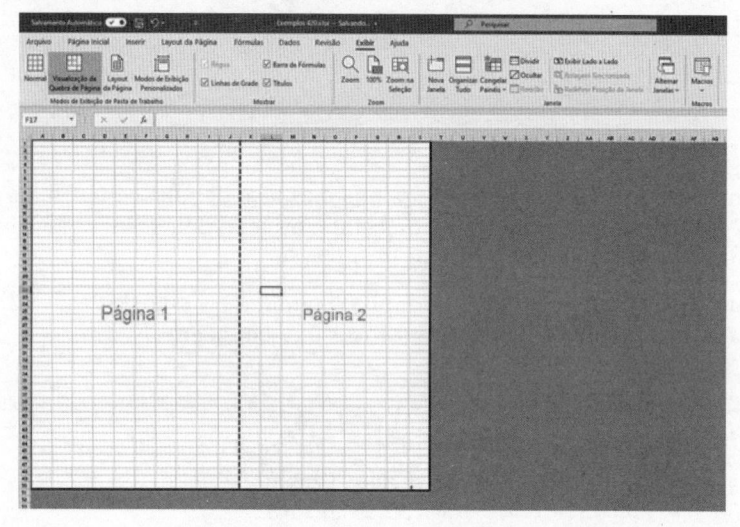

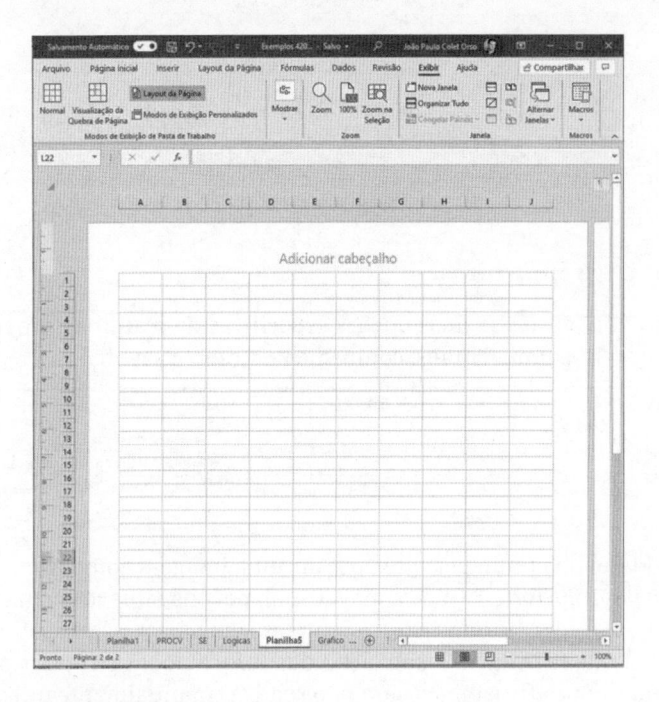

Filtro e classificação

A opção Classificar e Filtrar é usada muito frequente em relação às demais opções. Por meio dela é possível organizar os dados em ordem crescente ou decrescente. Como também é possível acionar a opção Filtro.

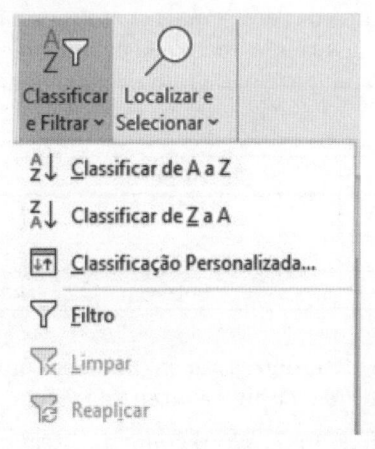

As opções Classificar e Filtro também podem ser encontradas, e com mais recursos, juntamente à aba Dados

Aba Layout de Página

Nesta aba encontram-se duas opções especificas de planilhas: a opção Plano de Fundo e a opção Imprimir Títulos, conforme ilustrado a seguir.

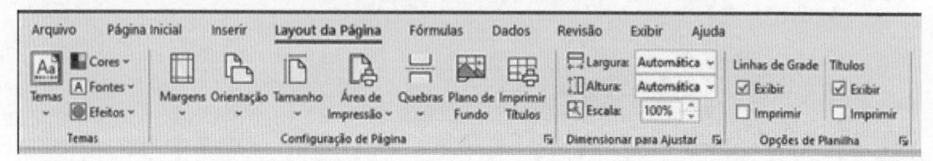

A opção Plano de Fundo permite atribuir uma imagem como fundo de uma planilha, já a opção Imprimir Títulos é mais usual, pois há situações em que é preciso imprimir uma planilha, porém ela será impressa em várias páginas dado sua extensão. Uma forma de facilitar a localização das informações é repetir os títulos das linhas e colunas em cada página e para não realizar manualmente utiliza-se a opção Imprimir Títulos.

Seleção de Células

Durante a edição de uma planilha podemos usar comando do teclado para navegar entre as células. Dentre uma das ações mais comuns está o uso da tecla ENTER que em uma planilha seleciona a célula abaixo da célula em edição, enquanto em uma tabela do Word é inserido um novo parágrafo na nova linha dentro da mesma célula.

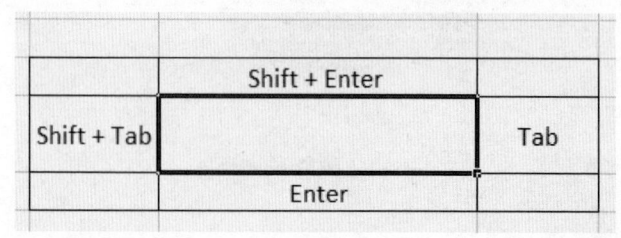

Já a tecla Tab, produz o mesmo resultado tanto em uma Planilha como em uma tabela no Word. Ao teclar TAB, a célula à direita da célula em uso será selecionada.

O uso da tecla HOME tanto no Word como no Excel posiciona o cursor na primeira posição da linha atual. No caso das planilhas, a primeira posição trata-se da primeira célula.

Ao utilizar a combinação CTRL + HOME a primeira célula é selecionada, ou seja, a célula A1.

A combinação CTRL + END seleciona a última posição do documento, esta por sua vez é a célula do encontro da última coluna com a última linha com conteúdo.

De modo geral, também é possível realizar a seleção de um conjunto de células.

Vamos praticar

1. **(CESPE – 2011 – PC/ES – TODOS OS CARGOS – MÉDIO)** Em uma planilha eletrônica, preenchendo-se qualquer valor numérico nas células B3 e B4, o resultado da fórmula =SE(B3>SOMA(B3:B4), OK, NC). será sempre NC.

    Certo ( )   Errado ( )

2. **(NC-UFPR – 2019 – PREFEITURA DE CURITIBA/PR – AGENTE ADMINISTRATIVO)** Na planilha abaixo, confeccionada utilizando o Libre Office Calc, deseja-se calcular o número de candidatos que serão convocados para uma determinada prova dos cursos de Agronomia, Farmácia e Enfermagem.

	A	B	C	D
1	Fator de convocação:	3		
2				
3	Curso	Candidatos	Vagas	Quantidade de Convocados
4	Agronomia	24	8	=SE(C4*B$1>B4;B4;C4*B$1)
5	Farmácia	17	6	
6	Enfermagem	19	6	

    Ao preencher a célula D4 com a fórmula =SE(C4*B$1>B4;B4;C4*B$1) e arrastar a alça de preenchimento até a célula D6, os valores apresentados nas células D4, D5 e D6 serão, respectivamente:

    a) 21, 14 e 16.
    b) 21, 17 e 18.
    c) 24, 17 e 18.
    d) 24, 17 e 19.
    e) 24, 18 e 18.

3. **(CESPE/CEBRASPE – 2021 – POLÍCIA FEDERAL)** A respeito de Internet e de intranet, julgue o item a seguir.

    Se um usuário recebesse a planilha Excel a seguir somente com os dados contidos nas colunas A e B e necessitasse preencher a coluna C, em vez de digitar manualmente os dados, ele poderia, para fazer o referido preenchimento, digitar o conteúdo "Acre - AC" na célula C1; selecionar a célula C1; e acionar o botão ![Preenchimento Relâmpago] na guia dados.

	A	B	C
1	AC	Acre	Acre - AC
2	AL	Alagoas	Alagoas - AL
3	AP	Amapá	Amapá - AP
4	AM	Amazonas	Amazonas - AM
5	BA	Bahia	Bahia - BA

Certo ( )   Errado ( )

4. (CESPE/CEBRASPE – 2021 – APEX BRASIL – ANALISTA – PROCESSOS JURÍDICOS) No Excel, para auxiliar no realce de regras de células, destacando-se, por exemplo, na formatação, barras de dados e escalas de cor, deve-se recorrer à opção:

a) Formatação Condicional.

b) Formatar como Tabela.

c) Criar a partir de Seleção.

d) Pincel de Formatação.

5. (CESPE/CEBRASPE -2021-IBGE – SUPERVISOR DE COLETA E QUALIDADE) No Excel, para tornar fixo o cabeçalho de uma tabela, ou seja, para manter visíveis linhas ou colunas durante a rolagem de página, deve-se percorrer, na faixa de opções, o caminho

a) Layout da Página — Área de Impressão.

b) Inserir — Quebras.

c) Fórmulas — Mostrar Fórmulas.

d) Exibir — Congelar Painéis.

e) Exibir — Zoom na seleção.

6. (CESPE/CEBRASPE – 2020 – MINISTÉRIO DA ECONOMIA – TECNOLOGIA DA INFORMAÇÃO – CIÊNCIA DE DADOS) Julgue o item seguinte, a respeito dos conceitos de planilhas e SQL.

Os dados em uma planilha podem ser classificados: se os nomes forem classificados em ordem crescente, então eles serão classificados de A para Z.

Certo ( )   Errado ( )

7. (CESPE/CEBRASPE – 2020 – SEFAZ/DF – AUDITOR FISCAL) Com relação ao MS Excel 2013, julgue o próximo item.

A função PROCV permite localizar itens em qualquer posição de uma tabela ou em um intervalo por coluna, pesquisando-se a partir de determinado valor para se obter o valor de retorno.

Certo ( )   Errado ( )

8. **(CESPE/CEBRASPE – 2019 – TJ/PR – TÉCNICO JUDICIÁRIO)** No Excel, a fórmula =(B2+C2+D2+E2)/4:
   a) permite o cálculo da média entre os valores contidos nas células B2, C2, D2 e E2.
   b) permite o cálculo da soma dos valores entre as células B2 até E2.
   c) não é válida, pois o Excel não permite fórmulas com parênteses.
   d) permite o cálculo da divisão do valor de cada célula por 4, individualmente.
   e) permite multiplicar o valor em cada célula pela soma dos valores nas 4 células.

9. **(CESPE/CEBRASPE – 2019 – TJ/PR – TÉCNICO JUDICIÁRIO)** No programa MS Excel, as fórmulas podem ser criadas por meio de referências relativas ou absolutas. Assinale a opção que apresenta o sinal a ser utilizado para que não haja alteração da fórmula nem de seu conteúdo quando ela for copiada para uma nova célula na planilha, tornando-a assim absoluta.
   a) =
   b) +
   c) $
   d) *
   e) /

Texto para as próximas 2 questões:

Com relação a sistemas operacionais e ferramentas de edição de texto e planilhas, julgue os itens a seguir.

10. **(CESPE/CEBRASPE – 2019 – PGE/PE – ANALISTA ADMINISTRATIVO DE PROCURADORIA – CALCULISTA)** No Excel, o uso de referências absolutas com auxílio do sinal $ (cifrão).garante que uma fórmula não seja alterada quando for copiada.
    Certo ( )   Errado ( )

11. **(CESPE/CEBRASPE – 2019 – PGE/PE – ANALISTA ADMINISTRATIVO DE PROCURADORIA – CALCULISTA)** No Excel, para uma fórmula que tenha vários operadores, as operações serão realizadas na seguinte ordem: adição ou subtração (+ ou –); multiplicação ou divisão (* ou /); exponenciação (^); porcentagem (%).
    Certo ( )   Errado ( )

Texto para as próximas 3 questões:

Considere uma planilha MS Excel que contém notas de uma turma de alunos. Nas células A1 até A5, respectivamente, as notas 8,7; 9,0; 10,0; 5,0; 8,0; e nas células B1 até B5, respectivamente, os nomes Antonieta, Gabriel, Sebastião, Bruna e Roberto.

A célula E1 exibe a média das notas da turma (8,14).

A célula E2 exibe a maior nota da turma (10,0).

A célula E3 exibe o aluno com a maior nota (Sebastião).

12. (FGV – 2021 – IMBEL – CARGOS DE NÍVEL MÉDIO – REAPLICAÇÃO) Com relação à planilha descrita, assinale a fórmula que estaria correta na célula E3.

a) =PROCH(E2;A:B;2;FALSO).
b) =PROCH(E2;A:B;2;VERDADEIRO).
c) =PROCV(E2;A:A;1;FALSO).
d) =PROCV(E2;A:B;2;FALSO).
e) =PROCV(E2;B:B;1; VERDADEIRO).

13. (FGV – 2021 – IMBEL – CARGOS DE NÍVEL MÉDIO – REAPLICAÇÃO) Com relação à planilha descrita, assinale a fórmula que estaria correta na célula E2.

a) =MAIOR(A1:A5;1)
b) =MAIOR(A1:A5;FALSE)
c) =MAIOR(A1:A5)
d) =MAXIMO(A1;A5)
e) =MAIOR(A1; A2; A3; A4; A5)

14. (FGV – 2021 – IMBEL – CARGOS DE NÍVEL MÉDIO – REAPLICAÇÃO) Com relação à planilha descrita, assinale a fórmula que estaria incorreta na célula E1.

a) =MÉDIA(A1:A5)
b) =SOMA(A1; A2; A3; A4; A5)/5
c) =SOMA(A1:A5)/5
d) =MÉDIA(A1+A2+A3+A4+A5)
e) =SOMA(A1+A2+A3+A4+A5) / (5)

15. (FGV – 2021 – PC/RN – AGENTE E ESCRIVÃO) João preparou uma planilha que contém, nas colunas F e G, uma lista de códigos e nomes correspondentes. Os códigos das células F6, F7 e F8 são M001, M010 e M999, respectivamente. Nas células G6, G7 e G8, os nomes são Pedro, João e Maria, respectivamente.

João deseja construir uma fórmula na célula A12 de modo que nesta seja exibido o nome correspondente ao código que tenha sido digitado na célula A11.

Essa fórmula deve ser:

a) =PROCH(A11;F6:F8;2;0)
b) =PROC(A11;F6:G8;2;0)
c) =PROC(F6:G8;2,A11)
d) =PROCV(A11;F6:G8;2;0)
e) =PROCV(F6:G8;2; A11;0)

16. (FGV – 2021 – IMBEL – CARGOS DE NÍVEL MÉDIO) Usualmente, as planilhas eletrônicas endereçam uma célula por meio da linha e da coluna em que a célula aparece, usando números inteiros a partir de 1 e letras de A até Z, considerando um alfabeto com 26 letras.

Assinale a opção que indica o endereço referente à célula localizada na trigésima coluna da vigésima linha.

a) A20:30
b) A30:20
c) AD20
d) ZD30
e) T30

17. (FGV – 2021 – IMBEL – ADVOGADO) No contexto das planilhas eletrônicas, analise a fórmula a seguir.

=B$2+$C3

Considere que a célula localizada na primeira coluna da primeira linha de uma planilha, contendo a fórmula acima, tenha sido copiada e colada na célula localizada na terceira coluna da décima linha.

Ao final da operação de copiar e colar, a fórmula na célula que recebeu a cópia será:

a) =B2+C3
b) =D$2+$C12
c) =D$2+$C13
d) =D$3+$C12
e) =D$3+$C13

18. (VUNESP – 2018 – PC/SP – DELEGADO DE POLÍCIA) Considere a seguinte planilha elaborada no MS-Excel 2010 (em sua configuração padrão e em português):

	A	B	C	D
1	2	2	2	
2	3	3	3	
3	1	1	1	
4	0	0	0	
5				

Suponha que as seguintes fórmulas tenham sido inseridas nas células A5, B5, C5 e D5.

A5: =SOMA(A1:A4) B5: =SOMA(A1:B4) C5: =SOMA(A1:C4) D5: =MÉDIA(A5:C5)

O resultado produzido em D5 será:

a) 12.
b) 36.
c) 18.
d) 0.
e) 6.

19. **(VUNESP – 2019 – PREFEITURA DE BIRIGUI/SP – OFICIAL ADMINISTRATIVO)** Um usuário, para apresentar os números de atendimentos mensais (interno e externo somados por mês), elaborou, por meio do MS-Excel 2010, em sua configuração padrão, uma planilha e o gráfico exibido a seguir.

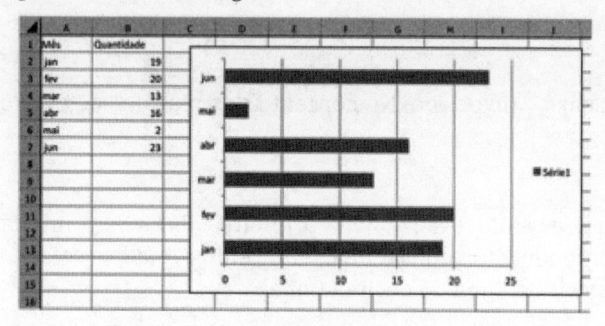

O tipo de gráfico exibido é:

a) Coluna.
b) Linha.
c) Ações.
d) XY.
e) Barra.

20. **(VUNESP – 2020 – PREFEITURA DE SÃO ROQUE/SP – SECRETÁRIO DE ESCOLA)** As células de uma planilha que está sendo elaborada com o programa MS-Excel 2010, em sua configuração padrão, foram preenchidas com os valores mostrados na figura a seguir:

▲	A	B	C	D	E
1	3	4	9	1	3
2	8	1	3	1	3
3	6	9	9	2	6
4	6	4	7	4	9
5	4	2	1	5	4
6					

Se =CONT.SE(A1:E5;"<2")+CONT.SE(C1:E5;">8") for a fórmula inserida na célula A6, o valor resultante será

a) 7.
b) 6.
c) 5.
d) 4.
e) 3.

Gabarito

1.	Errado
2.	C
3.	Certo
4.	A
5.	D
6.	Certo
7.	Errado
8.	A
9.	C
10.	Certo
11.	Errado
12.	D
13.	A
14.	D
15.	D
16.	C
17.	B
18.	A
19.	E
20.	A

നdeന
6 Microsoft Power Point

A suíte de aplicativos Microsoft Office possui como editor de apresentação dos limites o aplicativo conhecido como PowerPoint. Com ele são criadas verdadeiras Apresentações multimídia, inclusive, atualmente é possível transformar uma apresentação de slides em um vídeo.

Ao abrir o aplicativo PowerPoint, o usuário é apresentado aos documentos executados recentemente, bem como a modelos de Apresentações para serem utilizadas como base na criação de uma nova apresentação.

A Figura 71 a seguir, ilustra a janela do PowerPoint com uma apresentação em branco sendo criada.

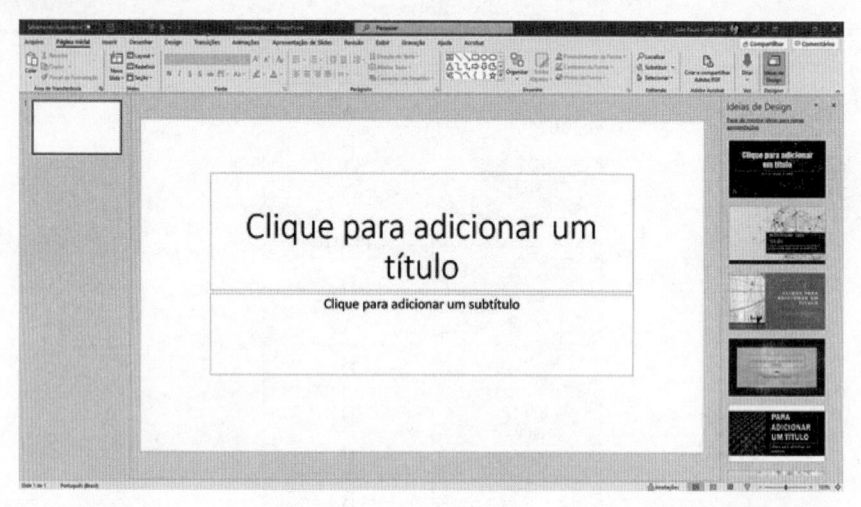

Figura 71: Janela do PowerPoint.

Um dos grandes avanços das últimas atualizações foi a presença da ferramenta ideias de design que aparece em destaque na lateral direita da Figura 71. Esse recurso apresenta sugestões de distribuição dos elementos presentes em um slide, o que facilita muito na criação de uma apresentação, principalmente para quem não possui muita criatividade artística.

6.1 Formatos de Arquivos

Formato de arquivos padrão para uma apresentação de slides do PowerPoint desde sua versão 2007 até as versões atuais é extensão PPTX, para o arquivo em formato de edição PPSX e para o arquivo em formato de apresentação.

> **Fique ligado!**
>
> Ao executar um arquivo PPSX a apresentação será exibida diretamente no modo de apresentação de slides, não podendo o arquivo ser editado. Contudo, caso seja aberto primeiro o programa e a opção Abrir seja utilizada, torna-se possível alterar o seu conteúdo. Outra forma é renomear o arquivo para PPTX.

É possível utilizar dentro do PowerPoint os formatos legados, ou seja, salvar os arquivos com as extensões padrões para o PowerPoint da versão 97 até 2003 sendo a extensão PPT para a edição e a extensão do PPS para apresentação de slides.

No Microsoft PowerPoint podemos tanto abrir, como salvar arquivos, com o formato do LibreOffice Impress, ODP (Open Document Presentation - formato de apresentação de documento aberto).

Assim como os outros programas da suíte, é possível transformar uma apresentação de slides em um arquivo PDF.

Existe a possibilidade também de salvar imagens a partir de cada slide, no formato individual, ou gerar em lote uma imagem para cada slide. Observa-se na lista de formatos apresentada pela Figura 72 as extensões de arquivos de imagem: JPG, PNG, TIF, BMP e SVG.

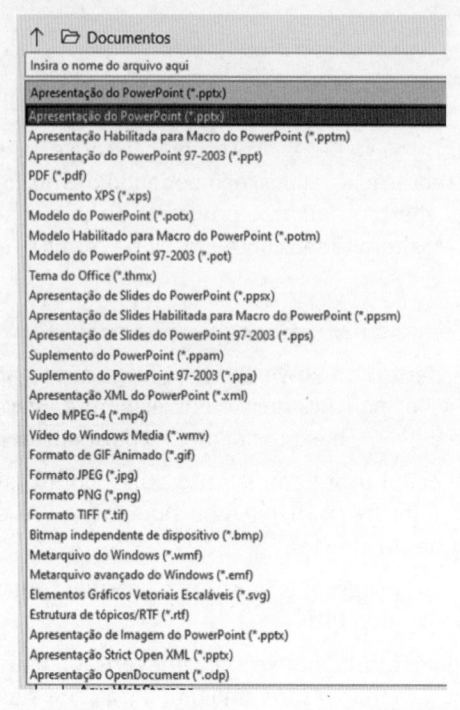

Figura 72: Formatos de Arquivos possíveis de serem salvos com o PowerPoint.

O PowerPoint permite trabalhar com três estruturas que podem ser usadas para definir o padrão de formatação de uma apresentação: Modelo de Slide (POTX); Design de Slide (THMX); e Slide Mestre.

O Modelo e o Design podem ser salvos como arquivos, enquanto um Slide Mestre faz parte do arquivo.

Fique ligado!

As estruturas de design de slide, e suas variantes, podem ser encontradas na aba Design, inclusive a opção para salvar um novo tema de design.

Aba Página Inicial

A estrutura de um slide é diferente da estrutura de um documento de texto. Em um documento de texto há um esqueleto básico, enquanto um slide é uma tela em branco na qual são adicionados elementos. Para adicionar textos são usadas as caixas de texto.

> **Fique ligado!**
>
> Vale observar que também é possível trabalhar com caixas de texto em documentos do Word.

Na aba **Página Inicial** encontram-se ferramentas voltadas à inserção de novos slides, alteração da sua forma, formatações de texto, inserção de forma, ajuste e posicionamento dessas formas, junto à ferramenta de ideias de design colocada na aba para chamar a atenção dos usuários.

A Figura 73 a seguir ilustra a aba Página Inicial.

Figura 73: Aba Página Inicial do PowerPoint.

O bloco Área de transferência do PowerPoint é similar ao bloco presente no Microsoft Word, inclusive o pincel de formatação pode ser utilizado da mesma forma.

Bloco Slides

O bloco **Slides**, destacado pela Figura 74, apresenta as opções:

- Novo Slide;
- Layout;
- Redefinir;
- Seção.

Figura 74: Bloco Slides, Aba Página Inicial do PowerPoint.

O botão **Novo Slide** apresenta 2 botões posicionados na parte superior, em que há apenas o ícone. Quando clicado, será inserido um slide com o layout padrão. Na parte inferior em que está o texto e a seta apontando para baixo, escolhe-se o layout do slide a ser inserido como ilustrado pela figura.

Fique ligado!

Para inserir um novo slide usa-se o atalho CTRL +M.

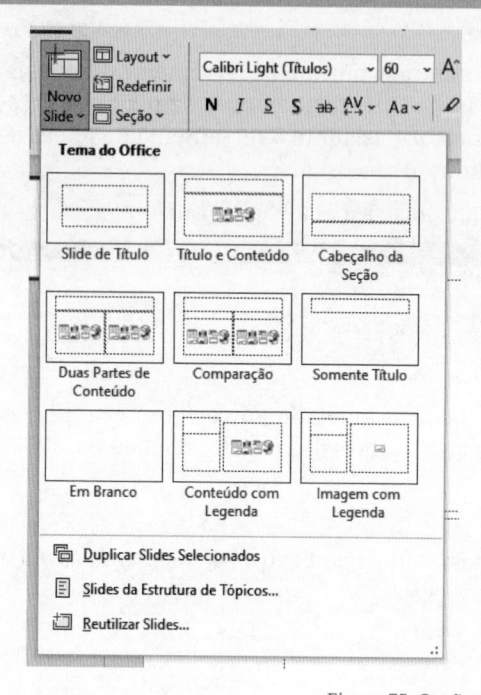

Figura 75: Opções de Layouts de Novo Slide.

As opções de layout apresentadas na opção **Novo Slide**, assim como no botão **Layout** variam de acordo com o tema de slide mestre empregado.

Fique ligado!

Um layout de slide consiste na distribuição das caixas de texto e outras partes, como figuras e gráficos, em um slide. Um layout nada mais é do que a estrutura do slide.

A opção Seção permite criar partes diferentes para organizar a apresentação de slides.

Bloco Fonte

No bloco Fonte do PowerPoint, ilustrado na figura a seguir, há algumas opções que não aparecem no bloco Fonte do Microsoft Word são elas: **Sombra de Texto** (S) e **Espaçamento entre Caracteres** (AV), porém essas formatações podem ser alcançadas por outros meios no Microsoft Word.

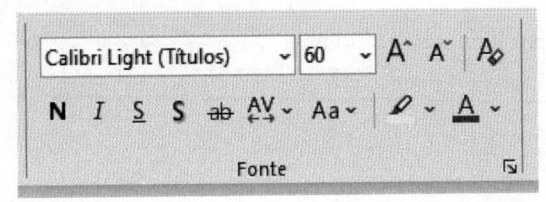

Figura 76: Bloco Fonte, Aba Página Inicial do PowerPoint.

Utilizar a formatação de sombra permite que um texto fique mais evidente em meio ao slide com a percepção de destacado da tela de fundo, conforme pode ser comparado na Figura 77 a seguir. À esquerda um texto sem sombra e à direita um texto com sombra.

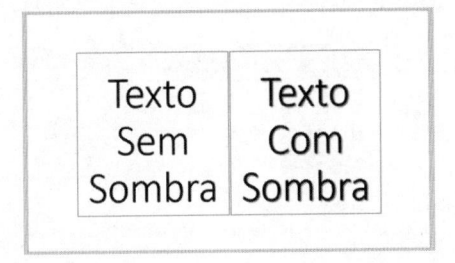

Figura 77: Comparação de texto sem sombra com texto com efeito de Sombra.

A opção espaçamento entre caracteres permite aumentar a distância entre cada caractere de texto. Em um arquivo do Word tal recurso, embora possível, não agrega tanto valor ao documento, já em uma apresentação de slides pode dar uma presença diferente ao conteúdo de um slide.

Observe o comparativo na figura a seguir: o texto acima mantém o espaçamento entre caracteres padrão enquanto o texto abaixo teve o espaçamento entre caracteres aumentado.

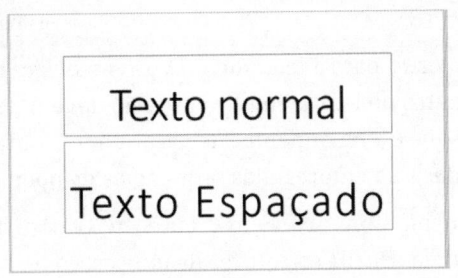

Figura 78: Comparação de texto com espaçamento de caracteres.

É possível tanto aumentar o espaçamento entre os caracteres como diminuir.

Bloco parágrafo

As opções que o bloco **Parágrafo** do PowerPoint possui a mais que o Microsoft Word são:

- Adicionar ou Remover Colunas.
- Direção do Texto.
- Alinhamento.
- Converter em Elemento Gráfico do SmartArt.

A opção **Adicionar ou Remover Colunas** embora tenha nome similar apresentado na aba layout do Word, funciona de modo diferente, pois é aplicada à caixa de texto.

A ferramenta **Direção do Texto** permite que o texto seja disponibilizado de forma vertical ou virado lateralmente, conforme ilustra a Figura 79 a seguir com as opções deste botão.

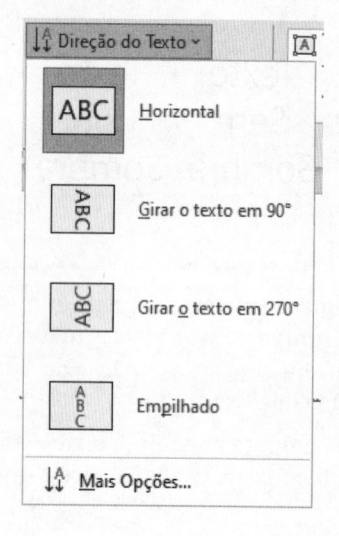

Figura 79: Opções da Ferramenta Direção do Texto.

A ferramenta Converter para a ferramenta **Converter em Elemento Gráfico do SmartArt** só existe dentro do PowerPoint. O usuário deve ficar atento, pois a opção utiliza o mesmo ícone que é a ferramenta **Inserir SmartArt** presente na aba Inserir. Embora sejam parecidas, são empregadas sequências de operações distintas.

Para usar a ferramenta **Converter em Elemento Gráfico do SmartArt**, primeiramente seleciona-se uma lista de estruturas de tópicos, como a apresentada no slide ilustrado na Figura 80 a seguir.

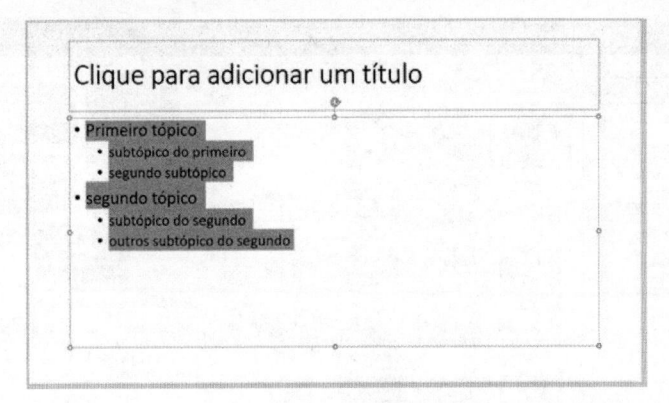

Figura 80: Slide apresentando conteúdo em tópicos.

Ao clicar no botão da ferramenta **Converter em Elemento Gráfico do SmartArt** o usuário é apresentado à janela, ilustrada na Figura 81, para escolher qual forma do elemento SmartArt melhor representa a informação que deseja passar.

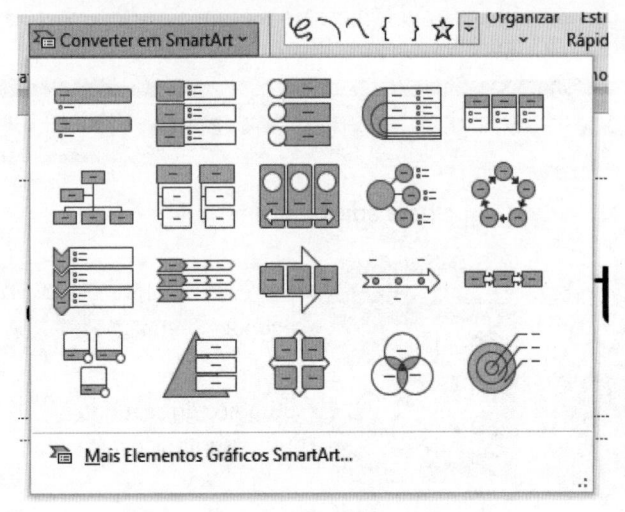

Figura 81: Opções da Alça de Listagem da ferramenta Converter em SmartArt.

Caso a opção **Mais Elementos Gráficos Smartart** seja escolhida, a janela **Escolher Elemento Gráfico SmartArt** será aberta para que possamos selecionar o SmartArt que melhor agradar, conforme ilustrado a seguir:

INFORMÁTICA

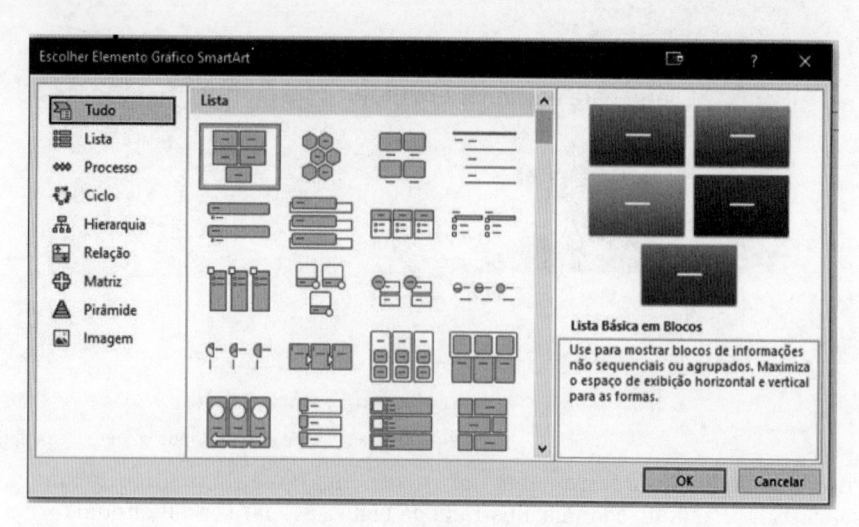

Figura 82: Janela Escolher Elemento Gráfico SmartArt.

A distribuição dos tópicos e subtópicos no esquema do SmartArt depende de qual estilo for escolhido, a Figura 83 a seguir ilustra um destes layouts.

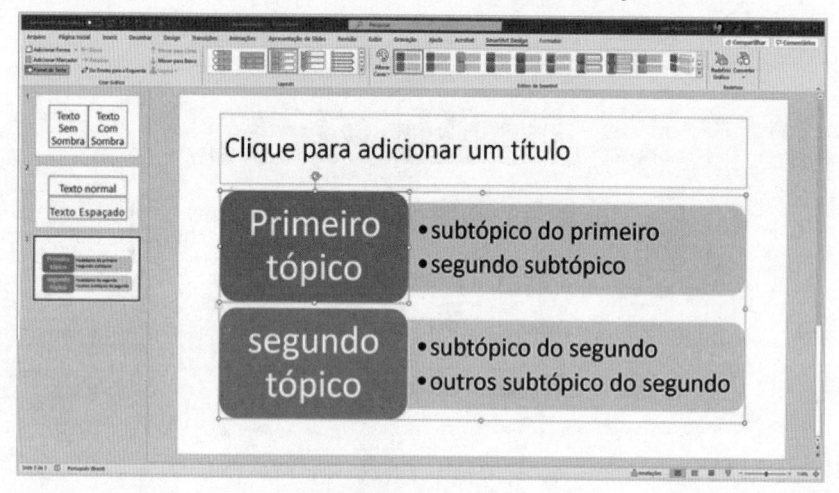

Figura 83: Resultado da conversão de texto em tópicos em SmartArt.

A ferramenta **Alinhar Texto** permite posicionar o texto na parte superior, central ou inferior de uma caixa de texto, conforme ilustrado pela Figura 84.

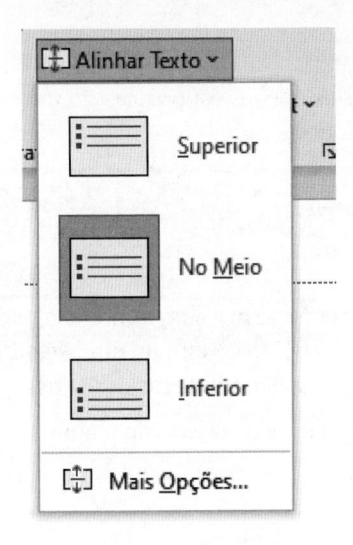

Figura 84: Opções da ferramenta Alinhar Texto.

Bloco Desenho

O bloco **Desenho** apresenta as ferramentas para inserir formas e formatar seu preenchimento e contorno, também podemos ordenar os objetos de um slide para determinar quais ficarão à frente dos demais. A Figura 85 ilustra o bloco Desenho e suas opções.

Figura 85: Bloco Desenho, Aba Página Inicial PowerPoint.

Fique ligado!

É importante destacar que várias formas são implicitamente caixas de texto e para editar o seu conteúdo, basta usar o clique duplo sobre a forma inserida no slide.

6.2 Aba Inserir

Na Aba Inserir há várias opções específicas de um editor de slides. A Figura 86 ilustra as opções presentes nesta guia.

Figura 86: Aba Inserir do PowerPoint.

A primeira opção da guia Inserir é a ferramenta Novo Slide. É possível um novo slide também clicando com o botão direito do mouse em um espaço vazio da lateral esquerda, na qual são exibidas as miniaturas dos slides.

Na sequência há a opção tabela com comportamentos similares a do Word.

Bloco Imagens

O bloco Imagens apresenta a opção para inserir imagens tanto do computador, como imagens da internet, nesse caso a ferramenta Bing é usada como motor de busca para encontrar as imagens.

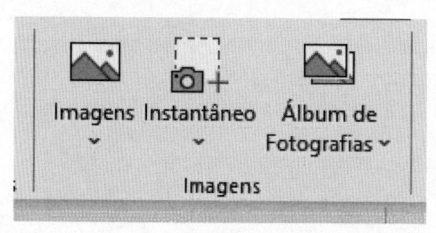

Figura 87: Bloco Imagens, Aba Inserir do PowerPoint.

A opção Instantâneo tem funcionamento semelhante do Word. Já a opção Álbum de Fotografias, abre uma janela para que o usuário busque imagens do computador e indique a forma de utilizá-las para criar um novo arquivo, podendo apresentar uma imagem por slide ou mais.

Bloco Ilustrações

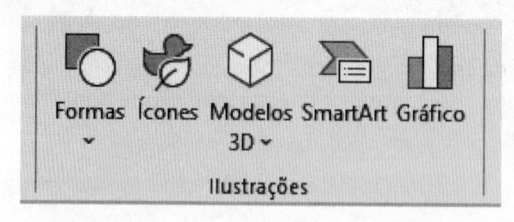

Figura 88: Bloco Ilustrações, Aba Inserir do PowerPoint.

Além de estar disponível na aba Página Inicial, há na Aba Inserir a opção Formas, conforme ilustra a figura. Note que dentre as opções temos a opção Caixa de Texto, assim como os botões de ação na parte mais inferior da figura, sendo a última lista de opções da ferramenta.

Figura 89: Opções de Formas presentes no PowerPoint.

A ferramenta **Ícones** possui ideia similar ao antigo ClipArt, disponibilizando formas organizadas em categorias. Ao clicar o botão, será aberta a janela ilustrada na Figura 90. Note que a janela é a mesma usada para inserir Imagens On-line.

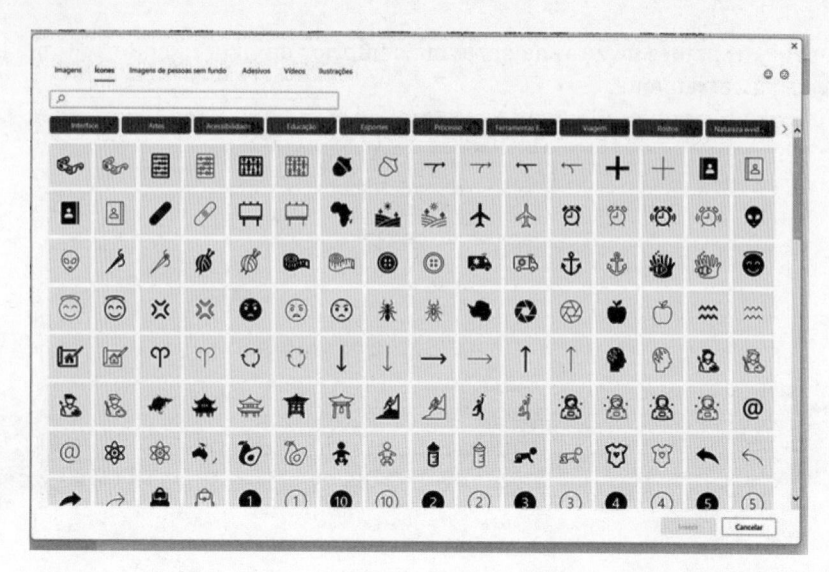

Figura 90: Janela com ícones para inserir.

Os ícones são imagens vetoriais, existe a possibilidade de redimensioná-las sem afetar a sua qualidade. Também é possível alterar a cor do preenchimento e das bordas de um ícone.

Atualmente o PowerPoint também permite a utilização de objetos tridimensionais nas apresentações de slides, alguns desses objetos, inclusive, possuem animações chamadas de Cenas. Para inserir um objeto 3D no slide, podemos usar a opção **Modelos 3D** do bloco Ilustrações.

Assim como os ícones os objetos 3D são agrupados por categorias, aos poucos a biblioteca de ícones e objetos 3D é alimentada com novos desenhos. A Figura 91 ilustra a janela inicial para inserção de objetos.

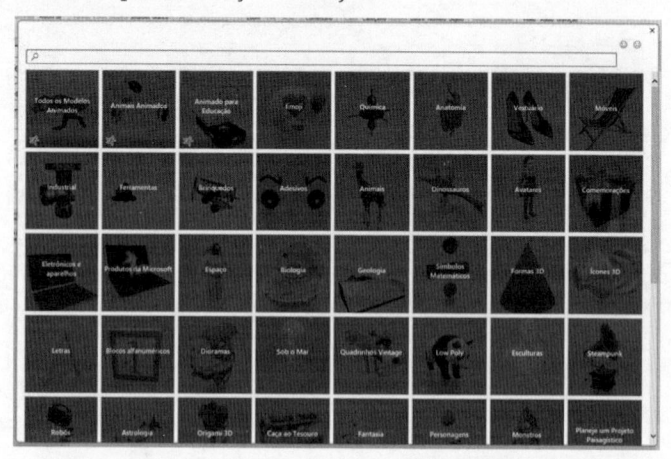

Figura 91: Categorias de objetos 3D.

Ao clicar em uma categoria como Eletrônicos e aparelhos, é permitido o acesso à lista de objetos da categoria. Para isso, basta selecionar o desejado e clicar o botão Inserir, como ilustrado na Figura 92.

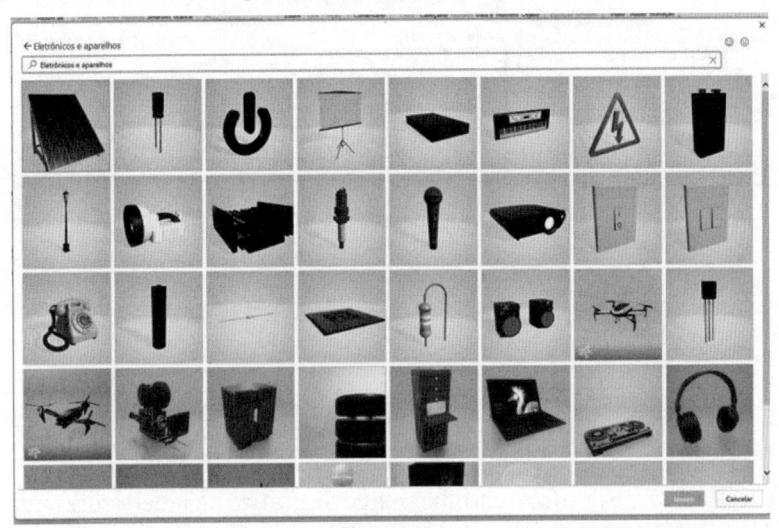

Figura 92: Alguns objetos 3D da categoria Eletrônicos e aparelhos.

Como são tridimensionais, é possível alterar o ângulo de visão de um objeto rotacionando-o após a inserção no slide. A Figura 93 ilustra o mesmo objeto inserido em um slide em diferentes rotações.

Figura 93: Objetos tridimensionais em um slide.

Ao inserir um gráfico em uma apresentação dos slides, é necessário primeiramente definir quais são os dados que irão gerar o gráfico. Sendo possível copiar um gráfico presente em um arquivo do Word ou do Excel, como também criar o próprio gráfico dentro da apresentação. Para isso será necessário informar os dados que irão compor o gráfico.

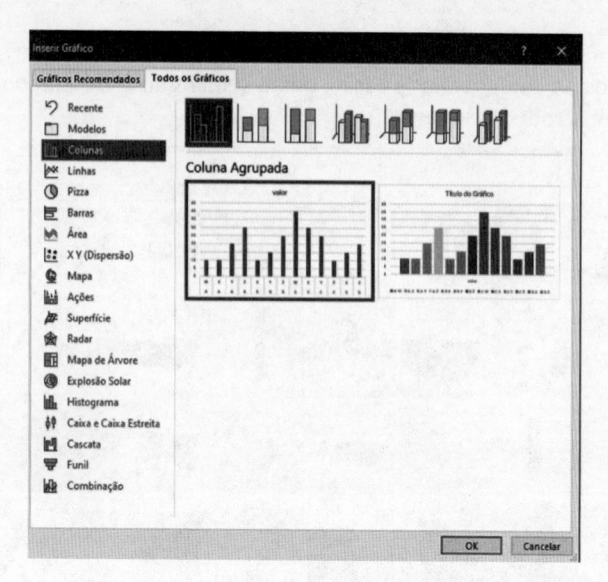

Figura 94: Janela Inserir Gráfico no PowerPoint.

Ao clicar na opção gráfico e escolher o tipo de gráfico na janela apresentada pela Figura 94, um gráfico base será colocado no slide e uma forma de planilha, ilustrada na figura, será apresentada para que os dados sejam identificados.

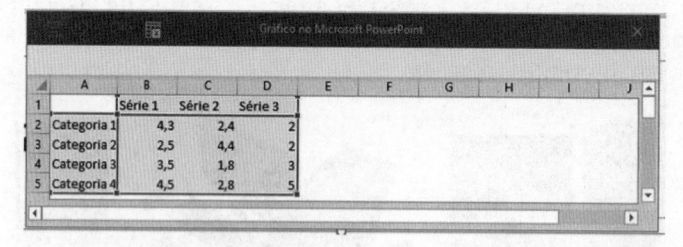

Figura 95: Dados de um Gráfico.

Após definir os dados relativos ao gráfico, a planilha pode ser simplesmente fechada, ficando automaticamente vinculada à apresentação de slides. Caso necessite alterar os dados, basta clicar com o botão direito do mouse sobre a figura do gráfico e no slide escolher opção Editar Dados.

Bloco Links

A primeira opção do bloco Links é a ferramenta Zoom.

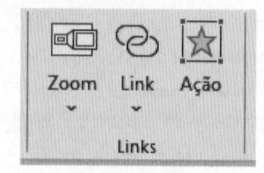

Figura 96: Bloco Links.

A ferramenta Zoom permite inserir um slide do tipo Zoom de Resumo que apresenta a miniatura dos slides de uma seção. A ferramenta Zoom de Slide permite inserir em um slide a miniatura de outro slide, de maneira que ao clicar sobre essa miniatura ela seja ampliada, transformando-a no slide em exibição.

A Figura 97 destaca uma apresentação de slides em que foi usado tanto o Zoom de Slide destacado pelo retângulo vermelho, como o Zoom de Resumo destacado pelo retângulo verde.

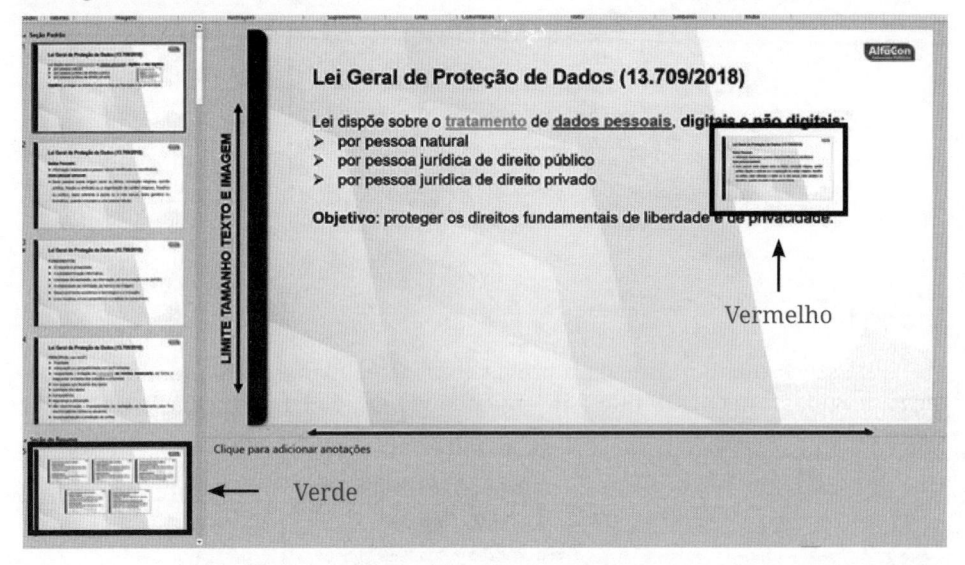

Figura 97: Recorte de uma apresentação de slides com Zoom de Resumo e Zoom de Slide.

A ferramenta Ação do bloco Links possibilita transformar um objeto em um botão, de modo que ao ser clicado durante a apresentação de slides, seja possível: realizar o controle da animação, avançando ou retornando para um slide específico, finalizando a apresentação slides; executar uma Macro ou executar algum programa do arquivo externo.

Ao clicar o botão Ação, a janela será exibida. Observe que existe a possibilidade de vincular a execução de um som quando o botão de ação for acionado, conforme ilustrado na imagem a seguir.

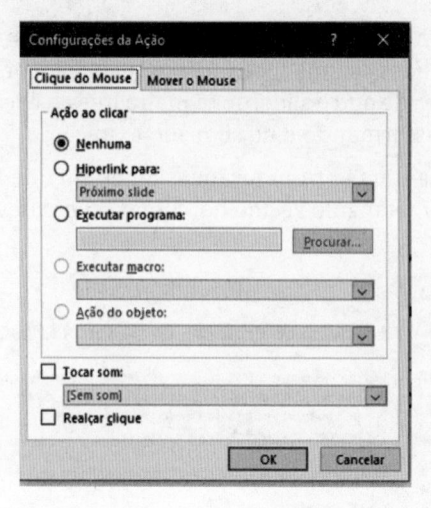

Figura 98: Janela de Configuração de Ação.

Bloco Mídia

É um recurso importante para provas e, principalmente, para montar apresentação de slides, pois possibilita a inserção de vídeos, podendo inclusive utilizá-los como fundo de slides.

Figura 99: Bloco Mídia, Aba Inserir do PowerPoint

Além de usar a opção Instantâneo para realizar capturas de recortes de tela, é permitido gravar vídeos a partir da tela, pela ferramenta **Gravação de Tela**, bem como vincular vídeos do YouTube aos slides para exibi-los em apresentações.

Além de inserir vídeos que estão salvos no computador, há a possibilidade de vincular vídeos de serviços on-line como:

- YouTube;
- SlideShare;
- Vimeo;
- Stream;
- Flipgrid.

Para realizar a inserção dos vídeos, deve-se copiar a URL e colar na janela Inserir Vídeo.

Cabeçalho e Rodapé

No PowerPoint a opção Cabeçalho e Rodapé comporta-se de maneira diferente daquela presente no Word.

Primeiramente em um arquivo de slides devemos observar que existem estruturas diferentes: slide, anotações e folhetos. Cada uma delas opera de um modo com essas estruturas.

Figura 100: Bloco Texto, Aba Inserir do PowerPoint.

Ao clicar a opção **Cabeçalho e Rodapé** presente no bloco de **Texto** da aba Inserir, o usuário é apresentado à janela ilustrada pela Figura 101.

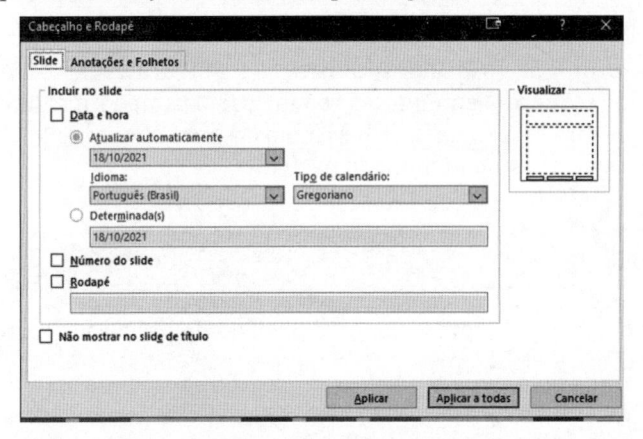

Figura 101: Janela Cabeçalho e Rodapé do PowerPoint, aba Slide selecionada.

Observe na Figura 101 que é possível selecionar quais dos três Campos será exibido no slide, permitindo que essa informação seja atualizada automaticamente ou que o usuário defina manualmente a data. O campo Número do slide não possui opções, e o campo Rodapé permite que o usuário escreva o conteúdo que será apresentado no rodapé.

Fique ligado!

Não existe a estrutura do cabeçalho em slides, apenas os campos: Rodapé, Data e Hora e Número do slide.

Ao assinalar um dos campos desejados, observa-se no canto superior direito da janela, na caixa Visualizar que o campo selecionado ficará sutilmente destacado, indicando em qual posição aparecerá no slide. Essa posição poderá ser alterada nas configurações do slide mestre, inclusive em qual layout de slide ela será utilizada.

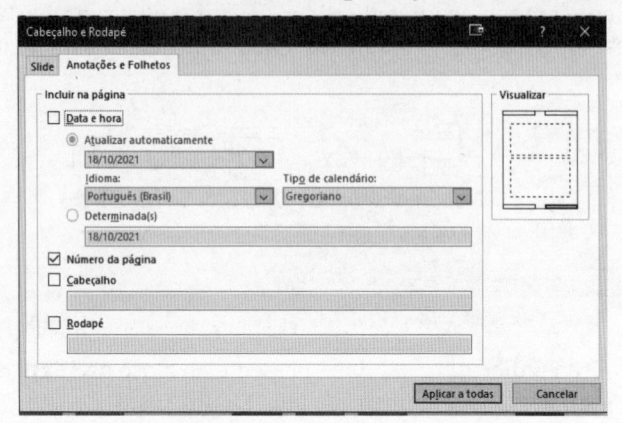

Figura 102: Janela Cabeçalho e Rodapé do PowerPoint, aba Anotações e Folhetos selecionados.

Já na aba **Anotações e Folhetos**, ilustrada na Figura 102, o cabeçalho ocupa o canto superior esquerdo, enquanto o rodapé usa o campo inferior esquerdo. Na posição superior direita, podemos exibir a data e a hora enquanto no canto inferior direto existe o espaço para o número da página.

Fique ligado!

Em anotações e folhetos há a possibilidade de definir um texto para o cabeçalho.

6.3 Aba Desenhar

Com o advento das telas sensíveis ao toque novos recursos foram incluídos no PowerPoint para explorar as novas possibilidades, dentre eles a aba Desenhar, ilustrada pela Figura 103.

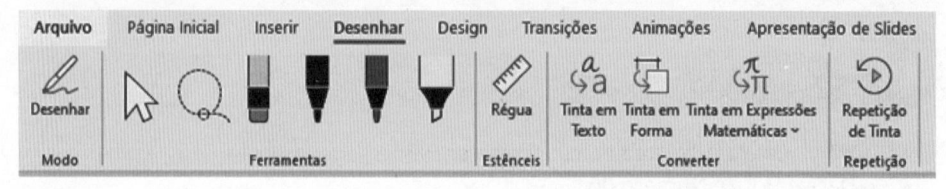

Figura 103: Aba Desenhar do PowerPoint.

Embora as ferramentas presentes nessa aba sejam desenvolvidas para explorar as telas sensíveis ao toque, elas podem, também, ser utilizadas com o auxílio do mouse ou de canetas de entrada.

6.4 Aba Design

A Aba Design ilustrada na figura a seguir, apresenta os temas utilizados em uma apresentação e as suas variações de cores.

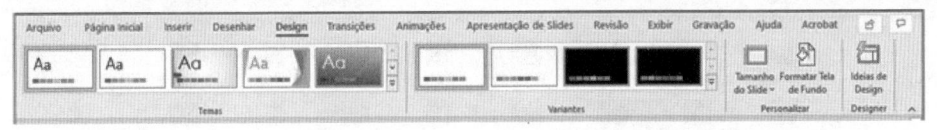

Figura 104: Aba Design do PowerPoint.

Também é possível utilizar as ferramentas presentes no bloco **Personalizar** para alterar o tamanho do slide em edição (ferramenta **Tamanho do Slide**) ou mesmo alterar a imagem de fundo dos slides (ferramenta **Formatar Tela de Fundo**).

Observe que ao final desse bloco encontra-se a ferramenta **Ideias de Design**, que também é disponibilizada na aba Página Inicial.

6.5 Aba Transições

A Aba Transições agrega as ferramentas para controlar uma transição de um slide, isto é, para a troca de slides. A Figura 105, ilustra a guia.

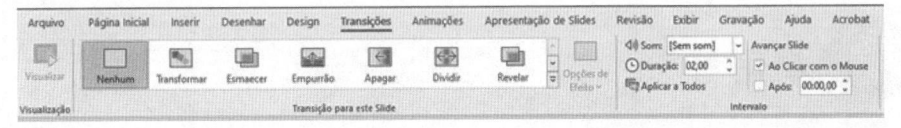

Figura 105: Aba Transições do MS PowerPoint.

Fique ligado!

Podemos colocar apenas um efeito de transição para cada slide.

O efeito de transição será utilizado para que o slide selecionado apareça durante a apresentação. Observa-se na Figura 106 os efeitos de transição disponíveis no PowerPoint.

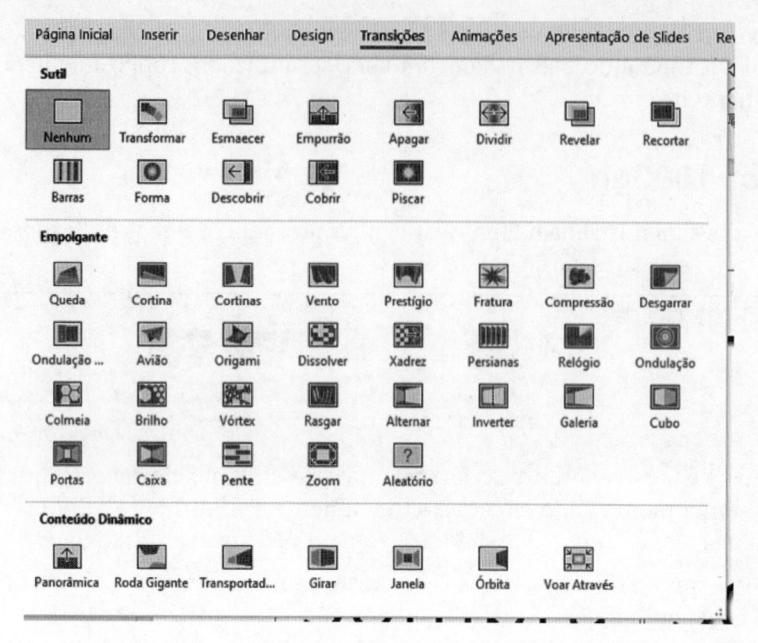

Figura 106: Opções de efeitos de Transição de Slides do PowerPoint.

Os efeitos de transição podem ser configurados para que apresentem também um efeito sonoro. É possível definir o tempo de duração da troca de um slide para o outro, assim como o tempo em que um slide ficará visível até que o próximo slide seja exibido, caso o avanço dos slides seja definido como automático.

Fique ligado!

Mesmo que a apresentação de slides utilize a transição automática, ela pode ser controlada por meio das setas do teclado, sendo manuseadas para a direita ou para baixo para avançar, enquanto as teclas para cima ou para a esquerda para voltar.

A transição Transformar é utilizada quando um slide é formado a partir de outro, criando um efeito de transformação do slide atual para o slide posterior. Para aplicar alguma transição de transformação, devemos selecionar os dois slides e então aplicar o efeito de transição Transformar.

A Figura 107 apresenta dois slides contendo um retângulo. O slide 6 foi criado a partir do slide 5 usando o recurso Duplicar Slide. Posteriormente, o retângulo presente no slide 6 foi girado em 90° e posicionado no canto direito, tendo em seguida sua cor alterada. Ao aplicar o efeito Transformar durante a troca do slide 5 para o slide 6, o retângulo presente no slide 5 fez a trajetória de movimento até a posição do retângulo no slide 6, enquanto isso ele passou por uma transição da cor azul para a cor verde e efetuou o giro.

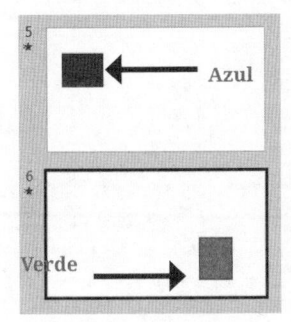

Figura 107: Slides com efeito transformar.

Note que a partir da simples inserção de formas no slide, ao aplicar o efeito de transição **Transformar** foi criado também uma animação. Porém, esse efeito só é visualizado durante a transição dos slides. Não podemos considerar um efeito de animação como aqueles presentes na aba Animações.

Aba Animações

As opções disponíveis nesta aba permitem inserir objetos de animação em slides, como: caixas de texto, formas, figuras e ícones. Pode-se configurar para que várias animações sejam executadas simultaneamente ou na sequência umas das outras. A Figura 108 ilustra as opções presentes na aba Animações.

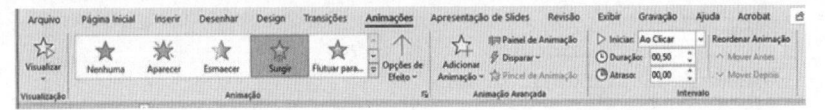

Figura 108 Aba Animações do PowerPoint.

Para utilizar uma animação deve ser previamente selecionado o objeto para aplicar e escolher entre os efeitos disponíveis. Observe na Figura 109 a seguir, que existem algumas categorias de efeitos, de acordo com o escolhido há um comportamento em relação à presença do objeto selecionado no slide.

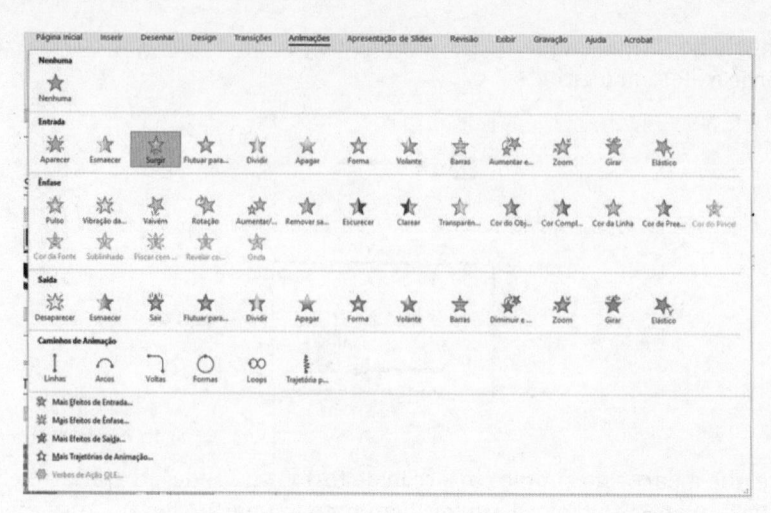

Figura 109: Efeitos de Animação presentes na Aba Animações do PowerPoint.

Os efeitos de entrada ao serem utilizados, fazem com que o objeto não apareça junto com o slide, pois o objeto será exibido apenas quando a animação de entrada for executada. Na Figura 109 existe a opção **Mais Efeitos de Entrada**. Ao clicar, abre-se a janela de **Efeitos de entrada** ilustrada na Figura 110, a seguir. Note que existem vários efeitos disponíveis além daqueles apresentados na figura.

Figura110: Janela de Efeitos de Entrada para animar um objeto.

Os efeitos de ênfase apenas fazem com que o objeto presente no slide, seja animado para chamar a atenção. Após a animação ser executada, o objeto permanece visível no slide quando o efeito de entrada é concluído. Observe que existe a possibilidade de alterar a cor do objeto, bem como aumentar o seu tamanho e até mesmo editar alguns elementos do texto.

A Figura 111 a seguir ilustra os efeitos de ênfase:

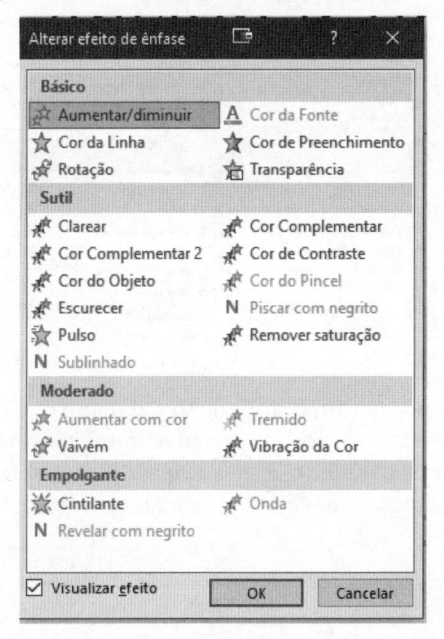

Figura 111: Janela Efeitos de Ênfase para animar um objeto no slide.

Por outro lado, os efeitos de saída são empregados para que um objeto deixe de aparecer no slide. Quando utilizado algum efeito de saída em um objeto para que ele volte a aparecer no slide, faz-se necessário aplicar tum novo efeito de entrada que seja executado na sequência.

Fique ligado!

Podemos aplicar mais de um efeito a um mesmo objeto.

INFORMÁTICA

Figura 112: Janela Efeitos de Saída para animar um objeto no slide.

Caso um objeto já possua uma animação e o usuário clique sobre uma outra animação, nesse caso estará apenas alterando a animação do objeto selecionado. Se o interesse é adicionar outro efeito, então a opção **Adicionar Animação**, presente no bloco **Animação Avançada** deve ser utilizada, conforme ilustrado na Figura 113 a seguir.

Figura 113: Bloco Animação Avançada, Aba Animações do PowerPoint.

Em uma transição de slides, é definido o tempo de duração da animação e o gatilho de ativação, ou seja: clicar para que a animação corra ou se ela será exibida automaticamente após um determinado tempo.

6.6 Aba Apresentação de Slides

Por meio das opções presentes na aba Apresentação de Slides, inicia-se a apresentação do **primeiro slide** ou do **slide atual**, utilizando as seguintes teclas de atalho: **F5** para iniciar a apresentação a partir do primeiro slide, e o atalho **SHIFT+F5** para iniciar a apresentação a partir do slide que estiver selecionado.

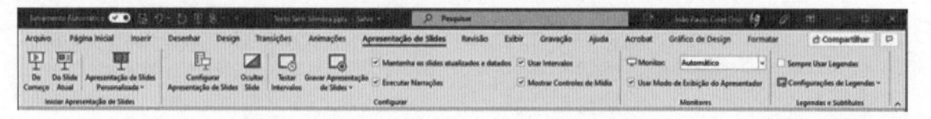

Figura 114: Aba Apresentação de Slides.

Microsoft Power Point

Por vezes, as apresentações de slides são criadas de maneira completa para explicar um conteúdo, e depois de um tempo o usuário reutiliza essa mesma apresentação em um espaço de tempo menor do que o original. A maioria das pessoas resolve essa situação, criando e editando cópias da apresentação, porém deve-se ficar atento, pois a atualização deverá ser feita nos diversos arquivos criados.

Perceba que esse tipo de ação não é muito interessante do ponto de vista prático ou de reuso, isso pode ser feito de um modo mais simples. Basta utilizar apenas um único arquivo com a apresentação completa.

Junto à aba Apresentação de Sides, ilustrada na Figura 114, é possível criar apresentações personalizadas, que nada mais é do que uma estrutura que indica os slides dos arquivos utilizados em uma apresentação. Pode-se criar e nomear várias combinações. No momento de exibir a apresentação, basta indicar qual das personalizações queremos exibir.

Ao fazer isso, o usuário tem ao seu alcance uma apresentação completa. Desse modo, caso algum participante da apresentação pergunte algo que não está nessa lista personalizada de slides, mas faz parte da sua estrutura completa, o apresentador pode rapidamente exibir o slide com aquele conteúdo, sem precisar procurar pelo arquivo.

Configurar Apresentação de Slides

A opção Configurar Apresentação, presente no bloco Configurar, permite definir algumas opções como: tipo da apresentação, livros que serão exibidos, dinâmica de apresentação e o controle da apresentação, inclusive assinalando a opção para utilizar ou não o modo de exibição do apresentador, também presente na aba Monitores.

A Figura 115, a seguir, ilustra a janela Configurar Apresentação. No grupo de opções Tipo de apresentação, o usuário controla a apresentação dos slides exibidos em uma das telas, seja uma televisão, ou outro monitor ou um projetor.

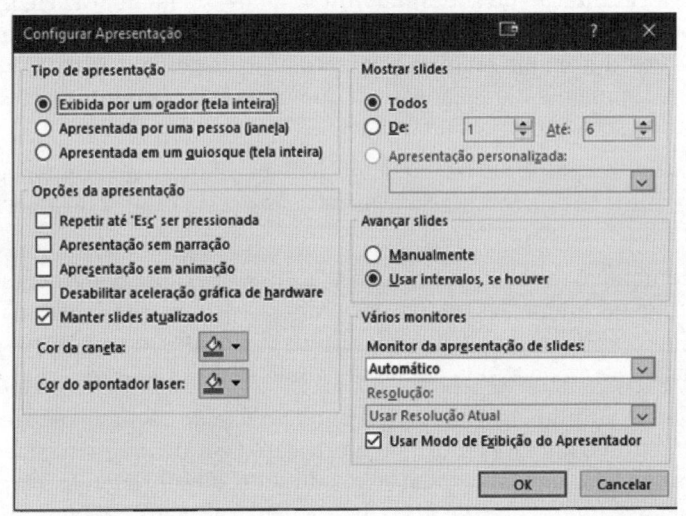

Figura 115: Janela Configurar Apresentação.

A opção **Apresentada por uma pessoa** no modo janela exibirá a apresentação dos slides em uma janela que pode ser posicionada sobre uma outra tela. Essa opção não é muito comum de ser empregada na prática.

A opção **Apresentada em um quiosque,** quando habilitada automaticamente, irá bloquear algumas das opções presentes na janela Configurar apresentação, conforme ilustrado na Figura 116.

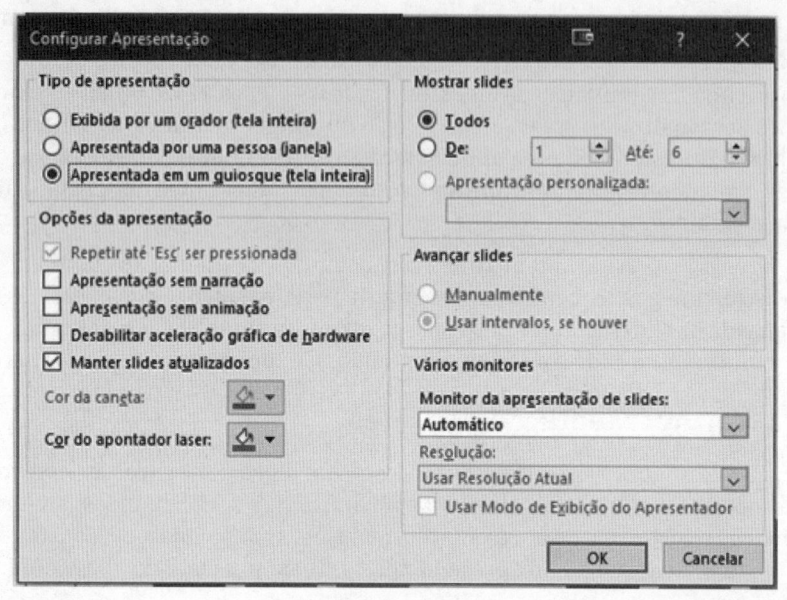

Figura 116: Janela Configurar Apresentação, modo quiosque.

A ideia de apresentar no formato de um quiosque consiste em que o computador exiba a apresentação de slides indefinidamente, de modo que ele irá reiniciar a apresentação automaticamente quando chegar ao último slide. A ideia é deixar o computador sozinho em um ambiente de circulação de pessoas. Observe que a opção Cor da caneta também é bloqueada, para que não sejam feitas anotações na tela. A apresentação só será encerrada ao teclar ESC.

A opção Ocultar Slide permite que um slide permaneça no arquivo, porém não seja exibido durante a apresentação. Outra forma seria criar a lista personalizada de apresentação.

Já a ferramenta Gravar Apresentação de Slides permite que a apresentação de slides, incluindo as anotações na tela com canetas, a narração realizada e o tempo entre as animações de transição de slides fiquem gravados, de modo que ao exibir a apresentação na sequência tudo aquilo que foi feito será replicado.

As versões atuais do PowerPoint permitem o uso do recurso de legendas automáticas. Enquanto o apresentador fala o programa geral, automaticamente o texto exibe na posição desejada: abaixo ou acima do slide, ou sobrepondo a área superior ou inferior. Esse é um recurso de Acessibilidade bastante interessante.

A Opção **Executar Narrações** permite gravar a apresentação juntamente com as anotações realizadas nos slides e o áudio do microfone.

Já a opção **Usar Intervalos** é uma ferramenta útil para o treinamento de uma apresentação, assim como para definir o tempo de slides que envolvam troca automática, como slides de mensagens de texto. Conforme você lê, espera uns segundos a mais e troca de slide.

Modo Apresentador

A opção **Modo de Exibição do Apresentador** permite exibir a apresentação em um monitor (normalmente no projetor) e no outro uma tela de acompanhamento exibindo as anotações de cada slide, a sua miniatura e o tempo decorrido do início da apresentação.

6.7 Aba Exibir

Dentre as questões de provas sobre o MS PowerPoint, muitas abordam algum recurso da Aba Exibir, ilustrada pela Figura 117, em especial sobre o Slide Mestre.

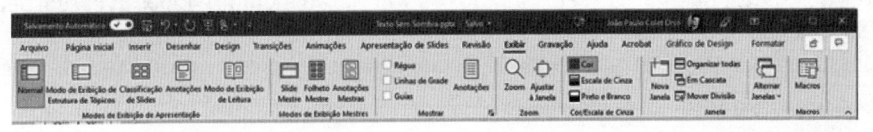

Figura 117: Aba Exibir do PowerPoint.

O primeiro ponto a se observar sobre o PowerPoint é sua janela de edição apresentada por padrão no modo de exibição **Normal**.

É importante alguns detalhes dos modos de exibição presentes no bloco **Modos de Exibição de Apresentação**, ilustrado pela Figura 118.

Figura 118: Bloco Modos de Exibição de Apresentação, guia Exibir do PowerPoint.

Modo de exibição Normal

Além de ser a interface usada para editar uma apresentação de slides, faz-se necessário conhecer algumas partes exibidas neste modo. Observe a Figura 119 a seguir.

Figura 119: Janela do PowerPoint no modo de Exibição Normal.

Na Figura 119, a área destacada pelo retângulo vermelho corresponde às miniaturas dos slides, na qual são selecionados os que serão editados. É possível reordenar os slides arrastando para a posição desejada ou recortando e depois colando. Também é possível copiar e colar o(s) slide(s) selecionado(s), ou usar a opção Duplicar Slide.

A área destacada pelo retângulo azul corresponde ao Palco, ou também chamada Área de edição, espaço em que é exibido o slide em edição. Logo abaixo do retângulo azul existe uma linha, muito sutil, que separa o Slide em edição das Anotações, podendo clicar e arrastar a área para cima, assim fica mais fácil usá-la. A Figura 120 ilustra o espaço expandido em destaque dentro do retângulo verde.

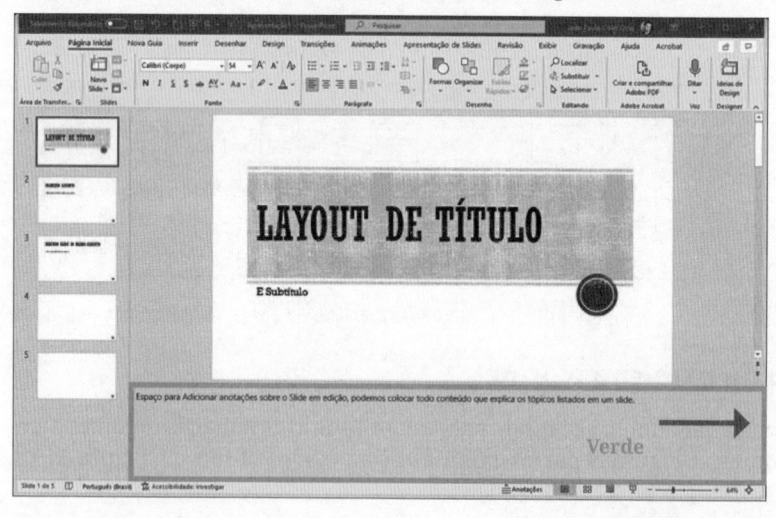

Figura 120: Janela do PowerPoint no modo de Exibição Normal, com espaço de Anotações destacado.

Microsoft Power Point

Um slide é usado para guiar uma apresentação em uma reunião, palestra ou similar e não deve ser sobrecarregado de conteúdo. No espaço para anotações insere-se o conteúdo sobre o qual o slide trata, e no slide apenas pontuamos os itens e tópicos de interesse.

Ao apresentar usando as telas, emprega-se o **Modo Apresentador** presente na guia Apresentação de Slides. Dessa forma, o público enxerga o slide projetado, enquanto o apresentador em seu computador (de preferência com a tela virada somente para si) tem a visão de qual slide está ativo para o público. O apresentador visualiza em destaque o próximo slide a ser exibido e as anotações colocadas no slide que está sendo projetado, sem que o público perceba.

Modo de Exibição de Estrutura de Tópicos

O foco desse modo de exibição é no conteúdo dos slides e não nos objetos inseridos, permitindo a impressão do texto e não das miniaturas dos slides.

Fique ligado!

O modo Estrutura de Tópicos exibe somente o texto dos slides.

Observe a lateral esquerda da janela do PowerPoint, exibida na Figura 121 ao ativar o modo de **Exibição de Estrutura de Tópicos**. Nessa visualização tem-se apenas os textos, note que nem mesmo as cores de fonte são alteradas.

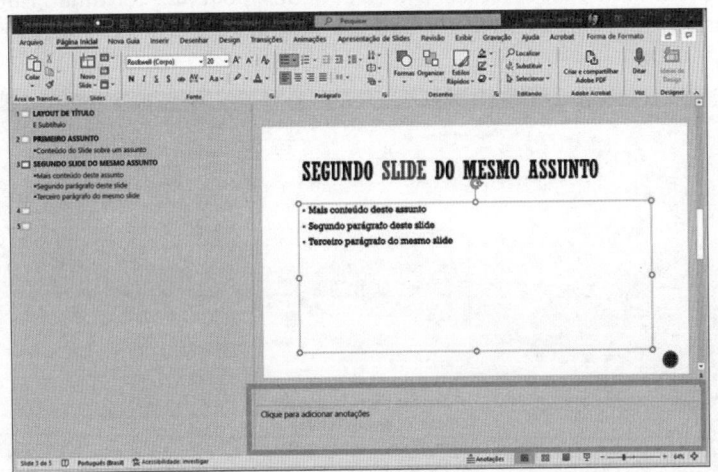

Figura 121: Janela do PowerPoint com o modo de exibição Estrutura de Tópicos.

Modo de Exibição Classificador de Slides

O objetivo é ter uma visão ampla de toda a apresentação e reordenar os slides, caso necessário. Nesse modo não é permitido editar o conteúdo de um slide, conforme a Figura 122 ilustra.

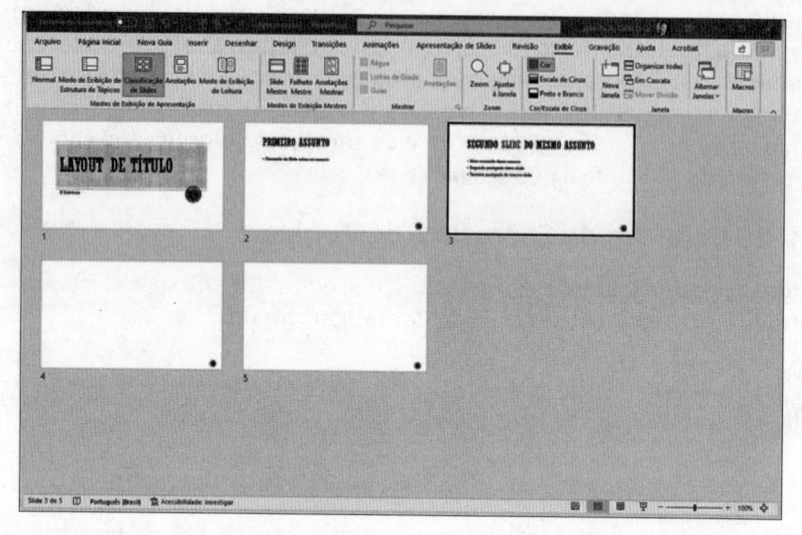

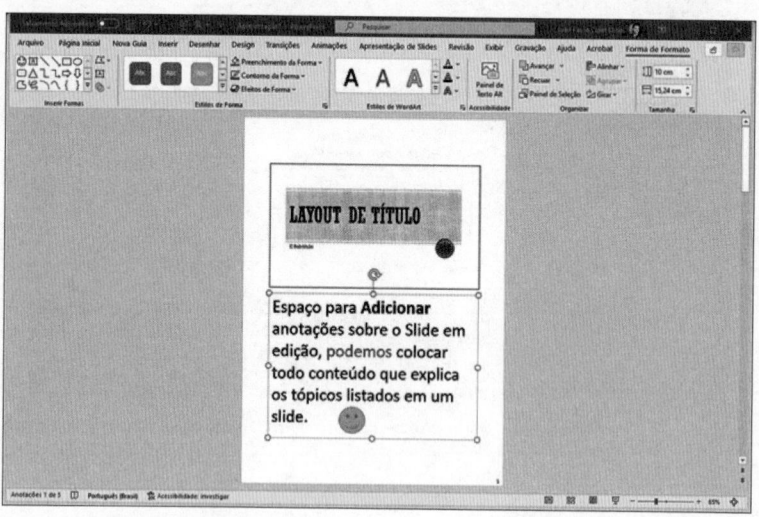

Figura 122: Janela do PowerPoint com o modo de Exibição Classificador de Slides.

Modo de Exibição Anotações

Caso sejam utilizadas Anotações para os slides, podemos ter uma visão de como seria imprimir o arquivo com estes dados também, a Figura 123 ilustra esse modo ativo.

Figura 123: Janela do PowerPoint com modo de exibição Anotações.

O objetivo é a edição e a formatação das anotações pensando na sua impressão em papel. Portanto, nesse modo não é possível alterar o conteúdo do slide.

O **Modo de Exibição de Leitura** basicamente exibe a apresentação de slides, em uma janela com barra de títulos e status.

> **Fique ligado!**
>
> A apresentação dos slides em si pode ser classificada como o Modo de Exibição de Apresentação.

6.8 Modos Mestres

As estruturas Mestras têm inspiração na brincadeira "siga o mestre", assim seu objetivo é traçar padrões e estruturas a serem usadas.

Slide Mestre

É o mais importante dentre todos, tanto em termos práticos como em frequência de questões de provas.

O objetivo dos Slides Mestres é definir os layouts de slides, planos de fundo, e formatações de fonte e outros elementos que serão comuns aos slides do mesmo layout.

> **Fique ligado!**
>
> Em uma apresentação de slides é possível ter mais de um Slide Mestre.

A Figura 124 exibe como é apresentada a janela do PowerPoint ao ativar o modo **Slide Mestre**.

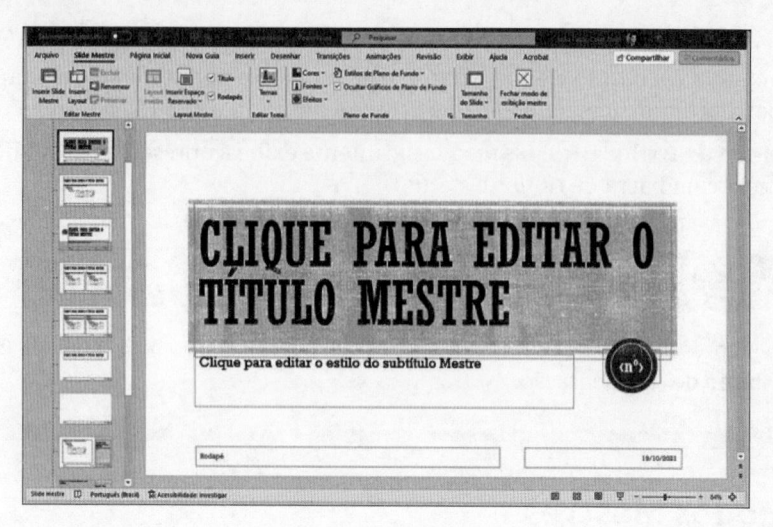

Figura 124: Janela do PowerPoint no modo de Edição de Slide Mestre.

Observe que são exibidos na área de miniaturas os diferentes Layouts disponíveis para o Slide Mestre do Tema em uso. No modo Mestre não é o objetivo editar o conteúdo dos slides, mas sim inserir textos e figuras, contudo eles ficarão presentes em todos slides baseados no mesmo layout.

Folheto Mestre

Assim como no Slide Mestre, o objetivo é a formatação, porém no caso do Folheto Mestre essa formatação limita-se aos campos de Cabeçalho, Rodapé, Data e hora e Número de página. O modo de Folhetos Mestre é apresentado pela Figura 125.

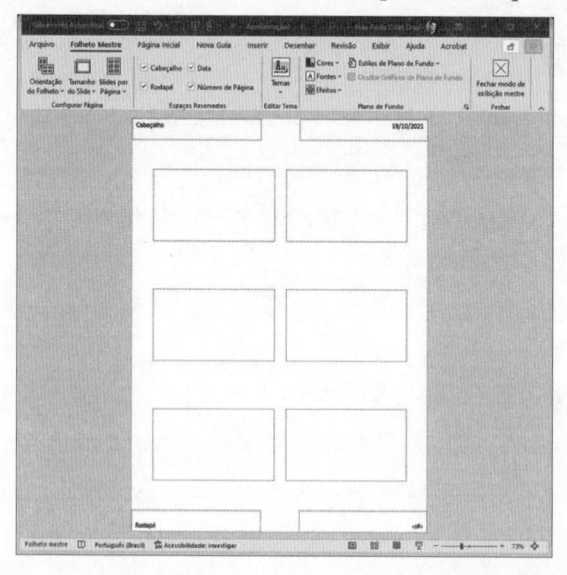

Figura 125: Janela do PowerPoint no modo de Edição de Folheto Mestre.

Modo Anotações Mestras

Assim como o modo Folhetos Mestres, nas Anotações Mestras é permitido editar a formação dos campos de Cabeçalho, Rodapé, Data e hora e Número de página. Pode ser definido também as formatações dos níveis de texto que serão inseridos no espaço para Anotações.

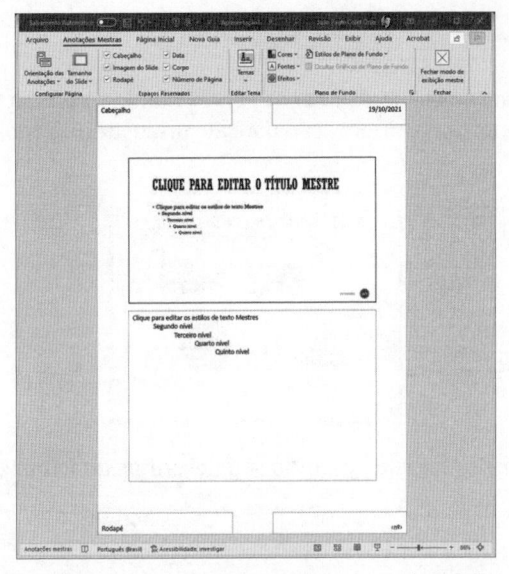

Figura 126: Janela do PowerPoint no modo de Edição das Anotações Mestras.

Vamos praticar

1. **(VUNESP -2020 – VUNESP – PREFEITURA DE SÃO ROQUE-SP – SECRETÁRIO DE ESCOLA)** -Assinale a alternativa que contém os nomes das guias do programa MS-PowerPoint 2010, em sua configuração padrão, que, respectivamente, permitem a um usuário: adicionar uma tabela a um slide; e escolher um tema para os slides de uma apresentação

   a) Página Inicial e Inserir.
   b) Inserir e Design.
   c) Design e Animações.
   d) Animações e Revisão.
   e) Revisão e Exibição.

2. **(VUNESP – 2019 – PREFEITURA DE BIRIGUI-SP – ASSISTENTE SOCIAL)** Um usuário do programa MS-PowerPoint 2010, em sua configuração padrão, foi incumbido de criar um modelo para as apresentações utilizadas nas reuniões da empresa em que trabalha. Depois de definidos o slide mestre e um conjunto de layouts de slide, essa apresentação deve ser salva como um arquivo de modelo do PowerPoint.

Assinale a alternativa que contém a extensão do arquivo que será gerado.

a) .potx

b) .pptx

c) .pngx

d) .pdfx

e) .pmdx

3. **(VUNESP – 2019 – PREFEITURA DE PERUÍBE/SP – SECRETÁRIO DE ESCOLA)** Por meio do MS-PowerPoint 2010, em sua configuração padrão, um usuário preparou o slide exibido a seguir.

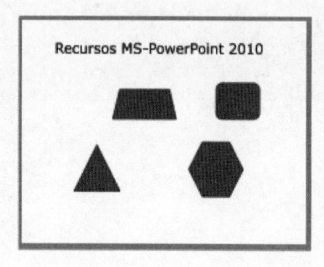

Os objetos inseridos no slide exibido são desenhos do ícone

a) Formas.

b) Estilos.

c) Tema.

d) Efeitos.

e) Janela.

4. **(VUNESP -2019 – PREFEITURA DE BIRIGUI-SP OFICIAL ADMINISTRATIVO)** A forma mostrada na imagem a seguir é um botão de ação padrão no MS-PowerPoint 2010, em sua configuração padrão.

O botão de ação exibido tem o hiperlink padrão para

a) Primeiro slide.

b) Slide anterior

c) Finalizar apresentação.

d) Próximo slide.

e) Último slide.

5. **(FGV – 2021 – IMBEL – ADVOGADO)** No MS Power Point, a guia Transições permite
   a) a formatação do Slide Mestre.
   b) o uso de áudio e vídeo nos slides.
   c) preparar um arquivo de apresentação do PP.
   d) atualizar os recursos utilizados em versões antigas.
   e) definir eventuais efeitos gráficos na troca de slides.

6. **(FGV – 2021 – IMBEL – CARGOS DE NÍVEL MÉDIO – REAPLICAÇÃO)** A respeito das transições no contexto do MS PowerPoint 2010, considere as afirmativas a seguir.
   I. Empurrão e esmaecer são dois tipos de transição disponíveis.
   II. Uma transição pode incluir sons como aplausos, bombas, sinos, dentre outros.
   III. É possível regular a duração das transições, mas o tempo deve ser o mesmo para todos os slides da apresentação.
   Está correto o que se afirma em:
   a) I, somente.
   b) I e II, somente.
   c) I e III, somente.
   d) II e III, somente.
   e) I, II e III.

7. **(CESPE – 2018 – POLÍCIA FEDERAL – AGENTE DE POLÍCIA FEDERAL)** Julgue o item que se segue, acerca da edição de textos, planilhas e apresentações nos ambientes Microsoft Office e BrOffice.

   Na versão 2013 do PowerPoint do Microsoft Office Professional, é possível abrir arquivos no formato .odp, do Impress do BrOffice; contudo, não é possível exportar ou salvar arquivos .pptx originais do PowerPoint como arquivos .odp.

   Certo ( )   Errado ( )

8. **(BIO-RIO – 2015 – SPDM – ENFERMEIRO)** O Powerpoint 2013 BR oferece a possibilidade de se fazer a verificação e correção ortográfica na apresentação criada. Para isso, deve-se clicar no ícone 🔤 mostrado na Faixa de Opções quando se acionar a guia REVISÃO na Barra de Menus, ou pressionar a seguinte tecla de função:
   a) F8.
   b) F7.
   c) F6.
   d) F5.
   e) F4.

INFORMÁTICA

9. (CESPE – 2013 – PC/DF – AGENTE DE POLÍCIA) Considerando a figura a seguir, que ilustra parte de uma janela do PowerPoint 2010 com uma apresentação em processo de edição, julgue o item abaixo.

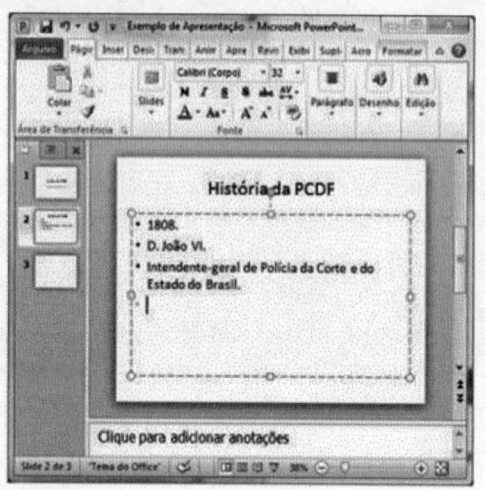

A ferramenta correspondente ao botão ![AV] pode ser usada em uma sequência de ações para se ajustar o espaçamento entre caracteres de um texto da apresentação que for selecionado.

Certo ( )   Errado ( )

10. (CESPE – 2013 – TELEBRAS – NÍVEL MÉDIO) Acerca de edição de textos, planilhas e apresentações, julgue o item que se segue.

No Microsoft PowerPoint, imagens e textos são armazenados dentro do arquivo que está sendo gerado, ao passo que vídeos são anexados ao arquivo ppt, sem serem salvos.

Certo ( )   Errado ( )

11. (FCC – 2014 – SABESP – Advogado) No Microsoft PowerPoint 2010, em português, no modo de visualização Normal é mostrado um painel à esquerda onde são exibidos os slides em miniatura, enquanto no centro da janela, aparece o slide atual em edição. As opções para inserir novo slide, duplicar slide ou excluir slide estão disponíveis clicando-se:

a) com o botão direito do mouse sobre um dos slides em miniatura no painel da esquerda.
b) no grupo **Opções** da guia **Slides**.
c) no grupo Gerenciador de Slides da guia Ferramentas.
d) com o botão direito do mouse sobre o slide em edição no centro da tela.
e) na guia Página Inicial.

12. **(FCC – 2013 – PGE/BA – AGENTE)** Em uma repartição pública os funcionários necessitam conhecer as ferramentas disponíveis para realizar tarefas e ajustes em seus computadores pessoais.

    Dentre estes trabalhos, tarefas e ajustes estão:

    I. Utilizar ferramentas de colaboração on-line para melhoria do clima interno da repartição e disseminação do conhecimento.

    II. Aplicar os conceitos de organização e de gerenciamento de informações, arquivos, pastas e programas afim de possibilitar a rápida e precisa obtenção das informações, quando necessário.

    III. Conhecer e realizar operações de inserção de elementos nos slides do PowerPoint, dentre outras.

    IV. Conhecer as formas utilizadas pelo Excel para realizar cálculos e também operações de arrastar valores de uma célula para a outra.

    V. Realizar pesquisas na Internet usando os sites de busca mais conhecidos.

    O conhecimento referido no item III possibilita a inserção de elementos nos slides como, por exemplo, fotos contidas em um álbum. Nativamente o PowerPoint (2010) abriga essa facilidade no "Álbum de Fotografias" localizado na Guia:

    a) Animações.
    b) Arquivo.
    c) Página inicial.
    d) Design.
    e) Inserir.

13. **(FCC – 2013 – PGE/BA – AGENTE)** Quando há a necessidade de se fazer a impressão de uma apresentação elaborada com o Microsoft Power Point, há diferentes opções no que se refere ao Intervalo de Impressão. Uma dessas opções é:

    a) Último slide.
    b) Slide atual.
    c) Primeira metade.
    d) Primeiro slide.
    e) 4 Primeiros Slides.

14. **(IBFC – 2017 – AGERB – ESPECIALISTA EM REGULAÇÃO)** O modo de exibição do Microsoft PowerPoint 2007 proporciona a visualização dos slides em forma de miniaturas. Assinale a alternativa que apresenta o modo de exibição que facilita a classificação e a organização da sequência de slides à medida que você cria a apresentação e, também, quando você prepara a apresentação para impressão:

    a) Exibição de Slides
    b) Classificação de Slides
    c) Normal

d) Anotações
e) Apresentação de Slides

Gabarito

1.	B
2.	A
3.	A
4.	E
5.	E
6.	B
7.	Errado
8.	B
9.	Certo
10.	Errado
11.	A
12.	E
13.	B
14.	B

7 Programação

Um programa de computador nada mais é que uma série de instruções a serem executadas. Comparando-se a uma receita de bolo possui a descrição dos ingredientes necessários (variáveis) e **sequência de passos** (algoritmo) para a execução da receita.

Os programas são compostos por algoritmos, que por sua vez são passos para a resolução de problemas.

Fique ligado!

Algoritmo é uma sequência de instruções que visam resolver um problema. Um algoritmo ao ser executado sempre produz uma "resposta", mesmo que esta seja a indicação de que um erro ocorreu durante a execução. A diferença entre um algoritmo para um programa é que o algoritmo, após ser iniciado, executa suas instruções e termina, enquanto o programa continua em execução até que o usuário o encerre.

Assim como uma receita, um algoritmo/programa precisa ser escrito. Para isso são usadas as linguagens de programação, facilitando a comunicação para as máquinas entenderem as ações a serem executadas.

Linguagem de Programação

As linguagens de programação são inspiradas na linguagem humana, possuindo também sintaxe e semântica. Aprender a programar consiste em duas etapas: a primeira é entender a lógica de programação e a gunda é aprender a sintaxe da linguagem desejada.

Existem inúmeras linguagens de programação e elas são classificadas como linguagem de alto nível e baixo nível.

Fique ligado!

Quanto mais próxima da linguagem humana mais alto é o nível da linguagem de programação. Quanto mais próxima da linguagem dos computadores mais baixo é o nível da linguagem.

As linguagens mais usadas no desenvolvimento de softwares são as de alto nível. Para auxiliar no desenvolvimento do software, isto é, na escrita do código-fonte do software, os programadores contam com Ambientes de Desenvolvimento Integrados, chamados de IDE.

As IDEs possuem vários recursos para auxiliar os programadores no processo de desenvolvimento, como analisadores léxicos e semânticos que conseguem apontar erros no código antes mesmo de ser compilado ou executado.

> **Fique ligado!**
>
> As linguagens de programação podem ser compiladas ou interpretadas.

Algumas linguagens de programação como Java, C e C++ precisam passar o código-fonte do programa por um aplicativo chamado compilador, que gera o código executável do software. Esse seria o exemplo que mais se assemelha à receita de bolo, em que o compilador seria o confeiteiro fazendo o bolo (nosso executável). Esse tipo de linguagem favorece softwares proprietários, pois podem entregar só o bolo ao cliente sem que ele tenha acesso à receita.

Outras linguagens de programação são lidas por um aplicativo chamado interpretador de código que já produz o resultado final, ou seja, o usuário executa o arquivo com o código-fonte direto. Esse tipo de linguagem é bastante empregado em soluções web, e podem ser citados como exemplos de linguagens de programação interpretadas: o Python, R, PHP, Ruby, JavaScript e Prolog.

Uma **linguagem de baixo nível** é executada diretamente pelo hardware. Linguagens de baixo nível possuem poucos comandos o que torna exaustiva a tarefa de programar nessas linguagens, pois com poucos comandos descreve-se tarefas complexas, enquanto as linguagens de alto nível possuem inúmeras bibliotecas e frameworks com métodos e funções. O principal exemplo de **linguagem de máquina** é o **Assembler**.

> **Fique ligado!**
>
> Um compilador transforma um código-fonte escrito em linguagem de alto nível em um arquivo com código de baixo nível para ser executado pela máquina.

Programas escritos em linguagem interpretada precisam declarar funções, e em alguns casos também as variáveis, antes que a linha de código usada, seja executada. Os programas escritos em linguagens compiladas podem definir uma função nas últimas linhas do código (embora não recomendado), pois ao passar pelo compilador ele "corrige".

7.1 Tipos de Linguagem

Estruturadas

As linguagens estruturadas têm como base um código robusto que segue um fluxo de execução de modo sequencial com desvios condicionais e laços de repetição, a fim de evitar os desvios incondicionais (GOTO) que eram desvairadamente usados no início da programação nas décadas de 1940 a 1960.

Elas contam com o uso de subprogramas reutilizados para a resolução de problemas menores. O uso das bibliotecas, que agrupam subprogramas, é realizado por diversos programadores a fim de diminuir o retrabalho que os programadores tinham. Um subprograma pode ser visto como funções e procedimentos ou módulos.

Algumas das principais características da **Programação estruturada** são:

- Decomposição dos programas em pequenas soluções de mais fácil compreensão.
- Programação a partir de subprogramas, isto é, de blocos estruturados como procedimentos, funções e módulos.
- Emprego de variáveis locais e globais usando passagem de parâmetros por valor ou referência.

Orientada a Objetos (POO)

A programação **orientada a objetos** é ordenada por classes que são as definições de um objeto. Pode-se dizer que um objeto é uma classe instanciada. Para ficar mais claro imagine que se trata literalmente de um objeto, como um carro que possui características. Um carro executa algumas funções de acordo com suas configurações, como: se estiver com a primeira marcha engatada, não frenado e soltar a embreagem ele tende a andar, claro se estiver ligado, com combustível e assim por diante. São muitas as variáveis de controle para que o objeto produza o resultado da iteração esperada.

As Linguagens Java, C++ e Python são os principais exemplos de programação Orientada a Objetos, embora Python também possa ser usada apenas de modo estruturado, isto é, pode ser chamada de linguagem **multiparadigma**.

Conceitos base

- **Classe**: representa um conjunto de objetos com características afins. Uma classe define o comportamento dos objetos por meio de seus métodos, e quais estados ele é capaz de manter mediante seus atributos. Exemplo de classe: os seres humanos.
- **Subclasse**: é uma nova classe que herda características de sua(s) classe(s) ancestral(is).

- **Objeto / instância de uma classe**: um objeto é capaz de armazenar estados por intermédio de seus atributos e reagir a mensagens enviadas a ele, assim como se relacionar e enviar mensagens a outros objetos. Exemplo de objetos da classe humanos: João, José, Maria.
- Atributo: refere-se às características de um objeto. Basicamente a estrutura de dados que vai representar a classe. Exemplos:
  - Funcionário: nome, endereço, telefone, CPF ...;
  - Carro: nome, marca, ano, cor ...;
  - Livro: autor, editora, ano.

    Por sua vez, os atributos possuem valores. Por exemplo: o atributo cor pode conter o valor azul. O conjunto de valores dos atributos de um determinado objeto é chamado de estado.
- **Método**: define as habilidades dos objetos. Bingo é uma instância da classe Cachorro, portanto tem habilidade para latir, implementada pelo método de Um Latido. Um método em uma classe é apenas uma definição. A ação só ocorre quando o método é invocado por intermédio do objeto, no caso Bingo. Dentro do programa, a utilização de um método deve afetar apenas um objeto em particular. Todos os cachorros podem latir, mas você quer que apenas Bingo dê o latido. Normalmente, uma classe possui diversos métodos, que no caso da classe Cachorro poderiam ser: sente, coma e morda.
- **Mensagem**: é uma chamada a um objeto para invocar um de seus métodos, ativando um comportamento descrito por sua classe. Também pode ser direcionada a uma classe (por meio de uma invocação a um método estático).
- **Herança** (ou generalização): é o mecanismo pelo qual uma classe (subclasse) pode estender outra classe (superclasse), aproveitando seus comportamentos (métodos) e variáveis possíveis (atributos). Um exemplo de herança: mamífero é superclasse de humano. Ou seja, um humano é um mamífero. Há **herança múltipla** quando uma subclasse possui mais de uma superclasse. Essa relação é normalmente chamada de relação "é um".
- **Associação**: é o mecanismo pelo qual um objeto utiliza os recursos de outro. Pode tratar-se de uma associação simples "usa um" ou de um acoplamento "parte de". Por exemplo: um humano usa um telefone. A tecla "1" é parte de um telefone
- **Encapsulamento**: consiste na separação de aspectos internos e externos de um objeto. Esse mecanismo é utilizado amplamente para impedir o acesso direto ao estado de um objeto (seus atributos), disponibilizando externamente apenas os métodos que alteram estes estados. Exemplo: você não precisa conhecer os detalhes dos circuitos de um telefone para utilizá-lo. A carcaça do telefone encapsula esses detalhes, provendo uma interface mais amigável (os botões, o monofone e os sinais de tom).
- **Abstração**: é a habilidade de concentrar nos aspectos essenciais de um contexto qualquer, ignorando características menos importantes ou acidentais.

Em modelagem orientada a objetos, uma classe é uma abstração de entidades existentes no domínio do sistema de software

- **Polimorfismo**: consiste em quatro propriedades que a linguagem pode ter (atente para o fato de que nem toda linguagem orientada a objetos tem implementado todos os tipos de polimorfismo):
    - Universal

      Inclusão: um ponteiro para classe mãe pode apontar para uma instância de uma classe filha (exemplo em Java: "List lista = new LinkedList();" (tipo de polimorfismo mais básico que existe).

      Paramétrico: restringe-se ao uso de templates (C++, por exemplo) e generics (Java/C#).
    - Ad-Hoc

      Sobrecarga: duas funções/métodos com o mesmo nome, mas assinaturas diferentes.

      Coerção: a linguagem que faz as conversões implicitamente (por exemplo, atribuir um int a um float em C++, isso é aceito mesmo sendo tipos diferentes pois a conversão é feita implicitamente).
- Pacotes (ou Namespaces): são referências para organização lógica de classes e interface
    - Alguns exemplos de Linguagens Orientadas a Objetos:

      C Sharp

      C++

      COBOL

      Common Lisp Object System

      Java

      Phyton

      Ruby

      Smaltalk

      Visual Basic

      .NET

7.2 Prolog

O **Prolog** foi criado na década de 1970, na França, na Universidade de Marseille. Sua forma de trabalho permite explorar mais aplicações de computação simbólica, como banco de dados relacionais, compreensão de linguagens naturais (português, inglês etc.), automação de projetos, análise de estruturas bioquímicas e **sistemas especialistas**. O Prolog se tornou uma referência como linguagem de programação voltada para a inteligência artificial e linguística computacional.

Prolog é uma linguagem de programação **declarativa**, que se baseia em relacionamentos para estabelecer conclusões. Esses relacionamentos são declarações que podem ser compreendidas como axiomas. A **lógica** usada em Prolog é a **dedutiva**.

Ao invés de o programa estipular a maneira de chegar à solução passo a passo, como acontece nas linguagens procedimentais ou orientada a objetos, ele fornece uma descrição do problema que se pretende computar utilizando uma coleção de fatos e regras (lógica) que indicam como deve ser resolvido o problema proposto.

Ex.:

Primeiramente as regras devem ser definidas.

avo(X,Z) :- pai(X,Y), pai(Y,Z).

irmao(P, Q) :- filho(P,R), filho(Q,R).

Declarações

pai (Jose, Ana).

pai (Jose, Maria).

Verificação

?- irmao(Ana, Maria).

Resposta pelo programa

Yes.

Essa linguagem é importante, pois é usado intensamente pela Receita Federal do Brasil nas consultas às declarações de IR.

IDE

IDE, do inglês Integrated Development Environment ou Ambiente de Desenvolvimento Integrado, é um programa de computador usado para facilitar e agilizar o processo de desenvolvimento de software.

As características e ferramentas mais comuns encontradas nos IDEs são:

- **Editor**: edita o código-fonte do programa escrito na(s) linguagem(ns) suportada(s) pela IDE.
- **Compilador (Compiler)**: compila o código-fonte do programa, editado em uma linguagem específica, transformando-a em linguagem de máquina.
- **Linker**: liga (linka) os vários "pedaços" de código-fonte, compilados em linguagem de máquina, em um programa executável que pode ser realizado em um computador ou outro dispositivo computacional.
- **Depurador (Debugger)**: auxilia no processo de encontrar e corrigir defeitos no código-fonte do programa, na tentativa de aprimorar a qualidade de software.

- **Modelagem de dados (Modeling)**: criação do modelo de classes, objetos, interfaces, associações e interações dos artefatos envolvidos no software com o objetivo de solucionar as necessidades-alvo do software final.
- **Geração de código**: característica mais explorada em Ferramentas CASE, a geração de código também é encontrada em IDEs, com um escopo mais direcionado a templates de código comumente utilizados para solucionar problemas rotineiros. Em conjunto com ferramentas de modelagem, pode gerar praticamente todo o código-fonte do programa com base no modelo proposto, tornando muito mais rápido o processo de desenvolvimento e distribuição do software.
- **Distribuição (Deploy)**: auxilia no processo de criação do instalador do software, ou outra forma de distribuição, seja discos ou via internet.
- **Testes automatizados (Automated tests)**: realiza testes no software de forma automatizada, com base em scripts ou programas de testes previamente especificados, gerando um relatório, auxiliando assim na análise do impacto das alterações no código-fonte. Ferramentas desse tipo mais comuns no mercado são chamadas robôs de testes.
- **Refatoração (Refactoring)**: consiste na melhoria constante do código-fonte do software, seja na construção de código mais otimizado, mais limpo e/ou com melhor entendimento pelos envolvidos no desenvolvimento do software. A refatoração, em conjunto com os testes automatizados, é uma poderosa ferramenta no processo de erradicação de "bugs", tendo em vista que os testes "garantem" o mesmo comportamento externo do software ou da característica sendo reconstruída.
  - Exemplos de IDE:
    Android Studio
    Arduino IDE
    Delphi
    Eclipse
    Netbeans
    Sun Studio
    Komodo IDE
    Visual basic
    Visual studio
    PyCharm

Lógica de programação

São duas as principais lógicas de programação. A mais usada é a lógica de Boole que se baseia nos operadores aritméticos que produzem resultado VERDADEIRO ou FALSO, pois se aproxima da forma de operação do próprio computador na linguagem dos bits 0 e 1.

A outra lógica é fundamentada nos conceitos da lógica **Fuzzi**, também conhecida como **lógica da relatividade**, pois se baseia em relações e apresenta o conceito da indecisão. Por exemplo: quando é indagado a um grupo de pessoas como está a temperatura do ambiente, as respostas podem variar em: está frio, está quente ou está bom.

Estruturas de programação

A estrutura de programação é baseada em **instruções** ou **comandos** que definem o fluxo de realização das ações. Elas podem ser classificadas como: sequenciais, de decisão ou condicional e de repetição.

Os fluxogramas, ilustrados pela Figura 127, a seguir representam a ideia das estruturas de controle.

Sequência de execução — Condicional — Laço de repetição

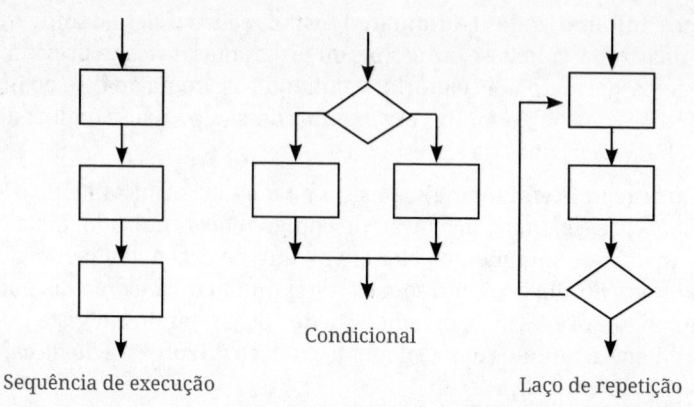

Figura 127: Fluxogramas de Estruturas de Controle.

Observe que a condicional é a tomada de decisão diante de uma situação, expressa no esquema por um losango, que uma vez satisfeita (verdadeiro) realiza uma continuação, caso contrário (falso) executa outra sequência de instruções, podendo ou não ao final retornar para a mesma linha de execução. Por vezes, um desvio condicional é para executar ou não uma tarefa adicional.

Existem vários formatos de laços de repetição, mas de forma objetiva e esquematizada é o desvio do fluxo normal para repetir comandos existentes, orientada por uma condição.

A estrutura sequencial é baseada em comandos executados **imperativamente** sem mudar de curso, caso ocorra mudança conclui-se que um erro ocorreu.

As estruturas de decisão utilizadas na programação são:

- SE-ENTÃO.
- SE-ENTÃO-SENÃO.
- CASO.

Se então

A estrutura é representada baseada em uma expressão lógica.

Se <expressão lógica> então <faça/execute estas instruções>

Se o resultado produzido pela expressão lógica for **verdadeiro,** então a sequência de instruções descritas deve ser executada; mas se for falsa, deve pular para a próxima instrução que esteja após o grupo de instruções da condicional.

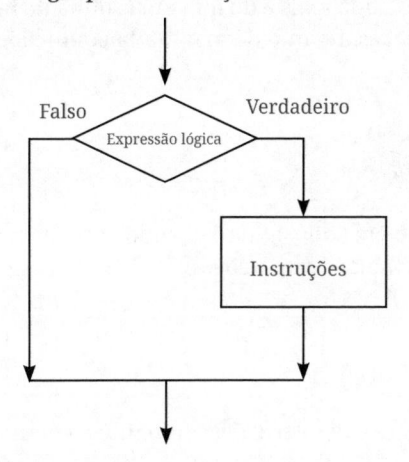

Figura 128: Fluxograma da Estrutura Lógica Condicional Se Então.

Se então senão

Similar ao Se Então, mas com mais um espaço para descrição de instruções, caso a expressão lógica seja falsa.

Se <expressão lógica> então <faça/execute estas instruções> Senão <faça/execute estas instruções>

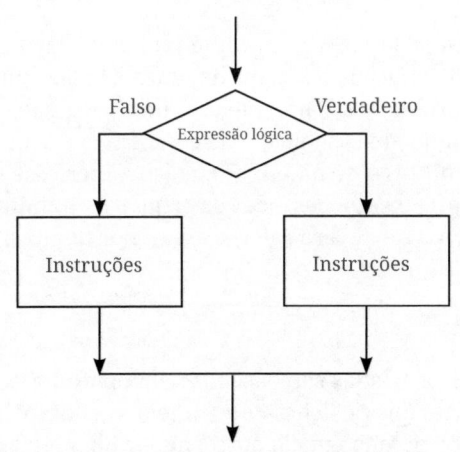

Figura 129: Fluxograma da Estrutura Lógica Condicional Se Então, Senão.

Caso

A estrutura caso é um comando de escolha dentre várias situações, nem todas as linguagens de programação utilizam essa estrutura, um exemplo é a linguagem Python que utiliza a estrutura do ELIF.

Laços de repetição

Um laço de repetição nada mais é do que uma rotina de instruções que devem ser executadas repedidas vezes até que determinada condição seja satisfeita, ou deixe de ser.

Fique ligado!

Um sistema entra em Loop infinito quando entra em um laço de repetição que não possui condição de parada.

Enquanto Faça (While)

Ela executa a sequência de instruções enquanto a condição de controle for satisfeita (verdadeira). Nesse laço primeiramente é realizada a comparação e somente são executados os comandos se a condição for verdadeira.

Para Até Faça (For)

Nesse laço há uma estrutura de controle que se baseia no número de interações, ou seja, o número de vezes que determinada sequência de comandos seja executada.

Recursão

A recursão também pode ser compreendida como um laço, mas que interage com si mesma, normalmente aplicada na forma de função. Essa técnica oferece excelentes soluções para muitos problemas. Para entender uma recursão, cita-se como exemplo um filho que é aguardado em casa pela mãe e lhe envia a seguinte mensagem "chegarei em casa em 10 minutos, se não tiver chegado após esse tempo leia esta mensagem novamente." Perceba que passados os primeiros 10 minutos, após a primeira leitura da mensagem, a mãe deverá reler, e assim por diante até que o filho chegue e encerre a repetição.

Operadores

As expressões lógicas usadas são baseadas em operadores da lógica Booleana. Assim é possível utilizar proposições com conectivos lógicos: E, OU e NÃO, como comparar se um valor é ou não igual a outro, maior ou menor.

Os símbolos utilizados para representar a lógica Boolena em um algoritmo variam de linguagem para linguagem, mas há um consenso em parte das linguagens que utilizam os seguintes símbolos:

- == (Igualdade)
- = (Atribuição)
- && (E lógico)
- || (OU Lógico)
- != (Diferente na maioria das linguagens)
- <> (Diferente na linguagem Pascal).

7.3 Programação Python

Python é uma linguagem de programação de alto nível, interpretada, de script, imperativa, orientada a objetos, funcional, de tipagem dinâmica e forte. Foi lançada por Guido van Rossum em 1991. Atualmente possui um modelo de desenvolvimento comunitário, aberto e gerenciado pela organização sem fins lucrativos Python Software Foundation.

A linguagem foi projetada com a filosofia de enfatizar a importância do esforço do programador sobre o esforço computacional. Prioriza a legibilidade do código sobre a velocidade ou expressividade. Combina uma sintaxe concisa e clara com os recursos poderosos de sua biblioteca padrão e por módulos e frameworks desenvolvidos por terceiros.

Em 1 de outubro de 2008 foi lançada a versão 2.6, já visando a transição para a versão 3.0 da linguagem. Entre outras modificações, foram incluídas bibliotecas para multiprocessamento, JSON e E/S, além de uma nova forma de formatação de cadeias de caracteres.

A terceira versão da linguagem foi lançada em dezembro de 2008, chamada Python 3.0 ou Python 3000. Como noticiado desde antes de seu lançamento, houve quebra de compatibilidade com a família 2.x para corrigir falhas que foram descobertas neste padrão, e para limpar os excessos das versões anteriores. A primeira versão alfa foi lançada em 31 de agosto de 2007, a segunda em 7 de dezembro do mesmo ano.

Python é uma linguagem de propósito geral de alto nível, multiparadigma, suporta o paradigma orientado a objetos, imperativo, funcional e procedural. Possui tipagem dinâmica e uma de suas principais características é permitir a fácil leitura do código e exigir poucas linhas de código se comparado ao mesmo programa em outras linguagens. Devido às suas características, ela é principalmente utilizada para processamento de textos, dados científicos e criação de CGIs para páginas dinâmicas para a web.

Construções de Python incluem:

- Estrutura de seleção (if, else, elif).
- Estrutura de repetição (for, while), que itera por um container, capturando cada elemento em uma variável local dada.

- Construção de classes (class).
- Construção de sub-rotinas (def).
- Construção de escopo (with), como por exemplo para adquirir um recurso.

Conceitos e características

Python é uma linguagem recomendada para quem quer iniciar o universo de programação por ser fácil de aprender, pois possui sintaxe simples e clara, além de ter um conjunto de bibliotecas padrão já incorporadas, diferente de muitas outras linguagens em que as bibliotecas precisam ser incluídas ou quando se torna necessário recorrer a bibliotecas de terceiros.

A sintaxe do Python é minimalista, ou seja, evita símbolos que possam poluir o código, o que leva quem está acostumado com linguagens como C, C++ e Java à confusão por não possuir inícios e fins de blocos, pois a indentação[1] do código é que determina esses fatores.

Python é uma linguagem multiplataforma, ou seja, o mesmo código funciona tanto em Linux, como no Windows ou Mac Os. A linguagem é interpretada e seu interpretador é escrito em linguagem C e C++.

Python é uma linguagem que conta ainda com as seguintes características:

- Extensível: aceita a criação de novas bibliotecas.
- Escalável: de acordo com a necessidade do software em desenvolvimento.
- Multiparadigma: pode ser usado para desenvolver códigos orientados a objetos, bem como procedurais.
- Possui bibliotecas nativas para interfaces gráficas.
- Banco de Dados: usa por padrão SQLite, mas pode usar outros por meio de bibliotecas.
- Fortemente tipada.

Comentários na linguagem

Comentário inline uso de # no início do comentário.

Comentário em várias linhas uso de três aspas simples, ou duplas, seguidas no início e três no fim.

---

[1] A grafia correta da palavra é INDENTAÇÃO, porém raramente você verá um programador pronunciar o termo como se escreve pelo fato de apresentar certa complexidade de pronúncia para algumas pessoas, você certamente ouvirá os programadores dizendo IDENTAÇÃO.

Exemplos:

```
5
6    '''
7    várias linhas comentadas
8    rang=range(10)
9    print(rang)
10   '''
11
12   for f in rang:
13       print(f)
14   # uma linha comentada
15
16   a = [0, 1, 2, 3, 4]
17   b = a # b e apelido para a
```

Figura 130: Trecho de código com exemplo de comentário de código.

Indentação

Para o Python a indentação é fundamental, pois define os blocos de código (início e fim), além de funcional, permite que o código seja organizado.

Note no exemplo anterior a função **print(f)** está mais à direita que o laço **for**, indicando que está dentro do laço de repetição. Para sair do laço basta retornar à indentação ao mesmo nível do **for**.

Variáveis

Variável é um espaço de memória RAM reservada para armazenar valores temporários que estão sendo processados ou manipulados.

Toda variável possui um NOME, TIPO e VALOR e ocupará um ESPAÇO de memória único. Uma vez definido o tipo de uma variável (na mesma execução) não é possível alterar seu tipo, o que classifica a linguagem como sendo **fortemente tipada**.

Duas variáveis podem apontar para um mesmo endereço de memória.

Quanto à nomenclatura:

- Não pode usar nomes reservados, como nomes de funções, ou tipos, bem como não se recomenda o uso de um nome de uma classe.
- Vale destacar ainda que o nome de uma variável não pode começar com um número, ou seja, 3var, 5texto, são nomes inaceitáveis para variáveis. Já os nomes var3 e texto5 são aceitos.
- Variáveis também não podem ter caracteres especiais em sua composição como o ç ou ã, um dos poucos que podem ser usados é o _ (underline).
- Os caracteres a seguir **não podem ser usados**: ç, /, =, !, @, #, $, %, &, /, ( ), [ ], ^, ~, ´ (aspas simples ou duplas).

> **Fique ligado!**
>
> Python é case sensitive e fortemente tipada.

Tipos

- String: sentenças de caracteres (expressas entre aspas simples ou duplas).
- Inteiro.
- Ponto flutuante.

Exemplos de tipos construtores em Python:

- int - para números inteiros;
- str - para conjunto de caracteres;
- bool - armazena True ou False;
- list - para agrupar um conjunto de elementos;
- tupla - semelhante ao tipo list, porém, imutável;
- dic - para agrupar elementos que serão recuperados por uma chave.

Tipo de dado	Descrição	Exemplo da sintaxe
str, unicode	Uma cadeia de caracteres imutável	'Alfacon', u'alfacon'
list	Lista heterogênea mutável	[4.0, 'string', True]
tuple	Tupla imutável	(4.0, 'string', True)
set, frozenset	Conjunto não ordenado, não contém elementos duplicados	set([4.0, 'string', True]) frozenset([4.0, 'string', True])
dict	Conjunto associativo	{'key1': 1.0, 'key2': False}
int	Número de precisão fixa, é transparentemente convertido para long caso não caiba em um int.	42 2147483648L
float	Ponto flutuante	3.1415927
complex	Número complexo	3+2j
bool	Booleano	True ou False

Entrada e saída de dados

Para inserir dados usamos no Python 2.7 o comando **raw_input()** e no 3.7 apenas **input()**.

O comando escreve um texto na tela e aguarda uma entrada que deve ser guardada em uma variável para ser usada no programa.

```
login    input("Login:")
senha    input("Senha:")

print("O usuário informado foi: %s, e a senha digitada foi: %s" %(login, senha))
```

Palavras reservadas

Uma palavra reservada é uma palavra que, em algumas linguagens de programação, não pode ser utilizada como um identificador por ser exclusiva para uso da gramática da linguagem. Por exemplo: na linguagem de programação Java, um programador não pode utilizar uma variável com o nome **for**, pois essa palavra é reservada para construção de loops. Ela é uma palavra-chave, e por ser de uso restrito, é também uma palavra reservada. (Em algumas linguagens, como C ou Java, os termos têm o mesmo significado).

O Python 3 define as seguintes palavras reservadas:

and	import
as	in
assert	is
break	lambda
class	None
continue	nonlocal
def	not
del	or
elif	pass
else	raise
except	return
False	True
finally	try
for	while
from	with
global	yield
if	

INFORMÁTICA

Fique ligado!

Lembre-se de que Python é CASE SENSITIVE.

Operadores Aritméticos

As operações aritméticas usadas em programação podem variar de acordo com a linguagem de programação, você já deve estar familiarizado com os operadores aritméticos usados em planilhas, essa é uma boa notícia, pois os operadores usados no Python são similares.

- \+ Soma
- \- Subtração
- * Multiplicação
- / Divisão
- // Divisão inteira
- % Resto da divisão inteira
- ** Exponenciação

Para melhor fixação do conteúdo recomenda-se a aplicação prática, para isso pode ser usada a IDLE padrão disponível no portal https://www.python.org. Contudo, é necessário fazer a instalação local para testar o código sem ter de instalar ou caso não tenha um computador. É possível usar serviços disponíveis na web gratuitamente como https://replit.com ou https://pythontutor.com.

A seguir é apresentado um trecho de código para ser testado. Observe atentamente a forma, os dados inseridos e as respostas obtidas.

```
#Operadores aritméticos
print('='*50)
a = int(input('Digite o primeiro valor: '))
b = int(input('Digite o segundo valor: '))

print('Operação Soma, temos a={} + b={}, assim, {} + {} = {}
'.format(a,b,a,b,a+b))
print('Operação Subtração, temos a={} - b={}, assim, {} - {} = {}
'.format(a,b,a,b,a-b))
print('Operação Multiplicação, temos a={} x b={}, assim, {} * {} = {}
'.format(a,b,a,b,a*b))
print('Operação Divisão, temos a={} / b={}, assim, {} / {} = {}
'.format(a,b,a,b,a/b))
```

```
print('Operação Potência, temos a={} ** b={}, assim, {} ** {} = {}
'.format(a,b,a,b,a**b))
print('Operação Potência, temos a={} ** b={}, assim, {} ** {} = {}
'.format(a,b,a,b,a**b))
print('Operação Divisão inteira, temos a={} // b={}, assim, {} // {} = {}
'.format(a,b,a,b,a//b))
print('Operação Resto da Divisão inteira, temos a={} MOD b={}, assim, {} % {} = {} '.format(a,b,a,b,a%b))

# formatando a saída
x = 2/3
print('Divisão de 1/3 é ponto flutuante = {}'.format(x) )
print('Divisão de 1/3 com apenas 3 casas decimais = {:.3f}'.format(x) )
```

Precedência

Assim como em planilhas, devem ser aplicadas as regras de precedência de operadores da matemática, resolvendo as operações seguindo a ordem de operadores a seguir:

- ()
- -
- **
- *, /, //, %
- +, -

Nos casos em que há dois ou mais operadores de mesma precedência como * e /, as operações são resolvidas pela ordem apresentada.

Operadores de comparação

Em Python os operadores de comparação entre valores e textos é bastante similar aos usados em planilhas. Veja a lista de operadores de comparação.

- == → Igual à;
- != → Diferente de;
- < → Menor que;
- \> → Maior que;
- \>= → Maior ou igual à;
- <= → Menor ou igual à.

INFORMÁTICA

> **Fique ligado!**
>
> Em planilhas, a operação de igualdade é expressa por um sinal de igual, enquanto nas linguagens de programação é tradicional o uso de dois sinais de igual seguidos. Já para a comparação de diferença em planilhas, usa-se o sinal <>, enquanto Python usa !=.

Estruturas de Decisão

Condições Simples

Uma das características básicas de programar é usar as estruturas de controle e decisão, no caso a mais básica delas é a condicional SE (IF).

Deste modo temos:

```
if (condição):
Bloco de instruções que serão executadas somente se a condição for
verdadeira (True).
else:
Bloco de instruções que serão executadas somente se a condição for falsa
(Flase).
Retorno do carro ao fluxo.
```

A seguir, trecho de código de exemplo para ser executado na prática.

```
#Condições Simples
idade = int(input('Digite sua idade: '))
if (idade >= 18):
        print('Você é maior de idade')
else:
        print ('Você é MENOR de idade')
print(10*'=','Fim',10*'=')
```

- Nesse código é criada a variável **idade** que receberá um valor numérico digitado no terminal como texto e convertido para um número inteiro.
- Na condição **if** o valor contido na variável **idade** é comparado com o valor 18. Caso seja maior ou igual ao 18 o bloco de instruções do **if** deverá ser executado, isto é, o comando **print** irá imprimir no terminal o texto **Você é maior de idade**.

Programação

- Do contrário, o conjunto de instruções do bloco else será executado, assim seria impresso o texto **Você é MENOR de idade**.

Independentemente de qual bloco seja executado a última linha será executada, pois está fora da estrutura do **if else**.

Condição simplificada

Outras linguagens de programação utilizam o chamado operador ternário. Em Python não temos tal recurso, pois possui leitura complexa, o que vai contra a proposta da linguagem de apresentar um código limpo e legível.

Desse modo, é possível colocar uma condição dentro de uma impressão:

```
#Condição Simplificada
print('Maior de idade' if idade >=18 else 'Você é Menor de idade')
```

Condições Aninhadas

Também chamadas de condições compostas, presentes em outras linguagens como switch usamos o elif:

Note no trecho a seguir o comando if na linha 6 de código, este comando está aninhado ao comando else da linha 5.

```
#Condição Aninhada
nota = int(input('Digite a nota do aluno: '))
if (nota >= 70):
        print('\nParabéns!\n Você foi APROVADO com nota {}'.format(nota))
else :
if (nota >=50):
        print('\nHum, vamos lá você ainda tem chances na prova de EXAME, pois sua
        nota foi {}'.format(nota))
else:
        print('\nNão foi desta vez, infelizmente você foi REPROVADO como nota {} \
        nTente novamente na próxima prova'.format(nota))
print('\n',10*'=','Fim',10*'=')
```

O caso anterior é possível, mas fica mais elegante em Python da forma a seguir:

```
#Condição Aninhada
nota = int(input('Digite a nota do aluno: '))
if (nota >= 70):
        print('\nParabéns!\n Você foi APROVADO com nota {}'.format(nota))
elif (nota >=50):
```

```
            print('\nHum, vamos lá você ainda tem chances na prova de EXAME, pois sua
            nota foi {}'.format(nota))
    else:
            print('\nNão foi desta vez, infelizmente você foi REPROVADO como nota {} \
            nTente novamente na próxima prova'.format(nota))
    print('\n',10*'=','Fim',10*'=')
```

- Ao invés de colocar um if aninhado ao else, pode ser usada a instrução elif (presente na linha 5 do código).
- O comando elif só será avaliado caso a comparação da condição anterior resultar em falso, ainda se a condição do elif for falsa o próximo elif será avaliado e assim por diante até não ter mais elif vinculado ao if que abrir a sequência.
- Podemos ainda usar o comando else antes de encerrar a sequência do if, esse comando else só será executado caso o if seja falso e todos os elif que o seguirem também.

Laços de Repetição

Repita até (for)

A linguagem Python foi pensada para ser uma linguagem mais simples, dentre outros recursos o laço de repetição for foi adaptado para trabalhar com listas e tuplas. O princípio de um laço de repetição é repetir uma mesma ação tantas vezes quanto for necessário, e para saber em que momento deve parar de executar as iterações uma comparação é realizada antes de executar cada iteração.

Como o for é projetado para listas a variável de controle (tradicionalmente usa-se a variável i, embora possa ser outra) assume o valor dos elementos da lista, começando pelo primeiro elemento e a cada iteração assumindo o valor do próximo.

Assim no exemplo a seguir:

```
main.py
1    for i in {1,2,3,4,5} :
2        print(i)
3    print("FIM")
4
```

- O valor de i passa a valer 1 na primeira iteração, assim ao executar o bloco de comandos do laço (no caso apenas a linha 2 do código) o print imprime o valor 1.
- Na sequência o comando volta a analisar a linha 1, de modo que o i agora recebe o valor 2, imprime o número 2 no terminal e volta para a linha 1.

- A repetição irá continuar elemento a elemento da lista até que o valor de i passe a ser 5 o último da lista. Neste caso como o valor de i ainda faz parte da lista, a linha 2 deverá ser executada.
- Ao voltar para a linha 1, o laço identifica que não há mais elementos na lista para atribuir ao i, então encerra o bloco indo para a linha 3, que até então não tinha sido executada.

A figura a seguir ilustra o terminal e o resultado da execução do algoritmo.

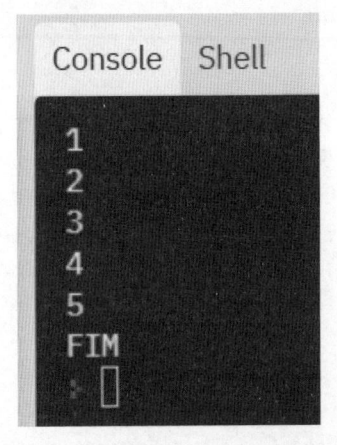

No exemplo anterior foi criada uma lista dentro do for. Caso seja necessário trabalhar com uma lista maior, não é conveniente escrever todos os elementos da lista, por isso é uma prática comum empregar a função RANGE para criar a lista em memória, isto é, sem necessariamente atribuir a lista a uma variável.

A função **range**() pode ser empregada apresentando 1, 2 ou 3 valores como parâmetros a fim de criar uma sequência de números partindo do valor 0 (zero), caso não seja especificado o valor de início desejado, até o valor final (não incluso). Desse modo, usar a função range nas formas a seguir produzirá o mesmo resultado:

```
range(5)
range(0,5)
```

A sintaxe da função range() é: **range (valor inicial, valor final, salto)**

Caso apenas um parâmetro seja informado, esse será o valor final e o valor inicial será considerado 0.

Caso sejam informados 2 valores, eles correspondem respectivamente ao valor inicial e valor final.

Caso deseje controlar o salto, é necessário informar os 3 parâmetros.

Fique ligado!

A função range() não apresenta a lista ao ser executada, para isso é necessário converter em uma lista usando, por exemplo:

list(range(0,5))

Obtém-se o resultado:

[0, 1, 2, 3, 4]

Note que ao empregar a função range(0, 5) ou range(5) a lista de valores gerada começa pelo 0 e termina em 4, não contendo o número 5.

Ao usar o terceiro parâmetro da função range() estamos indicando o valor de salto, isto é, de quanto em quanto deve pular para gerar a listagem. Veja os exemplos a seguir:

```
main.py ×
1  print(list(range(0,10,2)))
2
```

O código acima imprime no console a lista [0, 2, 4, 6, 8]. Note que o valor limite 10 não faz parte da lista, e que o 0 é primeiro valor, que foi informado como primeiro parâmetro da função range(0,10,2). Observe o exemplo a seguir:

```
main.py ×
1  print(list(range(1,10,3)))
2
```

Agora o resultado obtido é [1,4,7] como o próximo valor a ser impresso seria o 10 e ele é o valor limite então ele não faz parte da lista.

Fique ligado!

Na função range() em Python, o valor limite não faz parte da lista.

Também podemos usar o range() para criar listas decrescentes, para isso é necessário indicar o valor inicial maior que o valor final, e um valor negativo para o salto, como no exemplo a seguir:

```
main.py ×
1    print(list(range(10,1,-1)))
2
```

Como resultado será impresso [10, 9, 8, 7, 6, 5, 4, 3, 2], lembrando que o valor final não entra.

Use o exemplo a seguir na prática para observar a dinâmica do laço de repetição, assim como o emprego do range tendo como valor inicial (padrão) o 0 e como valor final o inserido no terminal.

```
iteracao = int(input('Quantas repetições deseja realizar: '))
for i in range(iteracao):
        print('Está é a iteração: {}'.format(i))
        print(50*"=",'\nFora do Laço!\n',50*"=")
```

Uma vez que em um laço de repetição for não conseguimos alterar a variável de controle do laço, ele é executado até que a variável de controle assuma cada valor da lista.

Enquanto (While)

Há momentos em que não temos um número definido de iterações, para isso usa-se o comando WHILE.

Esse comando possibilita um controle mais pontual do laço de repetição, permitindo e necessitando que as variáveis empregadas na condição de controle sejam alteradas dentro do laço.

Um laço de repetição while irá repetir o bloco de comandos até que a condição apresentada se torne falsa.

No exemplo a seguir foi criada a variável opcao com valor 1 para forçar a entrada no laço while da linha 2. Esse laço de repetição tem como critério para repetir o bloco de instruções a comparação da variável opcao com zero, de modo que se lê "enquanto opcao for diferente de zero faça".

```python
main.py ×
1   opcao = 1
2   while opcao != 0:
3     print(12*'#',' MENU ',12*'#')
4     print("""
5           [0] para sair;
6           [1] para continuar;
7           """)
8     print(31*'#')
9     opcao = int(input('Qual sua opção: '))
10    if (opcao == 0):
11      print('Sair Selecionado!\n\n')
12    elif (opcao == 1):
13      print('Repetir laço WHILE')
14    else:
15      print("***** Opção Inválida ***** \nTente novamente!\n")
16  print('\nFIM do Algoritmo\n')
17
```

Ao entrar no laço de repetição, serão executados 3 comandos print para imprimir um "menu" no terminal para o usuário, conforme ilustrado a seguir.

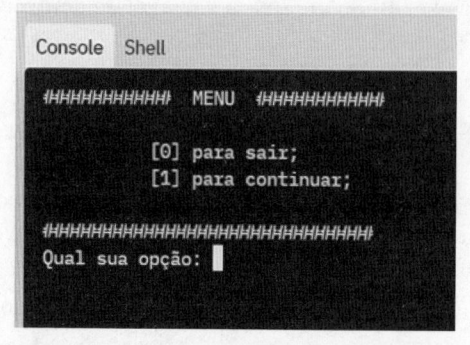

```
############ MENU ############

        [0] para sair;
        [1] para continuar;

################################
Qual sua opção:
```

Em seguida, será aguardada uma entrada de teclado (linha 9) com o novo valor que será atribuído a variável opcao após (linha 10) um desvio condicional if é aberto para escolher o que será impresso na tela do usuário.

Caso o usuário digite 0, será impresso "Sair Selecionado!" e o bloco if é encerrado, o algoritmo volta a analisar a condição do while (linha 2), mas agora a variável opcao contém o valor 0. Como a condição passa a ser falsa, o bloco while é encerrado e a linha 16 é finalmente executada e o algoritmo encerrado.

Caso o usuário digite 1, será impresso "Repetir laço WHILE" e o bloco if é encerrado, o algoritmo volta a analisar a condição do while (linha 2), com a variável opcao ainda com o valor 1. Como a condição continua verdadeira, o bloco while é executado novamente e o "menu" será impresso outra vez, repetindo o procedimento.

Caso o usuário digite qualquer valor diferente de 0 e 1, o if entra na instrução else da linha 14 e será impresso como listado a seguir, conforme apontado pela seta.

```
############ MENU ############
            [0] para sair;
            [1] para continuar;

##################################
Qual sua opção: 4
***** Opção Inválida *****
Tente novamente!

############ MENU ############
            [0] para sair;
            [1] para continuar;

##################################
Qual sua opção:
```

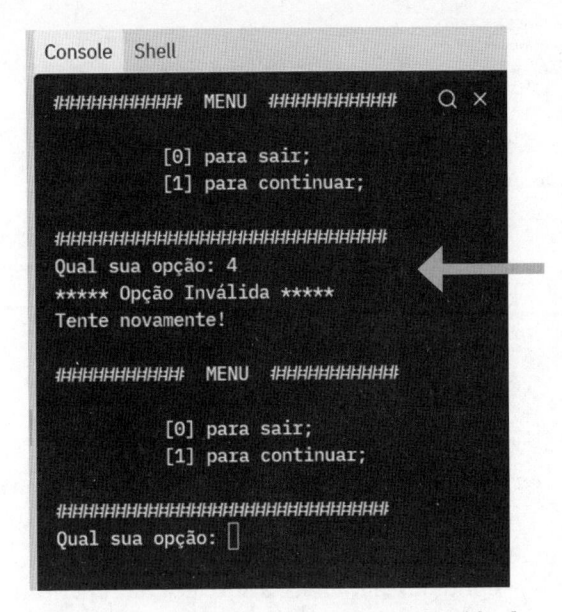

Note que o "menu" é novamente impresso, pois a variável **opcao** contém um valor diferente de zero, o que faz o laço **while** ser repetido.

A seguir um exemplo de algoritmo ilustrando uma aplicação prática do while, nele o usuário pode calcular a soma de 2 valores, o fatorial de um número ou multiplicar 2 valores.

```
opcao = 1
while opcao != 0:
 print(12*'#',' MENU ',12*'#')
 print("""
        [0] para sair;
        [1] para somar;
        [2] para fatoria;
        [3] para multiplicar;\n""")
 print(31*'#')
 opcao = int(input('Qual sua opção: '))
 if (opcao == 0):
        print('BYE BYE!\n\n')
 elif (opcao == 1):
        a = int(input('Insira o primeiro valor:'))
        b = int(input('Insira o segundo valor:'))
        print('Resultado de {} + {} = {}\n\n'.format(a,b,a+b))
 elif (opcao == 2):
        s = int(input("Digite o valor de n: "))
```

```
            fator = 1
            i = 1
            for i in range(s):
                #print('n: ',s)
                #print("i: ", i)
                fator = fator + fator*i
            # i = i + 1
            print("\n\nO valor de \n %d! =\n\n" %s, fator)
    elif (opcao == 3):
            a = int(input('Insira o primeiro valor:'))
            b = int(input('Insira o segundo valor:'))
            print('Resultado de {} * {} = {}\n\n'.format(a,b,a*b))
    else:
            print("***** Opção Inválida ***** \nTente novamente!\n")
```

Ao usar o comando **while** é possível forçar a sua execução sem utilizar uma variável de controle. Contudo, para encerrar o laço de repetição o comando **break** se faz necessário, do contrário o algoritmo entra no chamado loop infinito.

Usando o exemplo anterior alterado com o valor **True** no laço **while**.

```
main.py ×
1    while True:
2      print(12*'#',' MENU ',12*'#')
3      print("""
4            [0] para sair;
5            [1] para continuar;
6            """)
7      print(31*'#')
8      opcao = int(input('Qual sua opção: '))
9      if (opcao == 0):
10        print('Sair Selecionado!\n\n')
11        break
12     elif (opcao == 1):
13        print('Repetir laço WHILE')
14     else:
15        print("***** Opção Inválida ***** \nTente novamente!\n")
16   print('\nFIM do Algoritmo\n')
17
```

Note que agora a variável **opcao** é criada apenas na linha 8, já estando dentro do laço de repetição, servindo para capturar a opção do usuário e comparar com os valores do bloco **if**.

Para que o laço de repetição seja encerrado, a condição deve ser falsa. Porém não há como alterar o valor True indicado na linha 1 em tempo de execução, assim o comando break foi inserido na linha 11. Ao ser executada essa linha, o algoritmo irá executar a linha 16 na sequência, pois trata-se da primeira linha de código fora do bloco while.

> **Fique ligado!**
>
> Os dois algoritmos explicados do laço while com break e sem, produzem o mesmo efeito final para o usuário.

Estruturas de dados

Uma variável é uma posição de memória (RAM) que armazena um valor, sendo assim podemos chamá-la de variável simples quando possui um valor direto. As estruturas de dados, que permitem guardar mais de uma posição de memória, são chamadas de estruturas de dados compostas.

Dentre as estruturas compostas temos as Tuplas ( ), as Listas [ ] e os Dicionários { } de dados.

> **Fique ligado!**
>
> Na linguagem Python não existem os chamados tipos primitivos de dados, porém as provas tratam como se as variáveis fossem simples (inteiro, ponto flutuante, lógico, etc). Cada variável é na realidade um objeto.

Tuplas

( )

Tuplas são estruturas de dados que uma vez criadas não podem ser alteradas, ou seja, ela é IMUTÁVEL em tempo de execução.

Para criar uma Tupla usamos uma atribuição com valores (dados) separados por vírgulas. A partir da versão 3.5 do Python é possível criar uma Tupla sem o uso dos parênteses para delimitar o conjunto de dados.

> **Fique ligado!**
>
> Tuplas são imutáveis e representadas por parênteses ( ).

Ao atribuir valores a uma variável, que se encontra entre parênteses ou não, estamos definindo uma TUPLA, a diferença é sutil em relação às outras estruturas de dados compostas.

```
tupla = ('nome', 'idade','nascimento')
print (tupla)
outratupla = 'id', 'idade','nascimento', 'nome'
print (outratupla)
```

```
main.py
1   tupla = ('nome', 'idade','nascimento')
2   print (tupla)
3   outratupla = 'id', 'idade','nascimento', 'nome'
4   print (outratupla)
5
```

No exemplo citado são criadas duas Tuplas (**tupla** e **outratupla** e impressas no terminal. Observe o resultado:

```
('nome', 'idade', 'nascimento')
('id', 'idade', 'nascimento', 'nome')
>
```

Outro cuidado importante é a manipulação dos dados. Embora as Tuplas sejam definidas usando-se parênteses, no acesso aos dados de posições específicas, utiliza-se colchetes como ilustrado a seguir:

```
main.py ×
1   tupla = ('nome', 'idade','nascimento')
2   print (tupla)
3   outratupla = 'id', 'idade','nascimento', 'nome'
4   print (outratupla)
5   print(tupla[0])
6   print(outratupla[1])
7   print(tupla[-1])
8
```

Na linha 1 é criada a variável **tupla** que recebe a estrutura de dados de uma Tupla, pois teve seus parâmetros expressos entre parênteses. Note que as aspas são empregadas pelo fato de cada elemento usado ser uma **string**, neste caso tanto as aspas simples como duplas podem sem empregadas.

A instrução da linha 2 imprime a variável **tupla**, conforme ilustrado na primeira linha da figura a seguir.

Na linha 3 do código é criada uma nova variável chamada **outratupla**. Diferente da linha 1, na linha 3 não foram usados os parênteses, contudo, o resultado será o mesmo, a criação de uma tupla. Na linha 3 é impresso a variável **outratupla** como aparece na segunda linha da figura a seguir.

```
Console  Shell
('nome', 'idade', 'nascimento')
('id', 'idade', 'nascimento', 'nome')
nome
idade
nascimento
>
```

Para acessar apenas uma posição de uma Tupla devemos usar o nome da variável seguida de colchetes. E dentro dos colchetes deve ser indicada a posição desejada.

Para a primeira variável criada (**tupla**) temos a string 'nome' ocupando o índice 0, assim o resultado da execução da linha 4 do código é apresentado na terceira linha do console ilustrado anteriormente. A string 'idade' ocupa a posição de índice 1, enquanto 'nascimento' ocupa a posição de índice 3.

Fique ligado!

Em Python os índices de Tuplas e Listas começam em 0.

A figura a seguir obtida pelo Python Tutor representa as variáveis **tupla** e **outratupla** e suas estruturas de dados, note os índices indicados em cada posição.

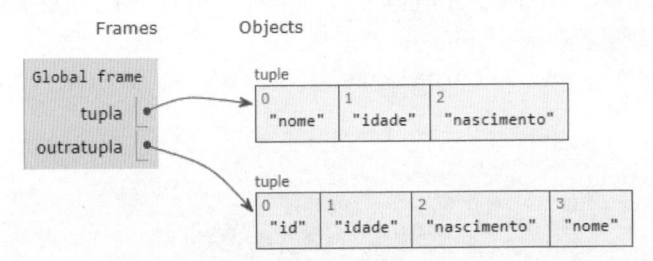

```
Frames              Objects
                    tuple
Global frame        ┌────┬────────┬─────────┐
                    │ 0  │   1    │    2    │
        tupla ●────→│"nome"│"idade"│"nascimento"│
    outratupla ●──┐ └────┴────────┴─────────┘
                  │ tuple
                  │ ┌────┬────────┬──────────┬──────┐
                  │ │ 0  │   1    │    2     │  3   │
                  └→│"id"│"idade" │"nascimento"│"nome"│
                    └────┴────────┴──────────┴──────┘
```

Observe que no código, a linha 7 usa um valor negativo para acessar uma posição de uma Tupla, neste caso temos acesso à lista de modo inverso, ou seja, o índice -1 representa a última posição de uma Tupla ou Lista, -2 representa o penúltimo, -3 o antepenúltimo e assim por diante.

Fique ligado!

Em Python índices negativos de Tuplas e Listas acessam as estruturas na ordem inversa, assim -1 é o índice que sempre acessa a última posição.

Podemos acessar um intervalo de valores de uma Tupla usando:

```python
outratupla = ('id', 'idade','nascimento', 'nome')
print('Intervalo de uma Tupla outratupla[:2] é ', outratupla [:2])
```

Nesse caso, observe que serão impressos apenas os valores: **id e idade**. Ou seja, foram impressos os dados da Tupla até a posição 2 exclusive, isto é, o valor presente na posição 2 não é impresso.

Também é possível especificar a partir de qual valor se deseja imprimir:

```python
outratupla = ('id', 'idade','nascimento', 'nome')
print('Intervalo de uma Tupla outratupla[1:3] é ', outratupla [1:3])
```

Nessa situação, os valores impressos são aqueles presentes na posição de índice 1 e 2 da Tupla: Idade e Nascimento.

Para imprimir a partir de um valor podemos usar a estrutura a seguir:

```python
outratupla = ('id', 'idade','nascimento', 'nome')
print('Intervalo de uma Tupla outratupla[1:] é ', outratupla [1:])
```

Desse modo, os valores impressos são aqueles a partir da posição de índice 1, portanto temos: Idade, nascimento e nome.

Atenção para a formatação da saída:

```python
main.py
1   tupla = ('nome', 'idade','nascimento')
2   print ('A variável tupla é :',tupla)
3   outratupla = 'id', 'idade','nascimento', 'nome'
4   print ('A variável outratupla é :',outratupla)
5
6   print('\nA tupla {} tem como primeiro valor {} '.format(tupla,tupla[0]))
7   print('A tupla {} tem como segundo valor {} '.format(tupla,tupla[1]))
8
9   print('\nA tupla {} tem como último valor {} '.format(tupla,tupla[-1]))
10
11  print('\nIntervalo de uma Tupla outratupla[:2] é ', outratupla[:2])
12  print('\nIntervalo de uma Tupla outratupla[1:3] é ', outratupla[1:3])
13  print('\nIntervalo de uma Tupla outratupla[1:] é ', outratupla[1:])
```

```
A variável tupla é : ('nome', 'idade', 'nascimento')
A variável outratupla é : ('id', 'idade', 'nascimento', 'nome')

A tupla ('nome', 'idade', 'nascimento') tem como primeiro valor nome
A tupla ('nome', 'idade', 'nascimento') tem como segundo valor idade

A tupla ('nome', 'idade', 'nascimento') tem como último valor nascimento

Intervalo de uma Tupla outratupla[:2] é  ('id', 'idade')

Intervalo de uma Tupla outratupla[1:3] é  ('idade', 'nascimento')

Intervalo de uma Tupla outratupla[1:] é  ('idade', 'nascimento', 'nome')
>
```

Para acessar uma determinada posição de uma tupla, usamos o nome da tupla e a posição desejada entre colchetes:

Minhatupla[posicao]

Como observado, Tuplas são imutáveis, mas isso quer dizer o quê?

Basicamente uma vez inserido um valor em uma Tupla não podemos modificá-lo, bem como não podemos inserir novos valores.

Fique ligado!

O método append funciona apenas com Listas, ele não funciona com Tuplas.

Por outro lado, podemos concatenar Tuplas, isto é fundir. Observe o código a seguir:

```
main.py
1  #Concatenação de tuplas
2  X = (3, 5, 7)
3  Y = 1, 2, 4
4  Z = X + Y
5  print(f'A tupla Z {Z} é uma concatenação das tuplas X = {X} com Y = {Y}')
6
```

Que produz como resultado:

```
A tupla Z (3, 5, 7, 1, 2, 4) é uma concatenação das tuplas X = (3, 5, 7) com Y = (1, 2, 4)
> []
```

João Paulo Colet Orso

Contagem de ocorrências em uma Tupla:

```
main.py
1
2   #Contagem de Ocorrências em uma tupla
3   w = 2, 4, 5, 6, 3, 5, 7, 3
4   print(f'O nmúmero 3 aparece {w.count(3)} vezes na tupla w = {w}')
5
```

```
O nmúmero 3 aparece 2 vezes na tupla w = (2, 4, 5, 6, 3, 5, 7, 3)
```

Listas

[ ]

De modo similar às Tuplas, as Listas são estruturas de dados compostas, porém podem ser manipuladas.

Para criar uma LISTA devemos usar colchetes [ ] ao invés dos parênteses usados para criar as Tuplas.

Listas são as estruturas de dados mais usadas em Python e são uma construção em alto nível de uma estrutura de dados baseada em ponteiros.

No exemplo a seguir, criamos duas listas denominadas Lista e outra Lista:

```
Lista = ['nome', 'idade','nascimento']
print ('A variável Lista é :',Lista)
outraLista = ['id', 'idade','nascimento', 'nome']
print ('A variável outraLista é :',outraLista)
```

```
main.py
1   #Listas
2   Lista = ['nome', 'idade','nascimento']
3   print ('A variável Lista é :',Lista)
4   outraLista = ['id', 'idade','nascimento', 'nome']
5   print ('A variável outraLista é :',outraLista)
6
7
```

Ao executar o código, tem-se como resultado impresso o conteúdo das duas listas:

```
A variável Lista é : ['nome', 'idade', 'nascimento']
A variável outraLista é : ['id', 'idade', 'nascimento', 'nome']
>
```

Note que uma lista é delimitada pelos colchetes, mesmo quando impressa, isso será importante para observar quando temos listas de listas e outras estruturas compostas. Este é um dos detalhes que as questões de provas costumam cobrar.

Em alguns momentos é necessário instanciar uma variável com o tipo de dado que ela irá receber, mesmo permanecendo vazia, para evitar problemas com a manipulação de tipos diferentes que levem a exceções de execução (Erros).

```
main.py
1  #criar lista Vazia
2  vazia = [] #ou usando a declaração vazia = list()
3
```

Diferentemente de uma Tupla uma Lista pode ter seus valores alterados, veja o exemplo a seguir:

```
main.py
1  Lista = ['nome', 'idade','nascimento']
2  #uma Listapode ter seus valores alterados
3  Lista[0] = 'João Paulo Colet Orso'
4  Lista[1] = '23/01/1989'
5  print(f'Após a alteração a nova Lista é {Lista}')
6
7
```

O código acima produz o resultado ilustrado a seguir:

```
Após a alteração a nova Lista é ['João Paulo Colet Orso', '23/01/1989', 'nascimento']
>
```

Além de alterar valores de posições existentes em uma Lista, é possível inserir valores Para isso, usa-se o método append que permite inserir ao fim da Lista ou o insert para inserir em uma posição indicada:

```python
main.py
1   Lista = ['nome', 'idade','nascimento']
2
3
4   #uma Listapode ter seus valores alterados
5   Lista[0] = 'João Paulo Colet Orso'
6   Lista[1] = '23/01/1989'
7   print(f'Após a alteração a nova Lista é {Lista}')
8
9   #Uma lista pode ter valores adicionados a sua estrutura
10  #Lista[3] = ['novo'] #Porém desde modo não funciona, assim como nas tuplas
11
12  #para adicionar valores ao final de uma lista usamos o método Append
13  Lista.append('Profissão') #atenção pois ao executar o comando a lista será alterada
14  print(f'Após a alteração a nova Lista é {Lista}')
15
16  #para adicionar valores em determinada posição de uma lista usamos o método insert
17  Lista.insert(0,'0001') #atenção pois ao executar o comando a lista será alterada
18  print(f'Após a alteração a nova Lista é {Lista}')
19
```

Que produz o seguinte resultado:

```
Após a alteração a nova Lista é ['João Paulo Colet Orso', '23/01/1989', 'nascimento']
Após a alteração a nova Lista é ['João Paulo Colet Orso', '23/01/1989', 'nascimento', 'Profissão']
Após a alteração a nova Lista é ['0001', 'João Paulo Colet Orso', '23/01/1989', 'nascimento', 'Profissão']
```

Podemos inserir e excluir valores de Listas, nesse caso usamos a função **del** ou o método **pop**:

```python
main.py
1   Lista = ['nome', 'idade','nascimento']
2
3
4   #uma Listapode ter seus valores alterados
5   Lista[0] = 'João Paulo Colet Orso'
6   Lista[1] = '23/01/1989'
7   print(f'Após a alteração a nova Lista é {Lista}')
8
9   #Uma lista pode ter valores adicionados a sua estrutura
10  #Lista[3] = ['novo'] #Porém desde modo não funciona, assim como nas tuplas
11
12  #para adicionar valores ao final de uma lista usamos o método Append
13  Lista.append('Profissão') #atenção pois ao executar o comando a lista será alterada
14  print(f'Após a alteração a nova Lista é {Lista}')
15
16  #para adicionar valores em determinada posição de uma lista usamos o método insert
17  Lista.insert(0,'0001') #atenção pois ao executar o comando a lista será alterada
18  print(f'Após a alteração a nova Lista é {Lista}')
19
20
21  #para eliminar elementos de uma lista podemos usar del ou usar o método pop para remover indicando o índice desejado
22  del Lista[0] #atenção pois ao executar o comando a lista será alterada
23  print(f'Após del a nova Lista é {Lista}')
24  Lista.pop(3) #atenção pois ao executar o comando a lista será alterada
25  print(f'Após pop a nova Lista é {Lista}')
26
```

Que produz o resultado:

```
Após a alteração a nova Lista é ['João Paulo Colet Orso', '23/01/1989', 'nascimento']
Após a alteração a nova Lista é ['João Paulo Colet Orso', '23/01/1989', 'nascimento', 'Profissão']
Após a alteração a nova Lista é ['0001', 'João Paulo Colet Orso', '23/01/1989', 'nascimento', 'Profissão']
Após del a nova Lista é ['João Paulo Colet Orso', '23/01/1989', 'nascimento', 'Profissão']
Após pop a nova Lista é ['João Paulo Colet Orso', '23/01/1989', 'nascimento']
>
```

Ainda é possível usar o método **Remove**, que indica o que deve ser removido, mesmo sem saber em qual posição da Lista se encontra.

```python
1   Lista = ['nome', 'idade','nascimento']
2
3   #uma Listapode ter seus valores alterados
4   Lista[0] = 'João Paulo Colet Orso'
5   Lista[1] = '23/01/1989'
6   print(f'Após a alteração a nova Lista é {Lista}')
7
8   #Uma lista pode ter valores adicionados a sua estrutura
9   #Lista[3] = ['novo'] #Porém desde modo não funciona, assim como nas tuplas
10
11  #para adicionar valores ao final de uma lista usamos o método Append
12  Lista.append('Profissão') #atenção pois ao executar o comando a lista será alterada
13  print(f'Após a alteração a nova Lista é {Lista}')
14
15  #para adicionar valores em determinada posição de uma lista usamos o método insert
16  Lista.insert(0,'0001') #atenção pois ao executar o comando a lista será alterada
17  print(f'Após a alteração a nova Lista é {Lista}')
18
19  #para eliminar elementos de uma lista podemos usar del ou usar o método pop para
    remover indicando o índice desejado
20  del Lista[0] #atenção pois ao executar o comando a lista será alterada
21  print(f'Após del a nova Lista é {Lista}')
22  Lista.pop(3) #atenção pois ao executar o comando a lista será alterada
23  print(f'Após pop a nova Lista é {Lista}')
24
25  #outra forma de remover valores de uma lista, é usando o método remove, neste caso
    devemos indicar o conteúdo que desejamos remover
26  Lista.remove('23/01/1989') #se torna bastante útil para remover elemento que não se
    conhece a sua posição
27  print(f'Após remove a nova Lista é {Lista}')
28
```

Resultando em:

```
Após a alteração a nova Lista é ['João Paulo Colet Orso', '23/01/1989', 'nascimento']
Após a alteração a nova Lista é ['João Paulo Colet Orso', '23/01/1989', 'nascimento', 'Profissão']
Após a alteração a nova Lista é ['0001', 'João Paulo Colet Orso', '23/01/1989', 'nascimento', 'Profissão']
Após del a nova Lista é ['João Paulo Colet Orso', '23/01/1989', 'nascimento', 'Profissão']
Após pop a nova Lista é ['João Paulo Colet Orso', '23/01/1989', 'nascimento']
Após remove a nova Lista é ['João Paulo Colet Orso', 'nascimento']
>
```

Além de adicionar valores a uma lista, é possível concatená-las. Para tanto, usamos o sinal de soma:

```python
#Listas
Lista = ['nome', 'idade','nascimento']
print ('A variável Lista é :',Lista)
outraLista = ['id', 'idade','nascimento', 'nome']
print ('A variável outraLista é :',outraLista)

#podemos concatenar listas
q = Lista + outraLista
print(f'\n\nA Lista Q ficou {q} \n\n')
```

```
A variável Lista é : ['nome', 'idade', 'nascimento']
A variável outraLista é : ['id', 'idade', 'nascimento', 'nome']

A Lista Q ficou ['nome', 'idade', 'nascimento', 'id', 'idade', 'nascimento', 'nome']
```

Ordenação de Listas

A Linguagem Python possui métodos **Built in** para ordenar listas de valores, veja os exemplos a seguir:

```python
#ordenar valores em uma lista
numeros = [7, 15, 9, 1, 2, 3, 8, 7]
print(f'Lista numersos {numeros}')
numeros.sort() #atenção pos ao executar o comando a lista será alterada
print(f'em ordem fica {numeros}')
numeros.sort(reverse = True) #atenção pois ao executar o comando a lista será alterada
print(f'Lista em ordem inversa fica {numeros}')
```

```
Lista numeros [7, 15, 9, 1, 2, 3, 8, 7]
em ordem fica: [1, 2, 3, 7, 7, 8, 9, 15]
Lista em ordem inversa fica: [15, 9, 8, 7, 7, 3, 2, 1]
```

Fique atento ao atribuir uma lista a outra variável, pois corre-se o risco de criar um ponteiro para a mesma lista, isto é, ter 2 nomes para a mesma lista. Para copiar o conteúdo de uma lista para uma outra variável, deve-se descrever todo o conteúdo da lista, veja o exemplo a seguir:

```python
#Criar cópias de Listas
#Cuidado
Comprar = ['Banana', 'Maçã', 'Batata', 'Limão']
Comp = Comprar #ao fazer uma lista receber outra, na verdade foi criado um ponteiro que aponta para a mesma lista
print(f'Lista Comprar {Comprar}')
print(f'Lista Comp {Comp}')

Comp.append('Melão')
print(f'Lista Comprar {Comprar}')
print(f'Lista Comp {Comp}')
Comprar.append('Jaca')
print(f'Lista Comprar {Comprar}')
print(f'Lista Comp {Comp}')

foi = Comp[:] #para copiar uma lista podemos criar outra forçando uma varredura da primeira
foi.append('Chocolate')
print(f'Lista Comprar {Comprar}')
print(f'Lista Comp {Comp}')
print(f'Lista foi {foi}')
```

O resultado produzido será:

```
Lista Comprar ['Banana', 'Maçã', 'Batata', 'Limão']
Lista Comp ['Banana', 'Maçã', 'Batata', 'Limão']
Lista Comprar ['Banana', 'Maçã', 'Batata', 'Limão', 'Melão']
Lista Comp ['Banana', 'Maçã', 'Batata', 'Limão', 'Melão']
Lista Comprar ['Banana', 'Maçã', 'Batata', 'Limão', 'Melão', 'Jaca']
Lista Comp ['Banana', 'Maçã', 'Batata', 'Limão', 'Melão', 'Jaca']
Lista Comprar ['Banana', 'Maçã', 'Batata', 'Limão', 'Melão', 'Jaca']
Lista Comp ['Banana', 'Maçã', 'Batata', 'Limão', 'Melão', 'Jaca']
Lista foi ['Banana', 'Maçã', 'Batata', 'Limão', 'Melão', 'Jaca', 'Chocolate']
```

Como demonstrado em alguns exemplos anteriores, podemos colocar variáveis dentro de uma posição de uma lista. Nesse caso, a variável também pode ser uma lista, ou seja, uma lista de lista. Observe o exemplo a seguir e procure replicar na prática os exemplos vistos para melhor fixação.

```python
main.py
1   #Listas de Listas
2   print('\n\n\n')
3   print(50*'#')
4
5   people = [['João',31],['Pedro',25],['Ana',31]]
6   print(f'Lista people {people}')
7   print(f'Lista people {people[1][0]}')
8
9   for i in people:
10      print(f'Nome: {i[0]}, idade: {i[1]}')
11
12  print(50*'#')
13  print('\n\n\n')
14
15  print('\n\n\n')
16  print(50*'#')
17
18  Aluno = ['Nome','1 Bim','2 Bim','3 Bim','4 Bim']
19  Turma = []
20  Turma.append(Aluno[:])
21  del Aluno
22  Aluno = []
23  while True:
24      print(50*'-')
25      print('{:^50}'.format("MENU"))
26      print(50*'-')
27      print('[0] Sair\n[1] Adicionar novo aluno')
28      op = int(input('Opção:'))
29      if op == 0 :
30          break
31      else:
32          Aluno.append(input('Nome:'))
33          Aluno.append(int(input('Nota 1º Bim: ')))
34          Aluno.append(int(input('Nota 2º Bim: ')))
35          Aluno.append(int(input('Nota 3º Bim: ')))
36          Aluno.append(int(input('Nota 4º Bim: ')))
37          Turma.append(Aluno[:])
38
39  print('FORA')
40  for i in Turma:
41      print(i)
42  #print(Turma)
43  print(50*'#')
44  print('\n\n\n')
45
```

Estrutura de dados

Dicionários

São estruturas de dados compostas que utilizam índices descritivos para indicar uma posição, ao invés de apenas números como no caso das Listas e Tuplas.

Um **dicionário** pode ser declarado com a função dict() ou com o uso de {} chaves , conforme o exemplo de código a seguir.

```
main.py
1   #Dicionários
2   #dicionários são estruturas de dados compostas e que permitem criar
    índices textuais
3
4   dicionario = dict()
5   dicionario = {'nome':'João Paulo Colet Orso','idade':31}
6   print(f'Nome é: {dicionario["nome"]} ')
7   print(f'idade é: {dicionario["idade"]}')
8
9   print(dicionario.keys())
10  print(dicionario.values())
11  print(dicionario.items())
12
13  for p, r in dicionario.items():
14      print(f'{p} = {r}')
15
16  #alterar valores
17  dicionario["idade"] = 33
18  print(f'Nome é: {dicionario["nome"]} ')
19  print(f'idade é: {dicionario["idade"]}')
20
21  #adiocinar valores
22  dicionario['altura'] = 1.81
23  print(dicionario)
24  for p, r in dicionario.items():
25      print(f'{p} = {r}')
26
27
```

O código exemplificado cria um dicionário chamado dicionário com 2 dados, sendo nome o índice para o primeiro registro que contém 'João Paulo Colet Orso' e idade o índice para o segundo registro que contém '31'.

Note pelos comandos de print nas linhas 6 e 7 como são acessadas as variáveis.

A linha 9 do código apresenta o método Keys() que retorna quais são os índices presentes no dicionário.

Já a linha 10, o método Values() retorna os valores armazenados no dicionário, perceba que tratam-se internamente de listas, que podem ser identificadas pelo uso dos colchetes.

A linha 11 usa o método Items() que retorna tanto os valores como os índices do dicionário.

A importância desses métodos é para manipular melhor a estrutura de dados como o for da linha 13 e 14 que possui forma própria que permite usar duas variáveis de controle vinculadas aos itens do dicionário. É como se analisasse duas listas simultaneamente, de modo que pega a primeira posição de cada, depois a segunda e assim por diante.

Já na linha 22 do código temos a atribuição de um valor float 1.81 a um índice que não existe no dicionário. Isso faz com que ele seja criado na última posição do dicionário, conforme pode ser observado pelos resultados impressos pelas linhas que se seguem no código.

```
#Dicionários

#dicionários são estruturas de dados compostas e que permitem criar índices textuais


dicionario = dict()
dicionario = {'nome':'João Paulo Colet Orso','idade':31}
print(f'Nome é: {dicionario["nome"]} ')
print(f'idade é: {dicionario["idade"]}')

print(dicionario.keys())
print(dicionario.values())
print(dicionario.items())

for p, r in dicionario.items():
        print(f'{p} = {r}')

#alterar valores
dicionario["idade"] = 33
print(f'Nome é: {dicionario["nome"]} ')
print(f'idade é: {dicionario["idade"]}')

#adiocinar valores
dicionario['altura'] = 1.81
print(dicionario)
for p, r in dicionario.items():
        print(f'{p} = {r}')
```

```
Nome é: João Paulo Colet Orso
idade é: 31
dict_keys(['nome', 'idade'])
dict_values(['João Paulo Colet Orso', 31])
dict_items([('nome', 'João Paulo Colet Orso'), ('idade', 31)])
nome = João Paulo Colet Orso
idade = 31
Nome é: João Paulo Colet Orso
idade é: 33
{'nome': 'João Paulo Colet Orso', 'idade': 33, 'altura': 1.81}
nome = João Paulo Colet Orso
idade = 33
altura = 1.81
```

Funções

Funções são estruturas que realizam uma tarefa executada várias vezes.

Algumas funções já foram empregadas, como o input ou mesmo o print, elas são chamadas de funções built-in, isto é, incorporadas à linguagem.

É possível passar os parâmetros em outra ordem desde que sejam identificados.

Python permite empacotar parâmetros.

Python usa passagem de parâmetros por referência.

Para usar parâmetros opcionais, basta zerar os parâmetros dentro da função.

Uma função pode chamar outra função.

Uma vez que a linguagem Python é interpretada, torna-se essencial declarar/definir as funções antes que elas sejam executadas/chamadas no código. Uma prática habitual é definir as funções no começo do arquivo main, antes do início do bloco principal de código.

Quando o número de funções é muito grande, ou mesmo constituem funções que possam ser reutilizadas em outras estruturas de código, é comum colocá-las em outros arquivos, criando as chamadas bibliotecas. Assim como é importante declarar uma função antes de seu uso, é necessário importar uma biblioteca, ou pelo menos a parte que será usada, antes de seu uso.

```python
def Menu (text,tam):
    print(tam*'=')
    x=(tam-len(text))/2
    print(int(x)*' ', text.upper())
    print(tam*'=')

def fib(n):
```

```
            a, b = 0, 1
            while a < n:
                print(a, end=' ')
                a, b = b, a+b
            print()
#fib(12000)


Menu('Opções',50)

Menu(tam=30,text="Menu do sistema") #é possível passar os parâmetros em outra ordem desde que sejam identificados
```

```
main.py
1    def Menu (text,tam):
2        print(tam*'=')
3        x=(tam-len(text))/2
4        print(int(x)*' ', text.upper())
5        print(tam*'=')
6
7    def fib(n):
8        a, b = 0, 1
9        while a < n:
10           print(a, end=' ')
11           a, b = b, a+b
12       print()
13   #fib(12000)
14
15   Menu('Opções',50)
16   Menu(tam=30,text="Menu do sistema") #é possível passar os parâmetros em outra ordem desde que sejam identificados
17
```

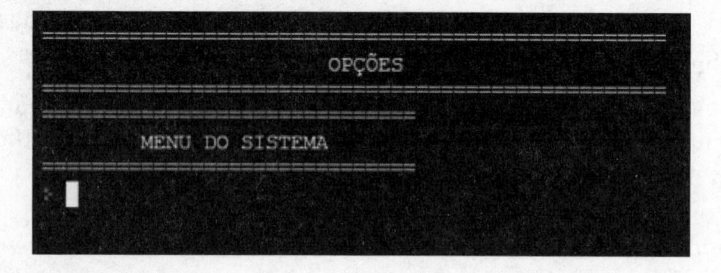

```
================================================
                    OPÇÕES
================================================
            MENU DO SISTEMA
================================================
```

Escopo de variáveis

Escopo global

Quando a variável não for definida localmente em uma função, ela assume valor local.

Para forçar a função a usar uma variável do código main (ou seja, de modo global), deve ser utilizado o comando global dentro da função antes de empregá-la.

```
main.py
1
2    def teste():
3    #  global k
4        k=1111
5        print(f'Variável k vale {k} dentro da função')
6
7    k=10
8    print(f'Variável k vale {k} no Main')
9
10   teste()
11   print(f'Variável k vale {k} no Main depois do teste')
12
```

Entendendo o código:

- Inicialmente foi criada a função **teste()** que cria uma variável k e atribui a ela o valor 1111 e o imprime.

- Depois na linha 7 (dentro do **main**) uma variável k (global) é criada e impressa. Essa é a primeira linha de código que é de fato executada, tanto que pode observar na figura a seguir a saída do console, em que 10 é impresso.

- Após, na linha 10 a função **teste()** é chamada, ou seja, é neste momento que o código das linhas 2 a 5 são executadas, o que produz como resultado a segunda linha impressa.

- Na sequência, linha 11, é impresso o valor da variável k para confirmar que seu valor continua a ser 10, mesmo após a execução da função teste (que também usa uma variável k, porém de modo local, a qual foi atribuído o valor 1111). Nota-se que a execução da linha 7 cria uma variável k, enquanto a função teste cria outra variável k que existe apenas dentro da função teste, sem realizar alterações no conteúdo da variável da linha 7.

```
Variável k vale 10 no Main
Variável k vale 1111 dentro da função
Variável k vale 10 no Main depois do teste
>
```

Retorno de funções

Uma função pode ter ou não retorno.

Funções sem retorno executam as operações internamente e podem imprimir na tela o resultado.

Por outro lado, caso tenha interesse em usar o resultado de uma função em outras operações, deve ser usado o comando **return** na função. Nesse caso, ao chamar a função ela deve ser atribuída a uma variável.

```
#fatorial recursivo
def fat(x):
        resultado = 0
        if (x == 1 or x == 0) :
            return 1
        else :
            return x * fat(x - 1)
```

Tratamento de Erros e Exceções

Até agora tudo o que você estudou sobre Python foram instruções executadas de acordo com o que elas esperavam, ou seja, o seu código era limpo, direto e funcional, de tal modo que ao executar os códigos os valores preenchidos no terminal eram exatamente aqueles que o programa estava esperando.

Ao programar deve-se perceber que nem sempre os usuários dão informações na forma solicitada, pois existem divergências naturais durante o processo de interpretação. ao inserir uma informação diferente daquela que o programa estava esperando, um erro pode ocorrer e com isso o programa será interrompido.

Vamos aprender agora como prevenir esses erros para evitar que o programa pare.

Primeiramente, o que se entende por erros é tomado pela linguagem Python como sendo uma exceção. É importante distinguir erros sintáticos de erros semânticos, escrever um comando trocando letras, por exemplo:

```
primt('Mensagem ao usuário')
```

Ao executar o programa, apresenta-se um erro sintático e o programa deixa de ser executado, pois o interpretador irá acusar o erro. Há um erro gramatical, pois o Python não entende o comando **primt** com M. Mas este não é o único tipo de erro que pode ocorrer ao executar um código, pois existem os erros semânticos.

Outros exemplos que resultam em erro:

#Exemplo 1:

Apresenta erro caso seja executado um código com apenas a linha anterior, pois a variável **nome** ainda não foi declarada.

```
primt('Bem vindo!')
```

#Exemplo 2:

Apresentará erro de Valor se o usuário digitar qualquer coisa no terminal que não seja um número inteiro. O erro ocorre na função **int()** ao tentar converter os caracteres de texto de um número para valor inteiro.

```
#x = int(input('Digite um Número Inteiro: '))
#print(x)
```

#Exemplo 3:

Apresentará erro ao se tentar acessar a posição de índice 3 da variável **lista**, lembre-se de que Listas e Tuplas os índices começam em 0, logo não existe a posição que está se tentando alcançar, por isso um erro de Índice será obtido.

```
#lista = ['banana','abacate','maçã']
#print(lista[3])
```

Um erro semântico é um erro de sentido, isto é, ocorre quando o programa tenta executar algo que não faz sentido, como tentar dividir um número por um texto, ou acessar uma posição (índice) de uma Lista ou Tupla que não existe.

Contudo, é possível antever aos erros realizando testes e incluindo no código os chamados tratamento de erros. Para fins de apropriação da tecnologia, vamos usar a terminologia que a linguagem emprega ERRO = Exception (Exceção).

Para que isso ocorra ao invés de utilizar-se de instruções imperativas (do tipo faça isso, faça aquilo) vamos pedir para o programa "tentar" fazer uma ação. Nesse caso o que deve ser tentado será escrito como um bloco dentro de um TRY, exemplo:

```
try:
Comandos que programa tentará executar
except:
Comados executados caso programa não consiga executar o que tentou
```

A seguir um exemplo do emprego do bloco **try-except**:

#Exemplo 4:

```
try:
    x = int(input('Digite um Número Inteiro: '))
    print(x)
except:
    print('Você não digitou um número inteiro válido!')
```

Contudo, é possível atribuir um bloco que será executado, mesmo quando as instruções do bloco **try** sejam executadas sem erros. Esse bloco é o **else**, veja o exemplo seguinte

#Exemplo 5:

O bloco **else** somente será executado, caso as instruções do bloco **try** sejam executadas corretamente, ou seja, sem erros.

```
try:
    x = int(input('Digite um Número Inteiro: '))
    print(x)
    except:
    print('Você não digitou um número inteiro válido!')
else:
    print('Ok tudo ocorreu corretamente')
    print(f'Você digitou {x}')
```

Ainda é possível adicionar mais uma instrução ao conjunto **try**, trata-se da instrução **finally**. O bloco **finally** apresenta um conteúdo que sempre será executado ocorrendo uma exceção ou não dentro do código presente no bloco **try**, como demonstra o exemplo a seguir:

#Exemplo 6:

```
try:
    x = int(input('Digite um Número Inteiro: '))
    print(x)
except:
    print('Você não digitou um número inteiro válido!')
else:
    print('Ok tudo ocorreu corretamente')
    print(f'Você digitou {x}')
finally:
    print('Bye Bye')
```

Durante o processo de programação é muito comum que os programadores façam com que o código imprima qual erro ocorreu diante da situação. Dessa maneira é possível melhorar o código para que o erro não ocorra ou tratar esse erro. O exemplo a seguir ilustra como obter a informação de qual erro ocorreu.

#Exemplo 7 - identificando os erros:

```
try:
    x = int(input('Digite um Número Inteiro: '))
    print(x)
```

```
except Exception as y:
        print(f'Ocorreu um Erro da Classe: {y.__class__}')
        print(f'A causa foi: {y.__cause__}')
        print(f'Contexto: {y.__context__}')
else:
        print('Ok tudo ocorreu corretamente')
        print(f'Você digitou {x}')
finally:
        print('Bye Bye')
```

Veja também como fica no exemplo com tipos numéricos, que podem receber valores não esperados ou, ainda, apresentar erros matemáticos como no caso de uma divisão por zero.

#Exemplo 8 - identificando os erros:

```
try:
        x = int(input('Digite um Número Inteiro: '))
        y = int(input('Digite Outro Número Inteiro: '))
        resultado = x/y
except Exception as z:
        print(f'Ocorreu um Erro da Classe: {z.__class__}')
else:
        print('Ok tudo ocorreu corretamente')
        print(f'Temos {x} / {y} = {resultado:.2f}')
finally:
        print('Bye Bye')
```

Ao saber com qual exceção estamos lidando, podemos tratá-la de maneira específica e não apenas genericamente como feito nos casos anteriores, e assim personalizar mensagens ou mesmo tratamentos de acordo com a informação apresentada.

No exemplo a seguir é realizado o tratamento da exceção quando ocorre uma divisão por zero (ZeroDivisionError).

#Exemplo 9 - tratando erros específicos:

```
try:
        x = int(input('Digite um Número Inteiro: '))
        y = int(input('Digite Outro Número Inteiro: '))
        resultado = x/y
except ZeroDivisionError:
        print(f'Ocorreu um Erro de Divisão por Zero!')
else:
```

```
            print('Ok tudo ocorreu corretamente')
            print(f'Temos {x} / {y} = {resultado:.2f}')
    finally:
            print('Bye Bye')
```

É possível realizar o tratamento de mais de um tipo de exceção ao mesmo tempo, como ilustram os exemplos a seguir.

#Exemplo 10 - tratando erros específicos:

```
try:
            x = int(input('Digite um Número Inteiro: '))
            y = int(input('Digite Outro Número Inteiro: '))
            resultado = x/y
    except ValueError:
            print(f'Ocorreu um Erro de Valor!')
    except TypeError:
            print(f'Ocorreu um Erro de Tipo!')
    except (ValueError, TypeError):
            print('Você inseriu um dado inválido!')
    else:
            print('Ok tudo ocorreu corretamente')
            print(f'Temos {x} / {y} = {resultado:.2f}')
    finally:
            print('Bye Bye')
```

A seguir uma lista de algumas ações que podem ocorrer dentro de um código:

- Exceção IndexError

    Gerado quando índice não existente de uma Lista ou Tupla tenta ser acessado.)

- Exceção KeyError

    Gerado quando uma chave de mapeamento (dicionário) não é encontrada no conjunto de chaves existentes.

- Exceção KeyboardInterrupt

    Gerado quando o usuário pressiona a tecla de interrupção (normalmente Control-C ou Delete). Durante a execução, uma verificação de interrupções é feita regularmente

- Exceção MemoryError

    Gerado quando uma operação fica sem memória, mas a situação ainda pode ser resgatada (excluindo alguns objetos). O valor associado é uma string que indica que tipo de operação (interna) ficou sem memória. O interpretador pode nem sempre ser capaz de se recuperar completamente dessa situação. No entanto, gera uma exceção para que um rastreamento de pilha possa ser impresso, no caso de um programa fugitivo ser a causa.

- Exceção NameError

    Gerado quando um nome local ou global não é encontrado. Isso se aplica apenas a nomes não qualificados. O valor associado é uma mensagem de erro que inclui o nome que não foi encontrado.

- Exceção ImportError

    Gerado quando a import instrução tem problemas ao tentar carregar um módulo. Também é gerado quando "from list" tem um nome que não pode ser encontrado: from ... import.

    Os atributos name e path podem ser definidos usando argumentos apenas de palavra-chave para o construtor. Quando definidos, eles representam o nome do módulo que tentou ser importado e o caminho para qualquer arquivo que disparou a exceção, respectivamente.

- Exceção ModuleNotFoundError

    Uma subclasse da ImportError que é gerada por import quando um módulo não pode ser localizado. Também é gerada quando None é encontrado em sys.modules.

- Exceção SyntaxError

    Gerado quando o analisador encontra um erro de sintaxe. Isso pode ocorrer em uma intrução import, em uma chamada para as funções internas exec(), compile() ou eval(), ou ao ler o script inicial ou entrada padrão (também interativamente).

    Instâncias dessa classe têm atributos filename, lineno, offset e text para facilitar o acesso aos detalhes str() da instância de exceção retorna apenas a mensagem.

- Exceção IndentationError

    Classe base para erros de sintaxe relacionados à indentação incorreta. Esta é uma subclasse de SyntaxError.

- Exceção TabError

    Gerado quando o recuo contém um uso inconsistente de tabulações e espaços. Essa é uma subclasse de IndentationError.

- Exceção SystemError

    Gerado quando o intérprete encontra um erro interno, mas a situação não parece tão grave para fazer com que perca todas as esperanças. O valor associado é uma string que indica o que deu errado (em termos de baixo nível).

Você deve relatar isso ao autor ou mantenedor do seu interpretador Python. Certifique-se de relatar a versão do interpretador Python (sys. version; ele também é impresso no início de uma sessão Python interativa), a mensagem de erro exata (o valor associado da exceção) e, se possível, a fonte do programa que acionou o erro.

- Exceção SystemExit

    Essa exceção é gerada pela sys.exit()função. Ele herda de em BaseException em vez de Exception para que não seja acidentalmente capturado pelo código que captura Exception. Isso permite que a exceção se propague corretamente e faça com que o interpretador saia. Quando não é tratado, o interpretador Python sai e nenhum rastreamento de pilha é impresso. O construtor aceita o mesmo argumento opcional passado para sys.exit(). Se o valor for um inteiro, ele especifica o status de saída do sistema (passado para a exit() função de C); se for None, o status de saída é zero; se tiver outro tipo (como uma string), o valor do objeto é impresso e o status de saída é um.

    Uma chamada para sys.exit() é traduzida em uma exceção para que os manipuladores de limpeza possam ser executados e para que um depurador possa executar um script sem correr o risco de perder o controle. A os._exit()função pode ser usada se for absolutamente necessário sair imediatamente (por exemplo, no processo filho após uma chamada para os.fork()).

- Code

    O status de saída ou a mensagem de erro que é passada ao construtor. (O padrão é None.)

- Exceção TypeError

    Gerado quando uma operação ou função é aplicada a um objeto de tipo impróprio. O valor associado é uma string que fornece detalhes sobre a incompatibilidade de tipo.

    Essa exceção pode ser gerada pelo código do usuário para indicar que uma tentativa de operação em um objeto não é suportada e não deveria ser. Se um objeto se destina a suportar uma determinada operação, mas ainda não forneceu uma implementação, NotImplementedError é a exceção adequada a ser levantada.

    Passar argumentos do tipo errado (por exemplo, passar uma lista quando um inteiro é esperado) deve resultar em a TypeError, mas passar argumentos com o valor errado (por exemplo, um número fora dos limites esperados) deve resultar em a ValueError.

#Exemplo 11 - juntando conceitos:

```python
def Entrada(texto):
    while True:
        try:
            x = int(input(texto))
        except (ValueError, TypeError):
            print(f'Valor informado é inválido! \nPor gentileza insira o valor novamente!')
            continue
        else:
            print('Ok tudo ocorreu corretamente')
            return x
            break

x = Entrada('Digite um Número Inteiro: ')
y = Entrada('Digite um Número Inteiro: ')

try:
    z = x/y
except ZeroDivisionError:
    print('Ocorreu um ERRO de Divisão por ZERO!\n\n')
    y = Entrada('Digite um Número Inteiro DIFERENTE de ZERO: ')
else:
    print(f'O resultado da Divisão de {x} por {y} é: {x/y:.2f}')
finally:
    print('Bye Bye!!!')
```

No exemplo acima foi criada uma função chamada entrada que recebe um texto ao ser invocada. Esse texto informado é aquele que será exibido junto ao comando input.

Já dentro da função, note que temos um laço infinito **While True** dentro do qual a variável **x** recebe um valor e converte para inteiro. Caso o valor informado não seja um número inteiro ou não seja número, será exibida uma mensagem de erro solicitando que o valor seja inserido novamente. A repetição somente será encerrada quando o valor informado for aquele esperado, ou seja, um número inteiro. Para facilitar a observação de que o código está ocorrendo normalmente antes de retornar para a sequência do código principal, é impressa a mensagem "ok tudo ocorreu corretamente".

No código principal nosso algoritmo inicia criando variável **x** que irá receber o resultado da função entrada. Em seguida, a variável **y** é criada recebendo o valor também da função **entrada**. Observe que a função entrada foi utilizada 2 vezes.

Dentro do código principal utilizamos novamente o comando **try**, agora para testar se o correrá tudo corretamente na divisão de **x** por **y**. Caso a divisão esteja correta, nenhum erro será exibido apenas a mensagem indicando o valor de **x**, **y** e o resultado de sua divisão formatado com 2 casas decimais.

Porém, caso ocorra um erro de divisão por zero, isto é, quando o valor de **y** for igual a zero, será exibida uma mensagem ao usuário de que um erro de divisão por zero ocorreu e consequentemente será solicitado que insira um valor novamente.

Observe que este código possui uma falha: caso o usuário digite zero para **y**, o erro irá ocorrer e o programa solicitará novamente o valor. Contudo, independentemente do valor que o usuário digitar o código apresentará a mensagem de que tudo ocorreu corretamente mas não irá apresentar o resultado da divisão4

7.4 Programação R

Preparação do ambiente

Para rodar a linguagem R em ambiente local é necessário baixar a linguagem pelo link https://cran-r.c3sl.ufpr.br/ e, também, é recomendado a instalação de um ambiente gráfico de desenvolvimento, no caso mais comum em provas é o R Studio, disponível em https://rstudio.com/products/rstudio/download/.

A seguir a ilustração do ambiente R.

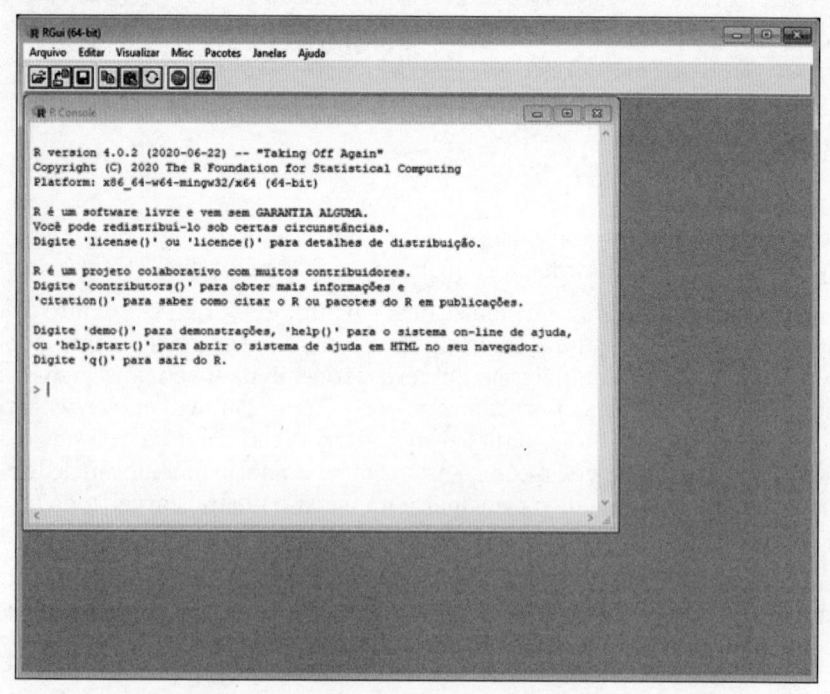

A seguir a ilustração da IDE R Studio.

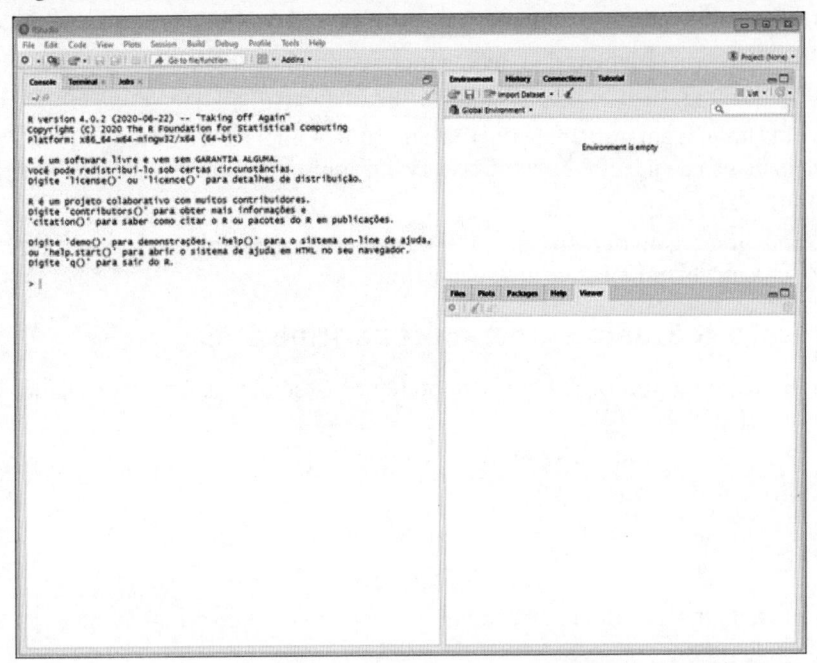

A figura ilustra a tela inicial do R Studio, observe os 3 campos presentes na janela. Na parte maior iremos inserir nosso código, pelo qual vamos programar de fato. No canto superior podemos acompanhar pela guia **Environment** como estão os dados instanciados. Note a guia tutorial para baixar um pacote de aprendizado.

No quadro inferior direito, podemos navegar pelos arquivos guia **Files**, visualizar a plotagem dos gráficos na guia **Plots**.

Para efeitos didáticos iremos usar o R Studio, mas recomendo para efeitos de teste (podendo ser realizados inclusive pelo celular) a utilização do ambiente on-line disponível em https://repl.it/languages/rlang.

A linguagem R

A linguagem R foi desenvolvida no início dos anos 1990, no departamento de Estatística da Universidade de Auckland, Nova Zelândia por Ross Ihaka e Robert Gentleman, a partir da linguagem S, que foi desenvolvida pela Bell Laboratories sob o comando de John Chambers na década de 1970.

Ganhou maior notoriedade por ser mais simples, atender novas finalidades e possuir uma séria de pacotes que facilitam a vida do desenvolvedor.

A linguagem R é do tipo especializada e volta-se para a **Estatística**, permitindo a manipulação, análise e visualização de dados, inclusive por meio de gráficos. Similarmente existe o **MatLab** voltado para modelagem matemática e **Fortran** voltado para cálculos físicos. Essas linguagens buscam focar em um universo mais específico a fim de extrair o máximo do poder computacional levando a novas possibilidades.

Uma das características da Linguagem é ser dinamicamente **tipada**. Outra característica está no fato de ser considerada uma linguagem fácil de se aprender.

É uma linguagem **multiplataforma** e de **código aberto**. R é fortemente extensível por meio do uso de pacotes enviados pelo utilizador para funções ou áreas específicas de estudo.

É uma linguagem que possui recursos de **orientação a objetos** e opera também de forma **processual**, **procedural** e por funções.

Ambiente, R Studio e Operadores aritméticos

A linguagem é interativa, ou seja, podemos executar as linhas desejadas (selecionadas) do código.

Assim como na linguagem Python, na linguagem R há o comando **print()** para imprimir no terminal/tela.

```
print('Olá, texto impresso')
```

É possível inserir linhas de comentário usando o caractere # no início da linha, tal qual o Python.

No R Studio é possível executar parte do script de um arquivo ou todo ele.

Recomendamos o uso do R Studio se dá pelo fato da IDE ilustrar detalhes das variáveis criadas, tonando mais didática sua representação e entendimento.

Variáveis

Uma variável é uma posição de memória (memória RAM) que irá receber um dado.

Fique ligado!

Uma variável deve sempre iniciar com letras, podendo ser apenas letras ou identificada por letras e números. Uma variável NUNCA pode iniciar com número.

A linguagem R é Case Sensitive, portanto uma variável **a** é diferente de uma variável A.

Em Python atribuímos um valor a uma variável utilizando o sinal de igual (=), embora também funcione na linguagem R, é comum o emprego do sinal menor menos (<-) ou ainda menos maior (->) para realizar atribuições.

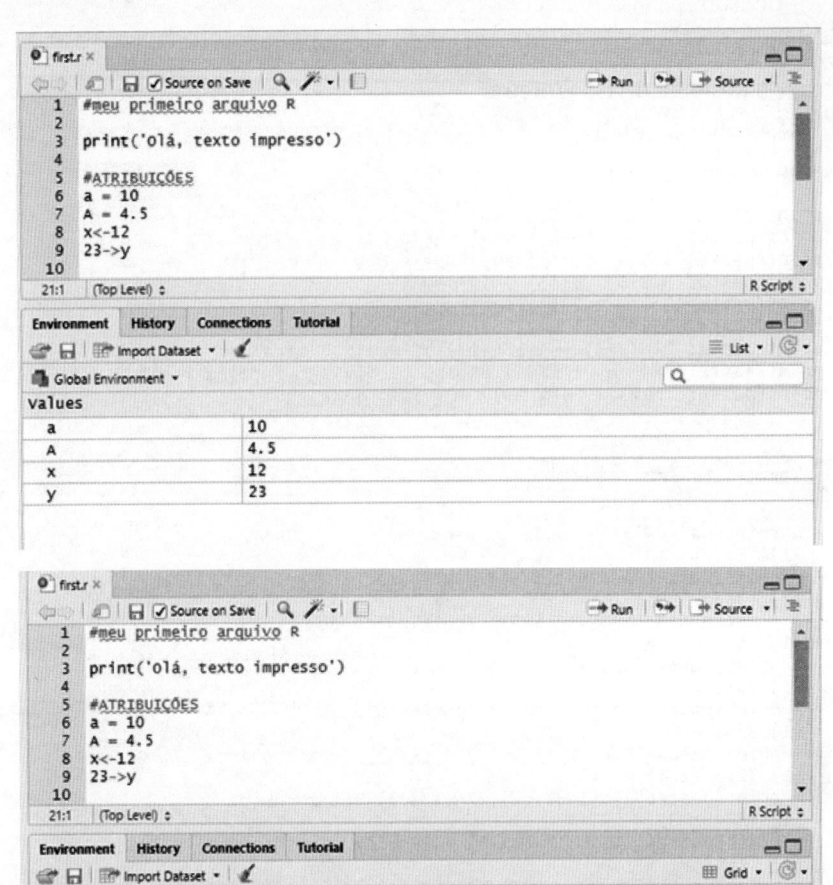

```
#Atribuições

a = 10
A = 4.5
x<-12
23->y
```

```
#meu primeiro arquivo R

print('olá, texto impresso')

#ATRIBUIÇÕES
a = 10
A = 4.5
x<-12
23->y
```

Environment — Values:

Name	Value
a	10
A	4.5
x	12
y	23

```
#meu primeiro arquivo R

print('olá, texto impresso')

#ATRIBUIÇÕES
a = 10
A = 4.5
x<-12
23->y
```

Name	Type	Length	Size	Value
a	numeric	1	56 B	10
A	numeric	1	56 B	4.5
x	numeric	1	56 B	12
y	numeric	1	56 B	23

Em R ao realizar uma operação aritmética ou mesmo escrever apenas a variável o valor/resultado será exibido no terminal.

João Paulo Colet Orso

Operadores Aritméticos

- \+ soma
- \- subtração
- * multiplicação
- / Divisão
- ^ Potenciação
- %% Resto da divisão inteira
- %/% Divisão Inteira

```
#Operadores Aritméticos

print(paste('5+5 = ',5+5)) #soma
print(paste('5-5 = ',5-5)) #subtração
print(paste('5*5 = ',5*5)) #multiplicação
print(paste('5/5 = ',5/5)) #divisão
print(paste('2^5 = ',2^5)) #potência
print(paste('256^(1/4) = ',256^(1/4))) #raiz quarta
print(paste('27^(1/3) = ',27^(1/3))) #raiz cúbica
print(paste('7%%3 = ',7%%3)) #Resto da divisão inteira 7 mod 3 = 1
print(paste('7%/%3 = ',7%/%3)) #Divisão inteira
```

```
Console  Terminal ×  Jobs ×
~/
> print(paste('5+5 = ',5+5)) #soma
[1] "5+5 =  10"
> print(paste('5-5 = ',5-5)) #subtração
[1] "5-5 =  0"
> print(paste('5*5 = ',5*5)) #multiplicação
[1] "5*5 =  25"
> print(paste('5/5 = ',5/5)) #divisão
[1] "5/5 =  1"
> print(paste('2^5 = ',2^5)) #potência
[1] "2^5 =  32"
> print(paste('256^(1/4) = ',256^(1/4))) #raiz quarta
[1] "256^(1/4) =  4"
> print(paste('27^(1/3) = ',27^(1/3))) #raiz cúbica
[1] "27^(1/3) =  3"
> print(paste('7%%3 = ',7%%3)) #Resto da divisão inteira 7 mod 3 = 1
[1] "7%%3 =  1"
> print(paste('7%/%3 = ',7%/%3)) #Divisão inteira
[1] "7%/%3 =  2"
> |
```

Operadores de Comparação

- == igualdade
- != diferença
- \> maior que
- < menor que

- \>= maior ou igual
- <= menor ou igual

```
#operadores de Comparação
7 == 7
7 == 5
7 != 5
7 > 5
7 < 5
7 >= 5
7 <= 5
```

```
> #operadores de Comparação
> 7 == 7
[1] TRUE
> 7 == 5
[1] FALSE
> 7 != 5
[1] TRUE
> 7 > 5
[1] TRUE
> 7 < 5
[1] FALSE
> 7 >= 5
[1] TRUE
> 7 <= 5
[1] FALSE
>
```

Operadores Lógicos

- & E
- | Ou
- ! Negação

```
#operadores Lógicos
#E
5==5 & 8>5

#OU
5 != 5 | 8 > 5

#negação
5 != 5 | ! 8 > 5

if (5 == 5) {
  print('igual')
  }

if (5 == 5) {
  print('igual')
  } else {
  print('Diferente')
  }
```

```
> #operadores lógicos
> #E
> 5==5 & 8>5
[1] TRUE
>
> #OU
> 5 != 5 | 8 > 5
[1] TRUE
>
> #negação
> 5 != 5 | ! 8 > 5
[1] FALSE
>
> if (5 == 5) {
+   print('igual')
+ }
[1] "igual"
>
> if (5 == 5) {
+   print('igual')
+ } else {
+   print('Diferente')
+ }
[1] "igual"
```

Tipos de dados (Data types)

Ao programar é importante conhecer os tipos de dados e, principalmente, quais linguagens são oferecidas e como ela trata esses tipos. A linguagem R tem como destaque trabalhar nativamente com **dados do tipo complexos**, sim é possível usar números complexos.

A linguagem R conta com os seguintes tipos de dados: numeric, character, logical e complex.

```
# Tipos de dados
a <- -1
b <- 5.5
c <- 3+1i
d <- 'texto'
e <- TRUE
f <- '3'
```

Name	Type	Length	Size	Value
a	numeric	1	56 B	-1
b	numeric	1	56 B	5.5
c	complex	1	64 B	3+1i
d	character	1	112 B	"texto"
e	logical	1	56 B	TRUE
f	character	1	112 B	"3"

Estrutura de Dados

É uma estrutura que trabalha com mais de um dado, podendo ser do mesmo tipo ou não, varia de acordo com cada estrutura de dados.

- Vector: são estruturas de dados que são do mesmo tipo.
- List: permite que os dados sejam de tipos diferentes, inclusive pode conter outra lista.
- Matrix: são matrizes, ou seja, estruturas de dados bidimensionais (linhas x colunas).
- Dataframe: arquivos csv são exemplos de Dataframes.
- Arrays: são similares aos vetores, porém aceitam tipos de dados distintos.
- Factores: são estruturas de dados que permitem análises diferentes dos valores

Vetores

```
#Vetores
vetor <- c('z','asdas')
a <- 'João'
b <- 'Maria'
vetor1 <- c(a,b,'Pedro')
vetor1[1]
vetor1[-1]
vetor1
vetor1[-2]
```

Name	Type	Length	Size	Value
a	character	1	112 B	"João"
b	character	1	112 B	"Maria"
vetor	character	2	176 B	chr [1:2] "z" "asdas"
vetor1	character	3	248 B	chr [1:3] "João" "Maria" "Pedro"

```
> #Vetores
> vetor <- c('z','asdas')
> a <- 'João'
> b <- 'Maria'
> vetor1 <- c(a,b,'Pedro')
> vetor1[1]
[1] "João"
> vetor1[-1]
[1] "Maria" "Pedro"
> vetor1
[1] "João"  "Maria" "Pedro"
> vetor1[-2]
[1] "João" "Pedro"
>
```

É possível criar vetores de valores inteiros usando a função **integer( )**:

```
Numer <- integer(3)
```

Name	Type	Length	Size	Value
Numer	integer	3	64 B	int [1:3] 0 0 0

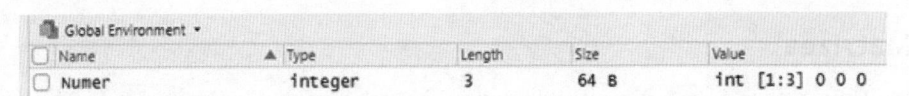

Note que a função integer(3) criou um vetor de números inteiros com 3 posições.

Listas

```
#Listas
alfa <- list('João Paulo Colet Orso',31) #instancia uma lista
alfa #imprime toda lista
alfa[0] #imprime cabeçalho
alfa[1] #imprime primeiro valor
alfa[2] #imprime segundo valor

alfa[3] <- 'Professor' #cria nova posição na lista e insere o valor
alfa[3]
```

Executando:

```
> #Listas
> alfa <- list('João Paulo Colet Orso',31) #instancia uma lista
> alfa #imprime toda lista
[[1]]
[1] "João Paulo Colet Orso"

[[2]]
[1] 31

> alfa[0] #imprime cabeçalho
list()
> alfa[1] #imprime primeiro valor
[[1]]
[1] "João Paulo Colet Orso"

> alfa[2] #imprime segundo valor
[[1]]
[1] 31

>
> alfa[3] <- 'Professor' #cria nova posição na lista e insere o valor
> alfa[3]
[[1]]
[1] "Professor"
```

Ao final, a memória contém:

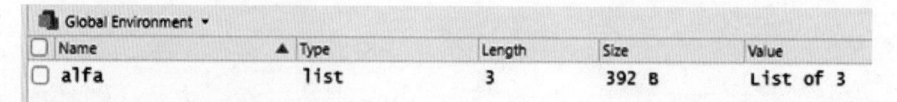

Name	Type	Length	Size	Value
alfa	list	3	392 B	List of 3

Exibindo o conteúdo da lista:

Name	Type	Value
alfa	list [3]	List of length 3
[[1]]	character [1]	'João Paulo Colet Orso'
[[2]]	double [1]	31
[[3]]	character [1]	'Professor'

Matrizes

Uma Matriz é uma estrutura de dados bidimensional, ou seja, será definida com um número de colunas e linhas.

```
#Matrizes
matrixA <- matrix(nrow=2,ncol = 3)
matrixA
matrixA[0,0]
matrixA[0,1]
matrixA[1,1]
```

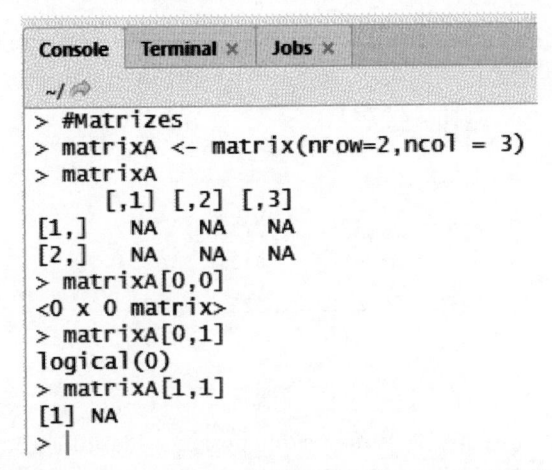

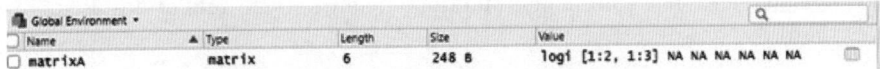

Executando:

```
Console  Terminal ×  Jobs ×
~/
> #Matrizes
> matrixA <- matrix(nrow=2,ncol = 3)
> matrixA
     [,1] [,2] [,3]
[1,]  NA   NA   NA
[2,]  NA   NA   NA
> matrixA[0,0]
<0 x 0 matrix>
> matrixA[0,1]
logical(0)
> matrixA[1,1]
[1] NA
>
```

Name	Type	Length	Size	Value
matrixA	matrix	6	248 B	logi [1:2, 1:3] NA NA NA NA NA NA

Ao exibir o conteúdo da matriz temos uma matriz vazia:

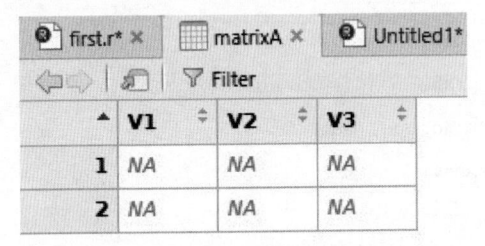

	V1	V2	V3
1	NA	NA	NA
2	NA	NA	NA

Na sequência foram executadas as seguintes linhas de código:

```
matrixA[1,1] <- 'a11'
matrixA[1,2] <- 'a12'
matrixA[1,3] <- 'a13'

matrixA[2,1] <- 'a21'
matrixA[2,2] <- 'a22'
matrixA[2,3] <- 'a23'
```

Executando:

```
> matrixA[1,1] <- 'a11'
> matrixA[1,2] <- 'a12'
> matrixA[1,3] <- 'a13'
>
> matrixA[2,1] <- 'a21'
> matrixA[2,2] <- 'a22'
> matrixA[2,3] <- 'a23'
> |
```

A Matrix A passa a ter os valores:

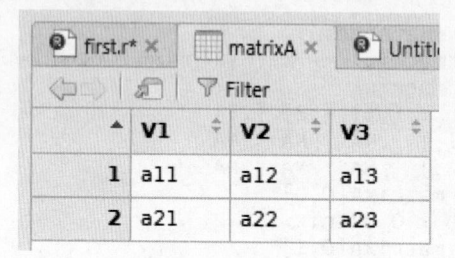

	V1	V2	V3
1	a11	a12	a13
2	a21	a22	a23

Dataframes

Dataframes são estruturas de dados que possuem identificação para as colunas, o que permite acessar a coluna pela sua nomenclatura (algo similar aos dicionários em Python).

```
#dataFrames
Coluna1 <- c('João','Maria', 'Ana', 'Pedro')
Coluna2 <- c(31,50,31,25)
Coluna3 <- c('Professor','Policial','Estudante','Advogado')
tabela <- data.frame(Coluna1,Coluna2,Coluna3)
tabela
write.csv(tabela, file='Dados.csv')

Dados <- read.csv('Dados.csv')

summary(Dados)

Dados[1]
Dados[1,] #linha
Dados[,1] #coluna

Dados[1:2] #intervalo
Dados[1,1:2]
```

Executando:

```
> Dados[1]
  x
1 1
2 2
3 3
4 4
> Dados[1,] #linha
  x Coluna1 Coluna2    Coluna3
1 1    João      31  Professor
> Dados[,1] #coluna
[1] 1 2 3 4
>
> Dados[1:2] #intervalo
  x Coluna1
1 1    João
2 2   Maria
3 3     Ana
4 4   Pedro
> Dados[1,1:2]
  x Coluna1
1 1    João
> |
```

Os dataframes são bastante utilizados e possibilitam importar dados de arquivos CSV, bem como exportar para CSV, o que permite integrar facilmente relatórios.

No exemplo dado, o comando **write** gera um arquivo CSV com os dados do dataframe tabela, enquanto o comando **read** lê de um arquivo os dados para um dataframe Dados.

A função **summary** permite verificar várias medidas estatísticas dos dados

```
> summary(Dados)
      x           Coluna1             Coluna2          Coluna3
 Min.   :1.00   Length:4          Min.   :25.00   Length:4
 1st Qu.:1.75   Class :character  1st Qu.:29.50   Class :character
 Median :2.50   Mode  :character  Median :31.00   Mode  :character
 Mean   :2.50                     Mean   :34.25
 3rd Qu.:3.25                     3rd Qu.:35.75
 Max.   :4.00                     Max.   :50.00
> |
```

Array

```
#array
a <- array(dim=5)
a
a[1] <- 40
a

a[3] <- 'tex'
```

Executando:

```
Console  Terminal ×  Jobs ×
~/
> #array
> a <- array(dim=5)
> a
[1] NA NA NA NA NA
> a[1] <- 40
> a
[1] 40 NA NA NA NA
>
> a[3] <- 'tex'
> |
```

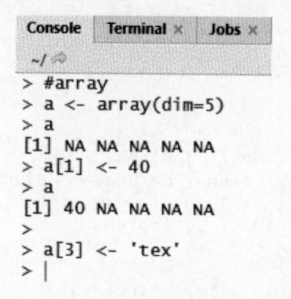

Name	Type	Length	Size	Value
a	array	5	376 B	chr [1:5(1d)] "40" NA "tex" NA NA

Factor

```
#Factor
lista <- c(7,3, 7,5,3,7,15,20,20,3,15,20 )
lista
summary(lista)
fat <- as.factor(lista)
fat
summary(fat)
```

```
Console  Terminal ×  Jobs ×
~/
> #Factor
> lista <- c(7,3, 7,5,3,7,15,20,20,3,15,20 )
> lista
 [1]  7  3  7  5  3  7 15 20 20  3 15 20
> summary(lista)
   Min. 1st Qu.  Median    Mean 3rd Qu.    Max.
   3.00    4.50    7.00   10.42   16.25   20.00
> fat <- as.factor(lista)
> fat
 [1] 7  3  7  5  3  7  15 20 20 3  15 20
Levels: 3 5 7 15 20
> summary(fat)
 3  5  7 15 20
 3  1  3  2  3
```

Executando:

Name	Type	Length	Size	Value
fat	factor	12	808 B	Factor w/ 5 levels "3","5","7","15",..:
lista	numeric	12	176 B	num [1:12] 7 3 7 5 3 7 15 20 20 3 ...

Estruturas de Decisão

É possível criar em R desvios condicionais tal qual em Python, porém deve-se ter cuidado com a sintaxe. Em R se o bloco possuir mais de uma linha de instruções, ele deve ter seu início delimitado por { (abre chaves) e } (fecha chaves) para fechar o bloco.

Condições Simples

```r
#Condições Simples
teste = 10
if (teste >= 5) print("verdade")


if (teste >= 5) {
  print("verdade")
}


idade = 5
if (idade >= 18){
  print('você é maior de idade')
} else{
  print ('você é MENOR de idade')
}
```

Executando:

```
ondições Simples
ste = 10
 (teste >= 5) print("verdade")
"verdade"


 (teste >= 5) {
print("verdade")

"verdade"


ade = 5
 (idade >= 18){
print('você é maior de idade')
else{
print ('você é MENOR de idade')

"você é MENOR de idade"
```

Condição Encadeada (aninhada)

```
#condição Encadeada (aninhada)

nota = 60
if (nota >= 70) {
  print('Aprovado!')
} else {
  if (nota >= 50){
    print('Exame!')
  } else {
    print("Reprovado!!")}
}
```

Executando:

```
Console   Terminal ×   Jobs ×
~/
> #condição Encadeada (aninhada)
>
> nota = 60
> if (nota >= 70) {
+   print('Aprovado!')
+ } else {
+   if (nota >= 50){
+     print('Exame!')
+   } else {
+     print("Reprovado!!")}
+ }
[1] "Exame!"
>
```

Aqui escreve-se de modo mais resumido, devendo olhar atentamente, pois entenda que o **if** constitui um comando apenas, ou seja, não exige que se use as chaves para abrir o bloco.

```
#condição Encadeada (colapsada)
nota = 50
if (nota >= 70) {
  print('Aprovado!')
} else if (nota >= 50){
    print('Exame!')
  } else {
    print("Reprovado!!")}
```

IFELSE

A função IFELSE é iterativa, ou seja, ela permite executar uma regra de comparação e indicar os resultados que devem ser retornados para cada elemento de um vetor.

> **Fique ligado!**
>
> Atenção para não confundir com o Python. Novamente o formato mais comum de questões é aquele que mistura características das duas linguagens de modo implícito.

Note que no exemplo a seguir há um vetor (valores) e a função Ifelse gera uma análise de valores que são pares ou ímpares usando o resto da divisão inteira por 2, caso o resto seja 1, significa que o valor é ímpar, se for zero (isto é, não é 1) ele é par.

```
#IFELSE
valores <- c(1,3,4,2,3,5,10)
ifelse(valores %% 2 == 1,print("Ímpar"),print("Par"))
ifelse(valores %% 2 == 1,"Ímpar","Par")
```

Executando:

```
Console   Terminal ×   Jobs ×
~/
> #IFELSE
> valores <- c(1,3,4,2,3,5,10)
> ifelse(valores %% 2 == 1,print("Ímpar"),print("Par"))
[1] "Ímpar"
[1] "Par"
[1] "Ímpar" "Ímpar" "Par"   "Par"   "Ímpar" "Ímpar" "Par"
> ifelse(valores %% 2 == 1,"Ímpar","Par")
[1] "Ímpar" "Ímpar" "Par"   "Par"   "Ímpar" "Ímpar" "Par"
>
```

Laços de repetição

Assim como em Python, há o laço for e while. Note que em R é necessário delimitar os blocos abrindo e fechando as chaves.

FOR

Tal qual em Python a variável de controle do FOR assume o valor de cada posição da variável passada como base. No exemplo a seguir a variável i assume cada valor da Matriz:

```
#Laços de Repetição
#FOR

Matriz <- matrix(1:6,2,3)
for (i in Matriz) {
   print(Matriz[i])
   }
```

Executando:

```
Console  Terminal ×  Jobs ×
~/
> #Laços de Repetição
> #FOR
>
> Matriz <- matrix(1:6,2,3)
> for (i in Matriz) {
+    print(Matriz[i])
+    }
[1] 1
[1] 2
[1] 3
[1] 4
[1] 5
[1] 6
> |
```

Note que se a matriz tem os valores de 11 a 16 o que acontece:

```
#Laços de Repetição
#FOR

Matriz <- matrix(11:16,2,3)
for (i in Matriz) {
   print(Matriz[i])
   }
```

Executando:

```
> Matriz <- matrix(11:16,2,3)
> for (i in Matriz) {
+    print(Matriz[i])
+    }
[1] NA
[1] NA
[1] NA
[1] NA
[1] NA
[1] NA
> |
```

A função RANGE tem funcionamento diferente na linguagem R. Fique atento às funções:

```r
iteracao = 6
for (i in range(iteracao)){
  print(paste('Está é a iteração: ',i))
}
print('Fora')
```

Executando:

```
Console  Terminal ×  Jobs ×
~/
> iteracao = 6
> for (i in range(iteracao)){
+   print(paste('Está é a iteração: ',i))
+ }
[1] "Está é a iteração:  6"
[1] "Está é a iteração:  6"
> print('Fora')
[1] "Fora"
>
```

Desse modo, é importante usar variáveis para controles internos:

```r
x<-c(1:10)
for (i in x){
  print(paste('Está é a iteração: ',i))
  print(x)
  #print(x[i])
}
print('Fora')
```

Executando:

```
Console  Terminal ×  Jobs ×
~/
> x<-c(1:10)
> for (i in x){
+   print(paste('Está é a iteração: ',i))
+   print(x)
+   #print(x[i])
+ }
[1] "Está é a iteração:  1"
 [1]  1  2  3  4  5  6  7  8  9 10
[1] "Está é a iteração:  2"
 [1]  1  2  3  4  5  6  7  8  9 10
[1] "Está é a iteração:  3"
 [1]  1  2  3  4  5  6  7  8  9 10
[1] "Está é a iteração:  4"
 [1]  1  2  3  4  5  6  7  8  9 10
[1] "Está é a iteração:  5"
 [1]  1  2  3  4  5  6  7  8  9 10
[1] "Está é a iteração:  6"
 [1]  1  2  3  4  5  6  7  8  9 10
[1] "Está é a iteração:  7"
 [1]  1  2  3  4  5  6  7  8  9 10
[1] "Está é a iteração:  8"
 [1]  1  2  3  4  5  6  7  8  9 10
[1] "Está é a iteração:  9"
 [1]  1  2  3  4  5  6  7  8  9 10
[1] "Está é a iteração:  10"
 [1]  1  2  3  4  5  6  7  8  9 10
> print('Fora')
[1] "Fora"
>
```

Note que ao usar elementos adicionais, pode-se ter um controle do que se quer acessar:

```
  objeto 'x' não encontrado
> print('Fora')
[1] "Fora"
> x<-c(1:10)
> y<-c(11:20)
> contador <-1
> for (i in y){
+   print(paste('Está é a iteração: ',contador))
+   print(paste('Valor de x na posição ',contador, 'é: ',x[contador]))
+   contador<-contador+1
+ }
[1] "Está é a iteração:  1"
[1] "Valor de x na posição  1 é:  1"
[1] "Está é a iteração:  2"
[1] "Valor de x na posição  2 é:  2"
[1] "Está é a iteração:  3"
[1] "Valor de x na posição  3 é:  3"
[1] "Está é a iteração:  4"
[1] "Valor de x na posição  4 é:  4"
[1] "Está é a iteração:  5"
[1] "Valor de x na posição  5 é:  5"
[1] "Está é a iteração:  6"
[1] "Valor de x na posição  6 é:  6"
[1] "Está é a iteração:  7"
[1] "Valor de x na posição  7 é:  7"
[1] "Está é a iteração:  8"
[1] "Valor de x na posição  8 é:  8"
[1] "Está é a iteração:  9"
[1] "Valor de x na posição  9 é:  9"
[1] "Está é a iteração:  10"
[1] "Valor de x na posição  10 é:  10"
> print('Fora')
[1] "Fora"
> 
```

WHILE

É um laço de repetição que executa o bloco de instruções enquanto a condição permanecer verdadeira.

```
#While

i <- 1
while (i < 6) {
    print(i)
    i = i+1
}
```

Executando:

```
Console   Terminal ×   Jobs
~/
> #while
>
> i <- 1
> while (i < 6) {
+     print(i)
+     i = i+1
+ }
[1] 1
[1] 2
[1] 3
[1] 4
[1] 5
>
```

Fique ligado!

A pegadinha típica de provas é inverter a ordem da impressão, colocando-a depois do incremento da variável de controle, no caso i.

```
i <- 1
while (i < 6) {
    i = i+1
    print(i)
}
```

Executando:

```
> i <- 1
> while (i < 6) {
+     i = i+1
+     print(i)
+ }
[1] 2
[1] 3
[1] 4
[1] 5
[1] 6
>
```

Perceba que a diferença é muito sutil, mas vastamente cobrada nas provas.

Pacotes

Os pacotes são estruturas compostas por funções desenvolvidas para resolver pequenos problemas (tarefas) que são de interesse e necessidade de outros programadores. É possível reusar soluções ao invés de criá-las novamente todas as vezes que surgir o mesmo problema.

O pacote deve ser instalado no ambiente, para isso basta digitar no console (ou executar no código) a instrução:

```
install.packages("nome do pacote")
```

Em que "nome do pacote" deve ser substituído pelo pacote que será instalado, como no exemplo dado a **ggplot2** é uma das mais empregadas por cientistas de dados.

Após instalado, deve ser ativado para usar no programa, podendo usar o comando a seguir para conhecer as funções disponíveis e como usá-las:

```
library(ggplot2)
```

Agrupam-se os pacotes disponíveis com base nos momentos em que são mais empregados na mineração de base de dados, como:

- Estágio 1: de pré-modelagem.
- Estágio 2: Modelagem.
- Estágio 3: de pós-modelagem.

Pré-modelagem

- Visualização de Dados: ggplot2 e googleVis.
- Transformação de Dados: plyr e data.table.
- Falta de imputações de valor: MissForest e MissMDA.
- Detectção de Outlier: Outliers e EVIR.
- Seleção de Recursos: Features e RRF.
- Redução de dimensão: FactorMineR e CCP.

Modelagem

- Regressão Contínua: car e randomforest.
- Regressão Ordinal: Rminer e CoreLearn.
- Classificação: Caret e BigRF.
- Clusterização: CBA e RankCluster.
- Séries Temporais: forecast e LTSA.
- Survival: survival, Basta.

Pós-Modelagem

- Validação de Modelo Geral: LSMeans e Comparison.
- Validação de Regressão: RegTest e ACD.
- Validação de Classificação: BinomTools e DAIM.
- Validação de Clusterização: ClustEval e SigClust.
- Análise de curvas ROC: PROC e TimeROC.

Outras bibliotecas bastante empregadas

- Melhorar Desempenho: Rcpp e parallel.
- Mineração de texto: tm e twitteR.
- Trabalhar com Web: XML, jasonlite e httr.
- Banco de dados: sqldf, RODBC e Rmongo.
- Relatórios de Resultados: shiny e Rmarkdown.
- Diversos: swirl, reshape2 e qcc.

Funções

Na linguagem R para definir uma função usa-se o comando **function**. É importante observar a estrutura de bloco que precisa ser definida.

```
#Funções
#função com retorno
soma <- function(y){
   x<-0
   for (i in y) {
      x<-x+i
   }
   return(x)
}

valor <- c(5,7,9,6)
z<-soma(valor)
z
```

Executando:

```
> #Funções
> #função com retorno
> soma <- function(y){
+     x<-0
+     for (i in y) {
+        x<-x+i
+     }
+     return(x)
+ }
>
> valor <- c(5,7,9,6)
> z<-soma(valor)
> z
[1] 27
>
```

Embora o R seja interativo e imprima os resultados no console de modo muito direto, podem ser usadas funções sem retorno:

```
#função sem retorno (método)
soma <- function(y){
  x<-0
  for (i in y) {
    x<-x+i
  }
  x
}


valor <- c(5,7,9,6)
soma(valor)
```

Executando:

```
> #função sem retorno (método)
> soma <- function(y){
+     x<-0
+     for (i in y) {
+        x<-x+i
+     }
+     x
+ }
>
>
> valor <- c(5,7,9,6)
> soma(valor)
[1] 27
>
```

Vale lembrar que a linguagem R é interpretada tal qual R, porém com o adendo de ser interativa, logo é importante frisar a necessidade de definir as funções antes de chamá-las no código.

A linguagem possui inúmeras funções **built in** voltadas para cálculos estatísticos e plotagem de valores na forma de gráficos.

Vamos praticar

Texto para as próximas 4 questões:

Julgue o próximo item, relativo a noções de programação Python e R.

1. (CESPE – 2018 – POLÍCIA FEDERAL – AGENTE DE POLÍCIA FEDERAL) Considere o programa a seguir, escrito em R.

    x <- TRUE

    y <- FALSE

    print (xy)

    Após a execução do programa, será obtido o seguinte resultado.

    [1] FALSE

         Certo ( )   Errado ( )

2. (CESPE – 2018 – POLÍCIA FEDERAL – AGENTE DE POLÍCIA FEDERAL) Considere o programa a seguir, na linguagem Python.

    letras == ["P", "F"]

    for x in letras

    {

    print(x)

    }

    A sintaxe do programa está correta e, quando executado, ele apresentará o seguinte resultado.

    PF

         Certo ( )   Errado ( )

3. **(CESPE – 2018 – POLÍCIA FEDERAL – AGENTE DE POLÍCIA FEDERAL)** Considere o programa a seguir, escrito em R.

    x <- c (3, 5, 7)

    y <- c (1, 9, 11)

    print (x + y)

    Após a execução do programa, será obtido o seguinte resultado.

    [1] 36

    Certo ( )　　　Errado ( )

4. **(CESPE – 2018 – POLÍCIA FEDERAL – AGENTE DE POLÍCIA FEDERAL)** Considere o programa a seguir, na linguagem Python.

    if 5 > 2

    {

    print("True!")

    }

    A sintaxe do programa está correta e, quando executado, ele apresentará o seguinte resultado.

    True!

    Certo ( )　　　Errado ( )

    Texto para as próximas 2 questões: Acerca das características das principais linguagens de programação, julgue o item seguinte.

5. **(CESPE – 2018 – EBSERH – TÉCNICO EM INFORMÁTICA)** Um computador executa, como instrução, uma sequência de baites, que consiste de comandos, como, por exemplo, um algoritmo, a serem executados pelo processador.

    Certo ( )　　　Errado ( )

6. **(CESPE – 2018 – EBSERH – TÉCNICO EM INFORMÁTICA)** Linguagem de programação de alto nível consiste de um conjunto de símbolos, palavras e regras próximo da linguagem humana, e que é fácil de escrever, depurar e manter.

    Certo ( )　　　Errado ( )

7. **(CESPE – 2018 – ABIN – OFICIAL TÉCNICO DE INTELIGÊNCIA – ÁREA 8)** Julgue o item subsequente, relativo à lógica de programação.

    Na passagem de parâmetro por referência, é possível alterar o valor da variável que é apontada por referência.

    Certo ( )　　　Errado ( )

8. **(CESPE – 2018 – ABIN – OFICIAL TÉCNICO DE INTELIGÊNCIA – ÁREA 6)** Com relação a linguagens de programação e compiladores, julgue o item subsequente.

   Um algoritmo computacional escrito em linguagem de programação pode ser completamente executado sem gerar nenhuma saída.

   Certo ( )   Errado ( )

9. **(CESPE – 2017 – TRE/PE – ANALISTA JUDICIÁRIO)** Acerca do clean code, assinale a opção correta.
   a) Para se evitar a proliferação de funções curtas, recomenda-se o uso de uma função longa com muitas variáveis globais, cada qual com variáveis locais de pouco uso.
   b) O uso de um código que contenha as letras l e O como variáveis é mais recomendado que o uso de um código cujas variáveis sejam contador e resultado, por exemplo.
   c) Os atuais ambientes de programação permitem que um único arquivo de código-fonte seja desenvolvido em diferentes linguagens, embora o ideal seja que um código-fonte contenha apenas uma linguagem.
   d) A fim de facilitar o entendimento do código pelos desenvolvedores, recomenda-se utilizar gírias locais para nomear funções, sempre que possível.
   e) Na análise léxica, o uso de uma mesma palavra para dois ou mais propósitos facilita a compilação de código, diminui o código e aumenta a velocidade dos objetos binários compilados.

10. **(CESPE – 2013 – FUB – ANALISTA DE TECNOLOGIA DA INFORMAÇÃO)** Julgue o item que se segue, acerca de linguagens de programação.

    Na linguagem Phyton, uma função lambda atribui à nova função o nome que está no cabeçalho, em vez de retorná-la como resultado.

    Certo ( )   Errado ( )

11. **(CESPE – 2013 – MPOG – TECNOLOGIA DA INFORMAÇÃO)** A expressividade do código é uma característica importante no desenvolvimento e manutenção de um software. Python e Ruby são exemplos de linguagens que apresentam essa qualidade. Acerca dessas linguagens, julgue o item subsequente.

    Em Python, o comando int("1") cria um objeto do tipo int, que recebe 1 como parâmetro no seu construtor.

    Certo ( )   Errado ( )

12. (CESPE – 2013 – MS – ANALISTA ADMINISTRATIVO) No que diz respeito à linguagem de programação e às linguagens de script, julgue os itens a seguir.

a,b = 0,1

while b < 10:

print (b)

a, b = b, a+b

Considerando-se o código acima, escrito na linguagem Python, é correto afirmar que

1

1

2

3

5

8

é o resultado do referido código.

Certo ( )   Errado ( )

13. (CESPE -2013 – SERPRO – ANALISTA -REDES) As linguagens de script podem ser utilizadas para estender funcionalidades de um programa. Acerca da linguagem Python, julgue o item seguinte.

O Python, no modo interpretador, aborta a execução do código com o status de erro, imprime a pilha dos erros na console e gera o log correspondente, quando o erro ocorre dentro do bloco try.

Certo ( )   Errado ( )

14. (CESPE – 2011 – CORREIOS – ANALISTA DE CORREIOS – ANALISTA DE SISTEMAS – DESENVOLVIMENTO DE SISTEMAS) Com relação aos sistemas de suporte a decisão e gestão de conteúdo, julgue o seguinte item.

A linguagem Python e seu interpretador estão disponíveis para as mais diversas plataformas. Para que seja usado em determinado sistema operacional não suportado, é possível gerar o Python a partir do programa fonte utilizando um compilador C. Nesse caso, o código fonte é traduzido para o formato bytecode, que é multiplataforma e pode ser distribuído de forma independente.

Certo ( )   Errado ( )

15. (CESPE – 2010 INMETRO – PESQUISADOR – DESENVOLVIMENTO DE SISTEMAS)

```
>>> a, b = 0, 2
>>> while b < 20:
...     a, b = b , a+b+1
...     print b
...
```

Assinale a opção que apresenta a sequência correta de números impressos no console de um interpretador Python durante a execução dos comandos acima.

a) 1, 1, 2, 3, 5, 8
b) 2, 2, 4, 6
c) 2, 3, 6
d) 3, 3, 6, 10, 17, 28
e) 3, 6, 10, 17, 28

16. (CESPE – 2010 – SERPRO – ANALISTA – REDES) Julgue os itens que se seguem, a respeito da linguagem Python, versão 3.1.

Se, em qualquer linha do script Python, a expressão regular coding [=:] \s*([~\w.]+) corresponder a um comentário, este será processado como uma declaração de codificação.

Certo ( )   Errado ( )

17. (IF-CE – 2017 – IF/CE – TÉCNICO DE LABORATÓRIO – INFORMÁTICA) Considere o trecho do programa Python abaixo.

```
1  def func():
2      x = 1
3      print(x)
4
5  x = 10
6  func()
7  print(x)
```

Os valores impressos, ao se executar o programa, são, respectivamente,

a) 1 e 1.
b) 10.
c) 1 e 10.
d) 10 e 1.
e) 10 e 10.

18. (IFB – 2017 – IFB – PROFESSOR – INFORMÁTICA-DESENVOLVIMENTO DE SISTEMAS) Analise o trecho de código escrito em Python versão 3 a seguir:

dados = [["maria",18], ["carlos",16], ["alex",17], ["sandra",15]]

for i in dados:

print(i[1])

Marque a alternativa que apresenta a saída impressa no console.

a) 15
   16
   17
   18

b) 18
   16
   17
   15

c) maria
   carlos
   alex
   Sandra

d) alex
   carlos
   maria
   Sandra

e) maria 18
   carlos 16
   alex 17
   sandra 15

19. (CESPE – 2008 – SERPRO – ANALISTA – DESENVOLVIMENTO DE SISTEMAS) Com relação às linguagens, julgue os itens a seguir.

Python é uma linguagem livre de alto nível, orientada a objetos e de difícil leitura, pois não permite identação de linhas de código.

Certo ( )   Errado ( )

20. (CESPE – 2010 – SERPRO – ANALISTA – SUPORTE TÉCNICO – ADAPTADA) As linguagens Perl e Python são dinamicamente tipadas, ou seja, o tipo da variável é definido em tempo de execução.

Certo ( )   Errado ( )

Gabarito

1.	Errado
2.	Errado
3.	Errado
4.	Errado
5.	Errado
6.	Certo
7.	Certo
8.	Errado
9.	C
10.	Errado
11.	Certo
12.	Certo
13.	Errado
14.	Certo
15.	E
16.	Errado
17.	C
18.	B
19.	Errado
20.	Certo

8 Libre Office Writer

A suíte de escritório Libre Office é licenciada sob a licença de Software Livre e pode ser obtido pelo site https://pt-br.libreoffice.org/baixe-ja/libreoffice-novo/. Ela é composta pelos aplicativos:

- Writer → Editor de Textos
- Calc → Editor de Planilhas
- Impress → Editor de Apresentações de Slides
- Draw → Editor de Desenho de Gráficos Vetorias
- Base → Gerenciador de Banco de Dados
- Math → Editor de Fórmulas

Versão

Para visualizar a versão basta:

Formatos de Arquivos

Refere-se ao formato com o qual será salvo um arquivo ao acionar a opção **Salvar Como**....

- A suíte de aplicativos como um todo possui um formato genérico ODF (Open Document File – Formato de Documento Aberto), assim é possível no editor de texto salvar nesse formato, bem como no Calc e Impress.
- No entanto, o formato específico do Writer é o **ODT** (Open Document Text), vale lembrar que o Word 2003 não consegue trabalhar com esse formato de arquivo. Mas pelo Writer é possível salvar um documento, de modo que ele possa ser aberto pelo Word 2003, ou seja, é possível salvar nos formatos DOC e DOCX.
- Em relação ao Word 2007 até 2016, por padrão esses programas conseguem abrir e salvar arquivos no formato ODT.
- Já o formato padrão de arquivo modelo é OTT (Open Template Text).
- Também é possível exportar arquivos em PDF.

Barra de Ferramentas Padrão

Observe que os botões possuem setas para baixo, logo se forem apresentados com tais sinais gráficos na questão, lembre-se de que será aberta uma lista de opções referente ao recurso utilizado.

Formatação de Texto

A principal finalidade do **Writer** é editar textos, portanto suas principais ferramentas são para a formatação de documentos. Podemos encontrar essas opções de formatação por meio de quatro caminhos:

- Barra de Ferramentas de Formatação:

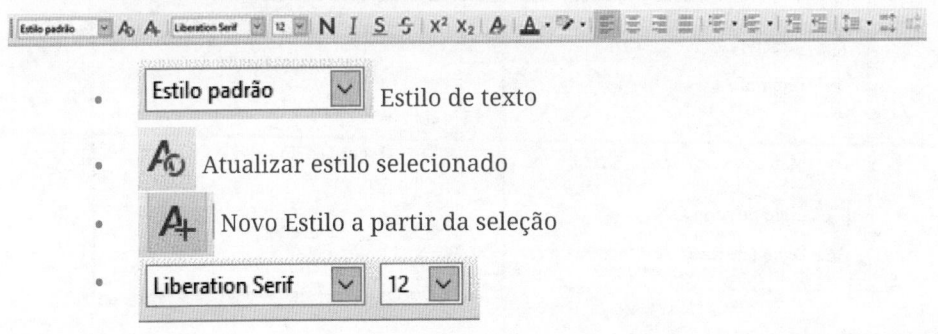

  - Estilo padrão — Estilo de texto
  - Atualizar estilo selecionado
  - Novo Estilo a partir da seleção
  - Liberation Serif | 12

O campo descrito por Times New Roman define a grafia com que o texto será escrito, a exemplo: ARIAL, TIMES, *Vivaldi*. Esse campo também é conhecido como Tipo/Nome da Fonte.

- **N** **Negrito** (CTRL + B)
- *I* *Itálico* (CTRL + I)
- S̲ Sublinhado (CTRL + U)
- S̶ Tachado
- X² Sobrescrito^{2222}
- X₂ Subscrito$_{2222}$
- A̷ Limpar Formatação (CTRL + M)
- A ▼ Cor da Fonte
- ab ▼ Realçar (exemplo do efeito)

Menu Formatar

Um dos principais menus abordado nas provas de concursos é o menu Formatar, isso porque possui algumas particularidades se comparado ao MS Office, como as opções Caractere e Página.

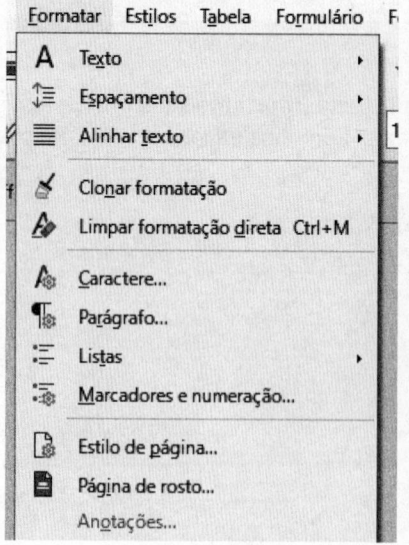

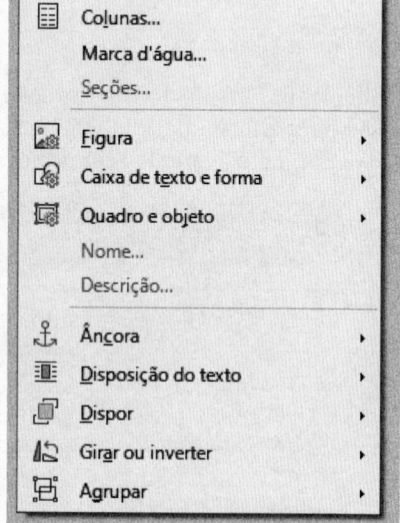

Outra opção que vale a pena ser destacada é a opção Marca d'água, que muitos, intuitivamente, imaginam que esteja no menu Inserir e erram as questões.

Botão Direito do Mouse

Ao clicar com o botão direito do mouse sobre texto selecionado, algumas opções são exibidas de acordo com o conteúdo escolhido em um menu de contexto, caso clicado sobre área vazia as opções podem variar. A seguir, o menu de contexto sobre área vazia.

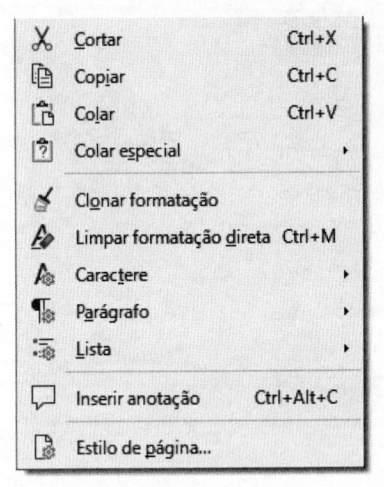

✂	Cortar	Ctrl+X
📋	Copiar	Ctrl+C
📋	Colar	Ctrl+V
	Colar especial	▸
	Clonar formatação	
	Limpar formatação direta	Ctrl+M
	Caractere	▸
	Parágrafo	▸
	Lista	▸
💬	Inserir anotação	Ctrl+Alt+C
	Estilo de página...	

Barra Lateral

O Libre Office conta ainda com uma barra lateral, que pode ser colapsada, suprimida ou oculta, de acordo com a vontade do usuário. Note que a primeira opção exibida a seguir, destaca o item Propriedades que mostra recursos, principalmente de formatação de acordo com o que for selecionado.

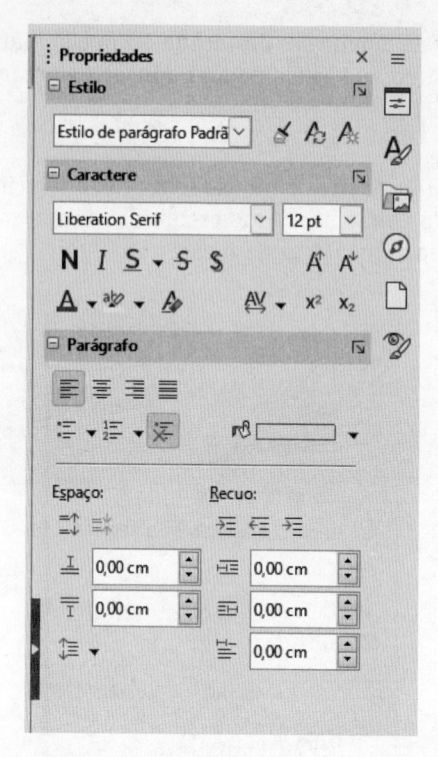

- Cor do Plano de Fundo

Cuidado ao comparar a cor do fundo do parágrafo com a ferramenta Realçar, pois a essa é aplicada uma cor ao fundo do texto selecionado, enquanto que na opção do plano de fundo é aplicada ao parágrafo, mesmo que tenha sido selecionada apenas uma palavra do parágrafo.

Menu Formatar

Caractere

Ao acionar essa opção, será aberta a janela ilustrada a seguir, por meio da qual são formatadas as propriedades de fonte, como Tipo/Nome da fonte, Estilo de fonte, Tamanho de fonte e pela aba Efeitos de fonte alterar a cor da fonte.

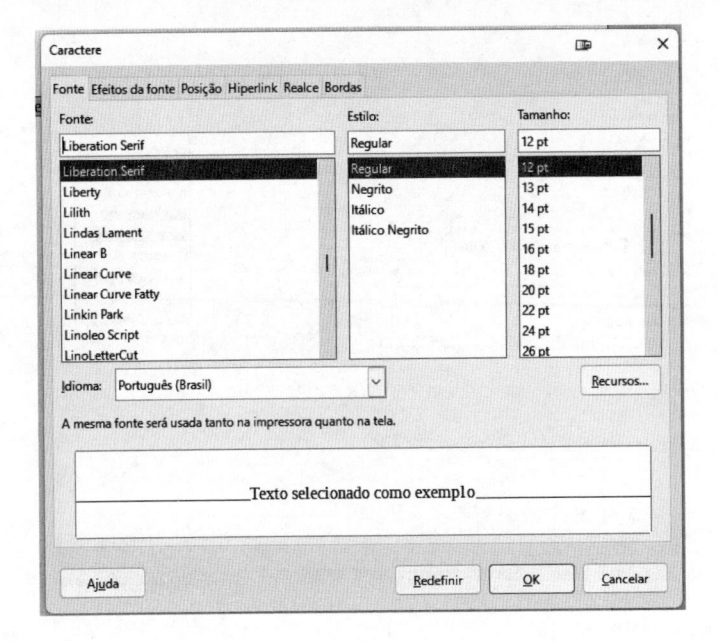

Parágrafo

As propriedades de parágrafo englobam opções como recuos, espaçamento e alinhamentos, conforme ilustrado nas figuras na sequência.

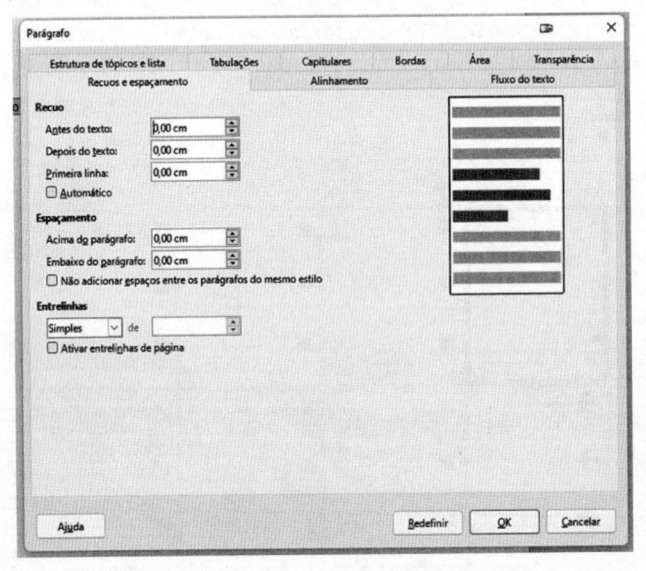

O recuo antes do texto é aquele à esquerda de um parágrafo, ou seja, a distância entre a margem esquerda e o início do texto. O recuo especial de Primeira Linha conta a partir do recuo esquerdo, ou seja, a distância do início da primeira linha de um parágrafo à margem é a soma do espaço da Primeira Linha com o Recuo Antes do Texto.

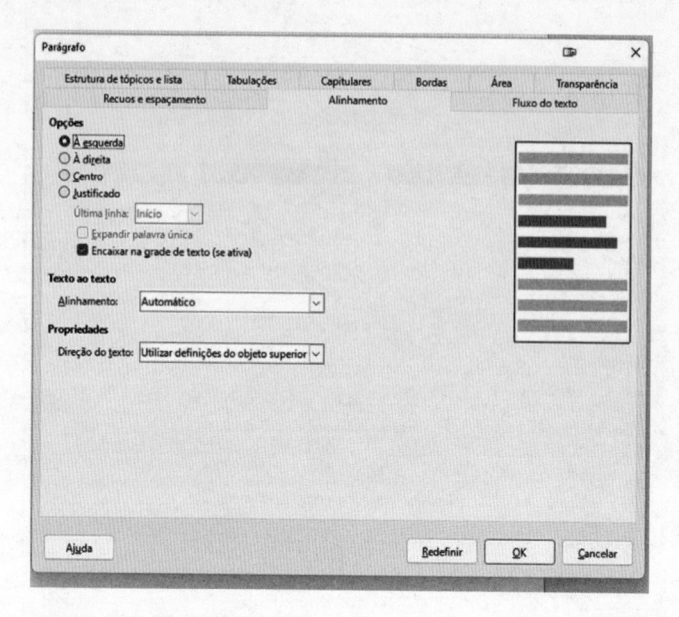

Marcadores e Numeração

Cuidado com a identificação de uso deste recurso, pois pelo menu Formatar elas estão descritas em conjunto, mas na barra de ferramentas padrão elas são apresentadas em dois botões separados.

Ao acionar a opção pelo menu Formatar, a janela aberta apresenta os marcadores em uma guia e a numeração em outra, conforme ilustra a figura da sequência,

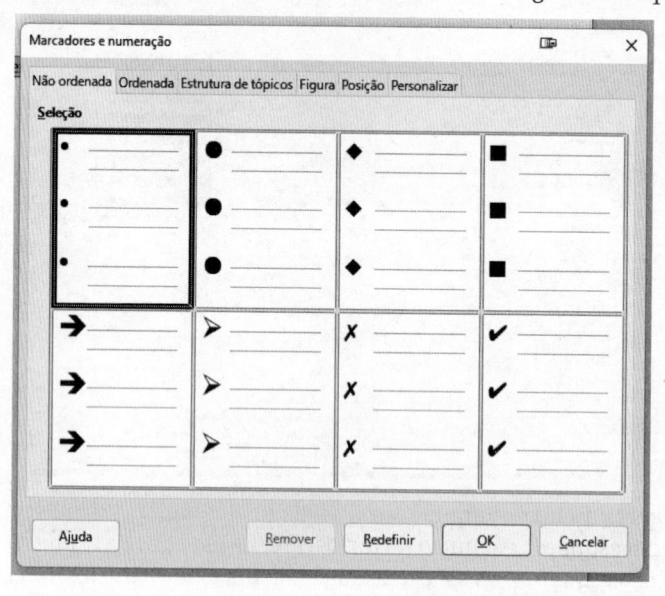

Página

Opção em que estão localizados os recursos equivalentes aos encontrados na opção Configurar Página do Word, como dimensões das margens, dimensões de cabeçalho e rodapé, tamanho do papel e orientação da página. A imagem a seguir ilustra parte dessa janela.

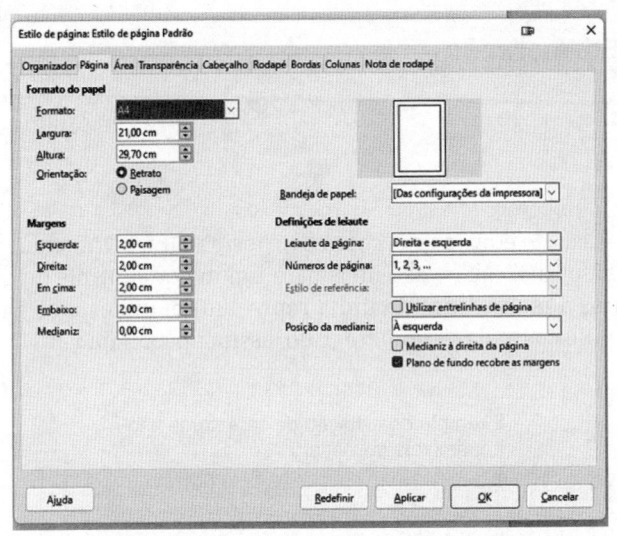

Desde a versão 5 do Writer apresenta opções rápidas no menu Formatar, ilustradas a seguir.

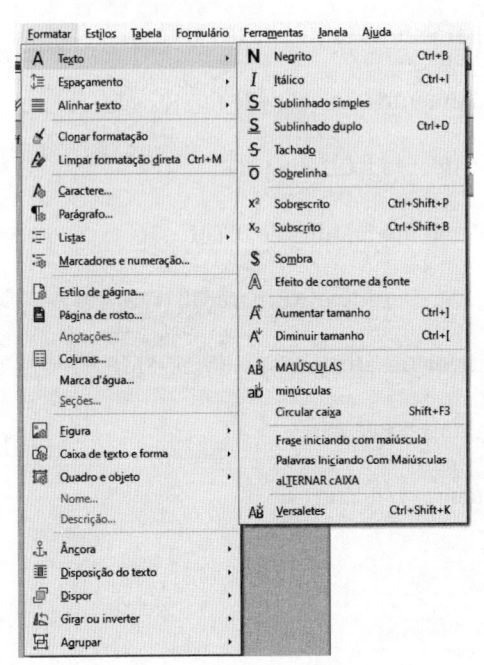

Essas opções rápidas permitem acessar recursos que estão disponíveis na barra de ferramentas de formatação e outras que só eram encontradas na janela Propriedades de caractere e Propriedades de parágrafo.

8.1 Formatações

Marcas de Formatação

(CTRL + F10)

Exibe as marcas de edição que, como o próprio nome já informa, não aparecem na impressão. Essas marcações são úteis para um maior controle do documento em edição. Os pontos à meia altura da linha representam um espaço e o mesmo símbolo do botão indica o final de um parágrafo, assim no exemplo abaixo existem dois parágrafos.

> Exemplo·de·exibição·de·caracteres·não· imprimíveis·no·Writer¶
> ¶

Parágrafo

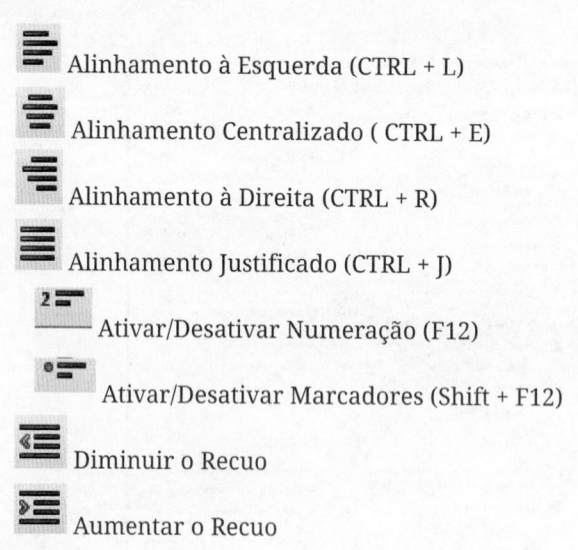

Alinhamento à Esquerda (CTRL + L)

Alinhamento Centralizado (CTRL + E)

Alinhamento à Direita (CTRL + R)

Alinhamento Justificado (CTRL + J)

Ativar/Desativar Numeração (F12)

Ativar/Desativar Marcadores (Shift + F12)

Diminuir o Recuo

Aumentar o Recuo

- Tabulações

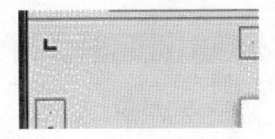

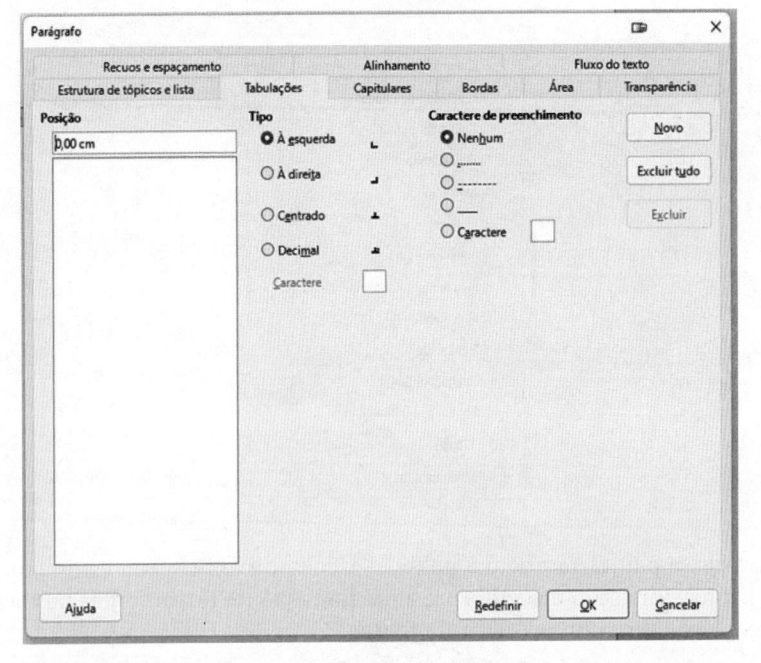

Cuidado para não confundir os alinhamentos de tabulação com os alinhamentos de parágrafos. Para usar os alinhamentos de tabulação é necessário usar tabulações, ou seja, usar a tecla TAB.

Estilos de Formatação (F11)

Opção que permite definir Estilos de formatação para o texto selecionado, como título 1, título 2, título 3, entre outros, para que a edição do documento seja mais prática, além de favorecer a padronização.

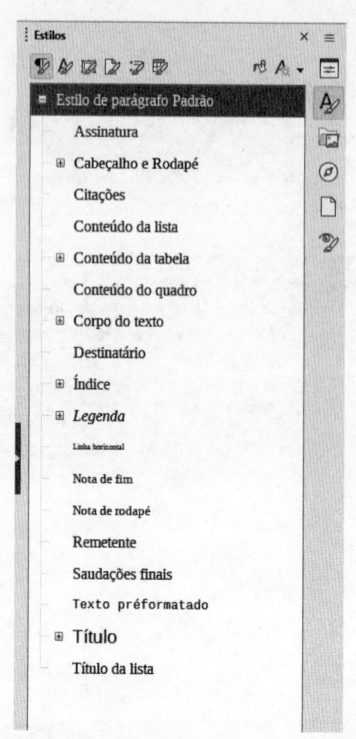

Além desse painel, também é possível escolher e aplicar um estilo por meio do campo Estilos, ilustrado a seguir, presente na barra de ferramentas de formatação logo à esquerda do campo do Tipo da fonte.

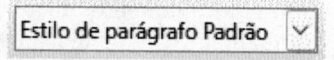

Os estilos de formatação são importantes estruturas na edição de um texto, principalmente se for necessário trabalhar com sumário, pois para utilizar o recurso de sumário de forma a que ele seja automático é necessário utilizar os estilos de título.

Clonar Formatação

A ferramenta de pincel de estilo serve para copiar apenas a formatação. Ela não copia textos, apenas as suas características como: cor da fonte, tamanho, tipo de fonte entre outras, com o intuito de aplicar em outro trecho de texto.

Funcionamento da ferramenta:

- Selecionar previamente o trecho de texto que possui a formatação desejada;
- Clicar no botão Clonar formatação;
- Selecionar o trecho de texto ao qual se deseja aplicar as mesmas formatações, como se estivesse colorindo a formatação.

Ao terminar a seleção, o texto selecionado já estará formatado tal qual o texto selecionado quando o botão da ferramenta foi acionado e o mouse volta ao normal para a edição.

Barra de Menus

Por meio da barra de Menus temos acesso a quase todas as funcionalidades do programa. Observe que cada menu possui uma letra sublinhada, por exemplo, o menu Arquivo possui a letra A sublinhada, que representa a letra que pode ser utilizada após pressionar a tecla ALT com o intuito de abrir o devido menu. Não é uma combinação necessariamente simultânea podendo ser sequencial, ou seja, teclar ALT soltar e então pressionar a letra.

Menu Arquivo

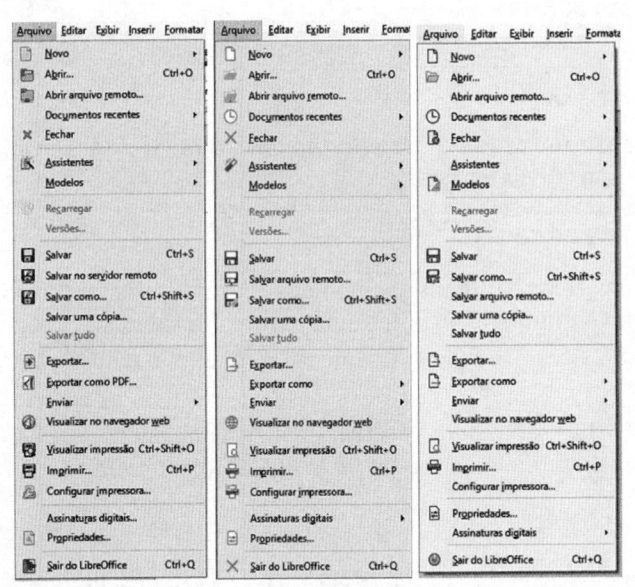

Versão 5. Versão 6. Versão 7.2

Novo

Comecemos nosso estudo dos menus pelo Menu Arquivo, ilustrado a seguir. Dentre suas opções damos destaque para a opção NOVO, ela aponta a característica do Libre Office de ser uma suíte de aplicativos integrada, pois mesmo estando no Writer é possível criar uma planilha do Calc. No entanto, ao escolher na opção NOVO uma planilha será criada no Calc, porém ao realizar o acesso por meio desse caminho o Calc é carregado mais rapidamente do que se o LibreOffice estivesse fechado.

Para criar um Novo Documento Em Branco podemos também utilizar a opção do atalho CTRL + N.

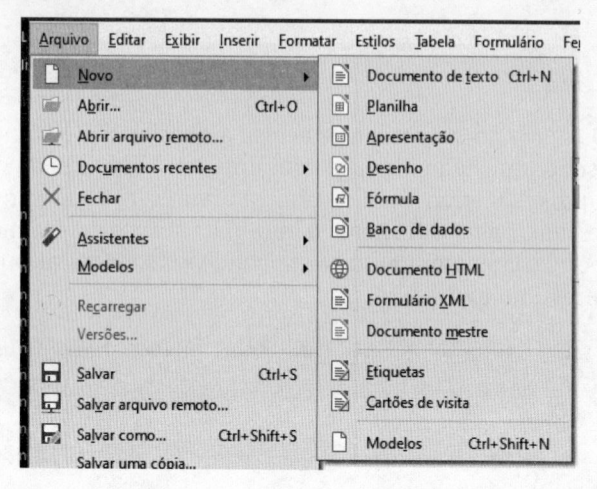

Abrir (Ctrl + O)

Permite abrir um arquivo existente em uma unidade de armazenamento. Navegando entre os arquivos e pastas.

Documentos recentes

Exibe a lista com os últimos documentos abertos, como também aqueles salvos, no Writer, com o intuito de fornecer um acesso mais rápido a eles.

Fechar

A opção Fechar serve para encerrar apenas o documento em edição, mantendo o programa aberto. Tem como teclas de atalho CTRL+W ou CTRL + F4.

Assistentes

Conforme ilustrado a seguir existem vários assistentes no LibreOffice, eles são procedimentos realizados em etapas a fim de auxiliar na criação ou estruturação de informações.

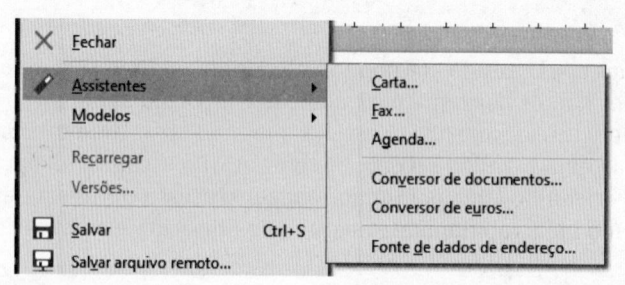

Salvar

Essa opção apenas se preocupa em salvar as últimas alterações realizadas em um documento em edição. Seu atalho é CTRL + S no Writer. Mas essa opção possui uma situação de exceção, quando o arquivo em edição é novo, ou seja, que nunca tenha sido salvo, a opção Salvar na verdade corresponde à opção Salvar como.

Salvar Como

Esse recurso tem como princípio gerar um novo arquivo, se um arquivo for aberto e sejam realizadas várias alterações, sem salvar, e utilizar o comando Salvar Como... será aberta uma janela em que é solicitado o local desejado e o nome do arquivo, sendo possível alterar o tipo de documento. Após salvar o documento, o que fica em edição é aquele que acabou de ser salvo. O arquivo aberto inicialmente é apenas fechado sem nenhuma alteração.

Salvar Tudo

Uma ferramenta prática que aplica o comando Salvar a todos os documentos em edição no LibreOffice, isso mesmo, todos no Libre Office, até mesmo os que estiverem em edição no Calc.

Recarregar

Ao acionar essa opção, a última versão salva do documento é restaurada, com isso as alterações não salvas serão perdidas.

Exportar

É possível pelo Libre Office exportar o documento de texto para outros formatos utilizados por outros programas, como: XML, HTML, HTM, ou mesmo o PDF.

Exportar como

A opção exportar como PDF é basicamente um caminho mais curto e explícito para gerar um arquivo PDF a partir do documento em edição.

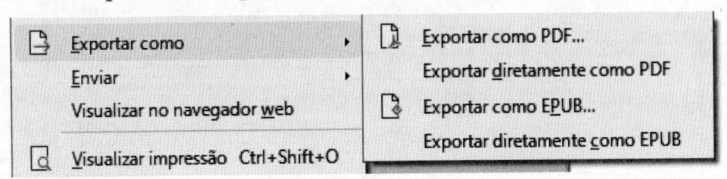

Exportar como ▶		Exportar como PDF...
Enviar ▶		Exportar diretamente como PDF
Visualizar no navegador web		Exportar como EPUB...
Visualizar impressão Ctrl+Shift+O		Exportar diretamente como EPUB

Enviar

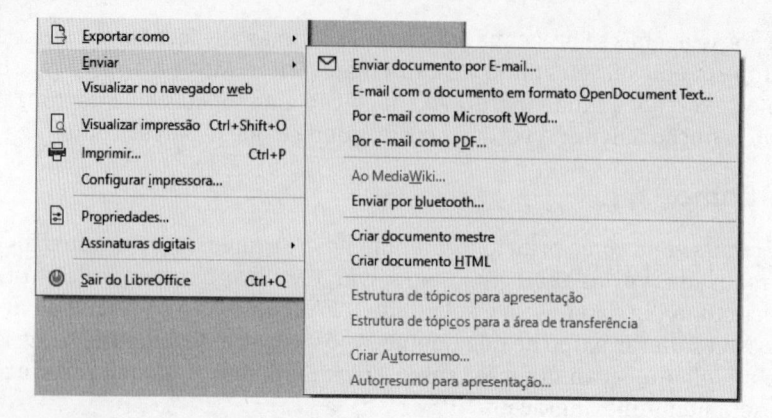

Visualizar no Navegador Web

É possível criar páginas da Internet e visualizá-las no navegador. Ao acionar essa ferramenta, será aberto o navegador de Internet (Browser) padrão exibindo como página o documento em edição.

Sair

Em comparação com a opção Fechar, a opção Sair fecha o programa inteiro, utilizando os atalhos ALT+F4 ou CTRL + Q.

Imprimir

A opção Imprimir (CTRL + P) abre a janela ilustrada a seguir, que permite uma pré--visualização do conteúdo a ser impresso bem como definir as configurações de impressão, além da quantidade e organização das páginas a serem impressas.

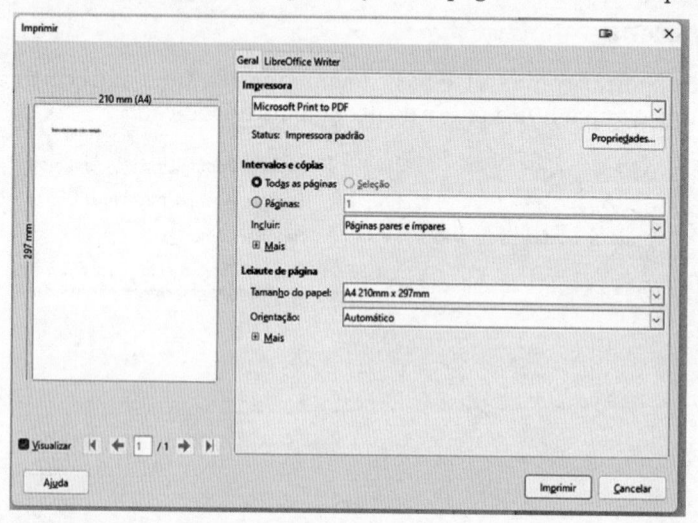

Fique ligado!

Para definir um intervalo de impressão, isto é, caso deseje imprimir apenas as páginas 13 até 35 de um documento de 50 páginas, a opção Páginas deve ser selecionada e o intervalo representado da seguinte forma: 13-35.

Para imprimir páginas aleatórias basta separá-las com vírgula, assim ao escrever 14,19,21,40 serão impressas apenas estas 4 páginas.

É possível combinar estruturas, conforme exemplo: para imprimir as páginas 10 até 20 juntamente com as páginas 23, 25 e 33 podemos escrever: 10-20,23,25,33.

Propriedades

A opção Propriedades exibe informações a respeito do documento de arquivo, como data de criação, tamanho, formato do documento, tempo de edição.

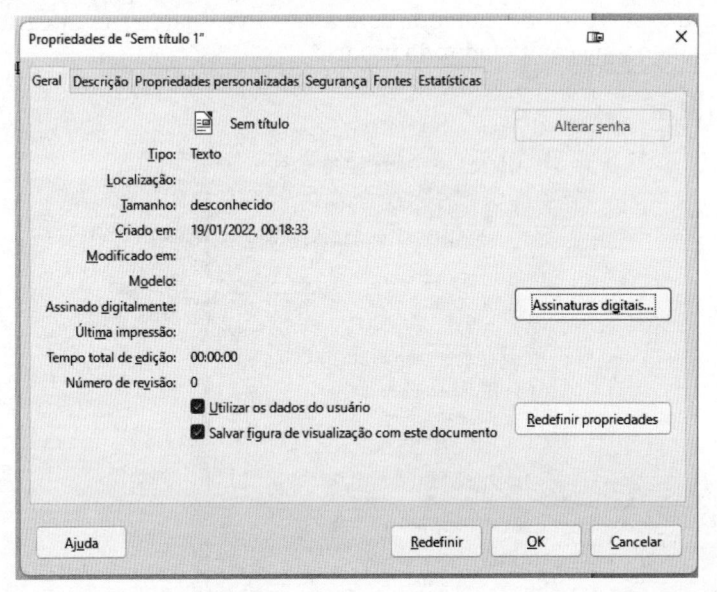

Na aba Descrição da janela de propriedades, ilustrada a seguir, podemos adicionar metadados ao documento a fim de facilitar a sua localização futura.

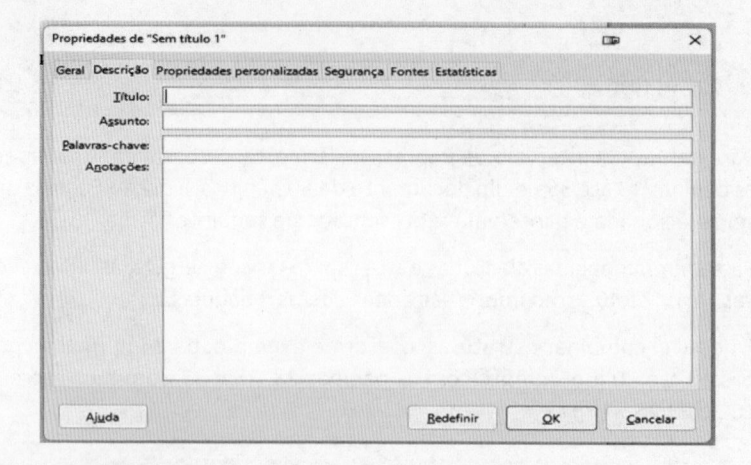

Assinaturas Digitais

Assim como ocorre com o Microsoft Office, no Libre Office é possível assinar um documento digitalmente. Para utilizar a funcionalidade por completo é necessário possuir um certificado digital. Mesmo não possuindo um, é possível utilizar esse recurso para assinar um documento, com a ressalva de que sua integridade será garantida somente no computador do usuário.

Menu Editar

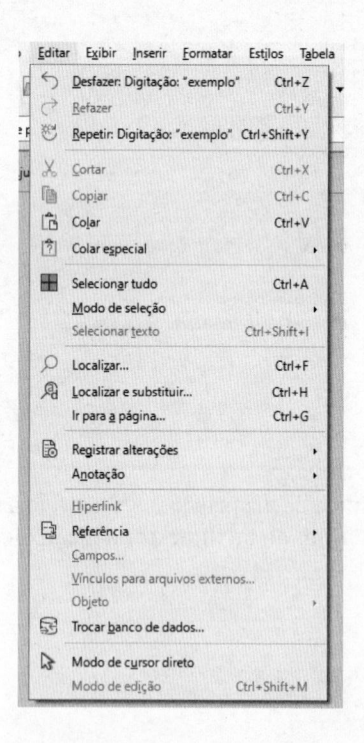

Do menu Editar ilustrado podemos destacar duas opções principais: Colar especial e Registrar Alterações.

Colar Especial (CTRL + SHIFT + V)

Esse recurso permite colar um determinado dado, de acordo com a necessidade de formatação, ou seja, é possível manter a formatação igual a do local em que foi copiado ou não utilizar formatação.

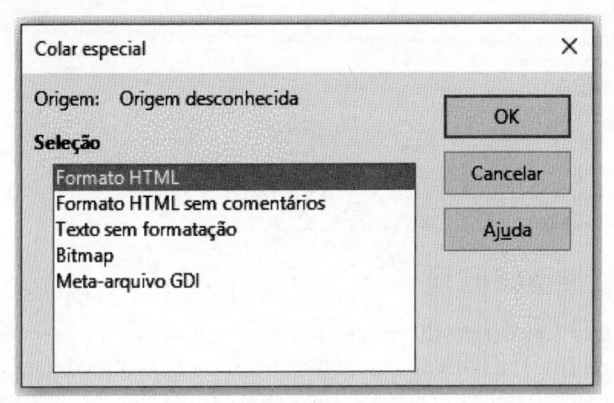

Selecionar Tudo

A opção Selecionar tudo tem como observação a sua tecla de atalho CTRL + A, que é a mesma utilizada para selecionar todos os arquivos e pastas de um diretório por meio dos gerenciadores de arquivos.

Localizar (CTRL + F)

A opção Localizar acessada pelo atalho, abre a barra ilustrada a seguir na parte inferior da tela, logo acima da barra de status do programa.

Localizar e Substituir (CTRL+H)

Utiliza-se a opção Localizar e Substituir para encontrar o texto pesquisado ou para substituir por outras estruturas. Um detalhe importante é a possibilidade de localizar o texto que corresponda à pesquisa e à formatação. Consequentemente, podemos localizar um texto com uma formatação e substituir pelo mesmo texto, porém com outra formatação.

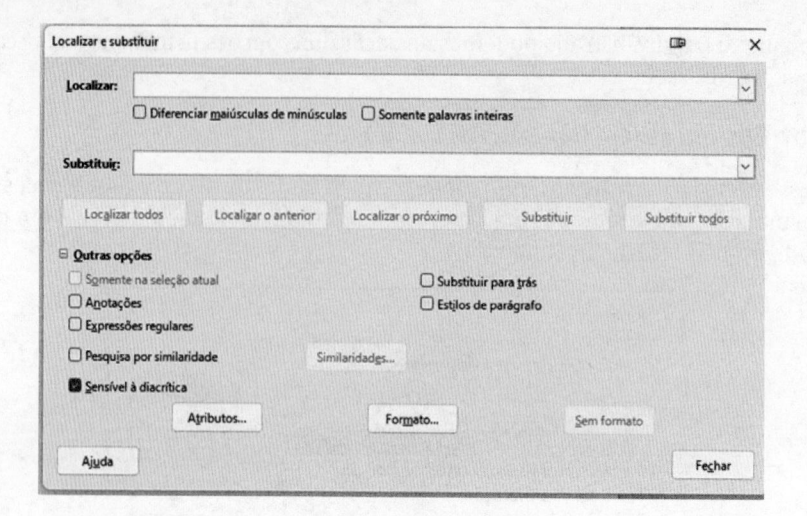

Registrar Alterações

A ferramenta Registrar Alterações pode ser ativada ou desativada pelo atalho CTRL + SHFT + E. Uma vez ativada, toda alteração realizada no documento é marcada como sugestão, sendo necessária a aceitação para que seja efetivamente apresentada como parte do documento da forma como deseja-se que ela apareça.

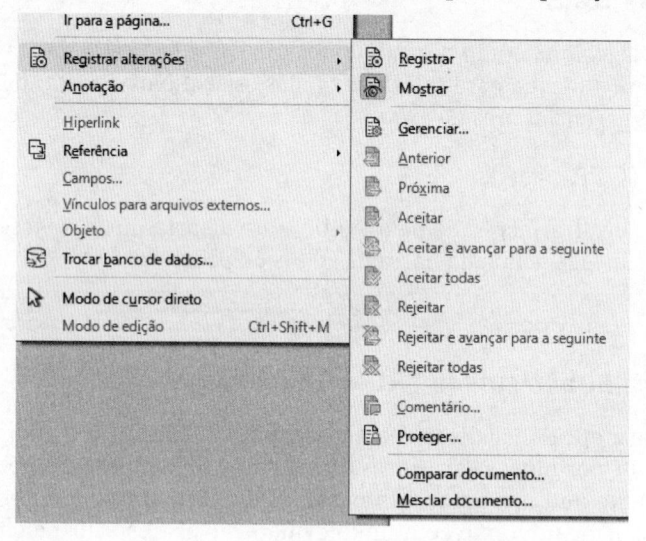

Hyperlink

Cuidado, pois as opções do menu Editar não inserem, mas editam o que já foi inserido no documento.

A opção para editar Hyperlink se torna ativa quando o usuário seleciona previamente um link.

Plug-in

Para editar as opções do plug-in é possível usar a opção do menu Editar.

Menu Exibir

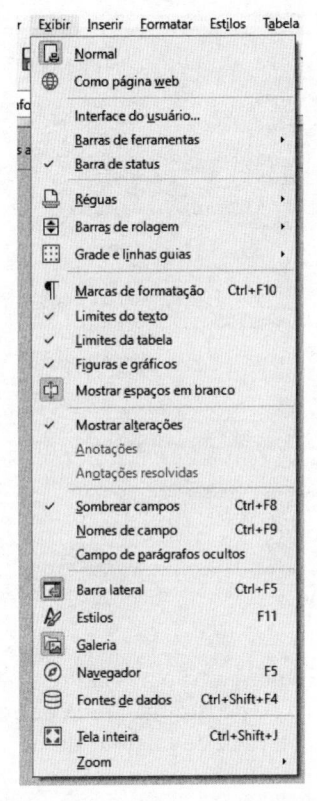

Do menu Exibir devemos conhecer os modos de exibição, bem como alguns itens importantes, listados a seguir:

Modos de Exibição

São dois os modos de exibição: **Normal** (Padrão - antigo modo Layout de Impressão) e **Web** (antigo Layout da web). Contudo, poderia até ser considerado dependendo da situação, a opção Tela Inteira como um modo de exibição.

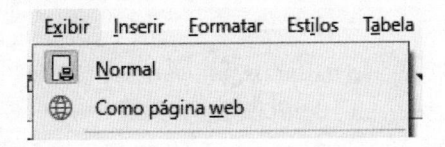

Barra de Ferramentas

A principal barra de ferramentas questionada nas provas é a barra de Desenho que existe também no Writer e Calc, mas que é exibida por padrão apenas no Impress. A figura a seguir ilustra as barras disponíveis.

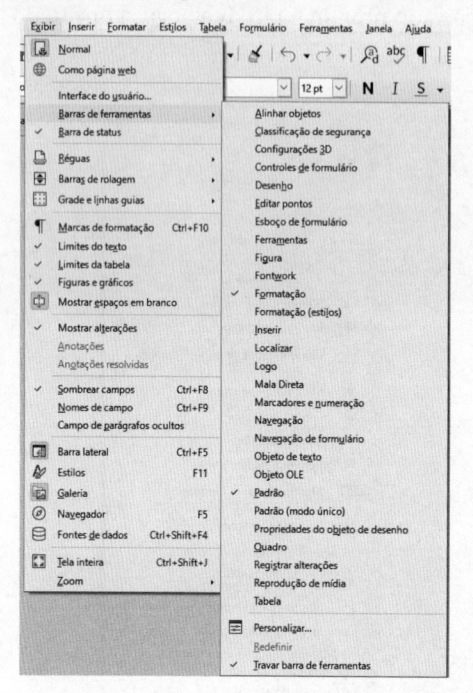

Barra de Status

Essa é a barra que aparece por padrão nos editores, localiza-se no fim da janela, ou seja, é a última barra dentro do programa. Nessa barra encontramos informações como número da página atual e total de páginas do documento, idioma em uso e a ferramenta de zoom à direita.

Réguas

Para ocultar a régua, basta desabilitar essa opção.

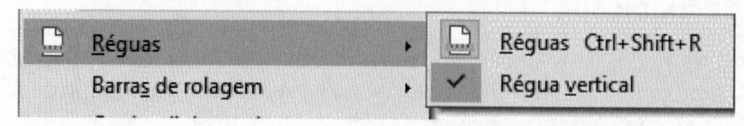

Limites de Texto

Os limites de texto que são exibidos por padrão, são as linhas que indicam as margens da página, ou seja, a área útil do documento.

Caracteres Não Imprimíveis (CTRL + F10)

Os caracteres não imprimíveis também podem ser ativados pelo menu Exibir, como pelas teclas de atalho.

Navegador (F5)

O navegador anteriormente citado também é encontrado no menu Exibir.

Tela Inteira (CTRL + SHIFT + J)

Modo de exibição que oculta as barras e ferramentas objetivando a leitura do documento.

Zoom

Também podemos alterar o zoom utilizando o Scrool do mouse combinado com a tecla CTRL.

Galeria de Clip-Art

A galeria de clip-art é similar ao antigo clip-art do MS Office, separando as figuras por categoria.

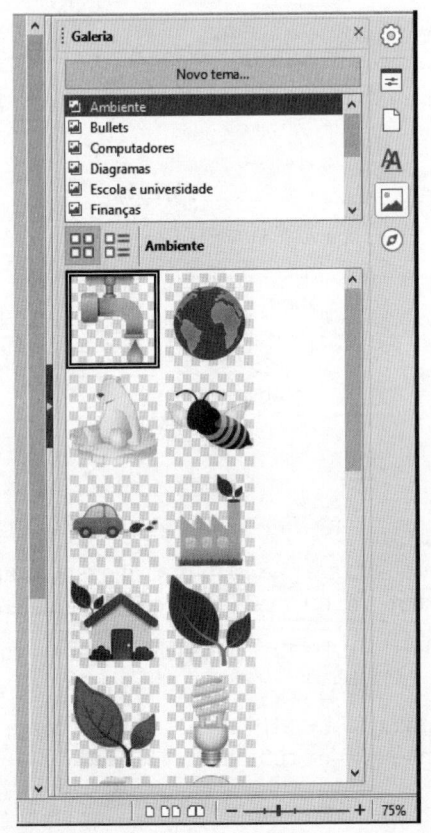

Menu Inserir

O menu Inserir é um dos principais alvos de pegadinhas em questões de concursos, mas lembre-se do básico: suas opções permitem adicionar algo ao documento.

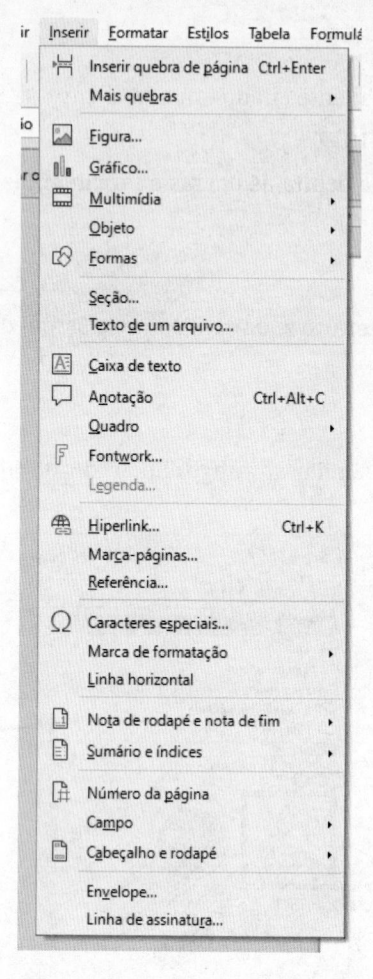

Ilustração Menu Inserir

Quebras

Recurso que permite a utilização de estruturas que sejam auto-organizadas, como as quebras de página. Existem três quebras de texto possíveis além das quebras de seção.

- Quebra de Linha (SHIFT + ENTER): ela força que o conteúdo após a quebra, inicie na próxima linha.
- Quebra de Coluna (CTRL + SHIFT + ENTER): ela força que o conteúdo após a quebra, inicie na próxima coluna.

- Quebra de Página (CTRL + ENTER): ela força que o conteúdo após a quebra, inicie na próxima Página.

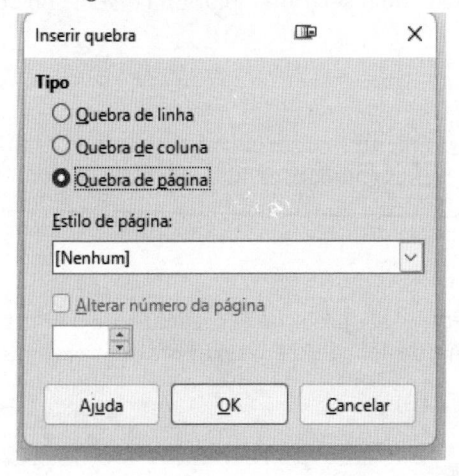

Figura

O recurso Figura permite inserir imagens de diferentes formatos (PNG, GIF, JPG) em um documento.

Multimídia

Podemos inserir em um documento de texto um vídeo ou áudio, esses recursos só podem ser visualizados no documento digital.

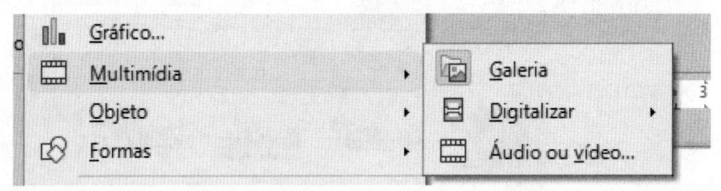

Objeto

Destaque para a opção Objeto OLE (Object Linked Embeded) pela qual podemos inserir uma Planilha do Calc dentro de um documento de texto e ainda utilizar com suas características de planilha.

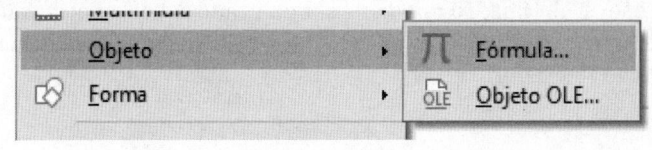

Objeto OLE

Opção pela qual se pode inserir uma planilha do Calc no documento de texto em edição.

Fórmula

A opção fórmula do menu Inserir permite escrever fórmulas matemáticas com os símbolos mais complexos como Integral, Somatório, Função e outros. Fique atento, a opção não realiza cálculo.

Fontwork

Ferramenta que equivale ao WordArt presente até o Word 2007. Possibilita criar faixas de texto personalizadas tanto em termos de cores como formas.

Caixa de Texto

Permite inserir um quadro que pode ser colocado sobre ou atrás do texto, como também pode ser configurado de modo que o texto do documento (externo ao quadro) fique disposto ao seu redor.

Anotação

É o recurso de comentário em um documento como uma anotação do que deve ser feito.

Quadro

Um quadro basicamente é uma caixa de texto para que seja inserido em seu interior uma estrutura qualquer.

Legenda

Uma legenda é um recurso que poderia ser utilizado nesse documento para identificar as figuras e referenciá-las em meio ao texto, mas como a estrutura de apresentação do conteúdo é linear e procura ser direta, não utilizamos esse recurso.

Hiperlink

Um link nada mais é do que um atalho para algum lugar, que pode ser uma página na Internet, ou computador, como um arquivo que esteja na Internet ou mesmo no computador local.

A imagem a seguir ilustra a janela de inserir Hiperlink, também é possível fazer com que um link aponte para algum ponto do mesmo documento, criando uma espécie de navegação. Contudo, para realizar esse procedimento deve-se antes inserir Indicadores.

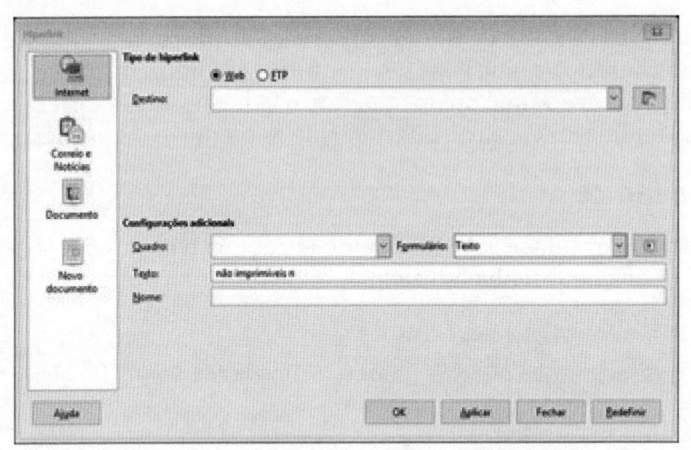

Indicador

Um indicador é um ponto de referência para ser apontado por um hiperlink.

Referência

Referência é uma espécie de citação pela qual utilizamos a ideia de informar algo do tipo: "conforme Figura 1". Ao invés de escrever a expressão "figura 1", utiliza-se uma referência a ela. Caso ocorra uma inserção de uma nova figura antes da 1 no documento, os locais em que havia sido citado anteriormente, podem ser atualizados para 2, sem que o usuário precise corrigir manualmente os valores.

Caractere Especial

A Opção Caractere Especial pode ser utilizada para inserir símbolos como este ▶ entre inúmeros outros possíveis.

Marca de Formatação

As marcas de formatação de espaço inseparável e hífen inseparáveis são as mais prováveis em provas. A finalidade é evitar que o texto contendo as marcas inseparáveis quebre a linha no ponto destes espaços.

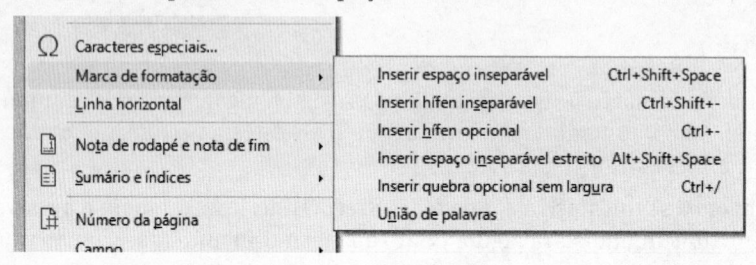

Nota de Rodapé/Nota de Fim

Notas de rodapé e notas de fim são observações que servem para explicar algo que fugiria ao contexto de uma frase2. A identificação é utilizada para que no rodapé da mesma página ou ao final do documento, o leitor busque a devida explicação, conforme exemplificado na parte inferior, lado esquerdo desta página.

Sumário e Índice

Os índices são os sumários e listas automáticas que podem ser inseridas em um documento desde que se tenha utilizado os estilos de título e o recurso de legenda.

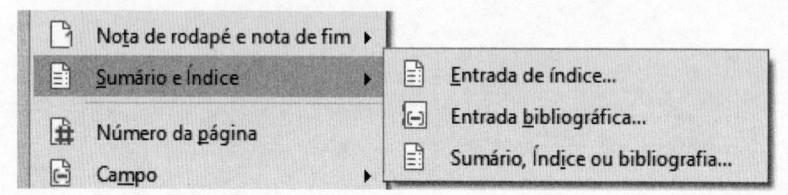

Campo

Os campos são estruturas de dados que utilizam propriedades do arquivo como nome do autor, título, dentre outras como Data e Hora do sistema.

---

2 Por exemplo, aqui falaria sobre o que é uma frase.

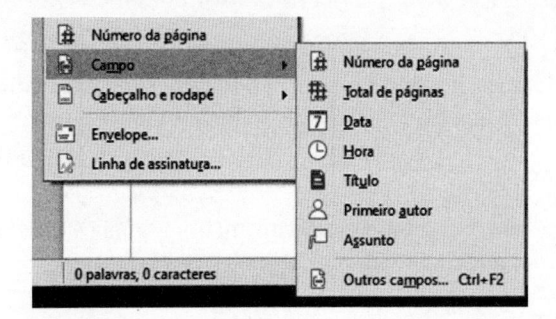

Cabeçalho e rodapé

As estruturas de cabeçalhos e rodapés têm por princípio poupar trabalho durante a edição, de modo que o que for inserido nessas estruturas se repete nas demais páginas, mas não necessariamente no documento como um todo.

Menu Tabela

Menu que apresenta as opções próprias de uma tabela. Ao inserir uma tabela no documento em edição, várias opções aparecem desabilitadas, isso ocorre porque uma tabela não foi selecionada

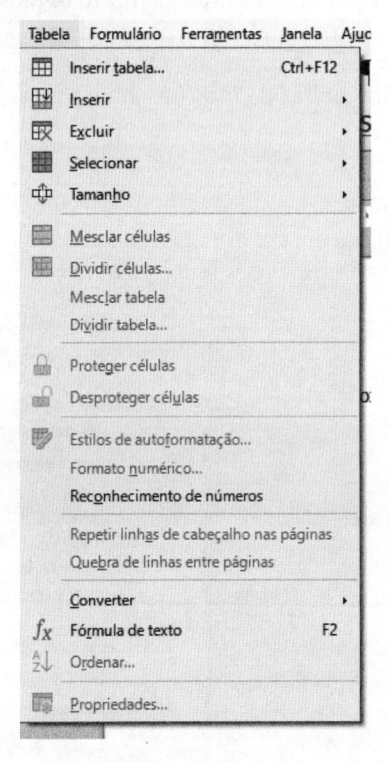

Figura 132: Menu Tabela.

Mesclar Células

Essa ferramenta só fica habilitada quando duas ou mais células de uma tabela estão selecionadas, ao acioná-la as células se tornam uma, ou seja, foram mescladas.

Dividir Células

Cuidado com esse recurso, pois somente em uma tabela é possível dividir células, ou seja, esse recurso não existe para planilhas.

Dividir Tabela

Assim como ocorre com uma célula, também é possível dividir uma tabela em duas ou mais, mas apenas tabelas.

Proteger Células

É um recurso que pode ser utilizado para bloquear as alterações em uma determinada célula e uma tabela.

Repetir Linhas de Título

Quando temos de trabalhar com tabelas muito extensas, que por vezes se distribuem em várias páginas, é complicado manter a relação do que se tem em cada coluna. Para não ter que copiar manualmente os títulos das colunas e das linhas, utiliza-se o recurso Repetir linhas de título, assim o programa faz o trabalho pesado em nosso lugar.

Converter

É possível converter tanto um texto em tabela como uma tabela em texto, utilizando para isso alguns critérios como espaços entre palavras ou tabulações, entre outros.

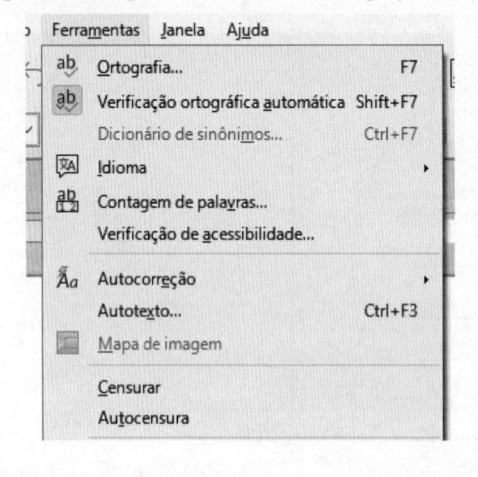

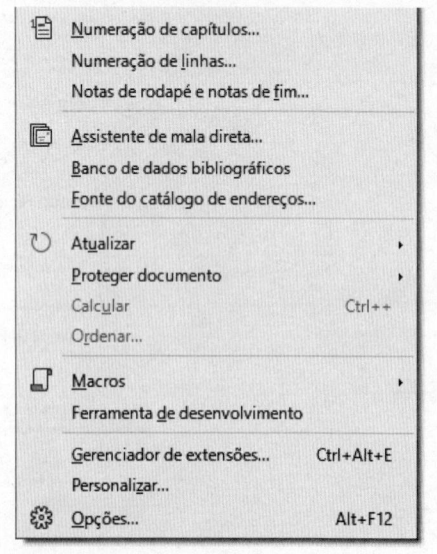

Menu Ferramentas

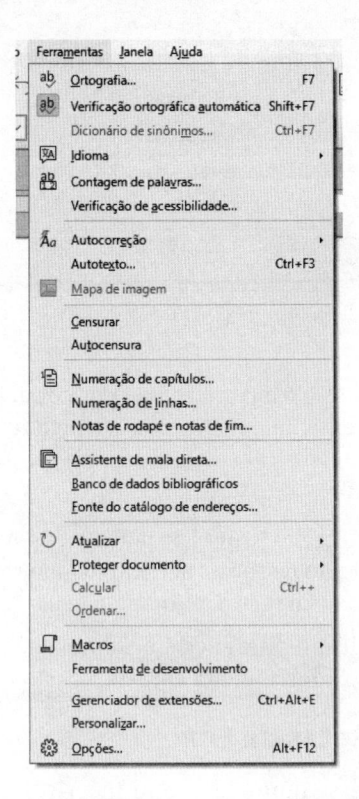

Figura 133: Menu Ferramenta.

Ortografia e Gramática (F7)

Abre uma janela para verificar o documento em busca de palavras desconhecidas ao dicionário do programa.

Verificação Ortográfica Automática (SHIFT + F7)

Opção ativa e desativa a indicação de palavras "erradas".

Idioma

No LibreOffice Writer podemos definir o idioma que está sendo trabalhado no texto selecionado, como no parágrafo e até para o documento de modo geral.

Contagem de Palavras

O Writer também possui recurso de contabilização de total de palavras que compõe o texto.

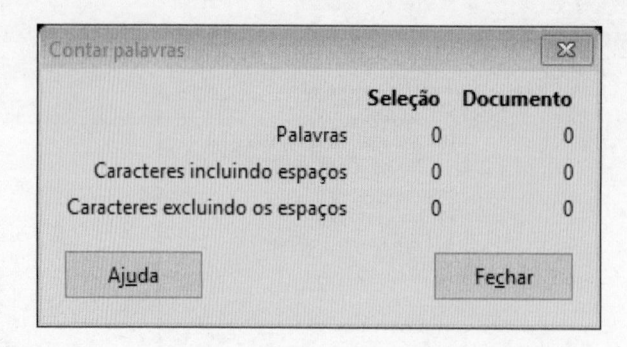

Autocorreção

O recurso de autocorreção é o responsável por corrigir palavras logo após a sua inserção, como colocar acento na palavra no caso digitada sem.

Numeração de Linhas

Esse recurso você conhece das provas de português em que ao lado das linhas aparece uma numeração, que não necessita ser exibida em todas as linhas. Cuidado nas questões que o comparam com o recurso Numeração usado para numerar parágrafos.

Uma forma de identificar a diferença é pela presença dos indicadores de fim de parágrafo, visíveis quando a ferramenta caracteres não imprimíveis está ativa.

Notas de Rodapé/Notas de Fim

Atenção você já viu esse nome no menu Inserir, no entanto são ferramentas distintas, mas relacionadas, pois, esse recurso do menu Ferramentas abre a janela de configuração das notas, conforme ilustrado a seguir.

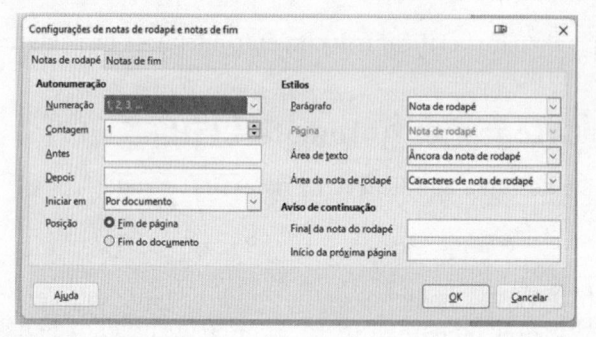

Assistente de Mala Direta

É uma ferramenta útil para entender o recurso de mala direta, pois permite criar uma mala direta passo a passo.

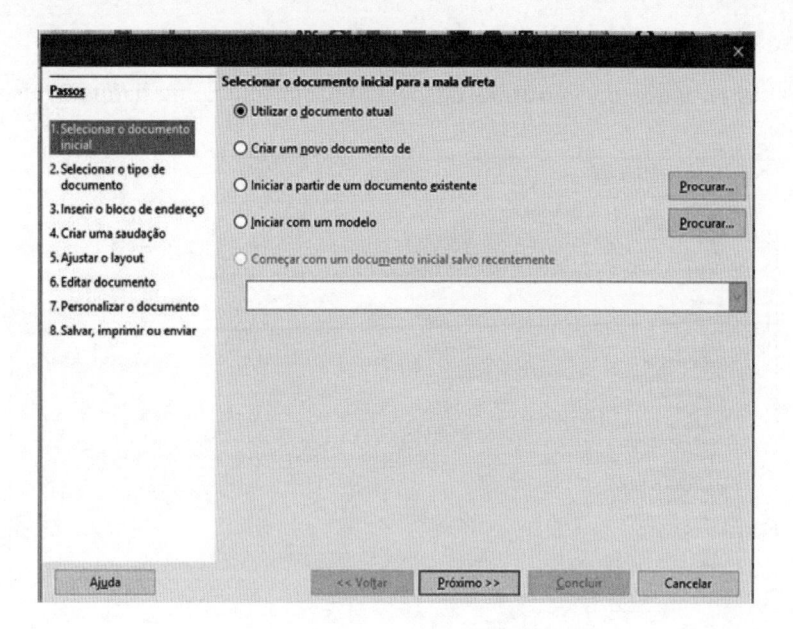

Macros

De uma forma geral, macros são regras criadas para automatizar tarefas repetitivas. Por meio dessa ferramenta é possível executar os macros existentes.

Personalizar

Opção que permite personalizar as barras de ferramentas, indicando quais opções/ferramentas o usuário deseja que estejam disponíveis/visíveis para uso.

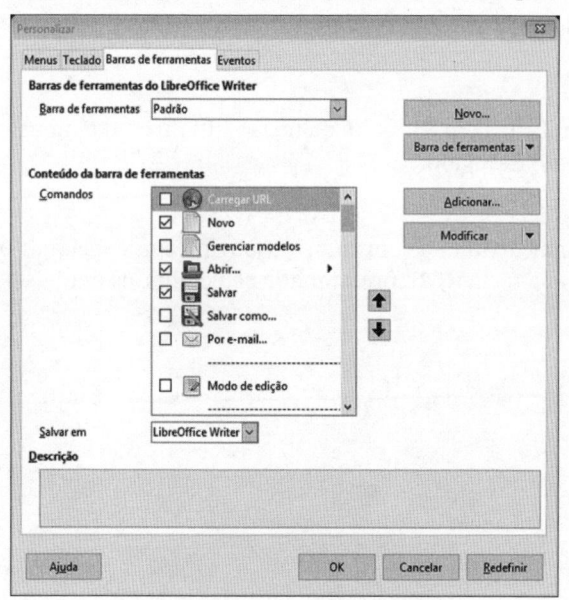

Opções

Ferramenta que concentra as opções do programa como dados do usuário e recursos.

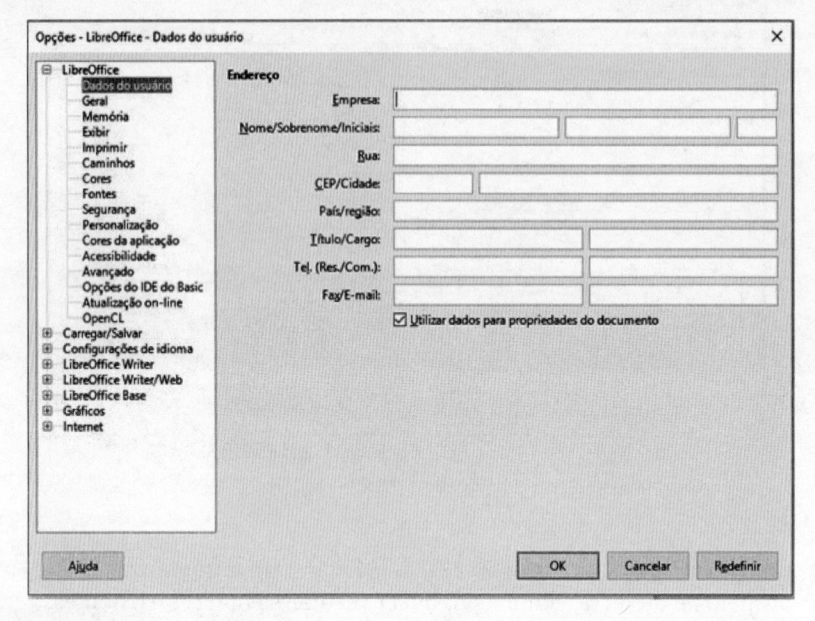

Menu Janela

Exibe as janelas abertas no LibreOffice, permitindo alternar entre os arquivos em edição.

Seleção de texto

Contínua

Pode ser realizada com o auxílio da tecla Shift ou com o mouse clicando e arrastando sobre o texto desejado.

Aleatória

Para selecionar texto não contínuo, o usuário deve selecionar o primeiro trecho e em seguida com a tecla CTRL pressionada selecionar as demais partes desejadas.

Vamos praticar

1. **(UFPR – 2020 – CÂMARA DE CURITIBA – REDATOR)** A versão 6.3.1 do LibreOffice Writer é referência para a questão.

    A respeito dos recursos utilizados para a revisão de textos, considere as seguintes afirmativas:

    1. São registradas as mudanças feitas por um revisor, tais como adições, exclusões, alterações de texto e formatação normal.

    2. As alterações realizadas num documento podem ser aceitas individualmente ou todas de uma só vez.

    3. Se uma pessoa alterar as modificações que outra pessoa realizou, a mais recente será mantida e as anteriores, removidas.

    4. A revisão pode ser ativada clicando-se em Editar > Registrar alterações > Registrar.

    Assinale a alternativa correta.

    a) Somente a afirmativa 1 é verdadeira.
    b) Somente a afirmativa 2 é verdadeira.
    c) Somente as afirmativas 3 e 4 são verdadeiras.
    d) Somente as afirmativas 1, 2 e 4 são verdadeiras.
    e) As afirmativas 1, 2, 3 e 4 são verdadeiras.

2. **(UFPR – 2020 – CÂMARA DE CURITIBA – REDATOR)** A versão 6.3.1 do LibreOffice Writer é referência para a questão.

    Considere o seguinte trecho:

    ```
    TÍTULO I..................................................................................6
    DISPOSIÇÕES PRELIMINARES..............................................6
    CAPÍTULO I.............................................................................6
    DA SEDE DA CÂMARA............................................................6
    CAPÍTULO II............................................................................6
    DAS FUNÇÕES DA CÂMARA..................................................6
    CAPÍTULO III...........................................................................7
    DA LEGISLATURA...................................................................7
    Seção I.....................................................................................7
    Da sessão preparatória............................................................7
    Seção II....................................................................................7
    Da sessão de instalação..........................................................7
    Seção III...................................................................................8
    Da sessão legislativa ordinária................................................8
    ```

    Para incluir a indicação das páginas de cada título, conforme demonstrado no trecho acima, utiliza-se o recurso:

    a) "Organizador", encontrado no menu "Formatar", opção "Página".

b) "Sumário, Índice ou Bibliografia", encontrado no menu "Inserir", opção "Sumário e Índice".

c) "Número da Página", encontrado no menu "Inserir", opção "Sumário".

d) "Índice", encontrado no menu "Formatar", opção "Marcadores e Numerações".

e) "Lista numerada", encontrado no menu "Formatar", opção "Listas".

3. **(UFPR – 2020 – CÂMARA DE CURITIBA – REDATOR)** A versão 6.3.1 do LibreOffice Writer é referência para a questão.

   O uso de estilos permite que diversas formatações sejam aplicadas a um documento de forma automatizada. São tipos de estilos disponíveis no LibreOffice Writer:

   a) Apresentação, Quadro, Página.

   b) Lista, Célula, Quadro.

   c) Parágrafo, Lista, Tabela.

   d) Caractere, Apresentação, Página.

4. **(UFPR – 2020 – CÂMARA DE CURITIBA – REDATOR)** A versão 6.3.1 do LibreOffice Writer é referência para a questão.

   O recurso do Writer que impede a quebra de linha entre duas palavras é chamado de Inserir:

   a) espaço inseparável

   b) agrupamento inseparável.

   c) quebra incondicional.

   d) quebra opcional sem largura.

   e) quebra condicional.

5. **(UFPR – 2020 – CÂMARA DE CURITIBA – REDATOR)** A versão 6.3.1 do LibreOffice Writer é referência para a questão.

   Considere o seguinte trecho:

   > **LEGISLAÇÃO**
   > RESOLUÇÃO Nº 08
   > de 03 de dezembro de 2012
   > publicada no DOM de 20/12/2012
   >
   > Institui o Regimento Interno da Câmara Municipal de Curitiba.
   >
   > A CÂMARA MUNICIPAL DE CURITIBA, CAPITAL DO ESTADO DO PARANÁ, APROVA A SEGUINTE RESOLUÇÃO:

   Considerando que o trecho "Institui o Regimento Interno da Câmara Municipal de Curitiba" foi selecionado, o recurso que permite configurá-lo à direita do documento é:

a) Mover para a direita.
b) Alinhar à direita.
c) Definir entrelinha.
d) Diminuir recuo.
e) Aumentar recuo.

6. **(NC-UFPR – 2019 – FPMA/PR – AUXILIAR ADMINISTRATIVO)** Considere Libre Office Writer. Qual a funcionalidade do botão ¶?
   a) Criar um indicador para um ponto específico do documento.
   b) Inserir símbolos que não constam no teclado.
   c) Inserir equações matemáticas usando uma biblioteca de símbolos matemáticos.
   d) Mostrar/ocultar marcas de parágrafo e outros símbolos de formatação.
   e) Formatar o parágrafo selecionado com Estilo Normal.

7. **(UFPR – 2018 – UFPR -ASSISTENTE EM ADMINISTRAÇÃO)** Para o acompanhamento de alterações em um documento no LibreOffice Writer (geralmente utilizado para revisão ou edição de textos), é necessário ativar a gravação de mudanças. Assinale a alternativa que apresenta o caminho para a ativação dessa funcionalidade.
   a) Arquivo → Propriedades → Controlar mudanças
   b) Editar → Registrar alterações → Registrar
   c) Editar → Mostrar Marcações
   d) Revisão → Mostrar Marcações
   e) Revisão → Controlar alterações

8. **(NC-UFPR – 2015 – COPEL – TÉCNICO ADMINISTRATIVO I)** No LibreOffice (versão que substituiu o BrOffice) 4.4 Writer, qual a funcionalidade do botão com o símbolo Ω?
   a) Mostra caracteres não imprimíveis.
   b) Insere caracteres especiais.
   c) Insere uma caixa de texto.
   d) Executa uma macro.
   e) Insere quebra de página.

9. **(NC-UFPR – 2013 – COPEL – TELEATENDENTE II)** No BrOffice/LibreOffice 3.4 Writer, qual é a função do botão que contém o símbolo ¶?
   a) Inserir fórmulas.
   b) Inserir símbolos.
   c) Acionar a ajuda.
   d) Mostrar caracteres não imprimíveis.
   e) Acionar a hifenização automática.

INFORMÁTICA

10. (INSTITUTO AOCP – 2020 – PREFEITURA DE CARIACICA-ES – PROFESSOR – LÍNGUA INGLESA) Considerando o software para a manipulação de planilhas eletrônicas CALC, presente no pacote LibreOffice, versão 6 em português, após selecionar uma célula, para que seja limpa a sua formatação direta, basta utilizar qual tecla de atalho?
a) Ctrl + Shift + F
b) Ctrl + Alt + F
c) Alt + F3
d) Ctrl + M

11. (IBGP – 2020 – PREFEITURA DE ITABIRA/MG – AUDITOR FISCAL DE OBRAS) Assinale a alternativa que apresenta CORRETAMENTE o recurso do LibreOffice Writer que executa a revisão e correção ortográfica de um texto.
a) Ferramentas ortografia.
b) Editar ortografia.
c) Ferramentas revisão.
d) Revisão ortografia e gramática.

12. (IBGP – 2020 – PREFEITURA DE ITABIRA/MG – AUDITOR FISCAL DE OBRAS) A respeito do recurso "Formatar → Parágrafo" do LibreOffice Writer, analise as afirmativas a seguir:
I. Permite configurar o estilo negrito para a fonte.
II. Permite configurar o alinhamento do texto à direita.
III. Permite configurar que o texto tenha entrelinhas simples.

Estão CORRETAS as afirmativas:
a) I e II apenas.
b) I e III apenas.
c) II e III apenas.
d) I, II e III.

13. (IBGP – 2020 – PREFEITURA DE ITABIRA/MG – ARQUITETO) As normas para apresentação de trabalhos de uma instituição de ensino definem que as margens dos documentos devem ser de 3cm a esquerda e em cima e 2cm a direita e em baixo.

Assinale a alternativa que apresenta CORRETAMENTE o recurso de edição do LibreOffice Writer o aluno deverá executar para atender o estabelecido pela norma.
a) Formatar margens.
b) Configurar página.
c) Formatar página.
d) Formatar texto.

14. (IBGP – 2020 – PREFEITURA DE ITABIRA/MG – ARQUITETO) A respeito do recurso "Formatar → Caractere" do LibreOffice Writer, analise as afirmativas a seguir:

I. Permite configurar a aplicação da fonte Arial.

II. Permite configurar o tamanho da fonte.

III. Permite executar a revisão de ortografia.

Estão CORRETAS as afirmativas:

a) I e II apenas.
b) I e III apenas.
c) II e III apenas.
d) I, II e III.

15. (INSTITUTO AOCP – 2020 PREFEITURA DE CARIACICA/ES – ASSISTENTE DE CMEI I) -Considerando o programa LibreOffice Writer versão 6.3, a tecla de atalho F2 corresponde a qual recurso desse programa?

a) Edita o autotexto.
b) Dicionário de Sinônimos.
c) Barra de Fórmulas.
d) Completa o autotexto.

16. (FGV – 2020 – TJ-RS – OFICIAL DE JUSTIÇA) No LibreOffice Writer, a operação de busca [Localizar] oferece, dentre outras, as opções "Diferenciar maiúsculas de minúsculas" e "Somente palavras inteiras".

Nesse contexto, considere o conteúdo de um documento exibido a seguir.

A Caixa-preta foi encontrada encaixada numa caixa de madeira e, com mais duas caixas, foi enviada para a Caixa Postal.

Considerando-se busca nesse documento inteiro, na qual o texto de busca é caixa e as duas opções referidas acima tenham sido assinaladas, o número de trechos do documento que seriam destacados é:

a) zero;
b) um;
c) dois;
d) três;
e) quatro.

17. (FCM – 2019 – PREFEITURA DE CARANAÍBA/MG FCM – 2019 – ASSISTENTE SOCIAL) No LibreOffice Writer, para abrir a janela por meio da qual o número de colunas de uma página de um documento-texto pode ser modificado, um usuário pode clicar em:

a) Formatar e depois em Colunas.
b) Tabela e depois em Configurar Página.

c) Layout da Página e depois em Colunas.

d) Arquivo e depois em Configurar Página.

18. **(FCM – 2019 – PREFEITURA DE CARANAÍBA/MG – AGENTE COMUNITÁRIO DE SAÚDE)** Complete as lacunas do texto.

Para exibir a numeração de linhas de um documento texto no LibreOffice Writer, um usuário pode clicar em _____, depois em _____, marcar a opção Mostrar Numeração e clicar em _____.

A sequência que preenchem corretamente as lacunas do texto é:

a) Ferramentas / Numeração de linhas / OK.

b) Inserir / Número de Página / OK.

c) Exibição / Numeração de linhas / Numerar.

d) Página / Numeração / Exibir.

19. **(FCM – 2019 – PREFEITURA DE CARANAÍBA/MG – AGENTE COMUNITÁRIO DE SAÚDE)** É uma opção de espaçamento de linhas (entrelinhas), na formatação de parágrafos de um documento-texto do LibreOffice Writer, EXCETO o:

a) Fixo.

b) Duplo.

c) Simples.

d) Centralizado.

20. **(CIEE – 2019 – TRT 10ª REGIÃO/DF E TO – ESTAGIÁRIO – NÍVEL SUPERIOR)** Para adicionar marcadores e numeração em um texto editado com o BrOffice Writer, Configuração Local, Idioma Português-Brasil, deve-se acessar o Menu:

a) Exibir.

b) Inserir.

c) Arquivo.

d) Formatar.

21. **(CIEE – 2019 – TRT – 10ª REGIÃO-/DF e TO – ESTAGIÁRIO – NÍVEL MÉDIO)** Ao editar um texto com o BrOffice Writer, Configuração Local, Idioma Português-Brasil, repentinamente todo o texto fica selecionado. É correto afirmar que as telas acionadas são:

a) CTRL + A

b) CTRL + B

c) CTRL + P

d) CTRL + T

Gabarito

1.	D
2.	B
3.	C
4.	A
5.	E
6.	D
7.	B
8.	B
9.	D
10.	D
11.	A
12.	C
13.	C
14.	A
15.	C
16.	B
17.	A
18.	A
19.	D
20.	D
21.	A

9 Libre Office Calc

Caro leitor, caso você já tenha estudado o capítulo sobre o editor de planilhas MS Excel, este Capítulo 9 trará muitas semelhanças de texto, pois há situações em que o comportamento do Libre Office Calc é similar durante a manipulação de recursos de planilhas como fórmulas, funções e endereços, portanto, não cabe outra explicação se não a mesma. Por outro lado, há leitores que estudam apenas o Calc sem estudar o Excel e tais conceitos sobre planilhas não podem faltar. Assim, para que você tenha um estudo mais completo, didático e prático (sem ter que ficar retomando capítulos anteriores) foi adotado como metodologia o reúso de texto para fixar, ainda mais, o conteúdo comum juntamente com as particularidades do Libre Office e sua dinâmica de funcionamento.

9.1 Formatos de arquivos

O LibreOffice Calc é o editor de planilhas da suíte de aplicativos do LibreOffice.

Dentre os elementos que nós precisamos observar sobre um editor de planilhas estão seus formatos de arquivos.

Fique ligado!

É comum encontrar questões em provas argumentando sobre as extensões de arquivos padrões utilizados pelos programas.

Um arquivo do Calc é considerado uma **Planilha**, porém o arquivo planilha é composto por uma ou mais planilhas de dados.

O formato padrão de um arquivo do Calc é identificado pela extensão ODS (Open Document Spreedsheet). Com o Cal também podemos tanto abrir, como salvar arquivos com a extensão XLXS padrão do MS Excel.

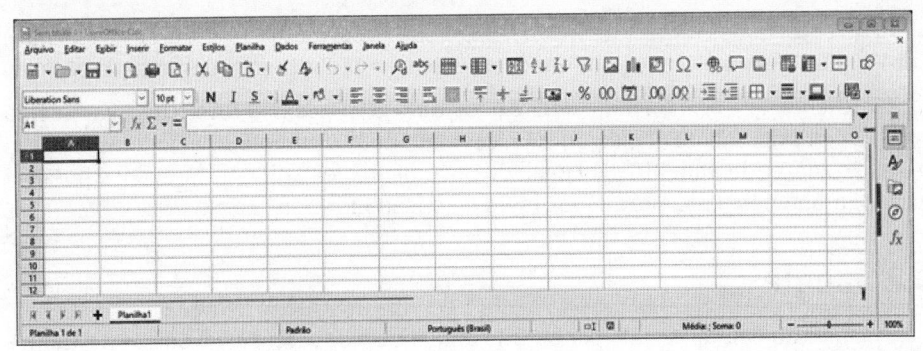

Figura 134: Janela do LibreOffice Calc.

Ao trabalhar com planilhas, deve ser observado que a sua estrutura é mais robusta do que aquela presente em tabelas utilizadas dentro do editor de texto, embora no Writer as tabelas também possuem endereçamentos que permitem a manipulação de valores presentes em células independentes.

Ao abrir o editor de planilhas com uma pasta de trabalho em branco, é apresentado ao usuário uma planilha com uma estrutura predefinida e imutável, possuindo 1.048.576 linhas e 1.024 colunas, enquanto que em uma tabela é adicionada a quantidade de linhas e colunas desejadas.

Por padrão, as **linhas são identificadas por números,** enquanto as **colunas são identificadas por letras,** conforme ilustrado na figura anterior. Vale lembrar que uma vez que existe um padrão significa que há outra forma de se trabalhar. Nesse caso é possível utilizar números para as colunas, mas para isso é necessário alterar as opções do programa.

Uma planilha já possui um total de 1.048.576 linhas por 1.024 colunas. Como o alfabeto vai apenas até a letra Z, a próxima coluna é dada pela combinação AA, seguida por AB até chegar a AZ, seguida por BA, BB e assim por diante até completar as 1.024 colunas, sendo a última coluna representada pela combinação AMJ.

O mais importante a ser observado sobre essa característica é que esses valores são fixos, ou seja, uma planilha sempre terá essa estrutura, mas cabe a dúvida sobre o que acontece quando usado o recurso inserir Linhas ou Colunas. Nesse caso, o que ocorre é na verdade um deslocamento de conteúdo para baixo, no caso de linhas, e para a direita, no caso de colunas.

Fique ligado!

Embora seja possível inserir linhas e colunas dentro de uma planilha, essa operação não altera a quantidade de linhas ou colunas da planilha.

João Paulo Colet Orso

Outros formatos importantes são XML e CSV. O formato CSV (Colunas Separadas por Vírgulas) é muito usado para importar/exportar dados para programas diferentes.

Vale lembrar que o formato ODF é o formato genérico do LibreOffice, conhecido como Open Document Format, ou seja, Formato de Documento Aberto, mas cuidado para não confundir com PDF (Formato de Documento Portátil), que também é possível de ser gerado pelo Calc, porém por meio da opção Exportar como PDF.

9.2 Janela

A janela do Calc apresenta por padrão uma interface baseada em barras de Menus, podendo alterar também a interface para abas, tal opção é encontrada no Menu Exibir junto à opção Interface do Usuário, ao ser clicada exibe a janela ilustrada na Figura 135.

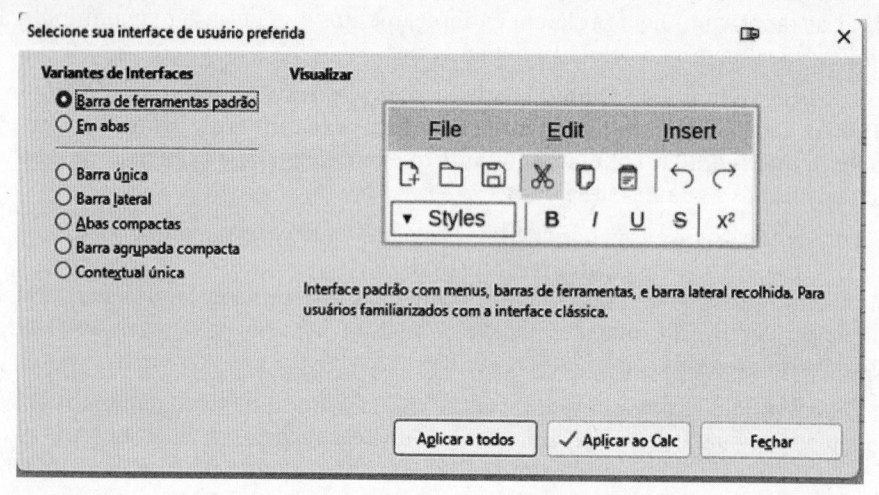

Figura 135: Opção de configuração de Interface do Usuário do LibreOffice Calc.

Fique ligado!

Em geral, as questões de provas são pautadas na interface padrão do programa, por isso tomaremos ela como base.

A barra de fórmulas possui duas partes básicas, ilustradas na Figura 136: à esquerda temos a caixa de nome (onde encontra-se a informação A3) seguida por alguns botões, dentre eles a opção para inserir função. A outra parte mais à direita é especificamente onde colocamos uma fórmula.

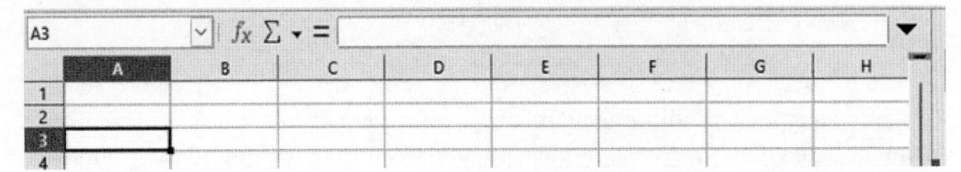

Figura 136: Barra de Fórmulas do LibreOffice Calc.

Fique ligado!

Sempre que uma célula for selecionada, o seu endereço será exibido na caixa de nome, enquanto o seu conteúdo será exibido na barra de fórmulas. Caso o conteúdo da célula seja uma fórmula, ela exibe o resultado da conta enquanto a barra de fórmulas apresenta a fórmula ou a função.

Ao selecionar uma célula ou mais e clicar na caixa de nome, podemos escrever um "nome" que será a identificação da célula ou conjunto de células selecionadas, assim além de utilizar o endereço habitual para representar a célula, ou conjunto de células indicadas, podemos utilizar o nome que definimos neste espaço.

Ao olhar para a janela do programa o usuário deve ser capaz de identificar suas partes:

Barra de títulos:

Exibe o nome do arquivo em edição e o nome do programa.

Barra de Ferramentas Padrão:

Nesta barra encontram-se as ferramentas comuns aos editores do LibreOffice, bem como algumas de uso específico de planilhas como as da metade da barra à direita, para inserir linhas e colunas, excluir linhas e colunas, classificar, filtro entre as demais.

Barra de Ferramentas de Formatação:

Similar ao Writer apresenta as opções de formatação de caractere e parágrafo, também apresentando algumas opções específicas de planilhas como quebrar texto automaticamente, alinhamento vertical e as opções de formatação de valores de células.

Barra de Fórmulas:

Barra específica de editor de planilhas permite ver a célula selecionada e inserir fórmulas, bem como ver qual é o real conteúdo de uma célula quando selecionada.

9.3 Célula

Uma célula é a menor unidade estrutural de um editor de planilhas, originam-se pelo encontro de uma coluna com uma linha. Dessa forma, são identificadas pelos títulos das colunas e das linhas exibidas.

A célula A1 é a primeira célula de uma planilha, ou seja, é a célula que se encontra na coluna A e na linha 1.

Endereço da Planilha

```
<nome da Planilha>.<endereço da célula>
=Planilha1.B4+Planilha2.B4
```

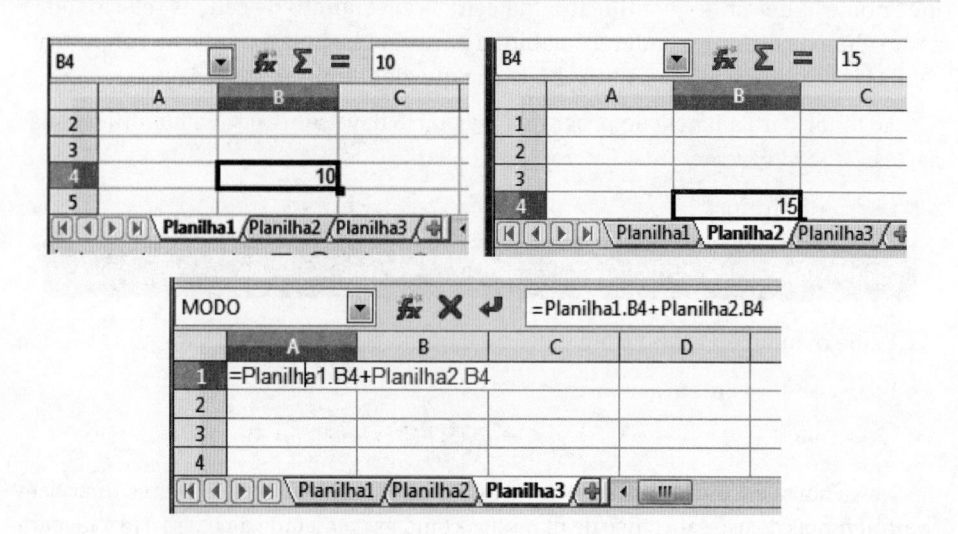

9.4 Cálculos

O editor de planilha permite:

- Tabular dados.
- Colocar os dados em gráficos.
- Realizar cálculos, usando fórmulas matemáticas e funções.

Esses cálculos utilizam valores apresentados diretamente como constantes ou, ainda, utilizam as células como variáveis. Desse modo, o valor presente na célula será considerado para o cálculo.

Uma vez que pretendemos realizar cálculos, precisamos indicar para o programa essa intenção, pois por padrão a célula entende que estamos inserindo um conteúdo na forma textual. Por exemplo: caso seja inserido algo como 5+5, o programa representará exatamente a expressão inserida, não o resultado da soma.

Assim, para indicar no cálculo utilizamos sinais gráficos chamados de **indicadores de célula de absorção** ou também conhecidos como **indicadores de cálculo**.

Células de Absorção

Indicador padrão de células de absorção é o = (sinal de igualdade). Contudo, o editor de planilha também reconhece quando é utilizado o + (sinal de adição) ou o – (sinal de subtração).

A Tabela 6, a seguir, mostra um exemplo de conteúdo inserido em uma célula e o seu resultado na planilha.

Tabela 6: Indicadores de Células de Absorção.

Fórmulas	Exemplo	Resultado
=	=5+5	10
+	+5+5	10
-	-5+5	0

Fique ligado!

O sinal de subtração, além de servir como indicador de cálculo, indica que o valor da primeira parcela é negativo.

Uma outra particularidade do Excel é que ao selecionar uma célula e apertar a tecla / (barra), a ação não insere o sinal de barra (/), mas produz o mesmo resultado que apertar a tecla ALT.

Se o conteúdo de uma célula iniciar com algum outro caractere, o programa entende que se trata de um texto, contudo a formatação da célula permanece como **geral**.

> **Fique ligado!**
>
> Em uma questão de prova que apresenta uma figura de uma planilha, é sempre importante prestar mais atenção ao conteúdo da barra de fórmulas do que ao conteúdo exibido na célula.

9.5 Operadores

Para montar uma fórmula dentro do editor de planilhas há 4 tipos de operadores: aritméticos; de texto; de referência e comparação. Além de montar uma expressão que utilize tais operadores, é possível, ainda, usar as funções do editor de planilhas.

Operadores Aritméticos

Os operadores aritméticos representam as expressões básicas da matemática: soma, subtração, multiplicação e divisão. Devemos observar, também, a presença de outros 2 operadores ao conjunto: operador de percentagem e o operador de potenciação. A Tabela 14 destaca os caracteres usados como operadores.

> **Fique ligado!**
>
> Ao realizar uma operação aritmética, o resultado, desde que seja válido, será tomado como um valor numérico e, portanto, será representado alinhado à direita na célula.

Tabela 14: Operadores Aritméticos.

Operador	Ação	Exemplo	Resultado
+	Soma	=5+5	10
-	Subtração	=5-5	0
*	Multiplicação	=5*5	25
/	Divisão	=5/5 =5/0	1 #DIV/0!
%	Percentagem	=50% =200 * 10%	0,5 20
^	Potenciação	=2^3 =3^2	8 9

Na Tabela 14 verificamos o resultado obtido, ao inserir em uma célula a expressão com o operador indicado.

> **Fique ligado!**
>
> Usar o operador % equivale a uma divisão por 100. Portanto, inserir em uma célula =50% reproduz o mesmo resultado que inserir =50/100.

Ao utilizar vários operadores em uma única expressão, devemos estar atentos à precedência de cálculo, isto é, qual operação deverá ser realizada primeiro e quais devem ser feitas na sua sequência. Basicamente, a ordem dos operadores é a mesma empregada na matemática básica:

- Primeiro os cálculos de percentagem: %
- Depois as potências: ^
- Seguida pelas operações de multiplicação ou divisão: * e /
- Por fim, as operações de soma e subtração: + e –

> **Fique ligado!**
>
> Para os cálculos que não seguem a ordem padrão dos operadores, utilizam-se os parênteses devendo ser calculado primeiro o que está nos ( ). É possível, ainda, fazer um encadeamento de parênteses, calculando primeiro os mais internos.

Ao encontrar operadores de mesma precedência ou o mesmo operador seguidamente em uma expressão aritmética, os cálculos devem ser realizados na ordem em que os operadores aparecem para evitar erros, conforme o exemplo a seguir.

`=3*9/3`

Tanto faz calcular primeiro a multiplicação ou a divisão, pois em ambos os casos o resultado será 9. Mesmo sendo igual a precedência de operação, recomenda-se que o cálculo seja feito na ordem que foi apresentado: multiplicar primeiro 3 por 9, para depois dividir o resultado (27) por 3, obtendo assim 9. Desse modo, evitaremos erro.

`=9/3*3`

Com base nas regras de precedência de operadores é indiferente a ordem do cálculo (multiplicar ou dividir primeiro), pois em ambas situações obtêm-se o mesmo resultado. Porém, é necessário resolver na ordem em que as operações de mesma precedência apareçam. Desse modo, evitam-se erros que possam surgir ao encontrar expressões, tais como:

$$=8/2\wedge3$$

Nessa situação, caso o cálculo seja realizado de forma errada, o resultado 64 pode ser apresentado. Porém, retomando a sequência de operações, calcula-se primeiro a potência 2^3 que resulta em 8. Em seguida, divide-se 8 (numerador) pelo 8 resultante da potência (2^3) obtendo assim como resultado o valor 1.

Caso a intenção seja calcular primeiro a divisão para depois realizar a potência, utilizamos os parênteses e mudamos a precedência de operação, escrevendo a expressão como apresentado a seguir.

$$=(8/2)\wedge3$$

Primeiro deve-se calcular o que está entre parênteses, isto é, 8 ÷ 2 e, então, utilizar este resultado (4) elevada à potência de 3, obtendo como resposta 64.

Fique ligado!

Para calcular a potência, podemos, ainda, utilizar a função potência:

$$=POTÊNCIA(<base>;<expoente>)$$

Exemplo: para calcular a expressão =2^3 utiliza-se a função:

$$=POTÊNCIA(2;3)$$

Em ambos os casos o resultado será o número 8.

Operador de Texto

O operador de texto & é utilizado para realizar a operação de concatenação que consiste em juntar os **conteúdos** de células ou aqueles expressos diretamente na fórmula.

A operação de concatenação pode ser realizada com qualquer valor presente dentro de uma célula: número, texto, data, hora ou percentagem. Devemos observar que por mais que se faça a união de 2 valores numéricos, o **resultado ficará formatado como texto**, uma vez que a operação empregada é de texto. Portanto, os valores dentro da célula serão alinhados à esquerda.

Fique ligado!

A operação de concatenação junta o CONTEÚDO das células, não une células. Assim, não confunda com a operação de "Mesclar Células".

A Figura 137 a seguir ilustra uma planilha no modo de exibição de fórmulas, na qual se encontram tanto os valores digitados e as fórmulas presentes em cada célula:

- As células A1 e B1 foram preenchidas com valores numéricos, respectivamente, 10 e 40.
- A células A2 e B2 foram preenchidas com texto, respectivamente, AB e CD.
- As demais indicam as fórmulas inseridas nas mesmas células.

	A	B	C	D
1	10	40	=A1&B1	=C1+1
2	AB	CD	=B2&A2	
3	=A1&A2	=B2&A1		
4				

Figura 137: Operador de Texto (fórmulas).

A operação de concatenação, seja ela realizada pelo operador ou pela função, leva em conta a ordem dos parâmetros apresentados. Observe atentamente a diferença entre a fórmula da célula A3 → =A1&A2 para a célula B3 → =B2&B1.

A Figura 138 a seguir, ilustra os resultados produzidos pelas fórmulas utilizadas. Alguns apontamentos que merecem atenção:

- Não há um espaço entre valores, pois une exatamente o que existe em uma célula e concatena com o conteúdo da outra indicada.
- Todas as operações de concatenação produziram resultados alinhados à esquerda da célula.
- Na Figura 138 a fórmula presente na célula D1 é uma operação aritmética de soma, por isso o resultado sendo um valor numérico fica alinhado à direita.

Por mais que a operação C1 seja uma operação de concatenação entre os valores 10 e 40, o editor de planilhas ainda considera o valor resultante como sendo o **número** 1040. Seu alinhamento ficou à esquerda apenas por ser resultado de uma operação de texto (concatenação).

	A	B	C	D
1	10	40	1040	1041
2	AB	CD	CDAB	
3	10AB	CD10		
4				

Figura 138: Operador de Texto (resultados).

Fique ligado!

O resultado produzido pela fórmula =A1&A2, também pode ser encontrado ao utilizar a função =CONCATENAR(A1;A2) ou a sua versão mais nova =CONCAT(A1;A2).

Operadores de Referência

Os operadores de referência são utilizados para separar conjunto de valores em funções que aceitem mais de um valor como parâmetro. A Tabela 8, ilustra os 3 operadores de referência que podem ser utilizados no Calc.

Tabela 8: Operadores de Referência do Calc.

;	E	União
:	Até	Intervalo
!		Interseção

Fique ligado!

As questões mais clássicas de editores de planilhas cobradas em prova abrangem análise dos operadores de referência (;) e (:). São questões que envolvem a atenção do candidato mais do que o conhecimento.

Primeiro vamos entender o uso dos dois-pontos (:) para representar um intervalo de células adjacentes. No exemplo a seguir foi empregada a função **=SOMA(A1:A4)** com o sinal de (:) utilizado para representar o intervalo que compreende as células desde a célula **A1 até A4**, inclusive.

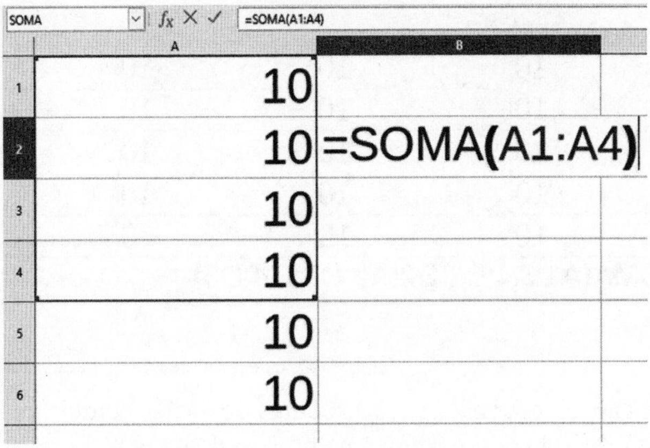

Figura 139: Operação de Soma com operador Até.

Observe na Figura 139 que as células da coluna A, as quais serão consideradas na fórmula, estão destacadas no retângulo. Desse modo, o resultado obtido ao aplicar a função será 40.

Para efeitos de comparação vamos utilizar o exemplo anterior apenas alterando o sinal de (:) para o sinal de (;), conforme ilustrado na Figura 140 a seguir.

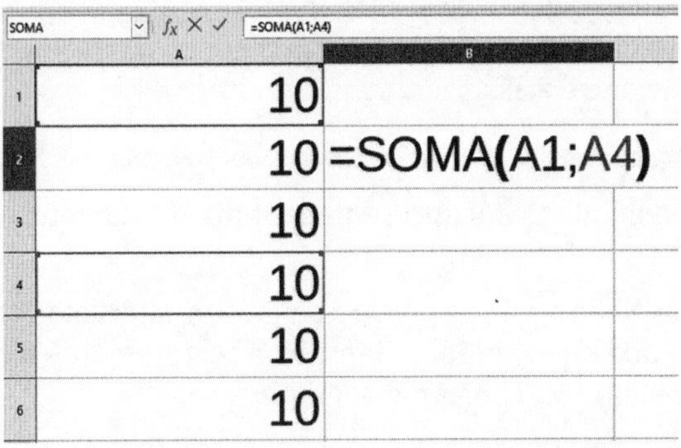

Figura 140: Operação de Soma com operador E.

Ao usar a função =SOMA(A1;A4) apenas as células A1 e A4 ficaram destacadas respectivamente em azul e vermelho. As cores são utilizadas pelo próprio programa para identificar de modo mais visual as células da planilha que estão sendo empregadas em uma fórmula ou função.

Nesse novo exemplo o resultado obtido será apenas 20, uma vez que apenas 2 células foram somadas.

Algumas funções permitem que sejam inseridos um ou mais intervalos de valores intercalados com o sinal de (;). Desse modo, podemos trabalhar com vários conjuntos de valores, conforme exemplo ilustrado pela Figura 141.

INFORMÁTICA

	A	B	C	D
1	10	10	10	10
2	10	10	10	10
3	10	10	10	10
4	10	10	10	10
5	10	10	10	10

=SOMA(A1:A4;B2:D2;A5:D5;C4;D5)

Figura 141: Operação de Soma com operadores de Referência.

Nessa situação, foram realizadas as somas de várias células de intervalos diferentes e para intercalar os intervalos foi empregado o operador **E** (;).

Observe atentamente que cada intervalo é representado com uma cor distinta, esta é a forma que o editor de planilhas utiliza para facilitar a compreensão por parte do usuário sobre quais valores estão sendo considerados.

> **Fique ligado!**
>
> Sempre que um conjunto de células apresentar os operadores de referência ATÉ e o operador E, devemos destacar primeiro os intervalos, somente depois fazer a união entre eles.

Na Figura 141 a Célula C4 foi apresentada individualmente, assim como a célula D3.

As questões mais habituais de prova apenas um intervalo com várias linhas em diversas colunas. Cabe ao candidato identificar corretamente o conjunto de células com o qual será trabalhado, conforme exemplo a seguir.

	A	B	C	D	E
1	10	10	10	10	
2	10	10	10	10	
3	10	10	10	10	
4	10	10	10	10	
5	10	10	10	10	
6	=SOMA(B2:D4)				

Figura 142: Operação de Soma com várias linhas e colunas.

Nesse caso foi utilizada a função SOMA com o intervalo de células de **B2 até D4** (**B2:D4**). Perceba que a planilha possui mais valores do que foram utilizados no cálculo da soma. É comum o uso desta situação em provas a fim de levar o candidato a acreditar que deveria somar todos os valores, porém na realidade deve somar apenas aqueles dentro do retângulo destacado.

Para evitar pegadinhas de prova siga os passos:

- Marque antes da menor linha do intervalo indicado, no caso a linha 2 é a menor linha do intervalo.
- Faça uma marcação entre ela e a anterior. A linha 4 é a maior linha, faça uma marcação entre ela e a próxima linha.
- Em seguida, faça o mesmo com as colunas. Marque antes da menor coluna, ou seja, entre ela e a coluna anterior, nesse caso entre a coluna A e B.
- Observe que a maior coluna, isto é, a coluna mais à direita do intervalo, é a coluna D, portanto, faça uma marcação entre ela e a próxima coluna.

Com isso, você terá desenhado o retângulo de igual modo ao apresentado pelo programa.

Fique ligado!

Nem sempre o sinal de ponto e vírgula (;) é empregado com um operador de referência. Para diferenciar, verifique se a posição na qual ele foi empregado e a função em uso, admitem o sinal de dois-pontos (:) (ATÉ) no lugar do ponto e vírgula (;). Caso seja possível essa utilização, significa que os dois-pontos (;) representam um operador de referência. Note as funções apresentadas anteriormente:

| =POTÊNCIA(2;3) |
| =CONCATENAR(A1;A2) |

Essas funções são exemplos em que o ponto e vírgula (;) não é utilizado como um operador de referência, mas simplesmente um separador de parâmetros. Essa dupla utilidade ocorre por conta da tradução para a versão em português brasileiro, pois na versão em inglês utiliza-se a vírgula (,) como separador de parâmetros. No português brasileiro a vírgula também é usada como separador de casas decimais, foi necessário alterar o caractere utilizado para separar os parâmetros.

Não podemos esquecer o terceiro operador: o ! que é empregado como operador para realizar a interseção, isto é, ao apresentar 2 intervalos desejamos destacar apenas as células que são comuns aos 2 intervalos. Observe o exemplo a seguir.

	A	B	C	D
1	10	10	10	10
2	10	10	10	10
3	10	10	10	10
4	10	10	10	10
5	10	10	10	10
6	=SOMA(A1:C3!B2:D4)			

Figura 143: Operação de Soma com operador de Interseção.

Na situação ilustrada pela Figura 143, temos a função Soma destacando 2 intervalos:

- O primeiro da célula A1 até a célula C3 (A1:C3);
- O segundo da célula B2 até a célula D4 (B2:D4).
  - Contudo, os valores que nos interessam são aqueles que são comuns aos 2 intervalos apresentados, pois o operador de interseção foi empregado entre os intervalos. Desse modo, o resultado da soma será 40, uma vez que as células somadas serão: B2, C2, B3 e D3 apenas.

Fique ligado!

Visualmente é fácil destacar o intervalo de interseção, basta observar na Figura 143 as células que são destacadas simultaneamente pelos retângulos destacados.

Operadores de Comparação

Os operadores de comparação também são chamados de operadores lógicos, pois o resultado apresentado por eles será uma informação do tipo lógico: verdadeiro ou falso.

As comparações se baseiam em valores menores, maiores ou iguais. Para textos comparamos apenas se são iguais ou diferentes.

A Tabela 9 representa a descrição dos operadores, o seu símbolo e o exemplo do que inserir em uma célula, bem como o resultado apresentado para cada situação.

Tabela 9: Operadores de Comparação.

Operador	Símb.	Exemplo de uso	Resultado
Menor que	<	=7<10	VERDADEIRO
Maior que	>	=7>10	FALSO
Igual à	=	=7=10	FALSO
Maior ou igual à	>=	=7>=10	FALSO
Menor ou igual à	<=	=7<=10	VERDADEIRO
Diferente de	<>	=7<>10	VERDADEIRO

Fique ligado!

O entendimento dos operadores de comparação é fundamental, pois seu uso é muito comum em questões típicas sobre planilhas que empregam funções como: SE, SOMASE, CONT.SE, SOMASES, CONT.SES, entre outras menos comuns em provas.

Caso o número não seja menor que o outro, ele é automaticamente maior ou igual. Da mesma forma que um número não é igual a outro, ele é diferente de.

9.6 Modos de Endereçamento

Ao utilizar fórmulas e funções em um editor de planilhas, podemos empregar constantes diretamente na fórmula, ou utilizá-los como se fossem variáveis identificando o endereço de uma célula que conterá o valor desejado. Porém, ao inserir o endereço de uma célula em uma fórmula, caso seja utilizado recursos com **copiar e colar** ou a **alça de preenchimento**, o programa poderá ajustar as fórmulas de acordo com o deslocamento realizado.

Os editores de planilha contam com 3 modos de endereçamento: **relativo**, **misto** e **absoluto**, embora possam ser reduzidos a 2. Quando identificamos o endereço de uma célula, podemos considerar um dos 3 modos, porém quando analisamos individualmente coluna ou linha, usamos apenas ao relativo ou absoluto.

Para diferenciar os modos de endereçamento, devemos analisar o emprego do sinal do $ (cifrão):

- Ausência do $ no endereço de uma célula indica o modo relativo.
- A presença de um $ na representação de um endereço de célula representa o modo misto.
- A presença de 2 cifrões em um endereço de célula representa o modo absoluto, conforme é ilustrado na Tabela 10, a seguir.

Tabela 10: Modos de Endereçamento de Células.

Modo	Relativo		Misto				Absoluto	
Estrutura	Coluna	Linha	$Coluna	Linha	Coluna	$Linha	$Coluna	$Linha
	CL		$CL		C$L		CL	
Exemplo	A3		$A3		A$3		$A$3	
Observação	Tanto linha quanto coluna podem mudar.		Sempre a mesma coluna, mas linha pode mudar.		A coluna pode mudar, mas a linha será sempre a mesma.		Sempre a mesma célula, pois nem coluna nem linha podem mudar.	

Fique ligado!

O emprego do $ (cifrão) só tem utilidade quando realizadas as operações de copiar e colar na sequência, ou quando for realizado o uso da alça de preenchimento. No caso da operação de recortar e colar o $ não apresenta utilidade, pois o programa mantém a fórmula com os mesmos endereços de células.

É importante observar que o emprego do $ **não altera os valores** presentes em uma célula ou fórmula, sua finalidade está no controle do reuso de fórmulas em outras células. A presença do $ também **não afeta a formatação da célula**.

Endereçamento Relativo

Para entender a aplicabilidade do $ em fórmulas, devemos entender a dinâmica das operações de copiar uma célula com uma fórmula ou utilizar a alça de preenchimento.

A Figura 144 a seguir, representa uma planilha preenchida com os valores 10, 20, 30 e 50, nas células A1, B1, A2 e B2 respectivamente.

Figura 144: Fórmula com modo de endereço relativo.

Fique ligado!

As questões de prova costumam colocar a operação indicando que uma determinada célula foi preenchida com uma fórmula ou função, posteriormente a célula é copiada e colada em outra célula.

Desse modo, vamos considerar a situação a seguir:

- Foi inserido na célula C1 a fórmula: =A1+B1
- Após, foi selecionada a célula C1 e ação de copiar foi executada.
- Em seguida, a célula C2 foi selecionada e a ação de colar foi executada.
- A fórmula será ajustada para a célula C2: = A2+B2

Observe que a operação foi de copiar o conteúdo da célula C1 para a célula C2, nesse caso ocorreu um deslocamento apenas de uma linha, não ocorrendo alterações na coluna. Como a fórmula presente na célula C1 não possui $, os números das linhas se ajustam relativamente ao deslocamento, no caso aumentando uma linha. Como não houve deslocamento de coluna, as colunas permaneceram A e B.

A célula C1 apresentará como resultado da soma 30, enquanto a célula C2 apresentará 80.

Fique ligado!

O resultado desse exemplo também seria obtido, ao clicar na alça de preenchimento da célula C1 e arrastar até a célula C2.

Endereçamento Misto

As questões mais frequentes em provas envolvem o modo de endereçamento misto, pois é aquele que exige maior atenção do candidato observar quando deve ou não ajustar o deslocamento na fórmula resultante.

Observe o exemplo apresentado pela Figura 145.

	A	B	C	D
1	10	20	=$A1+B$1	
2	30	40		
3				
4				

Figura 145: Fórmula com modo de endereçamento Misto.

- Foi inserido na célula C1 a fórmula: =$A1+B$1
- Após, foi selecionada a célula C1 e ação de copiar foi executada.
- Em seguida, a célula C2 foi selecionada e a ação de colar foi executada. Desse modo, a fórmula será ajustada para a célula C2: =$A2+B$1

Note que nesse caso, a presença do $ deve ser levado em consideração. A sugestão é que seja marcado o cifrão e o valor adjacente a ele, seja coluna ou linha. No exemplo foram destacadas as informações da fórmula em C1 que estão vinculadas ao $, de maneira que não podem ser alteradas mesmo ocorrendo deslocamento.

Na figura temos deslocamento apenas na linha (da linha 1 para linha 2), portanto se comparado ao primeiro exemplo do modo de endereçamento relativo, observa-se o que a presença do $ para a coluna A não é necessário. Em parte é verdade, porém devemos sempre observar o que a questão apresenta, ou mesmo o que será feito.

Vejamos outro exemplo:

- Foi inserido na célula C1 a fórmula: =$A1+B$1
- Após, foi selecionada a célula C1 e ação de copiar foi executada.
- Em seguida, a célula D4 foi selecionada e a ação de colar foi executada.
- Desse modo, a fórmula será ajustada para a célula D4: =$A4+C$1

Novamente estão destacadas as estruturas travadas pelo $, assim temos que aplicar o deslocamento apenas da linha em $A1 e da coluna em C$1.

Endereçamento Absoluto

O modo de endereçamento absoluto é o mais simples de ser trabalhado, uma vez que seu uso prático se resume a copiar a célula que foi travada com o $. Veja a Figura 146 e o exemplo dado.

	A	B	C	D
1	10	20	=$A$1+B1	
2	30	50		
3				
4				

Figura 146: Fórmula com modo de endereçamento absoluto.

- Foi inserido na célula C1 a fórmula: =$A$1+B1
- Após, foi selecionada a célula C1 e ação de copiar foi executada.
- Em seguida, a célula C2 foi selecionada e a ação de colar foi executada.
- Desse modo, a fórmula será ajustada para a célula C2: =$A$1+B2

Observe que a segunda parcela B2 teve apenas a linha ajustada, pois o deslocamento de C1 para C2 foi de apenas uma linha. Já a parcela $A$1 não foi alterada, pois tanto a coluna A como a linha 1 estão fixadas com o $.

O modo de endereçamento absoluto possui uma outra forma de uso que simplifica o uso para usuários pouco habituados ao editor de planilhas. Essa forma consiste no uso de rótulos para as células.

Fique ligado!

Podemos rotular uma célula ou um conjunto de células.

Para aplicar um rótulo usa-se a **caixa de nome** presente no início da barra de fórmulas, conforme destacado na Figura 147. Ao selecionar uma célula é exibido o seu endereço neste espaço. Para rotular a célula basta digitar o nome desejado nesta caixa e teclar ENTER.

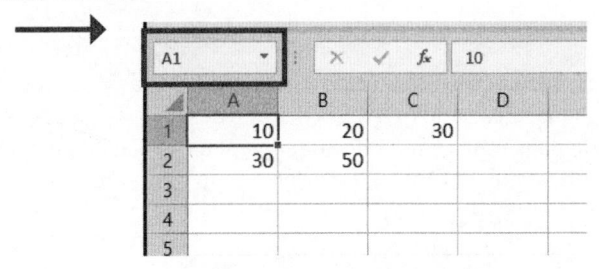

Figura 147: Caixa de nome.

Após nomear uma célula, ao selecioná-la o Excel irá exibir o nome atribuído à célula, conforme ilustrado na Figura 148.

Figura 148: Célula A1 com Rótulo "Valor".

Após atribuir um rótulo a uma célula, podemos usar esse nome em fórmulas e funções ao invés do endereço tradicional, como representado na Figura 149. Contudo, ainda podemos usar o endereço habitual.

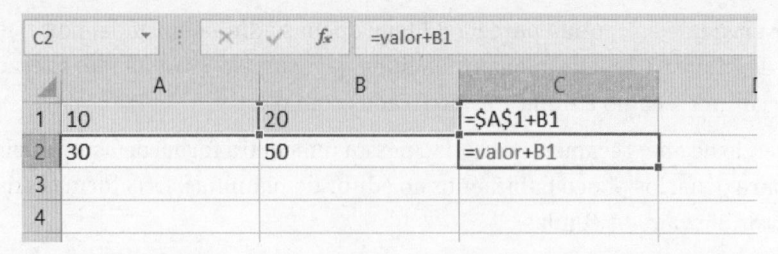

Figura 149: Fórmula com célula representada pelo seu rótulo.

No exemplo ilustrado na Figura 149, as fórmulas presentes nas células C1 (=$A$1+B1) e C2 (=valor+B1) apresentarão o mesmo comportamento para as operações de copiar e em seguida colar, ou ao usar a alça de preenchimento, pois o nome valor representa a célula $A$1 com modo absoluto.

Fique ligado!

Não podemos usar o mesmo nome para mais de uma célula ou intervalo da mesma planilha.

Podemos nomear intervalos de células de uma planilha. Para isso devemos selecionar o conjunto de células desejados e inserir o nome desejado na caixa de nome, da mesma forma realizada para uma célula selecionada apenas. Veja a Figura 150 em que o intervalo de células de A1 até A4 (A1:A4) foi selecionado e rotulado como conjunto.

Figura 150: Conjunto de células rotuladas.

A célula A5 da Figura 150 contém a função =SOMA(conjunto) de modo que o mesmo resultado seria obtido se a função fosse escrita =SOMA($A$1:$A$4). Perceba que usamos $, pois ao usar o nome ele comporta-se como modo de endereçamento absoluto.

9.7 Menus

A interface padrão do LibreOffice é baseada nas barras de menus, no caso do Calc os Menus visíveis por padrão, ilustrados na Figura 151, são:

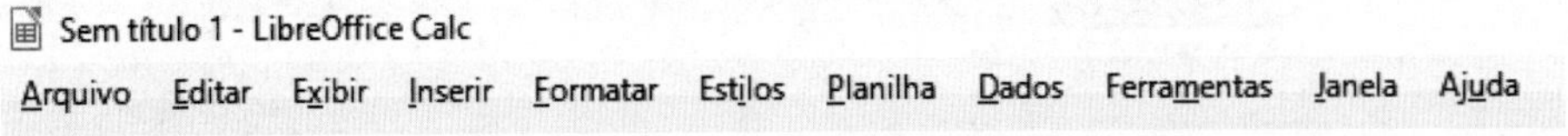

```
Sem título 1 - LibreOffice Calc
Arquivo  Editar  Exibir  Inserir  Formatar  Estilos  Planilha  Dados  Ferramentas  Janela  Ajuda
```

Figura 151: Barra de Menus do LibreOffice Calc.

- Arquivo: agrega as ferramentas que operam com o arquivo de planilha como um todo.
- Editar: contêm opções básicas como copiar, recortar e colar.
- Exibir: assim como o Writer, o Calc possui outro modo de exibição para facilitar a manipulação de planilhas em diferentes contextos de necessidade, como grandes espaços de análise de dados a documentos para serem impressos.
- Inserir: ferramentas que permitem incluir elementos ao arquivo, como gráficos.
- Formatar: recursos de formatação de células e fonte são disponibilidades neste menu.
- Estilos: embora seja mais comum relacionar estilos ao Writer, devemos notar que também estão disponíveis no Calc.
- Planilha: contém ferramentas para manipular linhas e colunas de uma planilha, assim como inserir, renomear ou excluir planilhas.
- Dados: talvez o menu de maior relevância para o editor de planilhas, pois agrega as principais ferramentas específicas de planilhas.
- Ferramentas: destacam-se as ferramentas "Atingir Meta" e "Solver".
- Janela: permite alternar entre janelas de arquivos abertos no LibreOffice.
- Ajuda: a estrutura da ajuda, embora sempre presente, voltou a ter destaque como aba para que o usuário possa acompanhar as novidades do programa, acessar a vídeos de treinamento ou mesmo sugerir melhorias para o programa.

9.8 Formatação de Células

Para formatar as células de uma tabela usamos a opção **Células** do Menu **Formatar**, ou a combinação de teclas CTRl+1 para abrir a janela **Formatar Células** ilustrada pela Figura 152.

INFORMÁTICA

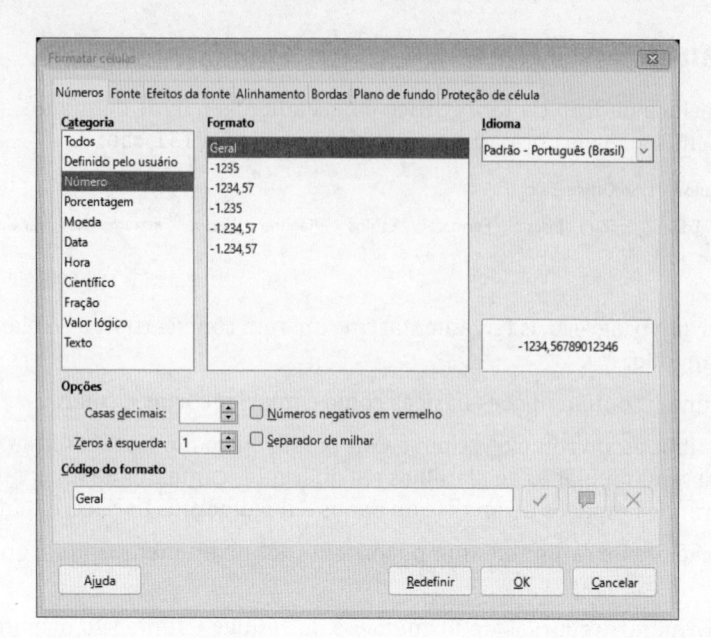

Figura 152: Janela Formatar Células do Calc.

Nessa janela temos à disposição os formatos:

- Número;
- Moeda;
- Percentagem;
- Data;
- Hora;
- Fração;
- Científico;
- Texto;
- Valor Lógico;
- Definido pelo usuário.

Alguns formatos de célula podem ser definidos por opções presentes na barra de Ferramentas de Formatação do Calc, essas opções são ilustradas pela Figura 153.

Figura 153: Recorte da Barra de Ferramentas de Formatação do Calc.

O botão **Formatar como Moeda** ilustrado na Figura 154, permite aplicar o formato de célula **Moeda,** Figura 154. Note a seta à direta do botão apontando para baixo, indicando que existem outras opções de unidade monetária que deseja usar, como $ (dólar) ou € (Euro).

Figura 154: Botão Formato de Número de Contabilização.

Podemos aplicar o formato de célula **Moeda** digitando na célula o **R$** junto ao valor ou usando a combinação de teclas de atalho **CTRL + SHIFT + $** com a célula selecionada.

Fique ligado!

O atalho CTRL+SHIFT+$ pode ser apresentado como CTRL+SHIFT+4, ou ainda, da forma correta CTRL+$. Para acessar o símbolo $ no teclado é necessário usar a tecla SHIFT, uma vez que ele se encontra na segunda função da tecla, assim o emprego do SHIFT é implícito.

Outro botão de formatação de célula presente na barra é o Estilo de Percentagem representado na Figura 155. A formatação de porcentagem também pode ser empregada pelo atalho **CTRL+SHIFT**+%, ou pela inserção direta de valor, dentro da célula, seguido do % (sinal de percentagem).

Figura 155: Botão Estilo de Percentagem.

Fique ligado!

O formato de célula de percentagem é recorrente como pegadinha em provas, pois ao selecionar uma célula com um número, por exemplo 5 e aplicar a formatação, o valor que ficará visível na célula será 500,00%.

Caso seja inserido em uma célula um número e juntamente for inserido o sinal de %, o valor visível ficará como digitado. Assim, ao inserir **5%** em uma célula o resultado visual será **5,00%** o mesmo, alinhado à direita na célula. Contudo, o valor real presente na célula será **0,05**.

Fique ligado!

Lembre-se: o sinal de % representa uma divisão por 100, seja em uma fórmula ou em uma célula ao lado direito de um valor.

INFORMÁTICA

Outro botão disponível é o **Formatar como Número**, ilustrado na Figura 156, que aplica o formato de célula de Número com 2 casas decimais visíveis e com separador de milhares.

0,0

Figura 156: Botão Formatar como Número.

> **Fique ligado!**
>
> Formatações de células, seja de estilos de valores ou de apresentação de conteúdo, não alteram a magnitude do valor, mas apenas a forma como é apresentado. Sempre que a barra de fórmulas estiver ilustrada na prova, observe atentamente o que ela exibe, pois este é o real conteúdo da célula selecionada.

A Figura 157 ilustra alguns dos formatos de células que podem ser usados no Calc. Note que existe o formato **Fração**, para usá-lo é necessário formatar a célula como fração antes de inserir o valor na célula. No caso apresentado pela figura o valor 7/8 é compreendido como a fração geratriz do decimal 0,875 que é usado para cálculos normalmente pelo programa.

	A	B
1	Conteúdo	Formato
2	Geral	Geral
3	34	Geral
4	Geral 34	Geral
5	45,00	Número
6	R$ 7.456,00	Moeda
7	23/01/89	Data
8	17:35:00	hora
9	segunda-feira, 23 de janeiro de 1989	Data
10	5,00%	Porcentagem
11	7/8	Fração
12	3,40282366920938E+038	Científico
13	VERDADEIRO	Valor Lógico
14		

Figura 157: Exemplos de formatos de células.

> **Fique ligado!**
>
> No Calc temos o formato de célula Valor Lógico, mas não temos o formato Contábil.

Guia Alinhamento

Por meio desta guia podemos formatar o alinhamento vertical e/ou horizontal de uma célula, bem como a orientação do texto, ou seja, sua direção aplicando um grau de inclinação.

Também encontramos a opção Quebra automática de texto que permite distribuir o conteúdo de uma célula em várias linhas de texto dentro da mesma célula. A figura a seguir ilustra essas opções.

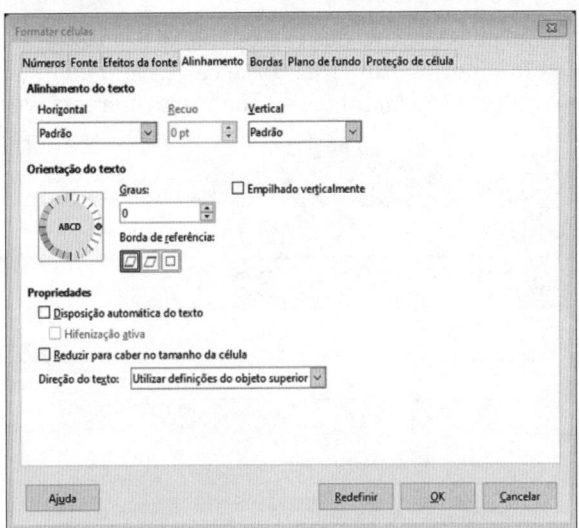

9.9 Outras Ferramentas

Bordas

Por padrão, em uma planilha o que vemos são as linhas de grade e não as bordas das células, tanto que se realizarmos a impressão nenhuma divisão aparece. As bordas devem ser aplicadas manualmente de acordo com a necessidade, para isso usa-se o botão Bordas presente na barra de ferramentas de formatação que ao ser acionado exibe as opções de bordas, como: Bordas Externas, Internas, Esquerda, Direita, dentre as demais que podem ser visualizadas na figura abaixo.

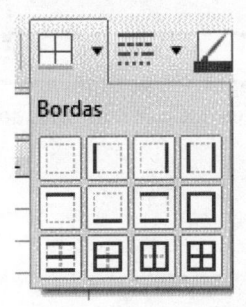

Mesclar e centralizar

A opção mesclar e centralizar do Calc centraliza tanto na horizontal como na vertical. Porém, é possível exibir apenas o conteúdo da célula superior esquerda, como também se pode mover o conteúdo das células selecionadas que serão ocultas para a célula superior esquerda.

A sequência de imagens a seguir ilustra a operação de mesclar em que se opta por exibir apenas a célula superior esquerda. Observe que as demais células são apenas ocultas, assim seus valores são mantidos e podem ser referenciados.

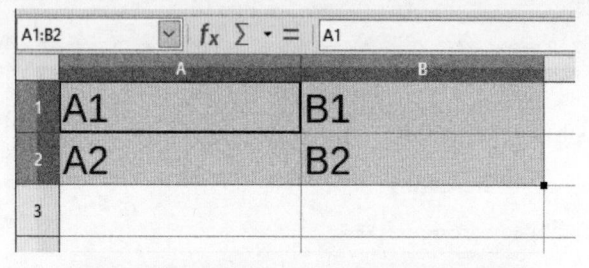

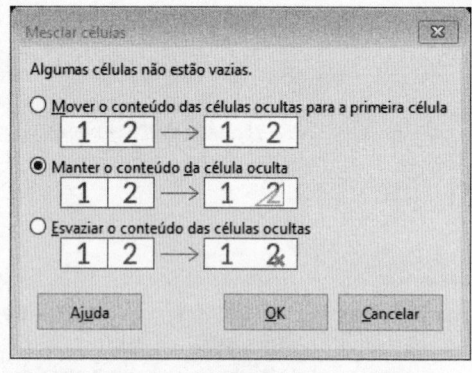

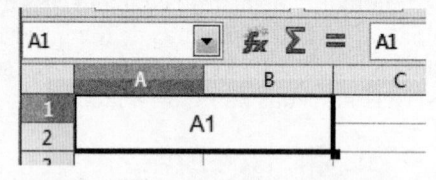

Nesta próxima sequência optou-se por mover o conteúdo para a célula superior esquerda, atente que a ordem dos dados é a mesma de leitura (esquerda para a direita e de cima para baixo)

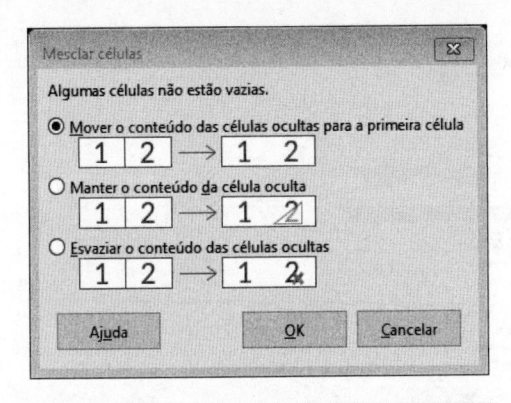

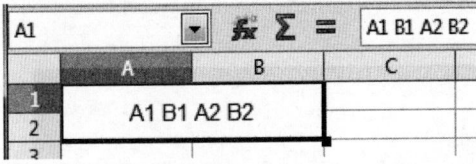

9.10 Assistente de Funções

Caso o usuário não conheça todas as funções ou suas estruturas, ele pode recorrer ao Assistente de Funções. Nessa ferramenta encontramos as categorias de funções que podemos utilizar dentro do editor de planilhas, ainda é possível abrir a janela para inserir função, por meio do botão localizado no início da Barra de Fórmulas "Assistente de Funções" *fx*. As seguintes categorias são disponibilizadas dentro do Calc, conforme ilustra a Figura 158.

- Banco de dados;
- Data e hora;
- Estatísticas;
- Financeira;
- Informação;
- Lógico;
- Matemática;
- Matriz;
- Planilha;
- Suplemento;
- Texto.

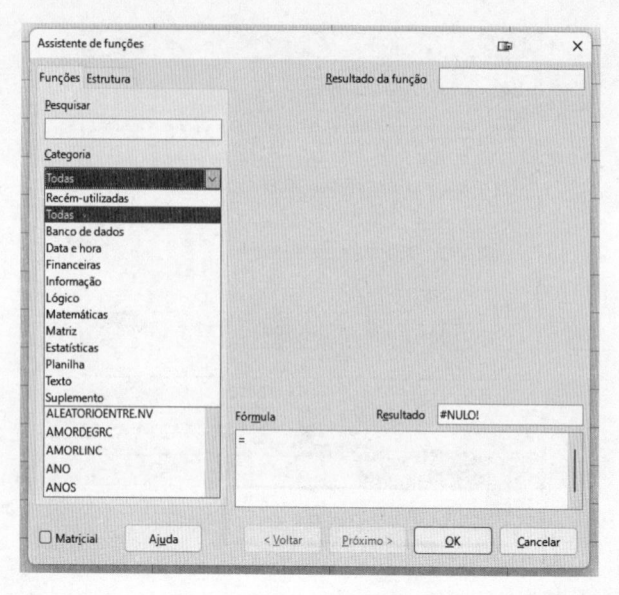

Figura158: Janela Assistente de Funções do Calc.

A maioria das funções pertencem à categoria Estatística, pois contempla as funções mais recorrentes em questões de prova.

> **Fique ligado!**
>
> Não é necessário conhecer todas as funções do editor de planilhas para fazer uma prova de concurso.

9.11 Funções

Função é uma estrutura que possui um nome e que pode receber ou não parâmetros para realizar um determinado procedimento, não sendo necessário saber como é feito o cálculo para chegar ao resultado, basta apenas informar os dados em cada parâmetro da função, caso seja necessário.

Uma função não deixa de ser uma fórmula, embora o termo fórmula mais, frequentemente para apresentar alguma estrutura ou cálculo aritmético que não envolva diretamente uma função apenas.

Soma

A função **Soma** realiza, basicamente, a soma de todos os valores **numéricos** passados como argumentos. Caso a célula possua texto, esse dado será ignorado para a realização da soma.

Fique ligado!

Por ser uma função simples, muitas pegadinhas sobre esse assunto são recorrentes em questões de prova, desde questões que argumentam sobre operadores de referência a questões sobre os modos de endereçamento.

A função **Soma** pode receber 256 parâmetros, dentre eles valores isolados ou intervalos de células, como demonstra o exemplo a seguir:

=SOMA(5;10,12; 3)

- Nessa situação foram apresentados os valores 5, 10,12 e 3 como parâmetros
- A presença de espaço entre eles não faz diferença.
- O importante é observar que o sinal de (;) foi utilizado para separar cada parâmetro. Perceba a sutileza na diferença entre o sinal de (;) e (,) utilizados na função.

Além de apresentar os valores diretamente na função, é comum o uso dos endereços de células, para isso considere a Figura 159 a seguir como base para alguns cálculos.

	A	B	C
1	7	3	
2	3	7	
3		7	
4	7	3	
5	3	5	
6	Texto		
7			
8			

Figura 159: Planilha do Calc com valores para exemplos de funções.

Considere que na célula A7, selecionada na Figura 159, seja inserida a função a seguir:

=SOMA(A1:A6)

- Será realizado o cálculo da soma dos valores presentes da célula A1 **até** a célula A6, apresentando como resultado o número 20.
- Observe que o valor presente na célula A6 (Texto) é ignorado pela função soma, assim como a célula vazia A3.

Podemos utilizar os operadores de referência para montar expressões mais elaboradas:

=SOMA(A1:A6;B2;B4)

- Nesse outro exemplo foi realizada a soma das células de **A1 até A6** juntamente aos valores das células **B2 e B4**, resultando em 30.

Fique ligado!

As funções de Contagem também são de suma importância para as provas do concurso.

Cont.núm

A função CONT.NÚM contabiliza a quantidade de células que possuam como conteúdo valor numérico. Para os exemplos considere, ainda, os valores apresentados pela Figura 159.

Caso seja inserido na célula A7 a função a seguir:

=CONT.NÚM(A1:A6)

- O resultado obtido será 4, pois apenas as células A1, A2, A4 e A5 possuem valores numéricos.
- Enquanto a célula A3 está vazia e a célula A6 possui um texto.

Fique ligado!

Lembre-se: vazio é diferente de zero.

Contar.vazio

Para identificar dentre um conjunto de células a quantidade de células vazias, utiliza-se a função CONTAR.VAZIO, conforme o exemplo a seguir:

=CONTAR.VAZIO(A1:A6)

- O resultado obtido será 1, pois apenas a célula A3 está vazia.
- Caso a resposta seja zero, podemos concluir que a célula A3 pode ter conteúdo como a presença do caractere espaço.

CONT.VALORES

Diferentemente da função CONT.NÚM, a função CONT.VALORES conta a quantidade de células **não vazias** dentro do conjunto de valores apresentado como parâmetro para a função. A função CONT.VALORES é complementar à função CONTAR.VAZIO, de modo que ao utilizar as 2 para o mesmo intervalo de células e somá-las, o resultado será sempre a quantidade de células.

Utilizando a função CONT.VALORES no exemplo a seguir:

=CONT.VALORES(A1:A6)

- Temos como resultado 5.
- Das 6 células presentes no intervalo apenas uma está vazia.

CONT.SE

Além de realizar a Contagem de células para os 3 casos apresentados, podemos contar a quantidade de células que atendam determinada condição. Para tanto, utilizamos a função CONT.SE. Essa função diferentemente das demais, é empregada com 2 parâmetros, sendo o primeiro o intervalo de células que serão analisadas e o segundo parâmetro a regra com a qual analisaremos as células.

=CONT.SE(<intervalo_de_células>;<regra>)

- Observe que na função o ; não é um operador de referência, ele apenas é empregado para separar os parâmetros da função.
- Outro ponto importante da sintaxe da função é a regra que, normalmente, é representada entre aspas.

Para utilizarmos a função CONT.SE vamos utilizar um outro conjunto de valores ilustrado na Figura 160 a seguir.

Nessa planilha foram apresentados alguns produtos de informática: mouse, teclado, monitor impressora, para diferentes fabricantes, representando a quantidade destes itens em estoque. Note que os dados estão agrupados por produto, porém poderiam ser agrupados por fabricante. Sabemos que a ordem das linhas pode alterar, nosso interesse é utilizar algo que permita calcular sem que a ordem afete os resultados.

Para o primeiro exemplo vamos supor que seja de nosso interesse ver quantos tipos de produtos diferentes temos para um determinado fabricante.

Para que a função CONT.SE faça sentido, em alguns casos é necessário observar ocorrências únicas, isso significa que a planilha de valores deve possuir a seguinte estrutura:

- Quando o fabricante for listado na coluna B, na coluna A deverá obrigatoriamente aparecer um produto diferente dos já presentes na planilha.
- Caso ocorra uma repetição, o emprego da função não fará sentido para obter a resposta do problema dado.

Assim, vamos tomar o fabricante "Razer" como referência, para identificar quantos produtos diferentes temos desse fabricante usamos a função a seguir:

=CONT.SE(B1:B13;"=Razer")

- Observe como foi empregado a regra, além de estar entre aspas duplas o sinal de igualdade foi utilizado, pois desejamos contar quantas vezes o texto indicado (Razer) aparece na coluna B, sabendo que cada ocorrência na coluna B corresponde a um produto distinto na coluna A.
- O sinal de igualdade usado na regra poderia ser suprimido, porém caso seja utilizado outro operador de comparação ele deverá estar explícito na estrutura.

Fique ligado!

Basicamente, ao usarmos texto comparamos se é igual a (=) ou diferente de (<>), já para valores numéricos podemos utilizar os outros operadores de comparação.

Como resultado do exemplo anterior teremos como resposta o número 3, pois a expressão **Razer** aparece 3 vezes.

Fique ligado!

Os editores de planilha não são CASE SENSITIVE, isso é, caso o texto estivesse em caixa alta não faria diferença para análise de comparação.

	A	B	C	D
1	Produto	Fabricante	Quantidade	
2	Mouse	Razer	5	
3	Mouse	Corsair	10	
4	Mouse	Redragon	15	
5	Mouse	Logitech	5	
6	Teclado	Razer	5	
7	Teclado	Logitech	10	
8	Teclado	Satélite	15	
9	Monitor	Samsung	20	
10	Monitor	Razer	12	
11	Monitor	HP	15	
12	Impressora	HP	18	
13	Impressora	Samsung	20	
14				

Figura 160: Planilha do Calc com valores para exemplos de funções.

Caso nosso interesse seja realizar a soma da quantidade de itens em estoque, devemos utilizar outra função, pois a função CONT.SE apenas realiza a contagem de células.

SOMASE

A função **SOMASE** permite comparar um conjunto de valores e somar outros valores, ou os comparados, que estejam na mesma linha que atendam à condição apresentada.

A sintaxe da função é dada a seguir:

=SOMASE(<Intervalo_Comparado>;<Regra>;<Intervalo_Somado>)

- O primeiro e o segundo parâmetros da função SOMASE tem forma similar ao da função CONT.SE.
- O diferencial é a presença de outro intervalo para identificar as células que serão somadas. Considere o seguinte problema:

Dada a planilha representada pela Figura 160, deseja-se saber qual a quantidade de mouses em estoque. Para isso podemos utilizar a função SOMASE com a seguinte forma:

=SOMASE(A1:A13 ; "=Mouse" ; C1:C13)

- Podemos ler a função apresentada da seguinte forma: somar as células de **C1** até **C13** que na coluna **A** tem um conteúdo **igual a Mouse**.

- Uma particularidade da função é que no intervalo somado não é necessário indicar as linhas, pois a função irá considerar apenas as linhas apresentadas no primeiro intervalo, isso significa que a expressão a seguir produziria o mesmo efeito da anterior:

=SOMASE(A1:A13 ; "=Mouse" ; C:C)

- Outro detalhe importante é observar que as aspas utilizadas nas funções de planilhas são necessariamente as aspas duplas, porém com um símbolo gráfico diferente, como mostrado na Figura 161, com a aplicação da função exemplificada.

	A	B	C	D	E	F	G	H
1	Produto	Fabricante	Quantidade		=SOMASE(A1:A13;"Mouse"; C1:C13)			
2	Mouse	Razer	5					
3	Mouse	Corsair	10					
4	Mouse	Redragon	15					
5	Mouse	Logitech	5					
6	Teclado	Razer	5					
7	Teclado	Logitech	10					
8	Teclado	Satélite	15					
9	Monitor	Samsung	20					
10	Monitor	Razer	12					
11	Monitor	HP	15					
12	Impressora	HP	18					
13	Impressora	Samsung	20					
14								

Figura 161: Função SomaSe na prática.

Aplicando os exemplos acima o resultado obtido para o total de **Mouse** no estoque é de 35 itens.

Outra particularidade da função SOMASE é a possibilidade de abreviar a função, quando os 2 intervalos forem as mesmas células, isto é, caso utilizemos a expressão a seguir:

=SOMASE(C1:C13 ; ">12" ; C1:C13)

- A função apresentada soma as células da coluna C por possuírem valor maior que 12.

- Podemos abreviar esta função da forma a seguir:

=SOMASE(C1:C13 ; ">12")

- Em ambos os casos o resultado obtido será 103.

Média

A função **Média** é empregada para calcular a média aritmética do conjunto de valores apresentados como parâmetros.

> **Fique ligado!**
>
> A função Média é comum em provas, também utilizada para pegadinhas envolvendo os operadores de referência dada a simplicidade da função.

Para conhecer a função e suas características vamos utilizar a planilha apresentada na Figura 159. Ao inserir na célula A7 a seguinte função:

=MÉDIA(A1:A6)

- A função Média realiza a soma do conjunto de células apresentados e depois a **dividem** pela quantidade de células que foram somadas.
- Assim, a função anterior produz o mesmo efeito da fórmula descrita a seguir:

=SOMA(A1:A6)/CONT.NÚM(A1:A6)

- Desse modo, a função Média ignora células vazias e células que possuam texto.

MEDIAA

Devemos tomar muito cuidado com uma função variante da função média, a função MÉDIAA. Note a presença de um segundo A.

Considerando a mesma planilha como exemplo, caso utilizemos a seguinte função:

=MÉDIAA(A1:A6)

- Teremos como resultado o valor 4.
- A diferença entre as duas formas de média é que a MÉDIAA considera todas as células não vazias.
- Podemos dizer que a MÉDIAA tem resulta similar ao da fórmula:

=SOMA(A1:A6)/CONT.VALORES(A1:A6)

Tendo como exceção quando há presença do valor lógico VERDADEIRO nas células do intervalo.

MEDIANA

Outro cálculo estatístico recorrente em prova é a **Mediana**, que consiste em encontrar o valor central de um conjunto de valores. Quando o Rol de valores for ímpar é fácil identificar a Mediana, pois basta distinguir o elemento central, isto é, aquele que apresenta a mesma quantidade de elementos antes e depois.

> **Fique ligado!**
>
> O cálculo estatístico Mediana considera o conjunto de valores (Rol) de maneira ordenada.

No caso do conjunto ser formado por um total de elementos par, a mediana é dada pela média dos 2 elementos centrais, ou seja: soma os 2 do meio e divide por 2.

Considerando a planilha da Figura 159 e inserindo a função:

=MED(B1:B5)

- Devemos olhar para o rol de valores { 3, 3, 5, 7, 7} e destacar aquele que divide o conjunto ao meio, uma vez que o conjunto possui 5 elementos { 3, 3, 5, 7, 7.
- Desse modo, encontramos um número 5.

Observe outra situação:

=MED(A1:A5)

- Nesse caso, o rol de elementos é formado por {3, 3, 7, 7}, ou seja, temos apenas 4 elementos, uma quantidade par.
- Para encontrarmos a mediana, devemos somar os dois centrais 3 e 7 e dividir o resultado por 2, obtemos assim o número 5.

MODO

Outra função estatística cobrada em provas é aquela que calcula a Moda, isto é, o valor com maior frequência dentre um conjunto de valores. Note que a função é escrita da seguinte forma:

=MODO(B1:B5)

- Ao analisar o intervalo de células, temos os seguintes valores destacados na ordem que aparecem na planilha {3, 7, 7, 3, 5}.
- Para o Calc a ordem dos valores não influencia no cálculo da função Modo, pois o conjunto é tomado em ordem crescente.

- Com isso, o resultado apresentado pela fórmula acima será 3.

Note que o conjunto de valores é um conjunto bimodal, isto é, possui dois valores que aparecem com a mesma frequência. O Calc consegue representar apenas um valor como resultado para a função. Neste caso, a escolha é dada pelo valor que aparecer por primeiro na sequência de células.

Observe o segundo exemplo caso seja inserida a fórmula:

=MODO(A1:A5)

- Nesse exemplo, os valores presentes nas células são {3, 3, 7,7}.
- Novamente temos um conjunto bimodal.

Fique ligado!

Em virtude dessa ambiguidade da função MODO foram criadas outras 2 funções para serem utilizadas em seu lugar, porém a função modo ainda existe junto às ações de compatibilidade com versões anteriores, e ainda é muito cobrada em provas.

MODO.ÚNICO

A função **MODO.ÚNICO** executa o mesmo que a função MODO, observando a ordem em que os valores aparecem. A diferença é que apresenta apenas um dos valores, caso o conjunto seja multimodal.

Utilizando a seguinte fórmula:

=MODO.ÚNICO(B1:B5)

- Teremos como resultado o número 3
- Para o caso a seguir:

=MODO.ÚNICO(A1:A5)

- Teremos como resultado o número 3.

MODO.MULT

A função **MODO.MULT** foi criada para deixar evidente a possibilidade de mais de uma resposta. Contudo, as demais respostas não serão representadas na mesma célula, cada valor ficará em uma célula.

INFORMÁTICA

> **Fique ligado!**
>
> A função MODO.MULT é uma função matricial, assim como a função TRANSPOR.
>
> Funções matriciais tem um jeito especial de serem utilizadas:
>
> - Antes de inserir a função, devemos selecionar o conjunto de células desejadas, ficando a critério do usuário a quantidade.
> - Depois devemos digitar a função, porém não podemos apertar a tecla ENTER, principalmente nas versões antigas do Excel, pois ao fazer isso teremos apenas o primeiro valor.
> - Para apresentar os demais valores possíveis, devemos utilizar a combinação de teclas CTRL+SHIFT+ENTER.

Exemplo de uso com a função MODO.MULT, ilustrado pela Figura 162.

	A	B	C	D	E
1	7	3		=MODO.MULT(B1:B5)	
2	3	7			
3		7			
4	7	3			
5	3	5			
6					

Figura 162: Planilha do Calc com função MODO.MULT.

Antes de inserir a função, as células D1 até D4 foram selecionadas. Na sequência ao teclar o atalho CTRL+SHIFT+ENTER temos como resultado a situação ilustrada pela Figura 163.

D1	▼	× ✓ fx	{=MODO.MULT(B1:B5)}		
	A	B	C	D	E
1	7	3		3	
2	3	7		7	
3		7		#N/D	
4	7	3		#N/D	
5	3	5			
6					

Figura 163: Planilha do Calc com resultados para a função MODO.MULT.

Libre Office Calc

Observe a barra de fórmulas da Figura 163: o emprego das chaves no início e no fim da função, expressa que o conjunto de células faz parte de uma matriz.

MOD

Por temos muitas funções com estruturas em nomes parecidos outra função que ganha destaque é a função MOD, que calcula o **resto de uma divisão inteira**.

A função MOD usa dois parâmetros em sua estrutura, sendo realizada a divisão do primeiro pelo segundo valor, veja o exemplo a seguir:

=MOD(400;60)

- Nesse caso o valor 400 será dividido por 60.
- O resultado apresentado será o resto da divisão enquanto o consciente permanecer inteiro, conforme ilustrado pela Figura 164.

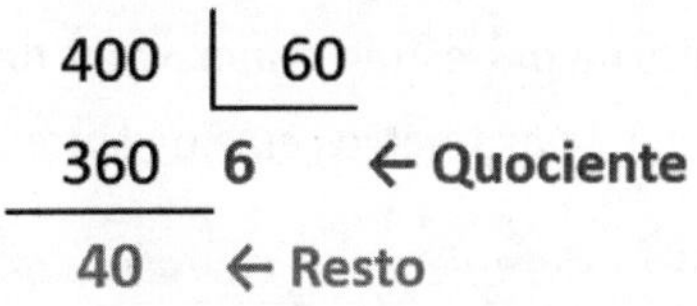

```
400 | 60
360   6    ← Quociente
 40        ← Resto
```

Figura 164: Diferença entre o Resto e o Quociente de uma divisão.

- Para continuar a divisão, após encontrar o primeiro múltiplo de 60 apresentado no quociente, é necessário colocar a vírgula no quociente e adicionar um 0 à direita do resto 40, ficando 400.
- Resultando na dízima periódica 6,6666666666666666.
- Porém, a função consiste em uma divisão inteira, então o quociente não pode ser fracionário e o valor de resto é o exibido como resultado.

POTÊNCIA

A função Potência, como o próprio nome sugere resulta do cálculo de um valor elevado a uma potência:

=POTÊNCIA(2;3)

- Resulta em 8.
- Pois, calcula-se 23.

Já o caso:

=POTÊNCIA(3;2)

- Resulta em 9.
- Nesse caso, calcula-se 32.
- Observe a ordem de cada valor.

Máximo

A função **MÁXIMO** retorna o valor mais alto do rol de valores indicados como parâmetros.

Note o exemplo, considerando a planilha da Figura 159:

> =MÁXIMO(B1:B5)

- A resposta será 7.

Maior

Já a função **MAIOR** retorna o N-ésimo maior valor de um conjunto.

A função maior emprega 2 parâmetros em sua sintaxe:

> =MAIOR(<intervalo> ; <Número de Ordem>)

Ao aplicar a função a seguir em uma célula da planilha representada na Figura 159, temos como resultado o **3º maior** valor do **intervalo de B1 até B5**.

> =MAIOR(B1:B5;3)

- Observe que para isso o rol de valores deve ser tomado em ordem do maior para o menor {7, 7, 5, 3, 3}.
- Resultando em 5 como sendo o 3ºmaior.

Mínimo

Oposta à função MÁXIMO, a função **MÍNIMO** resulta no mais baixo valor do conjunto dado como parâmetro, logo ao aplicar:

> =MÍNIMO(B1:B5)

- O resultado obtido será 3.

Menor

Similar à função MAIOR, a função MENOR busca o N-ésimo menor valor de um intervalo de células. Nesse caso, usando a função:

> =MENOR(B1:B5;4)

- Ao aplicar essa função em uma célula da planilha representada na Figura 159, temos como resultado o **4º menor** valor do **intervalo de B1 até B5**.
- Observe que para isso o rol de valores deve ser tomado em ordem do menor para o maior {3, 3, 5, 7, 7}.
- Resultando em 7 como sendo o 4º menor valor.

Agora

Trata-se de uma função do grupo Data. A função AGORA tem como peculiaridade ser uma função que não recebe parâmetros. Para usá-la basta abrir e fechar os parênteses.

Assim, ao inserir em uma célula de uma planilha a função:

=AGORA( )

- Será retornado a data e a hora do sistema operacional na célula ao teclar ENTER.
- Caso, após teclar ENTER, o usuário deixar o programa aberto por muito tempo, as informações de data e hora resultantes da função não se alteram.
- Contudo, ao teclar F9 toda a planilha é atualizada.

Fique ligado!

Sempre que inserirmos um dado em uma célula de uma planilha e teclarmos ENTER, por padrão, toda a planilha é recalculada, não apenas a célula em que realizamos a inserção.

Enquanto estivermos interagindo com a planilha, os valores estão sendo sempre atualizados. Ao salvar um arquivo e abri-lo em outro momento, a data e a hora apresentadas serão a do momento em que o arquivo for aberto.

Hoje

Similar à função AGORA, a função **HOJE**, também é uma função da categoria Data e Hora, porém a função HOJE retorna apenas a data do sistema.

A sintaxe da função também não recebe parâmetros:

=HOJE( )

Arred

A função ARRED pertencente à categoria Matemática e Trigonometria arredonda um valor numérico dado como primeiro parâmetro para o número de casas decimais indicado como segundo parâmetro. Tendo a seguinte sintaxe:

=ARRED(<valor>; <número_de_Casas_Decimais>)

É importante relembrar o conceito matemático para o arredondamento:

- Quando o valor mais significativo a ser ocultado for maior ou igual a cinco, arredonda-se (para cima).
- Em caso contrário o valor é truncado, isto é, os valores excedentes ao número de casas decimais estabelecido são eliminados.

Na planilha ilustrada pela Figura 165, foi inserido na célula C3 a função:

=ARRED(A3;B4)

- Após, a célula C3 foi copiada e colada nas células de C4 até C11.
- O valor passado como parâmetro em todas as linhas foi 1734,6437521.
- A coluna B apresenta o número de casas decimais considerados na função usada na respectiva linha da planilha.

	A	B	C
1	ARRED(<num>;<casas decimais>)		
2	Número	Casas Decimais	ARRED
3	1734,6437521	4	1734,64380
4	1734,643752	3	1734,644
5	1734,643752	2	1734,64
6	1734,643752	1	1734,6
7	1734,643752	0	1735
8	1734,643752	-1	1730
9	1734,643752	-2	1700
10	1734,643752	-3	2000
11	1734,643752	-4	0
12			

Figura 165: Planilha do Calc com exemplos de uso da função ARRED.

Observe que o valor presente na célula C3:

- É resultado do arredondamento para quatro casas decimais, do número 1734,6437521.
- Dos valores suprimidos, o 5 é o mais significativo, por estar mais à esquerda, logo o resultado arredonda o número 7 para 8, ficando 1734,6438.

- O zero exibido à direita do 8 é resultado da ação de adicionar casas decimais, para ilustrar que a função retornou apenas o valor arredondado.

Observe o valor presente em C5:

- Resultado do arredondamento do número 1734,6437521 para duas casas decimais,
- Nesse caso, o número mais significativo suprimido é o 3, por ser menor que 5 o valor resultante ficou truncado a 1734,64.

Fique ligado!

Caso seja empregado um número de casas decimais negativas para a função ARRED, o número será arredondado para o múltiplo de 10<casas> mais próximo.

- Observe que a célula C8 usa -1 como parâmetro para o número de casas decimais, isso significa que o valor 1734,6437521 deve ser arredondado para o múltiplo de 10^1 mais próximo, no caso 1730.
- Já na célula C9 é apresentado -2 como número de casas decimais, assim o número 1734,6437521 deve ser arredondado para o múltiplo de $10^2 = 100$ mais próximo, no caso 1700.
- No caso da célula C11 devemos arredondar o número 1734,6437521 para o múltiplo de $10^4 = 10.000$ mais próximo. Nesse caso, 1734 está mais próximo de zero do que de 10.000, por isso o resultado foi zero.

INT

A função INT retorna apenas a parte inteira do valor informado, ou seja, trunca o valor para zero casas decimais ignorando o conteúdo que existe após a vírgula. Assim, ao inserir em uma célula a função:

=INT(1734,9999999999999999)

O valor resultado será 1734, apenas.

TRUNCAR

De modo similar à função ARRED, a função TRUNCAR usa dois parâmetros: o primeiro é o valor a ser truncado, enquanto o segundo é o número de casas decimais desejadas.

A planilha a seguir ilustrada pela Figura 166, destaca o uso da função TRUNCAR para o valor 1734,6437521 presente na coluna A, para o número de casas decimais indicados na coluna B. A função inserida na célula C3 e após arrastada pela Alça de Preenchimento até a célula C11 foi:

=TRUNCAR(A3;B3)

	A	B	C	D
1		TRUNCAR(<num>;<casas decimais>)		
2	Número	Casas Decimais	TRUNCAR	
3	1734,643752	4	1734,64370	
4	1734,643752	3	1734,643	
5	1734,643752	2	1734,64	
6	1734,643752	1	1734,6	
7	1734,643752	0	1734	
8	1734,643752	-1	1730	
9	1734,643752	-2	1700	
10	1734,643752	-3	1000	
11	1734,643752	-4	0	
12				

Figura 166: Planilha do Calc com exemplos de uso da função TRUNCAR.

- Observe na célula C3 que os números após a quarta casa decimal foram zerados, independentemente do dígito mais significativo ser maior ou igual a cinco.

Fique ligado!

Assim como na função ARRED, podemos encontrar valores negativos para o número de casas decimais na função TRUNCAR. Caso ocorra, significa o número de dígitos à esquerda da vírgula, deverão ser zerados. E o valor não possui mais dígitos decimais.

$xa/b = b\sqrt{xa}$

- Observe o valor presente na célula C8 resultado da operação TRUNCAR para -1 casa decimal, o número 4 em 1734,6... foi zerado.
- No caso da célula C10 temos a função TRUNCAR para -3 casas decimais, logo temos três zeros (000) à esquerda da vírgula, resultando em 1.
- Em seguida, compare os valores das células C10 nas planilhas representadas pela Figura 165 e Figura 166.

RAIZ

A função RAIZ calcula a raiz quadrada do valor passado como parâmetro, assim ao aplicar a função:

> =RAIZ(81)

- O resultado apresentado será 9.
- É importante lembrar conceitos da matemática básica.

Fique ligado!

Podemos calcular a raiz de um número usando potências. Ao elevar um valor a uma potência fracionada, o denominador da potência torna-se a chave da raiz e o numerador, a potência do valor dentro da raiz.

Ao utilizar a fórmula a seguir em uma planilha:

> =81^(1/2)

- Temos como resultado 9, pois foi calculada a raiz quadrada de 81.
- Contudo, algumas provas podem apelar na matemática e apresentar essa mesma expressão da seguinte forma:

> =81^(0,5)

- Note que 0,5 pode ser tomado na forma de fração para melhor visualizar a regra.

PROCV

Dentre as funções de nível intermediário temos as funções da categoria Pesquisa e Referência: PROCV, PROCH e PROCX. A mais recorrente em questões de provas é a função PROCV.

A função **PROCV** permite buscar um valor em diferentes linhas de uma coluna e retornar o valor de outra coluna que esteja na mesma linha.

A sintaxe da função é apresentada a seguir:

> =PROCV(<valor_procurado> ; <matriz_tabela> ; <número_índice_coluna> ; [procurar_intervalo])

- O **valor procurado**, também chamado de chave de pesquisa, precisa ser necessariamente um dado que possamos encontrar na primeira coluna da **matriz** desejada.
- A **matriz_tabela** precisa começar com a coluna onde será buscado o valor indicado e incluir pelo menos até a coluna que possui o valor desejado como resultado. É comum as questões de prova incluírem mais colunas que o necessário, isso não gera erro, porém colar menos gera.
- O **número_índice_coluna** é a coluna que possui o valor desejado como resposta, caso o valor procurado seja encontrado, esse índice começa em 1 a contar a coluna em que o valor é pesquisado. Assim, caso seja usado 1, o resultado é o próprio valor buscado. Caso já exista o 2 retorna valor da coluna à direita, e assim por diante.
- O último parâmetro **procurar_intervalo** é usado para indicar se desejamos realizar a busca pelo valor exato procurado, ou se um valor aproximado pode ser aceito, caso não seja encontrado o valor procurado. Desse modo, devemos colocar FALSO ou 0 para indicar busca exata, ou usar VERDADEIRO ou 1 para busca por valor aproximado.

Fique ligado!

Apesar de ser opcional o último parâmetro, caso ele não seja usado, assume o valor padrão VERDADEIRO.

- O recomendado é usar a busca por valor exato, pois a busca por valor aproximado exige que a coluna em que o valor será procurado, esteja em ordem crescente.

Para facilitar a memorização de uso da função PROCV podemos usar a estrutura a seguir:

=PROCV(O quê? ; Onde? ; Coluna ; Valor aproximado?)

Observe a planilha ilustrada pela Figura 167, em que constam os dados de alunos e professores.

	A	B	C	D	E	F	G
1		Categoria	ID	Nome	idade	Turma	
2		Aluno	1001	Ana	30	A	
3		Aluno	1003	Bruno	25	A	
4		Aluno	1004	Pedro	20	B	
5		Aluno	1007	Diana	30	C	
6		Aluno	1010	Heloisa	40	C	
7		Professor	1019	Rafael	40	A	
8		Professor	1023	Luiz	52	B	
9		Aluno	1027	Antônio	31	C	
10		Professor	1028	João	10	C	
11		Aluno	1030	José	47	B	
12							

Figura 167: Planilha do Calc para aplicação da Função PROCV.

- A função PROCV permite que realizemos a busca por um valor em uma coluna e tenhamos como resultado um valor de alguma coluna à sua direita, ou a informação buscada.
- Desse modo, caso seja usado o nome como chave de pesquisa, só podemos ter como resposta a idade ou turma relativa ao nome quando encontrado, ou o próprio nome.

Fique ligado!

Na sua forma padrão e sem auxílio de outras funções a função PROCV não permite buscar valores à esquerda.

Dado o seguinte problema: o usuário deseja pesquisar o **nome** do cadastro de ID **1028**. Para encontrar o valor desejado podemos empregar a seguinte função PROCV:

=PROCV(1028 ; C1:E11 ; 2 ; FALSO)

A Figura 168 a seguir ilustra a aplicação dessa função:

	A	B	C	D	E	F
1		Categoria	ID	Nome	idade	Turma
2		Aluno	1001	Ana	30	A
3		Aluno	1003	Bruno	25	A
4		Aluno	1004	Pedro	20	B
5		Aluno	1007	Diana	30	C
6		Aluno	1010	Heloisa	40	C
7		Professor	1019	Rafael	40	A
8		Professor	1023	Luiz	52	B
9		Aluno	1027	Antônio	31	C
10		Professor	1028	João	10	C
11		Aluno	1030	José	47	B
12						
13	=PROCV(1028;C1:E11;2;0)					

Figura 168: Exemplo de uso da função PROCV.

O resultado obtido será: **João**.

Caso seja necessário encontrar a **idade** do cadastro de ID **1023**, podemos usar a função a seguir:

=PROCV(1023;C2:E11;3;0)

O resultado é resultado 52.

SE

Também chamada de função condicional. A função SE permite escolher entre duas ações qual será executada a partir de uma condição apresentada. Caso a condição seja verdadeira, uma ação será executada do contrário a outra.

A sintaxe da função SE possui a seguinte estrutura:

=SE(<condição> ; <ação executada caso condição verdadeira> ; <ação executada caso condição falsa>)

- Observe que somente uma das ações será executada, a escolha depende do resultado da condição. Assim a estrutura presente no primeiro parâmetro da função SE deve resultar em um valor lógico VERDADEIRO ou FALSO, podendo ser inclusive o endereço de uma célula que possua o valor, ou uma fórmula produzida.

- O exemplo mais clássico para poder entender a aplicabilidade da função SE é o de um boletim escolar, em que a função será aplicada para indicar se o aluno foi APROVADO ou REPROVADO, com base na sua média final.

- A Figura 169 ilustra um boletim contendo notas de cinco alunos em quatro bimestres, bem como a média final. Deve ser levado em consideração que a nota seja 70 ou mais para o aluno ser aprovado ou não.

> **Fique ligado!**
>
> O primeiro passo importante para trabalhar com a função SE é destacar a condição.

A **condição** apresentada é:

NOTA >= 70 → Aprovado

NOTA < 70 → Reprovado

	A	B	C	D	E	F	G	H
1				Notas dos alunos				
2	Nome	1 Bim	2 Bim	3 Bim	4 Bim	Média	Resultado	
3	João	75	45	65	90	68,75	REPROVADO	
4	Ana	60	45	99	80	71	APROVADO	
5	Maria	40	45	65	40	47,5	REPROVADO	
6	Pedro	80	75	55	70	70	APROVADO	
7	Paulo	80	85	84	90	84,75	APROVADO	
8								

Figura 169: Planilha de referência para uso da função SE.

Com base nessas informações podemos escrever a função SE de duas formas diferentes para obter o mesmo resultado ilustrado pela Figura 169:

`=SE(F2>=70; "APROVADO" ; "REPROVADO")`

- No caso exemplificado é representado a fórmula a ser inserida na célula G3, caso o valor da média do aluno João presente na célula **F2 seja maior ou igual a 70** o resultado apresentado será o texto APROVADO. Quando o valor presente na célula **F2 for menor que 70**, o resultado será o texto REPROVADO.

- Observe que a segunda condição que identificamos é para que a nota seja menor do que 70, porém ela é implícita ao empregar a comparação maior ou igual a 70.

- Essa análise lógica é de extrema importância para o entendimento da função, assim é preciso observar que o número quando não é maior ou igual a outro, significa que ele é menor que. O contrário também pode ser observado, caso o número não seja menor que outro, ele é maior ou igual.

Veja a seguir a outra forma de calcular a função SE para a condição dada:

=SE(F2<70 ; "REPROVADO" ; "APROVADO")

- Observe que o operador presente na condição agora é o menor que, e ainda, os textos reprovado e aprovado estão em partes diferentes da função SE.
- Nesse caso quando a nota presente em F2 for menor que 70, o texto apresentado como resposta será REPROVADO, do contrário é que aparece o texto APROVADO.

Fique ligado!

Ao trabalhar com textos dentro de funções, eles sempre deverão ser representados entre aspas duplas. Quando isso não ocorre o editor de planilha entende que possa ser o nome de uma célula ou função, apresentando como erro: #NOME?

Considerando adicionar a possibilidade de o aluno ficar em exame, existem várias lógicas possíveis para resolver esse problema que envolvem o uso de funções SE encadeadas, ou também ditas aninhadas.

Vejamos o primeiro exemplo imaginando que a maioria dos alunos será aprovada. Para isso, vamos considerar as seguintes regras:

Nota >= 70 → Aprovado

Nota < 70 e Nota >=50 → Exame

Nota < 50 → Reprovado

Para simplificar a estrutura da função utilizaremos apenas as siglas AP para aprovado, EX para exame e RP para reprovado.

=SE(F2>=70; "AP" ; SE(F2>=50; "EX" ; "RP"))

- Observe que a primeira função SE utiliza a condição F2>=70 que, caso seja verdadeira, leva ao texto "AP".
- Caso essa condição seja falsa, devemos executar o conteúdo do segundo parâmetro da primeira função SE.
- Desse modo, é encontrada outra função SE (destacada com sublinhado).
- Caso seja esse o resultado, devemos analisar a sua condição F2>=50, que ao ser verdadeira "EX", do contrário o texto "RP" será reproduzido (sem as aspas).
- A Figura 225 representa o exemplo descrito.

	A	B	C	D	E	F	G	H	I	J
1				Notas dos alunos						
2	Nome	1 Bim	2 Bim	3 Bim	4 Bim	Média	Resultado			
3	João	75	45	65	90	68,75	=SE(F3>=70;"AP";SE(F3>=50; "EX";"RP"))			
4	Ana	60	45	99	80	71	AP			
5	Maria	40	45	65	40	47,5	RP			
6	Pedro	80	75	55	70	70	AP			
7	Paulo	80	85	84	90	84,75	AP			

Figura 170: Exemplo de uso da função SE aninhada a outra.

- Para esse caso existem várias soluções, considerando as mais simples que usam apenas duas funções SE temos 4 soluções:

=SE(F2>=70; "AP" ; SE(F2>=60; "EX"; "RP"))
=SE(F2>=70; "AP" ; SE(F2<60; "RP"; "EX"))
=SE(F2<60; "RP"; SE(F2<70; "EX"; "AP"))
=SE(F2<60; "RP"; SE(F2>=70; "AP" ; "EX"))

Formatação Condicional

É importante ressaltar uma outra ferramenta oferecida pelo editor de planilhas para destacar os valores baseando-se em condições, pois as provas costumam induzir o candidato ao erro usando a função SE.

Fique ligado!

A função SE escreve um resultado em uma célula, para alterar a formatação de uma célula dada uma condição devemos utilizar a formatação condicional.

A ferramenta formatação condicional encontra-se no Menu Formatar conforme ilustrado na Figura 171 a seguir.

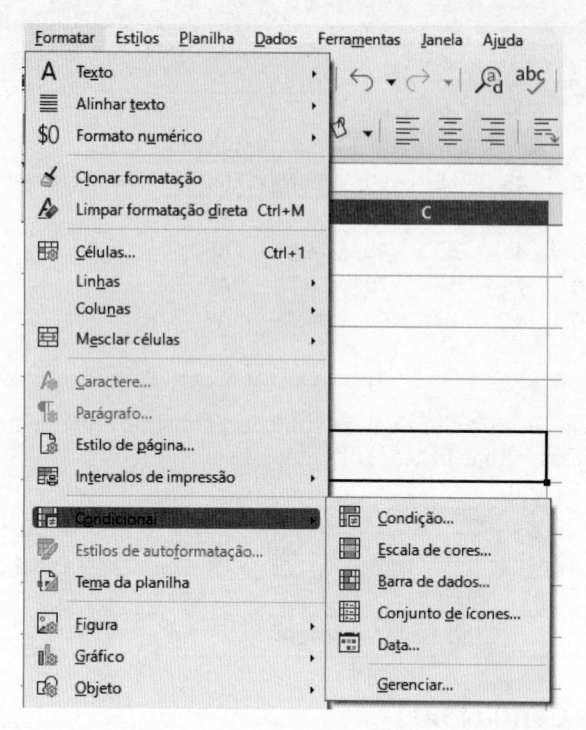

Figura 171: Formatação Condicional Calc.

A ferramenta formatação condicional permite que seja exibida uma formatação para a célula, de acordo com o valor que for inserido ou mesmo a fórmula que a componha. Podemos utilizar formatações de célula desde bordas, preenchimento até as formatações fonte.

Dentre as opções, podemos utilizar escala de cores, regras de realce, conjunto de ícones, barras de dados predefinidas pelo programa ou criar formatações próprias. As opções baseadas em conjunto de ícones trabalham com percentis.

É importante ter cuidado com algumas situações, por exemplo: ao utilizar a formatação de **Barras de Dados,** o editor de planilhas usa como referência o maior valor presente no conjunto de células selecionadas como sendo 100%. Assim, o preenchimento das células será distribuído de acordo com o percentual que o valor da célula representa em relação ao maior valor encontrado.

Para o exemplo tomado na Figura 169 podemos criar a nossa própria regra para destacar as notas acima da média das notas abaixo da média. Para cada regra nova tem-se uma formatação desejada.

Ao selecionar a partir da célula B3 até F7 e clicar na opção "**Gerenciar**..." da ferramenta Formatação Condicional, seremos apresentados à Figura 172 ilustrada a seguir.

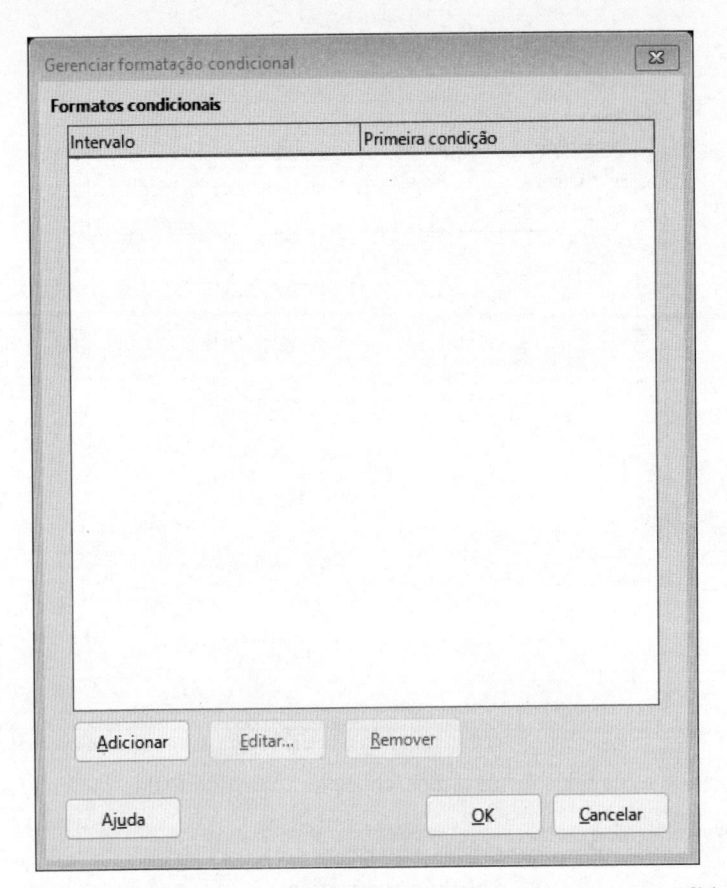

Figura 172: Janela Gerenciar Formatação Condicional do Calc.

Ao clicar em "Adicionar" seremos levados à janela ilustrada pela Figura 173 a seguir.

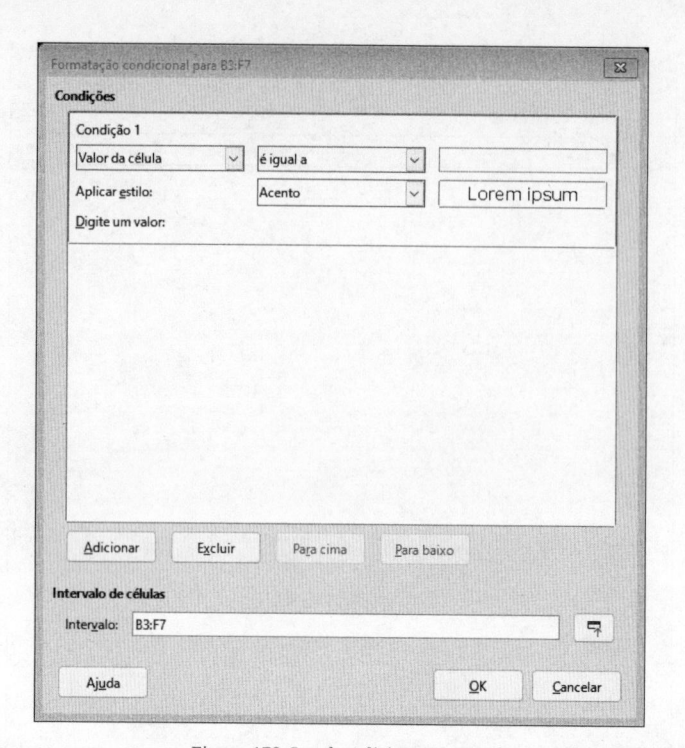

Figura 173: Janela Adicionar Regra de Formatação Condicional no Calc.

Realizando as devidas formatações, chega-se ao resultado ilustrado na Figura 174.

	A	B	C	D	E	F	G
1	Notas dos alunos						
2	Nome	1 Bim	2 Bim	3 Bim	4 Bim	Média	Resultado
3	João	75	45	65	90	68,75	EX
4	Ana	60	45	99	80	71	AP
5	Maria	40	45	65	40	47,5	RP
6	Pedro	80	75	55	70	70	AP
7	Paulo	80	85	84	90	84,75	AP
8							

Figura 174: Planilha de notas com formatação condicional.

> **Fique ligado!**
>
> A Formatação condicional é dinâmica. Portanto, caso um valor seja alterado da planilha, ele será analisado novamente com as regras estabelecidas. Se o valor da célula B3 for alterado para 50, automaticamente a célula será formatada como as demais notas abaixo de 70, com fonte e fundo vermelhos.

Função E

Assim como no Raciocínio Lógico, a função E só retornará verdadeiro se todas as premissas forem verdadeiras. Caso uma das premissas seja falsa, o resultado para a função E será falso.

A Figura 175 a seguir, ilustra a tabela verdade para a função. Observe a célula C2 selecionada e a função presente na barra de fórmulas. Apenas na linha 2 temos todas as premissas verdadeiras, portanto a resposta é VERDADEIRO, enquanto nas demais premissas a resposta é FALSO.

C2	fx	=E(A2;B2)	
	A	B	C
1	P	Q	P ^ Q
2	VERDADEIRO	VERDADEIRO	VERDADEIRO
3	VERDADEIRO	FALSO	FALSO
4	FALSO	VERDADEIRO	FALSO
5	FALSO	FALSO	FALSO

Figura 175 Planilha do Calc com a função E.

Podemos incluir vários parâmetros na função E, porém a regra lógica é sempre a mesma. Observe a Figura 176 a seguir com uma tabela verdade com 3 premissas.

P	Q	R	P ^ Q ^ R
VERDADEIRO	VERDADEIRO	VERDADEIRO	VERDADEIRO
VERDADEIRO	VERDADEIRO	FALSO	FALSO
VERDADEIRO	FALSO	VERDADEIRO	FALSO
VERDADEIRO	FALSO	FALSO	FALSO
FALSO	VERDADEIRO	VERDADEIRO	FALSO
FALSO	VERDADEIRO	FALSO	FALSO
FALSO	FALSO	VERDADEIRO	FALSO
FALSO	FALSO	FALSO	FALSO

Figura 176: Planilha do Calc com 3 premissas na função E.

Função OU

Outra função lógica presente no editor de planilhas é a função OU. Assim como no Raciocínio Lógico, basta que uma das premissas seja verdadeira para que o resultado da função ou seja é VERDADEIRO. Por consequência, a função OU só apresentará resultado FALSO quando todas as premissas forem falsas.

A Figura 177 a seguir destaca a função OU inserida na célula D2, exemplificando os seus resultados para a tabela verdade considerando duas premissas.

D2			fx	=OU(A2;B2)	
	A		B		D
1	P		Q		P v Q
2	VERDADEIRO		VERDADEIRO		VERDADEIRO
3	VERDADEIRO		FALSO		VERDADEIRO
4	FALSO		VERDADEIRO		VERDADEIRO
5	FALSO		FALSO		FALSO

Figura 177: Planilha do Calc com a função OU.

É possível ainda utilizar mais que duas premissas junto à função OU, separando cada premissa com o sinal de (;), conforme ilustrado na Figura 178 a seguir.

E10		fx	=OU(A10;B10;C10)	
	A	B	C	E
9	P	Q	R	P v Q v R
10	VERDADEIRO	VERDADEIRO	VERDADEIRO	VERDADEIRO
11	VERDADEIRO	VERDADEIRO	FALSO	VERDADEIRO
12	VERDADEIRO	FALSO	VERDADEIRO	VERDADEIRO
13	VERDADEIRO	FALSO	FALSO	VERDADEIRO
14	FALSO	VERDADEIRO	VERDADEIRO	VERDADEIRO
15	FALSO	VERDADEIRO	FALSO	VERDADEIRO
16	FALSO	FALSO	VERDADEIRO	VERDADEIRO
17	FALSO	FALSO	FALSO	FALSO

Figura 178: Planilha do Calc com tabela verdade da função OU com 3 premissas.

Função NÃO

Assim como no Raciocínio Lógico, podemos utilizar a função NÃO para inverter uma premissa, e apresentar a sua negação. Ao utilizar valor VERDADEIRO, o resultado será FALSO e vice-versa.

Função XOU

Nas versões mais recentes do Calc também podemos utilizar a função XOU, conhecida como **OU EXCLUSIVO**. De acordo com a lógica matemática o OU exclusivo só é verdadeiro, se seu número de premissas verdadeiras for ímpar. Caso o número de premissas verdadeiras seja par, o resultado será falso.

A Figura 179 destaca a tabela verdade da função XOU para duas premissas. Observe a sintaxe da função na barra de fórmulas.

	A	B	E
			=XOR(A2;B2)
1	P	Q	P v Q
2	VERDADEIRO	VERDADEIRO	FALSO
3	VERDADEIRO	FALSO	VERDADEIRO
4	FALSO	VERDADEIRO	VERDADEIRO
5	FALSO	FALSO	FALSO

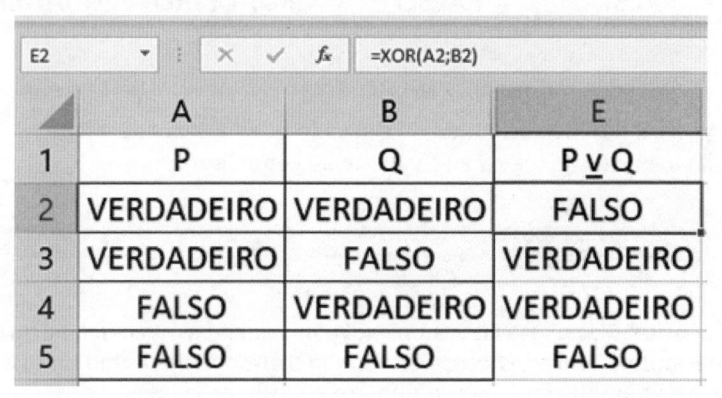

Figura 179: Planilha do Calc com função XOU.

Nesse caso temos a função XOU aplicada com três premissas. Observe que a célula F10 está selecionada e a barra de fórmulas exibe a função e as premissas usadas, na Figura 180.

	A	B	C	F
				=XOR(A10;B10;C10)
9	P	Q	R	P v Q v R
10	VERDADEIRO	VERDADEIRO	VERDADEIRO	VERDADEIRO
11	VERDADEIRO	VERDADEIRO	FALSO	FALSO
12	VERDADEIRO	FALSO	VERDADEIRO	FALSO
13	VERDADEIRO	FALSO	FALSO	VERDADEIRO
14	FALSO	VERDADEIRO	VERDADEIRO	FALSO
15	FALSO	VERDADEIRO	FALSO	VERDADEIRO
16	FALSO	FALSO	VERDADEIRO	VERDADEIRO
17	FALSO	FALSO	FALSO	FALSO

Figura 180: Planilha do Calc com tabela verdade da função XOU com 3 premissas.

O editor de planilhas não possui a função equivalente ao condicional do Raciocínio Lógico. Porém, chega-se ao resultado utilizando as equivalências lógicas, conforme exemplificado na Figura 181.

	A	B	F	G
1	P	Q	~P v Q	P --> Q
2	VERDADEIRO	VERDADEIRO	VERDADEIRO	VERDADEIRO
3	VERDADEIRO	FALSO	FALSO	FALSO
4	FALSO	VERDADEIRO	VERDADEIRO	VERDADEIRO
5	FALSO	FALSO	VERDADEIRO	VERDADEIRO
6				

Figura 181: Planilha do Calc com função equivalente a operação Condicional

Observe a célula G2 selecionada e o seu conteúdo na barra de fórmulas. Na coluna F é indicada a expressão lógica equivalente ao condicional.

Vamos praticar

1. **(INSTITUTO AOCP – 2020 – PREFEITURA DE NOVO HAMBURGO/RS – TÉCNICO DE INFORMÁTICA)** Considerando o Libre Office CALC, versão 6 em português, a fórmula capaz de retornar o valor absoluto de um número contido na célula A1 é
    a) =conv(A1).
    b) =val(A1).
    c) =abs(A1).
    d) =return(A1).
    e) =dispose(A1).

2. **(INSTITUTO AOCP – 2020 – PREFEITURA DE BETIM/MG – TÉCNICO DE INFORMÁTICA)** -Considerando o Libre Office CALC, versão em português, existem operadores aritméticos, de comparação, de concatenação de texto e de referência. Assinale a alternativa que apresenta um operador de concatenação de texto.
    a) #.
    b) &.
    c) @.
    d) !.
    e) %.

3. **(UFPR – 2018 – UFPR – ASSISTENTE EM ADMINISTRAÇÃO)** A tabela abaixo representa os dados em uma planilha Libre Office Calc.

	A	B	C	D	E
1	ID fornecedor	Código da peça	Nome da Peça	Preço	Estoque
2	SP001	A001	Bomba d'água	R$ 68,39	Em estoque
3	SP302	A002	Alternador	R$ 380,73	Em estoque
4	SP303	A003	Filtro de Ar	R$ 15,40	Indisponível
5	SP304	A004	Rolamento	R$ 35,16	Em estoque

Assinale a alternativa que apresenta o resultado da função =PROCV(C7;B2:E6;3;-FALSO), levando em consideração que o valor de C7 é A003.

a) SP003.
b) B3.
c) Filtro de Ar.
d) R$ 15,40.
e) Indisponível.

4. **(NC-UFPR – 2019 – PREFEITURA DE CURITIBA/PR -AGENTE ADMINISTRATIVO)** A planilha a seguir contém notas de três alunos, referentes a duas avaliações realizadas e um trabalho. Sabe-se que, ao alcançar a média 7,0, o aluno é considerado Aprovado.

E2			fx	=(B2*0,4+C2*0,4+D2*0,2)		
	A	B	C	D	E	F	G
1		NOTA 1	NOTA 2	TRABALHO	MÉDIA	STATUS	
2	Aluno 1	7,0	8,0	6,0	7,2	APROVADO	
3	Aluno 2	5,0	8,0	7,0	6,6	REPROVADO	
4	Aluno 3	9,0	4,0	?			
5							

Tendo em vista que foi utilizada a fórmula = (B2 * 0,4 + C2 * 0,4 +D2 * 0,2) para calcular a média do Aluno 1, qual deve ser a nota mínima do trabalho do Aluno 3 para que, após se realizar ajuste na fórmula para a linha 4, ele consiga o status de Aprovado?

a) 9,0.
b) 8,0.
c) 7,5.
d) 7,0.
e) 6,0.

5. **(NC-UFPR – 2019 – PREFEITURA DE CURITIBA/PR – AGENTE ADMINISTRATIVO)** Na planilha abaixo, confeccionada utilizando o Libre Office Calc, deseja-se calcular o número de candidatos que serão convocados para uma determinada prova dos cursos de Agronomia, Farmácia e Enfermagem.

	A	B	C	D
1	Fator de convocação:	3		
2				
3	Curso	Candidatos	Vagas	Quantidade de Convocados
4	Agronomia	24	8	=SE(C4*B$1>B4;B4;C4*B$1)
5	Farmácia	17	6	
6	Enfermagem	19	6	

Ao preencher a célula D4 com a fórmula =SE(C4*B$1>B4;B4;C4*B$1) e arrastar a alça de preenchimento até a célula D6, os valores apresentados nas células D4, D5 e D6 serão, respectivamente:

a) 21, 14 e 16

b) 21, 17 e 18.

c) 24, 17 e 18.

d) 24, 17 e 19.

e) 24, 18 e 18.

6. **(NC-UFPR – 2019 – PREFEITURA DE CURITIBA/PR – AGENTE ADMINISTRATIVO)** Assinale a alternativa que apresenta a fórmula correta para calcular a média aritmética dos quinze valores que estão na coluna B (B1 até B15). de uma planilha no Libre Office Calc.

a) =SOMA(B1:B15)/15

b) MEDIA(B1:B15)

c) =MEDIA(B1:15)*15

d) SOMA(B1:B15)*15

e) =MEDIA(B1:B15)/15

7. **(UFPR – 2019 – UFPR – ASSISTENTE EM ADMINISTRAÇÃO)** Considerando o LibreOffice Calc Versão 5.4.3.2 pt-BR e Sistema Operacional Windows 7 pt-BR, assinale a alternativa que apresenta a fórmula para o cálculo da raiz quadrada positiva do valor de B2.

a) =RAIZ(B2)

b) =RAIZ.QUAD(B2)

c) =RAIZ.QUADRADA(B2)

d) =SQR(B2)

e) =SQRT(B2)

8. **(NC-UFPR – 2019 – PREFEITURA DE CURITIBA/PR – FISCAL)** Considere a figura abaixo, relativa ao Libre Office Calc:

O conteúdo da célula G2 é:

a) 400.

b) 4000.

c) 5000.

d) 40000.

e) 50000.

9. **(NC-UFPR – 2017 – ITAIPU BINACIONAL – PROFISSIONAL NÍVEL SUPORTE I – ATIVIDADE ADMINISTRATIVA)** Observe a imagem da planilha a seguir, gerada com Libre Office Calc em português. Para realizar a soma dos teclados vendidos no dia 10/07/2017, deve-se utilizar qual fórmula?

a) =SOMA(A3:A17;"Teclado";B3:B17)
b) =MÉDIA(A3:A17;"Teclado";B3:B17)
c) =MÍNIMO (A3:A17;"Teclado";B3:B17)
d) =PRODUTO(A3:A17;"Teclado";B3:B17)
e) =SOMASE(A3:A17;"Teclado";B3:B17)

10. **(NC-UFPR – 2019 – FPMA/PR – AUXILIAR ADMINISTRATIVO)** Sobre Libre Office Calc, assinale a alternativa que permite calcular o valor de 43.
    a) =4*3
    b) =4^3
    c) =4&3
    d) =4@3
    e) =4\3

11. **(NC-UFPR – 2019 – FPMA/PR – AUXILIAR ADMINISTRATIVO)** Considere a seguinte planilha no Libre Office Calc:

	A	B	C	D	E	F	G
1	Mês	Jan	Fev	Mar	Abr	Mai	Jun
2	Vendas (un)	300	200	350	500	450	470

    Assinale a alternativa que apresenta a fórmula a ser utilizada para se obter o menor valor da série (Nesse caso 200).
    a) =MENOR(B2:G2)
    b) =MENOR(B2:G2;0)
    c) =MÍNIMO(B2:G2)
    d) =MÍNIMO(B2:G2;0)
    e) =MIN(B2..G2)

12. **(NC-UFPR – 2019 – PREFEITURA DE MATINHOS/PR – TÉCNICO EM INFORMÁTICA)** Sobre o Libre Office 6.1 ou superior, é correto afirmar:
    a) A "Caixa de nome" permite nomear as células e adotar esse novo nome como referência em outras células.
    b) Na caixa Nome, o usuário pode inserir ou editar as fórmulas associadas a uma determinada célula.
    c) A barra de fórmulas apresenta o resultado da expressão matemática inserida na célula atualmente selecionada.
    d) Ao selecionar um conjunto de células com valores numéricos, a barra de Status apresenta automaticamente a contagem, a soma, a média e a variância dos valores selecionados.

e) Latitudes e longitudes, informadas em células específicas, podem ser visualizadas na escala decimal, usando a categoria geral disponível em formatar células, ou no formato graus, minutos e segundo, usando a formatação especial "dd mm:ss".

13. **(NC-UFPR – 2019 – PREFEITURA DE MATINHOS/PR – FISCAL DE TRIBUTOS)** Com relação ao Libre Office Calc, assinale a alternativa que apresenta a fórmula sintaticamente correta

    a) =Plan1.A3*Plan2.A4
    b) =Plan1%A3*Plan2%A4
    c) =A3.Plan1*A4.Plan2
    d) =A3.Plan1*A4.Plan2
    e) =Plan1(A3)*Plan2(A4)

14. **(NC-UFPR – 2019 – PREFEITURA DE MATINHOS/PR -FISCAL DE TRIBUTOS)** O Índice de Massa Corporal (IMC). é utilizado na avaliação do estado nutricional de uma pessoa, levando-se em consideração, entre outros fatores, o peso (kg). e a altura (m). do indivíduo, sendo calculado pela fórmula:

$$IMC = \frac{Peso}{(Altura)^2}$$

    Usando Libre Office Calc, a fórmula correta para o cálculo do IMC, na qual o valor do Peso está na célula B2 e o da Altura na célula B3, é:

    a) =B2|(B3&2)
    b) =B2..(B3xB3)
    c) =B2/B3^2
    d) =B2%B3@2
    e) =B2:B3xB3

15. **(CESPE/CEBRASPE – 2016 – INSS – ANALISTA DO SEGURO SOCIAL – SERVIÇO SOCIAL)** Acerca de aplicativos para edição de textos e planilhas e do Windows 10, julgue o próximo item. Situação hipotética: Fábio, servidor do INSS, recebeu a listagem dos cinco últimos rendimentos de um pensionista e, para que fosse calculada a média desses rendimentos, ele inseriu os dados no LibreOffice Calc, conforme planilha mostrada abaixo.

	A
1	R$ 1.896,21
2	R$ 2.345,78
3	R$ 2.145,09
4	R$ 2.777,32
5	R$ 5.945,97
6	
7	

Assertiva: Nessa situação, por meio da fórmula =MED(A1:A5;5), inserida na célula A6, Fábio poderá determinar corretamente a média desejada.

Certo ( )   Errado ( )

16. **(2018 – FUNDATEC – PC/RS – ESCRIVÃO E INVESTIGADOR DE POLÍCIA)** A questão baseia-se nas Figura 6(a). e 6(b). A Figura 6(a). mostra a janela principal do BrOffice 3.2 Calc. A Figura 6(b). mostra alguns ícones da barra de ferramentas "Formatação", da Figura 6(a), que se encontram ocultos na Figura 6(a), devido à redução das dimensões da janela desse software.

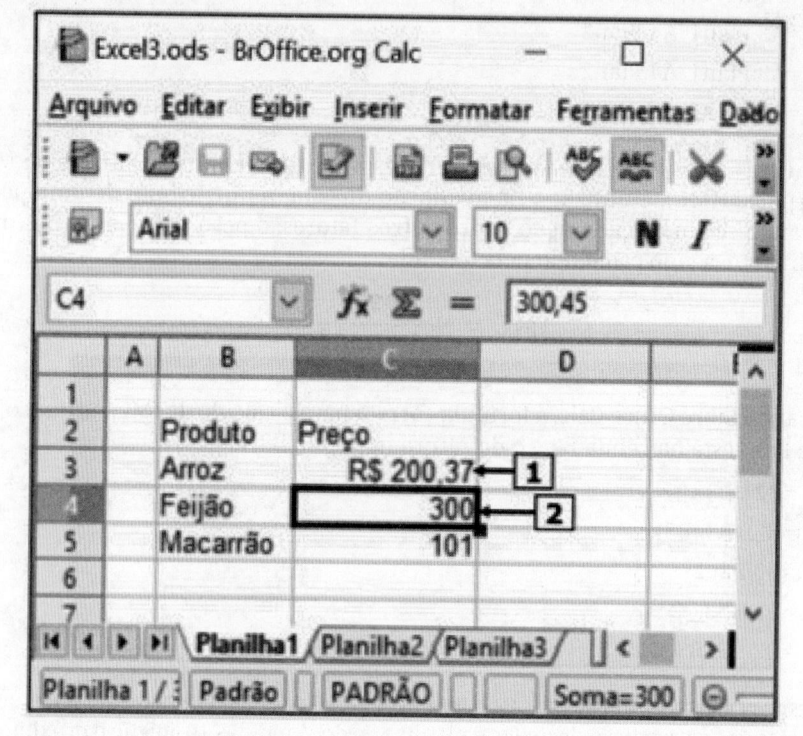

Figura 6(a) BrOffice 3.2 Calc

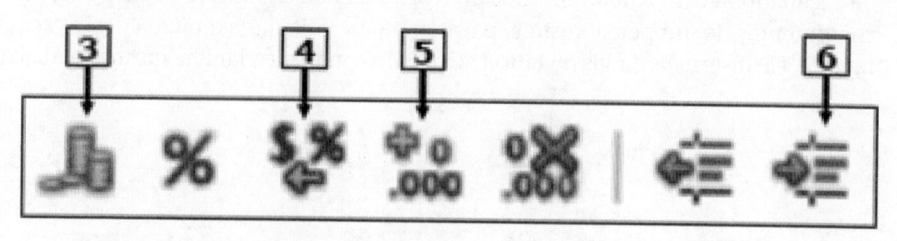

Figura 6(b) Ícones do BrOffice 3.2 Calc

Para que a célula do BrOffice 3.2 Calc, apontada pela seta nº 2 (Figura 6(a)), passe a exibir o seu conteúdo com o formato de moeda e as casas decimais correspondentes, ou seja, R$ 300,45, ficando visualmente com o mesmo aspecto da célula apontada pela seta de nº 1 (Figura 6(a)), basta pressionar, uma vez, o ícone de sua barra de ferramentas "Formatação", apontado pela seta de nº:

a) 3.
b) 4.
c) 3 e, a seguir, dar dois cliques, com o botão do mouse, sobre o ícone apontado pela seta nº 5.
d) 3 e, a seguir, dar um clique, com o botão do mouse, sobre o ícone apontado pela seta de nº 6.
e) 3 e, a seguir, dar um clique, com o botão do mouse, sobre o ícone apontado pela seta de nº 5.

17. **(FUNRIO – 2014 – INSS – ANALISTA – DIREITO)** Numa planilha eletrônica como o Microsoft Excel ou o LibreOffice Calc, suponha que a célula C3 armazene a fórmula =A1+B2. Ao selecionar a célula C3, recortar ou cortar (operação equivalente ao atalho Ctrl+X). e colar na célula D4 (operação equivalente ao atalho Ctrl+V), qual será a fórmula armazenada na célula D4?

a) =A1+B2
b) =A2+B3
c) =A3+B4
d) =B1+C2
e) =B2+C3

18. **(AOCP – 2018 – TRT/RJ – ANALISTA JUDICIÁRIO – INFORMÁTICA)** Uma aplicação exportou dados de um banco de dados para um arquivo de extensão '.csv'. Esse arquivo contém algumas centenas de linhas e várias colunas. Será necessário ordenar os dados contidos no arquivo e manipular alguns valores. No seu computador, estão disponíveis as ferramentas do Microsoft Office e LibreOffice. Qual das seguintes alternativas de software é a recomendada para realizar a tarefa necessária?

a) Bloco de notas.
b) Impress.
c) PowerPoint.
d) Calc.
e) Thunderbird.

19. **(INSTITUTO AOCP – 2020 – PREFEITURA DE NOVO HAMBURGO/RS – TÉCNICO DE INFORMÁTICA)** Considerando o Libre Office CALC, versão em português, assinale a alternativa que apresenta o valor correto após informar e executar na célula A1 a fórmula a seguir:

=SE(10-2*4>(5+6)^0;10;30-8*2)

a) 0.
b) 10.
c) 14.
d) 44.
e) 54.

20. (INSTITUTO AOCP – 2019 – UFPB – ADMINISTRADOR DE EDIFÍCIOS) Em uma situação hipotética, um Auxiliar de Serviços Gerais utiliza o Libre Office CALC, para realizar o controle de estoque de produtos. Na coluna C, da imagem apresentada a seguir, existem fórmulas que calculam automaticamente a situação de cada produto cuja regra de negócios é a seguinte: "Os produtos que tiverem a quantidade de estoque menor ou igual a 5 devem emitir uma mensagem de 'Estoque Acabando', as demais situações possíveis devem emitir a mensagem 'Estoque OK'". A situação do produto "Guaraná" (célula C2). está em branco. Das seguintes alternativas, qual pode ser utilizada para obter o resultado correto conforme a regra de negócios apresentada?

	A	B	C
1	Produto	Qtde Estoque	Situação
2	Guaraná	10	
3	Água de Coco	40	Estoque OK
4	Suco Laranja	1	Estoque Acabando
5	Água com Gás	10	Estoque OK
6	Água sem Gás	80	Estoque OK
7	Cerveja	22	Estoque OK
8	Cerveja sem Álcool	5	Estoque Acabando

a) =SE(B2<5;"Estoque Acabando";"Estoque OK")

b) =SE(B2<=5;"Estoque Acabando";"Estoque OK")

c) =SE(B2>5;"Estoque Acabando";"Estoque OK")

d) =SE(B2>=5;"Estoque Acabando";"Estoque OK")

e) =SE(B2<=5;"Estoque OK";"Estoque Acabando")

21. (INSTITUTO AOCP – 2019 – UFPB – ADMINISTRADOR DE EDIFÍCIOS) No seguinte exemplo, foi criada uma planilha utilizando o Libre Office CALC com idioma Português do Brasil para controle de comissão de funcionários. Ao inserir a fórmula

fx =SOMASE(C2:C8;">100";C2:C8) na célula C10, qual será o resultado retornado?

	A	B	C
1	Data	Funcionário	Valor Comissão
2	03/01/2019	Pedro Agusto	R$ 100,00
3	12/01/2019	Marcelo Henrique	R$ 101,00
4	15/01/2019	Marisa Maria	R$ 200,00
5	18/01/2019	Ana Carolina	R$ 100,00
6	20/01/2019	Maria Agusta	R$ 110,00
7	25/01/2019	Andrey Ricardo	R$ 99,00
8	26/01/2019	Paulo Henrique	R$ 101,00
9			
10		Resultado:	

a) 712
b) 811
c) 95
d) 607
e) 512

Gabarito

1	C
2	B
3	D
4	A
5	C
6	A
7	A
8	E
9	E
10	B
11	C

12	A
13	A
14	C
15	Errado
16	A
17	A
18	D
19	B
20	B
21	E

10 LibreOffice Impress

É também conhecido como editor de slides.

Fique ligado!

Em provas é comum a grafia eslaide. Fique atento!

Formatos de Arquivos

O formato de arquivo salvo por padrão no BrOffice (LibreOffice) Impress é o ODP (Open Document Presentation). Contudo, é possível salvar uma apresentação no formato PPT do PowerPoint (97- 2003) ou PPTX do PowerPoint 2007 ao 365.

Existe também um formato de arquivo PPS (PowerPoint 97 - 2003) e PPSX (PowerPoint 2007 ao 365), ele é um formato de autoplay, ou seja, ao ser acionado o arquivo com esse formato, ele automaticamente é exibido no modo de exibição de slides.

Abertura do Programa

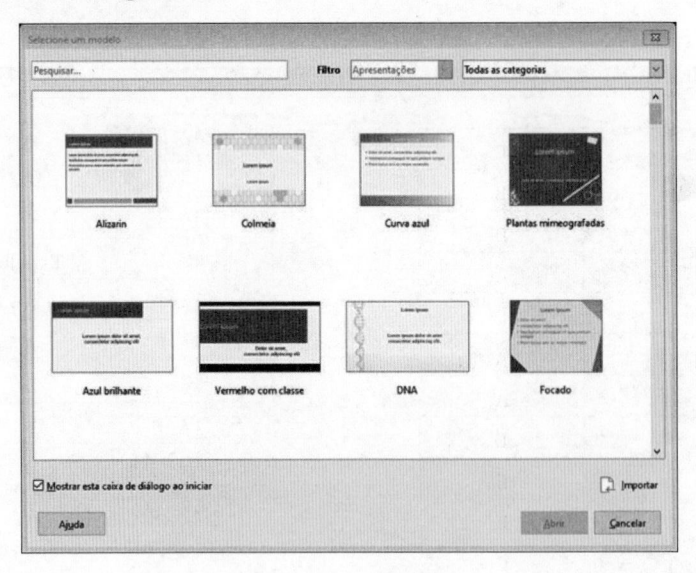

O usuário pode optar por criar uma apresentação em branco, isto é, sem usar um modelo de base. Nesse caso, é possível escolher o modelo depois, durante a edição da apresentação.

Janela do programa

Devemos entender algumas partes da janela do editor para melhor explorar seus recursos.

Na primeira barra ao topo, encontram-se os botões: Fechar, Maximizar/Restaurar e Minimizar. É a chamada de Barra de Título, pois expressa o nome do arquivo e o programa no qual está sendo trabalhado.

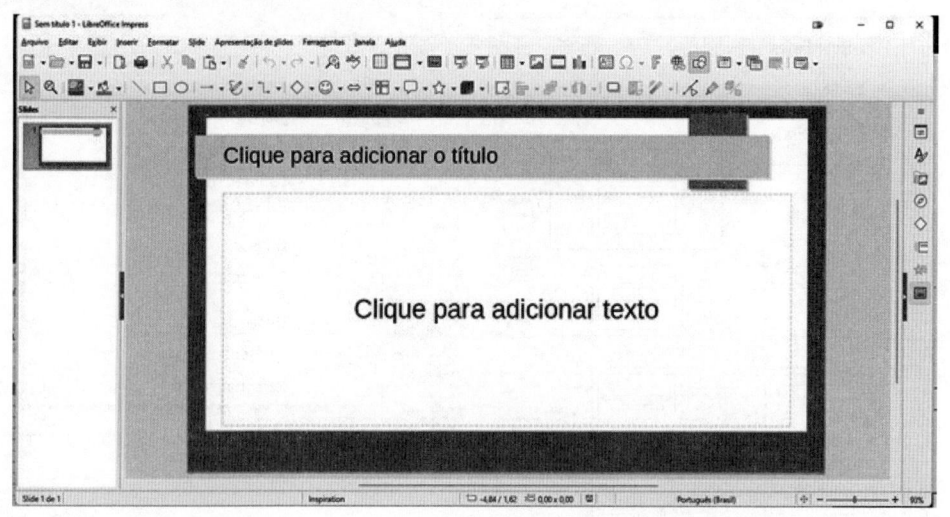

Figura 182: Janela do LibreOffice Impress

Na barra logo abaixo, a barra de Menu, encontram-se as ferramentas do programa. Observe à direita do menu Ferramentas a existência de um menu diferente dos encontrados no Writer e Calc: o menu Apresentação de Slides. Nele são encontradas as opções específicas das operações com slides como, Cronometrar, Transição e Apresentação de slides.

Na sequência, são exibidas as duas barras de ferramentas (Padrão e de Formatação). Atente às divisões da janela. Na lateral esquerda está o painel Slides, nele são exibidas as miniaturas dos slides a fim de navegação, durante uma apresentação, bem como de organização. Para trocar slides de lugar, basta clicar, mantendo-se o mouse pressionado sobre o slide que se deseja mover, em seguida clicar arrastar e ele será disposto na posição desejada.

A última barra é a **barra de Status**, por meio dela podemos visualizar em qual slide estamos, além de poder alterar o zoom do slide em edição.

A barra de Desenhos, ilustrada abaixo é comum aos demais editores (Calc e Writer), porém ela só aparece por padrão no Impress. Para ocultá-la ou exibi-la basta selecioná-la no menu **Exibir → Barras de Ferramentas → Desenho**.

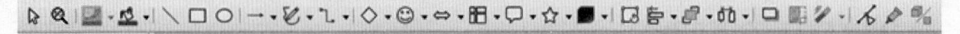

Figura 183: Barra de Desenhos do Impress.

A área central da tela, também conhecida como Palco, encontra-se o Slide em edição.

Já à direita é exibida a Barra Lateral, essa estrutura oferece diversas opções, conforme ilustrado a seguir.

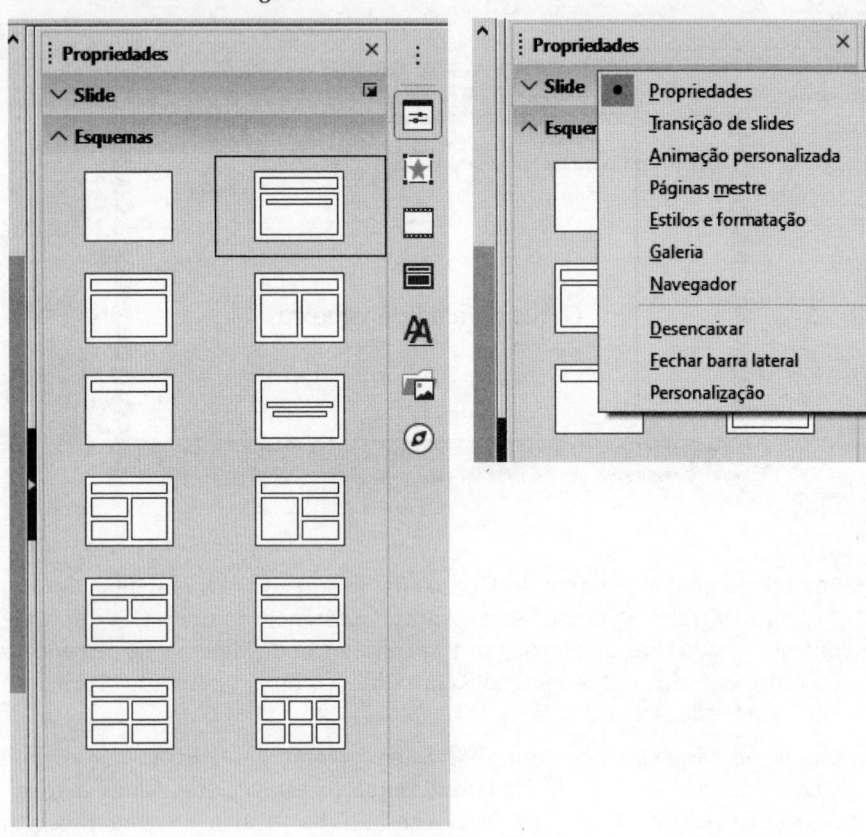

Layouts

São as estruturas que um slide pode possuir, como slides de título, título e subtítulo, slide em branco entre outros.

Fique ligado!

Em provas, pode ocorrer a grafia Leiaute.

A figura a seguir ilustra os diversos layouts disponíveis no Impress. Eles podem ser definidos a qualquer momento da edição, isto é, mesmo após a inserção do slide é possível alterar seu layout.

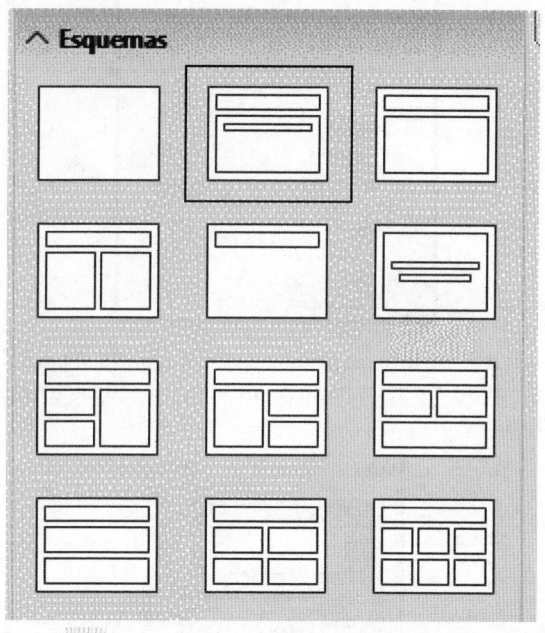

Por meio do botão ![] inserir slide, presente na barra de ferramentas padrão é possível escolher no momento da inserção o layout do slide. Após inserção, basta selecioná-lo no painel de slides, à esquerda, e escolher o novo layout desejado pelo botão de Layout do Slide ![] ou pelo painel de tarefas.

Inserir Slide

Para inserir um slide em uma apresentação podemos contar com o recurso **Inserir slide** que pode ser acionado a partir de três locais dentro do editor de apresentação Impress: Menu Inserir; Botão direito do mouse; Barra de Ferramentas.

Além de poder inserir um novo slide é possível duplicá-lo, ou seja: criar uma cópia do(s) slide(s) selecionado(s), conforme ilustrado a seguir.

Ao clicar com o botão direito do mouse sobre um slide, é exibido a lista suspensa que possui tanto a opção de inserir novo slide como duplicar o slide selecionado, conforme ilustrado a seguir.

Caso o clique com o botão direito seja feito no espaço vazio, entre os slides é exibida apenas a opção **Novo slide**, conforme ilustrado a seguir.

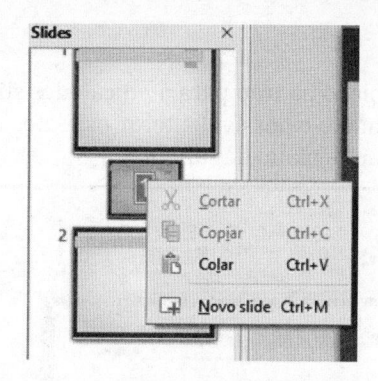

Na barra de Ferramentas padrão encontramos o ícone que permite a inserção de um slide. Caso clicado na seta a sua direita é possível ainda escolher o layout do slide inserido.

Modos de Exibição

Os modos de exibição refletem em diferentes estruturas e não apenas nas formas de visualizar os slides. No Impress existem cinco modos de exibição principais, mas o modo de Apresentação de slides pode ser considerado como sendo um modo de exibição.

Para alternar entre os modos de exibição pode-se escolher o modo desejado pelo Menu.

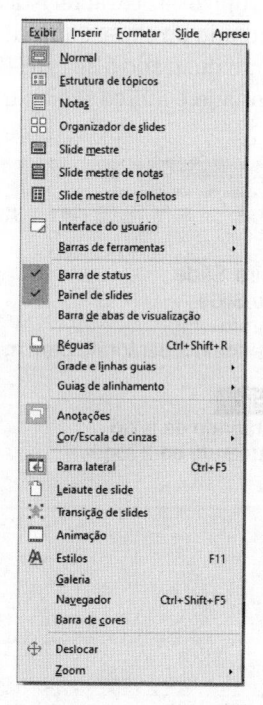

Normal

Este é o modo de exibição padrão para a edição dos slides, conforme ilustrado a seguir. Aplicando esse modo é possível alterar os textos do slide, bem como suas formatações de texto, layout e plano de fundo.

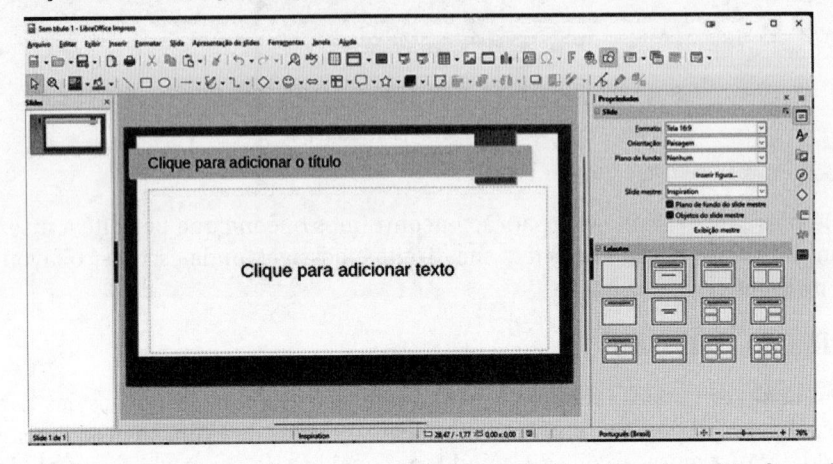

Figura 184: Janela do Impress no modo de exibição Normal com barra lateral em exibição.

Estrutura de Tópicos

No modo de Estruturas de Tópicos as características de formatação do slide não são exibidas, mas apenas o conteúdo do slide. Cada slide é indicado, bem como cada parágrafo de conteúdo, conforme ilustrado a seguir. Propriedades como o tamanho e o tipo da fonte, negrito, sublinhado e itálico são aparentes nesse modo de exibição ao contrário da cor da fonte.

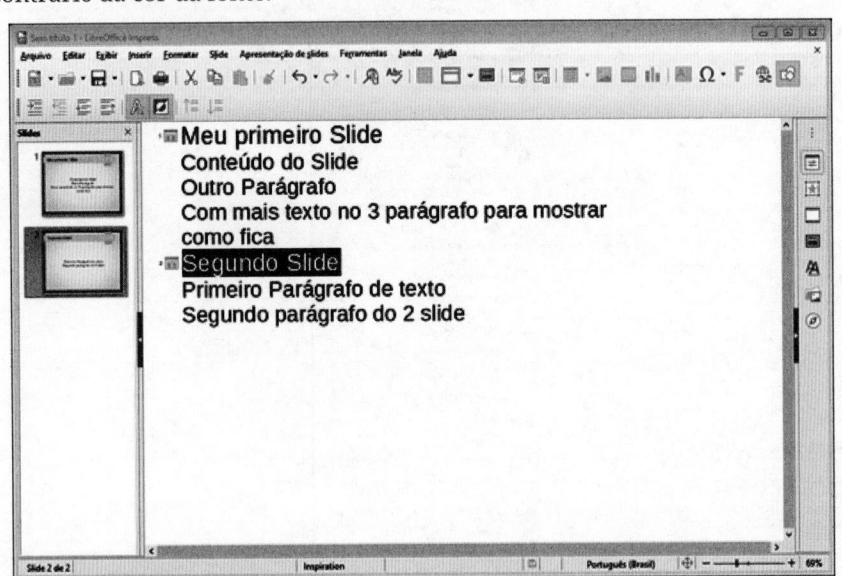

Notas

Modo de exibição que tem como objetivo inserir as anotações sobre um slide, muitas vezes usadas para descrever o assunto, ou conteúdo dos tópicos a serem seguidos e apontados. As notas são utilizadas como uma espécie de "colinha".

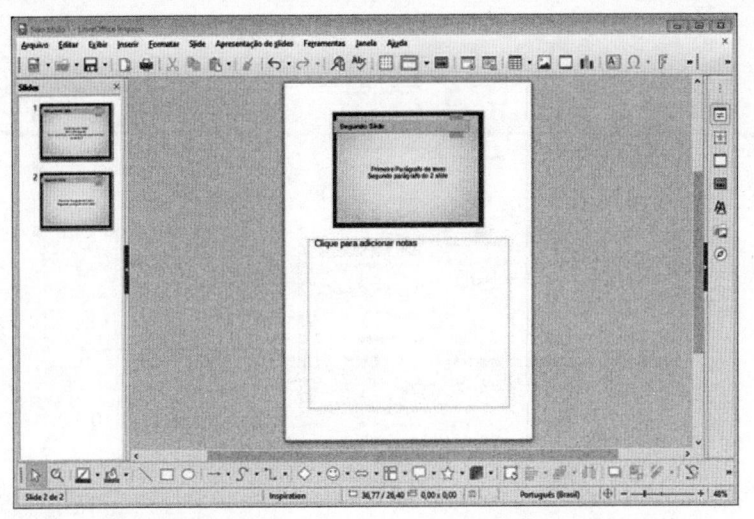

Organizador de Slides

O modo para classificar os slides serve para organizar a sequência na apresentação, oferecendo uma interface na qual são exibidas as miniaturas das telas para que ao clicar e arrastar os slides possa movê-los para as posições desejadas. Na imagem a seguir observa-se a sua disposição.

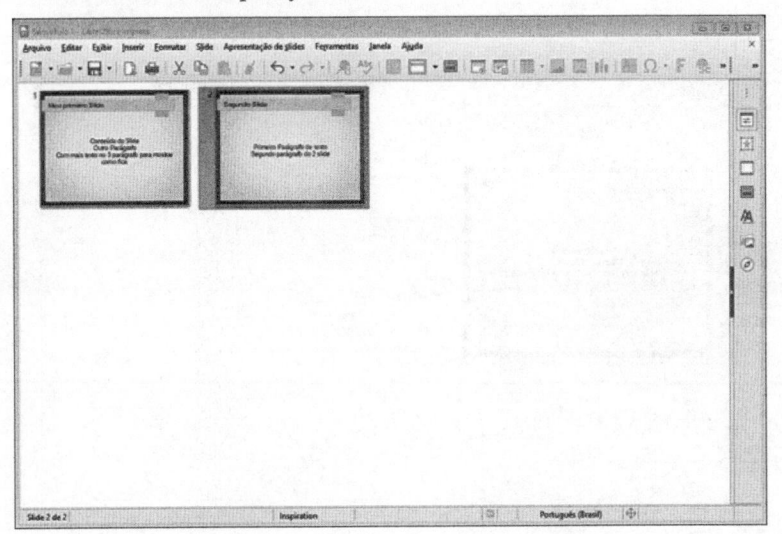

Impressão

É possível também imprimir a apresentação de slides, de acordo com a necessidade, como imprimir um slide em cada página, conforme ilustrado na sequência no modo Slide.

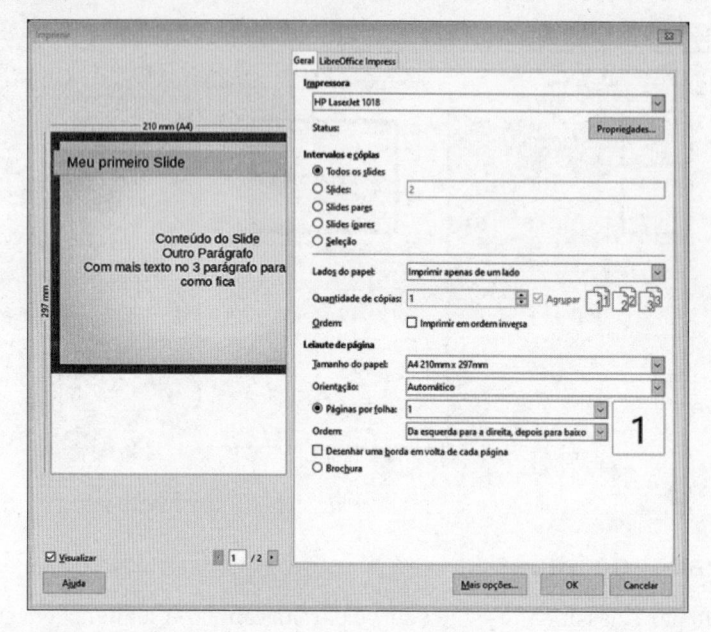

Slide

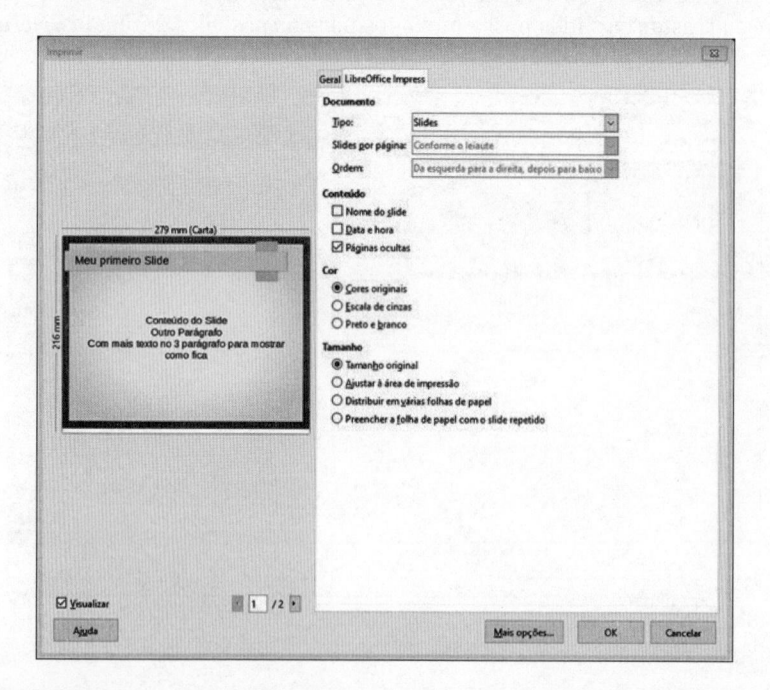

Folhetos

Caso seja necessário imprimir mais de um slide por página, pode-se escolher a opção Folheto no campo Documento, conforme ilustrado a seguir.

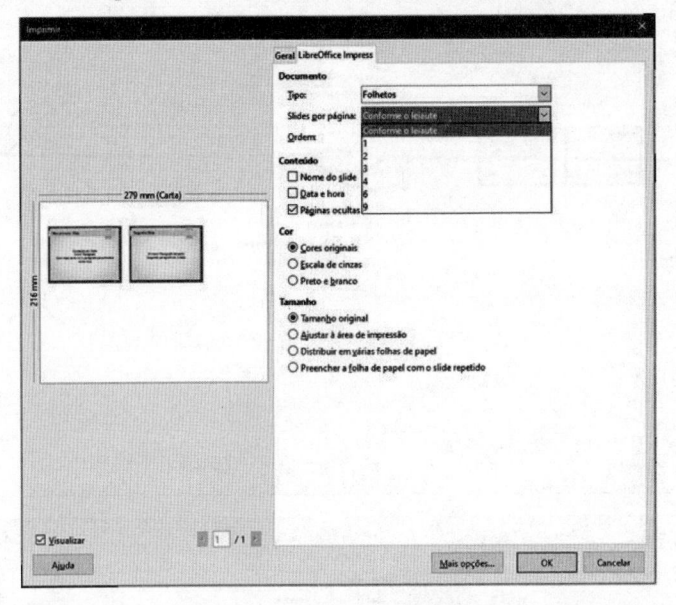

É importante notar que a janela está com o número de 3 Slides por página, observando-se assim, na pré-visualização à esquerda, que os slides ficam um abaixo do outro na impressão. Nas demais quantias, os slides são distribuídos como representado a seguir no modo de impressão de 4 slides por página.

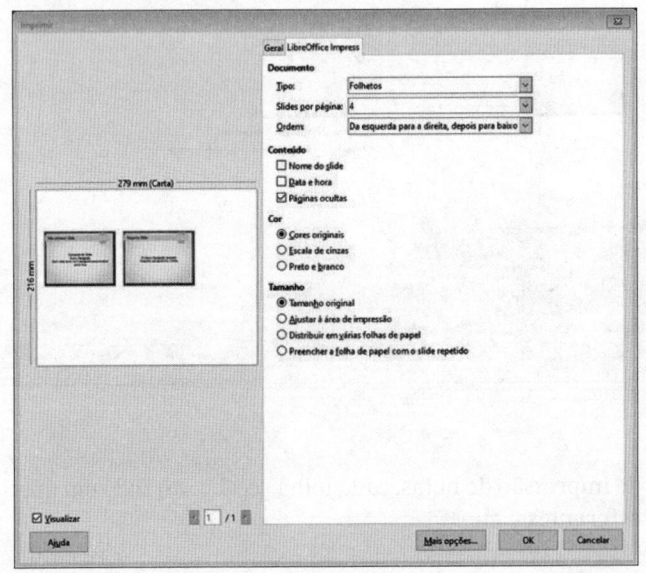

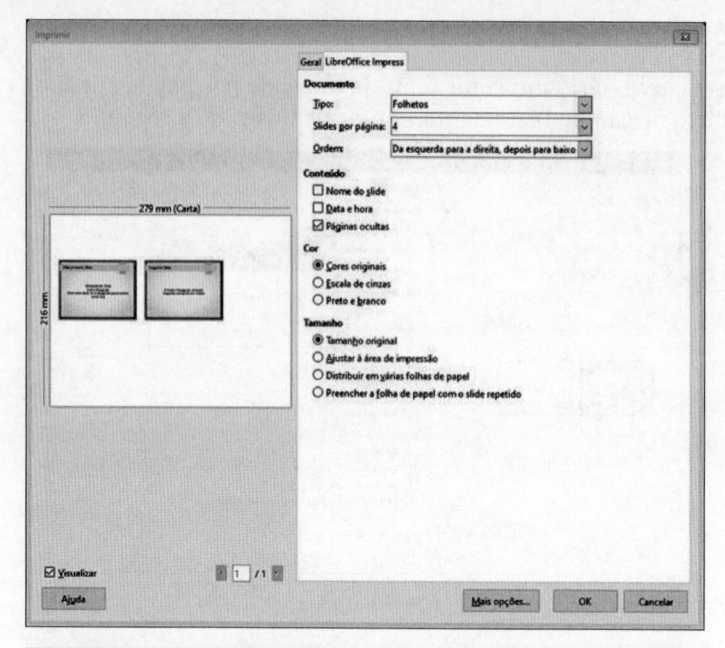

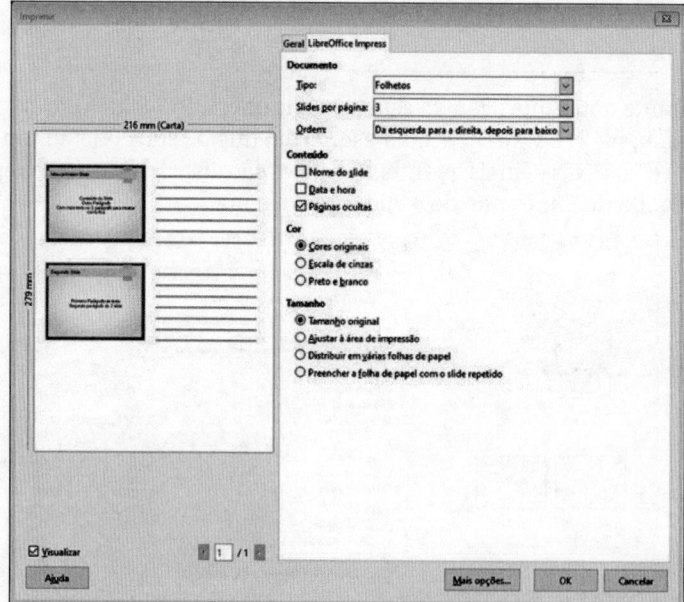

Notas

No modo de impressão de notas, cada folha recebe um slide em que são impressas as anotações referentes a ele.

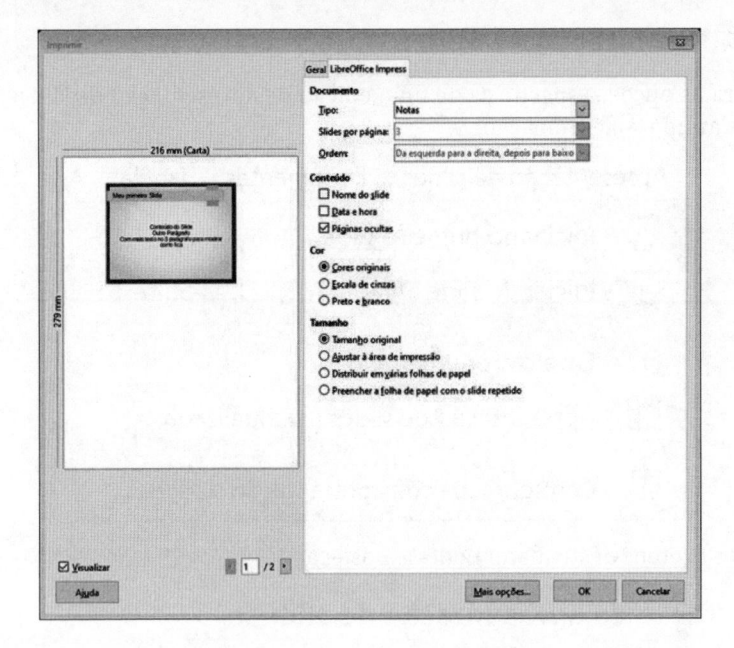

Tópicos

Na forma de impressão de Estrutura de Tópicos, a impressão fica tal qual ao modo de exibição.

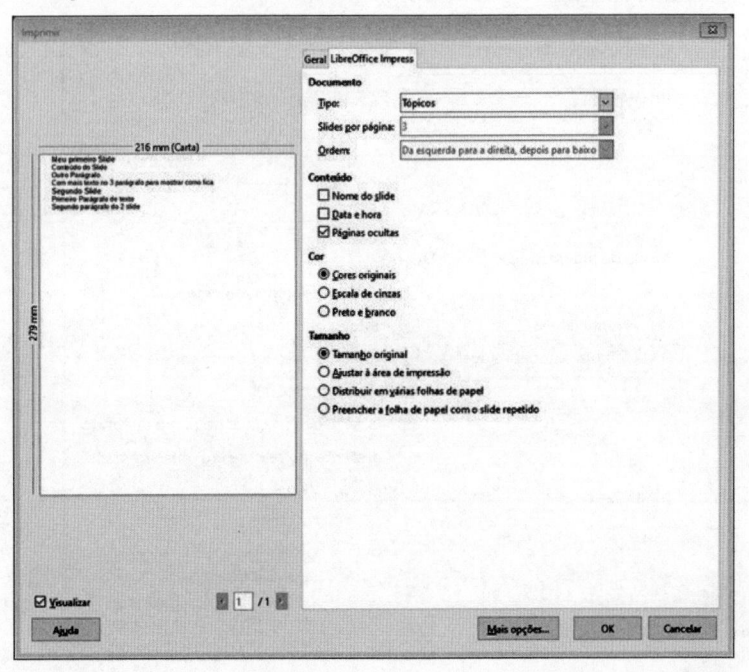

Menu Apresentação de Slides

Mostra as opções específicas de uma edição de apresentação de slides, como os efeitos de animação e transição.

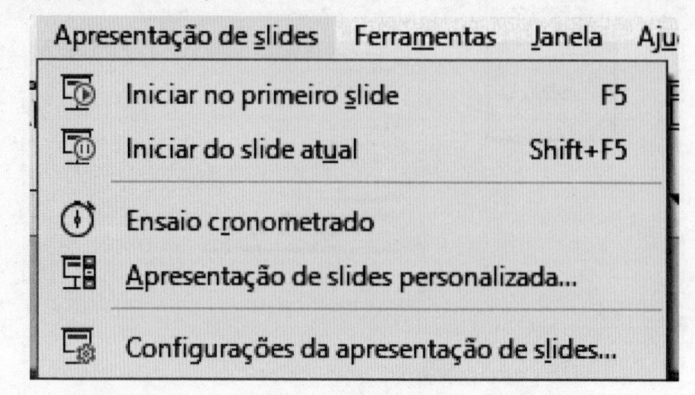

Dentre os itens deste menu pode-se destacar:

Configuração da apresentação de slides

Por meio dessa opção é possível configurar as características da exibição da apresentação tais como: tempo para uma transição de slides automática e a possibilidade padrão de trocar de slide a cada clique do mouse ou pelo teclado. A figura a seguir ilustra a janela de configurações de apresentação.

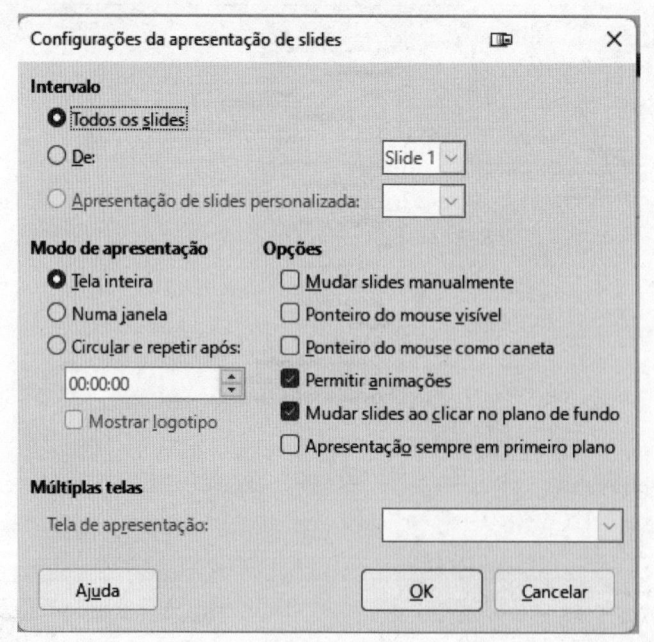

Cronometrar

A opção cronometrar do Impress é muito inferior ao mesmo recurso no Power-Point se comparadas. Em teoria, essa ferramenta deveria permitir marcar o tempo que seria gasto para explanar sobre uma apresentação. Contudo, o tempo é marcado por slide e demonstrado apenas enquanto está sendo exibido, após, no próximo slide, o contador é novamente zerado.

10.1 Animação Personalizada

Recurso que permite atribuir um efeito a um elemento no slide. Ao ser acionada, exibe suas opções no painel de tarefas a direita da tela, conforme ilustrado a seguir.

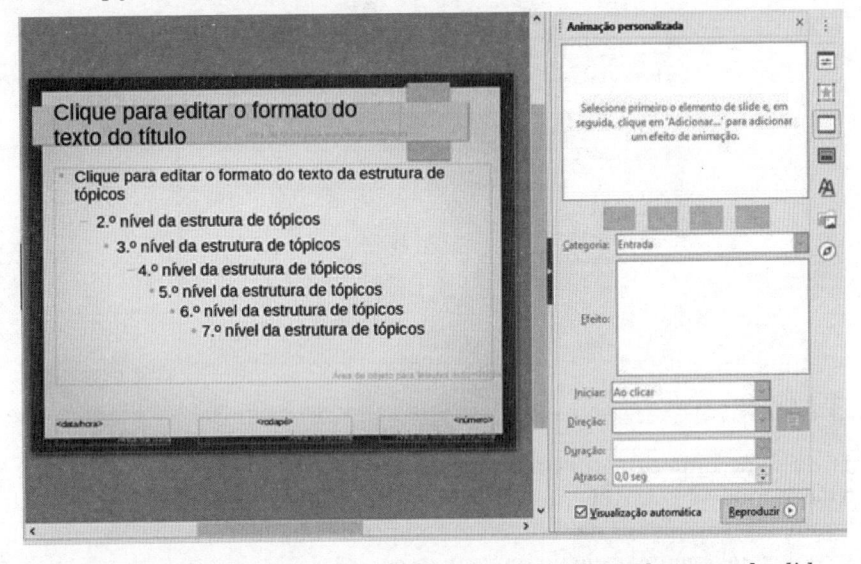

Para adicionar um efeito é necessário selecionar algum elemento do slide, como texto ou figura e na janela que se abre ao clicar em Adicionar... (ilustrada a seguir) selecionando o efeito desejado, de acordo com categorias predefinidas na forma de guias da janela, conforme ilustrado.

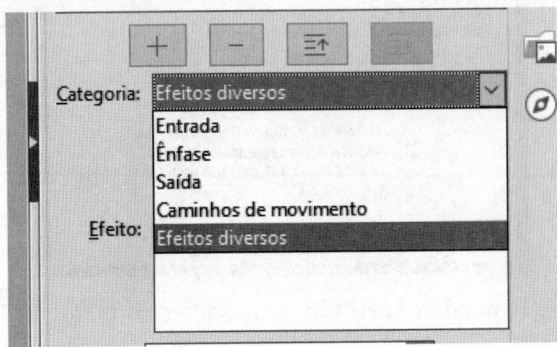

10.2 Transição de Slides

A opção de transição de slides serve para aplicar um efeito a ser executado durante a troca de slide. Permitindo ainda definir tempos específicos para cada slide em uma exibição automática.

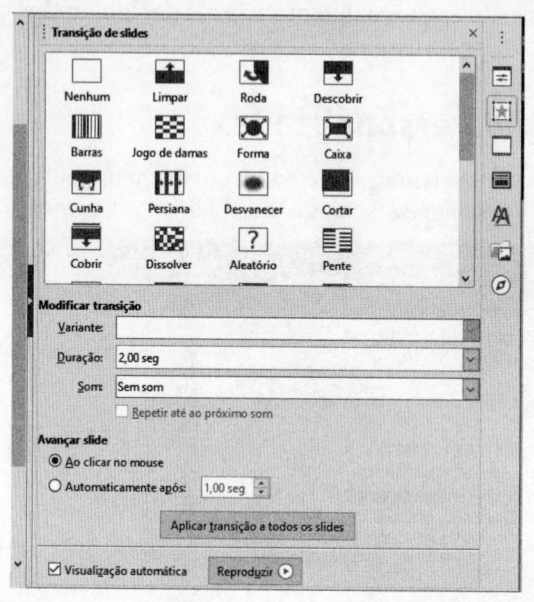

10.3 Mestre

Trata-se de uma estrutura base para a criação de um conjunto de slides. Por meio desse modo é possível criar um modelo no qual são definidos estilos de título, parágrafo, tópicos, planos de fundo e os campos de data/hora, rodapé e número do slide, conforme demonstrado na imagem a seguir.

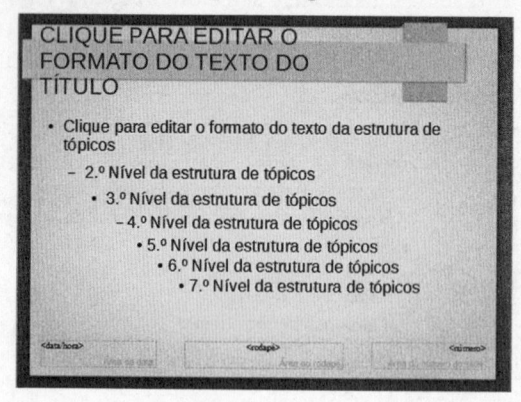

Para acionar o modo demonstrado, basta clicar no menu Exibir → Mestre → Slide Mestre.

A opção Notas Mestre serve para formatar as características das anotações (notas) que podem ser associadas a cada slide, conforme ilustrado a seguir.

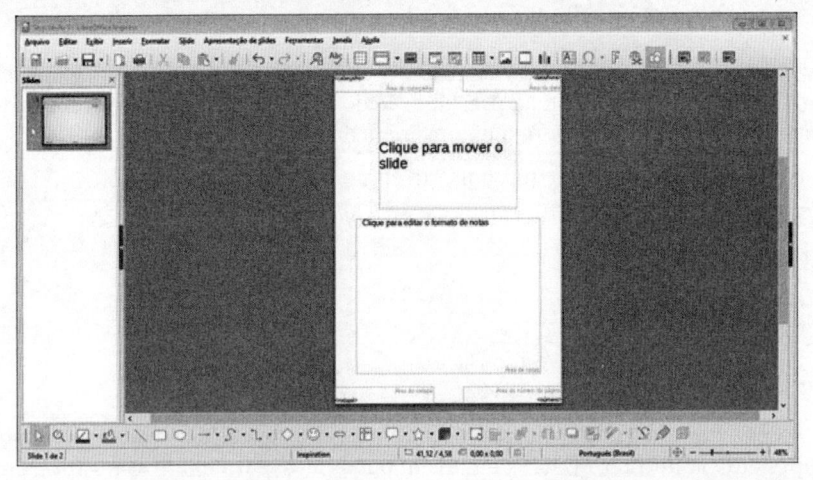

O item Elementos do Slide Mestre serve para indicar quais elementos devem aparecer nos slides ou notas.

No painel de tarefas, a opção Páginas Mestre apresenta alguns modelos de Slides Mestres que podem ser utilizados pelo usuário.

A seguir, o modo Folhetos Mestres.

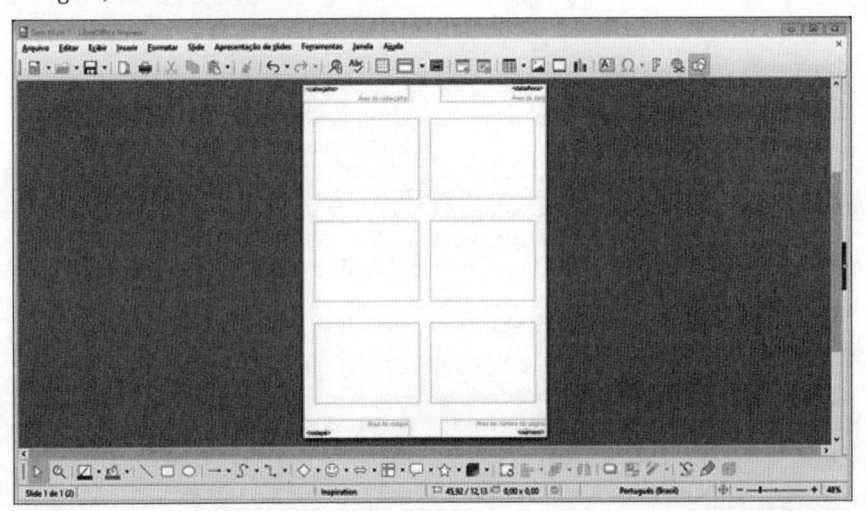

INFORMÁTICA

Vamos praticar

1. **(FGV – 2021 – IMBEL – ANALISTA ESPECIALIZADO – ANALISTA ADMINISTRATIVO – REAPLICAÇÃO)** No LibreOffice Impress, uma apresentação de slides pode ser gravada com diversas formatações, de acordo com a extensão de arquivo escolhida.

   Assinale a extensão de arquivo usada como default pelo Impress.

   a) .imp
   b) .impx
   c) .isp
   d) .odp
   e) .ppi

2. **(SELECON – 2021 – PREFEITURA DE CAMPO GRANDE/MS – GUARDA CIVIL MUNICIPAL)** No software Impress da suíte 7.03.1 (x64), versão em português, para exibir uma apresentação de slides existem dois modos:

   IV. A partir do começo por meio do acionamento de uma tecla de função e.

   V. A partir do slide atual em edição por meio da execução de um atalho de teclado.

   A tecla de função e o atalho de teclado são, respectivamente:

   a) F3 e Ctrl + F3.
   b) F5 e Ctrl + F5.
   c) F3 e Shift + F3.
   d) F5 e Shift + F5.

3. **(COVEST-COPSET – 2019 – UFPE – ASSISTENTE DE TECNOLOGIA DA INFORMAÇÃO)** Qual visualização da área de trabalho do Impress 3.6.4.3 é voltada para trabalhar individualmente com cada slide que está sendo produzido?

   a) Visualização de slide.
   b) Visualização de folheto
   c) Visualização individual
   d) Visualização normal
   e) Visualização principal

4. **(COVEST-COPSET – 2019 – UFPE – ASSISTENTE DE TECNOLOGIA DA INFORMAÇÃO)** Qual o nome da parte da janela do Impress 3.6.4.3 que fornece uma visão geral, e em miniatura, dos slides que estão sendo trabalhados?

   a) Painel de slides.
   b) Painel de miniaturas.

c) Visão de slides.
d) Visão de miniaturas.
e) Visão de trabalho.

5. **(COVEST-COPSET – 2019 – UFPB – TÉCNICO EM CONTABILIDADE)** No OpenOffice Impress é possível associar textos a cada slide, que só aparecem para o apresentador, e que podem ser lembretes do que se pretende falar quando o slide estiver sendo apresentado. É uma característica prática do Impress que funciona quando existe um projetor associado ao computador. No momento da confecção do slide, o Impress apresenta cinco abas, das quais uma delas é a que permite associar esses textos. Assinale a alternativa que apresenta o nome dessa aba.
   a) Normal.
   b) Estrutura de tópicos.
   c) Notas.
   d) Folheto.
   e) Classificador de slides.

6. **(COVEST-COPSET – 2019 – UFPE – ASSISTENTE DE ALUNOS)** O OpenOffice Impress é uma ferramenta poderosa que auxilia a produção de apresentações multimídias. Considere as seguintes afirmações sobre esta ferramenta.

   1) Esta ferramenta permite a sobreposição de textos e imagens.

   2) A transição de slides é uma função presente no Microsoft Office PowerPoint, que permite a definição da transformação de um slide no momento de mudança para o próximo slide, no modo de apresentação. Esta função não está presente no Impress.

   3) No Impress, quando se cria uma apresentação nova, pode-se acessar a barra de tarefas para definir de forma independente o layout do slide e o padrão de fundo nas "Páginas mestre".

   Está(ão) correta(s), apenas:
   a) 1.
   b) 2.
   c) 1 e 3.
   d) 1 e 2.
   e) 3.

7. **(VUNESP – 2019 – UNESP – ASSISTENTE DE SUPORTE ACADÊMICO I)** A imagem a seguir foi retirada do LibreOffice Impress 5, em sua configuração padrão, e mostra as opções de Modos de Exibição, com um deles, que está em uso, destacado.

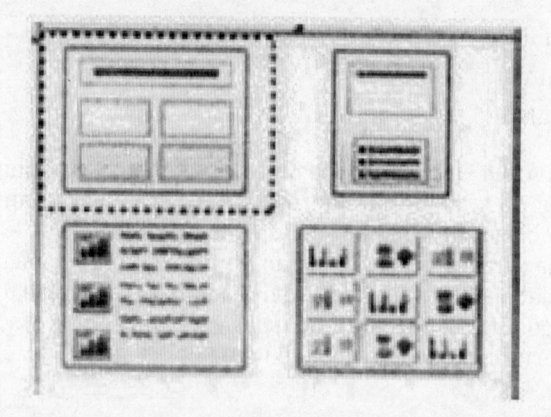

Pela imagem, pode-se verificar que o Modo de Exibição em uso é

a) Classificador de Slides.
b) Estrutura de Tópicos.
c) Mestre.
d) Normal.
e) Notas.

8. **(IF-PE – 2019 – IF/PE – TÉCNICO EM LABORATÓRIO – MANUTENÇÃO E SUPORTE EM INFORMÁTICA)** Um determinado usuário do IFPE está elaborando uma apresentação de slides em seu sistema operacional Linux Ubuntu, utilizando o LibreOffice Impress. No decorrer de sua criação, surgiu a dúvida de como deveria confeccionar o slide para que os parâmetros definidos se replicassem a todos os slides, como o logotipo do Instituto, cores e tamanho da fonte. A fim de executar a tarefa, qual o recurso que o usuário deverá utilizar?

a) Leiaute de slides.
b) Duplicar slide.
c) Slide mestre.
d) Inserir cabeçalho e rodapé.
e) Definir figura do plano de fundo.

9. **(FUNDATEC – 2019 – IMESF – ENFERMEIRO)** O Ícone Navegador, frequentemente utilizado no programa Impress do Pacote LibreOffice 5.0, instalado em sua configuração padrão, está associado a que tecla de atalho?

a) Ctrl+Shift+N.
b) Ctrl+Alt+N.
c) Ctrl+Shift+F5.
d) F5.
e) Ctrl+Shift+F12.

10. **(IBADE – 2019 – PREFEITURA DE ARACRUZ/ES – INSTRUTOR DE LIBRAS)** -Tanto no Powerpoint do pacote MSOffice 2013 BR quanto no Impress do pacote BROffice, é possível iniciar e fazer a apresentação dos slides a partir do começo, executando-se um atalho de teclado. Esse atalho corresponde a pressionar a seguinte tecla de função:

a) F2.
b) F3.
c) F4.
d) F5.
e) F6

Gabarito

1	D
2	D
3	D
4	A
5	C
6	A
7	D
8	C
9	C
10	D

11 Lei nº 13.709/2018 (LGPD)

11.1 Disposições Preliminares

Pode-se dizer que após o esforço mundial para a implantação de leis em relação à proteção de dados, o Brasil foi um dos últimos países a se ajustar com a nova política. Embora a lei seja de 2018 foram as alterações relativas à penalização que tornaram a sua aplicabilidade mais incisiva, tanto nas empresas quanto nas provas de concurso.

> **Fique ligado!**
>
> Como o nome sugere, a Lei Geral de Proteção de Dados aplica-se a qualquer pessoa, seja ela de natureza jurídica ou física, que realize tratamento de dados com finalidade econômica.

A Lei dispõe sobre o tratamento de dados pessoais, digitais e não digitais:

- Por pessoa natural;
- Por pessoa jurídica de direito público;
- Por pessoa jurídica de direito privado;

A Lei tem por objetivo proteger os direitos fundamentais de liberdade e de privacidade.

11.2 Fundamentos

- O respeito à privacidade.
- A autodeterminação informativa.
- Liberdade de expressão, de informação, de comunicação e de opinião.
- Inviolabilidade da intimidade, da honra e da imagem.
- Desenvolvimento econômico e tecnológico e a inovação.
- Livre iniciativa, a livre concorrência e a defesa do consumidor.

11.3 Princípios

- Finalidade;
- Adequação ou compatibilidade com as finalidades;
- Necessidade - limitação do tratamento ao mínimo necessário, de forma a resguardar os dados dos cidadãos e empresas;
- Livre acesso aos titulares dos dados;
- Qualidade dos dados;
- Transparência;
- Segurança e prevenção;
- Não discriminação - impossibilidade de realização do tratamento para fins discriminatórios ilícitos ou abusivos;
- Responsabilização e prestação de contas.

11.4 Área de Atuação

Aplica-se a QUALQUER operação, independentemente do meio, do país de sua sede ou do país onde estejam localizados os dados, desde que:

- A operação de tratamento seja realizada no território nacional.
- A atividade de tratamento tenha por objetivo a oferta ou fornecimento de bens ou serviços ou o tratamento de dados de indivíduos.
- Consideram-se coletados no território nacional os dados pessoais cujo titular nele se encontre no momento da coleta.

11.5 Não Aplicação da Lei

A Lei Geral de Proteção de Dados não é aplicada quando os dados são utilizados para fins exclusivamente particulares, ou que envolvam atividade não econômica.

Quando os dados coletados são utilizados para finalidade jornalística, artística ou, mesmo, acadêmica, em regra geral não aplicamos a referida lei.

Fique ligado!

Vale destacar que atividades acadêmicas que envolvam coleta de dados com questionários, ou que envolvam pessoas, devem passar antes pelo crivo do comitê de ética da instituição, antes da pesquisa ser desenvolvida.

Também não se aplica em caso de coleta de dados, seja realizada em razão de alguma investigação penal ou necessidade de defesa nacional, o que afeta a segurança pública e a segurança do Estado.

Nas situações de dados que têm origem fora do território nacional e não sofrem tratamento de dados no território nacional, a lei geral não se aplica.

> *Art. 4º, IV: provenientes de fora do território nacional que não sejam objeto de comunicação, uso compartilhado de dados ou objeto de transferência internacional de dados.*

11.6 Tratamento de Dados Pessoais

O tratamento de dados pessoais somente poderá ser realizado nas seguintes hipóteses, dentre outras:

- Mediante o fornecimento de consentimento pelo titular;
- Para o cumprimento de obrigação legal ou regulatória pelo controlador;
- Para a realização de estudos por órgão de pesquisa, garantida, sempre que possível, a anonimização dos dados pessoais;
- Para o exercício regular de direitos em processo judicial, administrativo ou arbitral;
- Para a proteção da vida ou da incolumidade física do titular ou de terceiros;
- Quando necessário para atender aos interesses legítimos do controlador;
- Para a proteção do crédito, inclusive quanto ao disposto na legislação pertinente.

Legítimo Interesse do Controlador

O legítimo interesse do controlador somente poderá fundamentar tratamento de dados pessoais para finalidades legítimas, tais como:

- Apoio e promoção de atividades do controlador.
- Proteção, em relação ao titular, do exercício regular de seus direitos ou prestação de serviços que o beneficiem.

11.7 Tratamentos de Dados Sensíveis

O tratamento de dados pessoais sensíveis somente poderá ocorrer nas seguintes hipóteses:

- Quando o titular ou seu responsável legal consentir, de forma específica e destacada.
- SEM fornecimento de consentimento do titular, APENAS para situações emergenciais, tais como proteção da vida e incolumidade física.

11.8 Tratamentos de Dados Anônimos

Os dados anonimizados NÃO SERÃO considerados dados pessoais, salvo quando o processo de anonimização ao qual foram submetidos for revertido.

11.9 Tratamento de Dados de Crianças e Adolescentes

O tratamento de dados pessoais de crianças e de adolescentes deverá ser realizado em seu melhor interesse.

11.10 Término do Tratamento de Dados

O término do tratamento de dados pessoais ocorrerá nas seguintes hipóteses:
- Verificação de que a finalidade foi alcançada ou de que os dados deixaram de ser necessários.
- Fim do período de tratamento.
- Comunicação do titular, inclusive no exercício de seu direito de revogação do consentimento, resguardado o interesse público.
- Determinação da autoridade nacional.

Eliminação dos Dados

Os dados pessoais serão eliminados após o término de seu tratamento, no âmbito e nos limites técnicos das atividades.

É autorizada a conservação para as seguintes finalidades:
- Cumprimento de obrigação legal ou regulatória pelo controlador.
- Estudo por órgão de pesquisa, garantida, sempre que possível, a anonimização dos dados pessoais.
- Transferência a terceiro, desde que respeitados os requisitos de tratamento de dados dispostos nesta Lei.
- Uso exclusivo do controlador, vedado seu acesso por terceiro, e desde que anonimizados os dados.

11.11 Direitos do Titular

Toda pessoa natural tem assegurada a titularidade de seus dados pessoais e garantidos os direitos fundamentais de liberdade, de intimidade e de privacidade.

São direitos do titular que podem ser obtidos do controlador de seus dados:
- Confirmação da existência de tratamento;
- Acesso aos dados;
- Correção de dados incompletos, inexatos ou desatualizados;

- Anonimização, bloqueio ou eliminação de dados desnecessários, excessivos ou tratados em desconformidade;
- Portabilidade dos dados a outro fornecedor de serviço ou produto, mediante requisição expressa.

Confirmação de Existência ou Acesso aos Dados

A confirmação de existência ou o acesso a dados pessoais serão providenciados, mediante requisição do titular:

- Em formato simplificado, imediatamente.
- Por meio de declaração clara e completa, que indique a origem dos dados, a inexistência de registro, os critérios utilizados e a finalidade do tratamento.

Outras Disposições

- O titular dos dados tem direito a solicitar a REVISÃO de decisões tomadas unicamente com base em tratamento automatizado de dados pessoais que afetem seus interesses.
- Os dados pessoais referentes ao exercício regular de direitos pelo titular não podem ser utilizados em seu prejuízo.
- A defesa dos interesses e dos direitos dos titulares de dados poderá ser exercida em juízo, individual ou coletivamente

11.12 Tratamento de Dados pelo Poder Público

O tratamento de dados pessoais pelas pessoas jurídicas de direito público deverá ser realizado para o atendimento de sua finalidade pública, desde que:

- Sejam informadas as hipóteses em que, no exercício de suas competências, realizam o tratamento de dados pessoais, fornecendo informações claras e atualizadas.
- Seja indicado um encarregado quando realizarem operações de tratamento de dados pessoais.

É vedado ao Poder Público transferir a entidades privadas dados pessoais constantes de bases de dados a que tenha acesso, EXCETO:

- Em casos de execução descentralizada de atividade pública que exija a transferência.
- Casos em que os dados forem acessíveis publicamente.
- Quando houver previsão legal ou a transferência for respaldada em contratos, convênios ou instrumentos congêneres.
- Na hipótese de a transferência dos dados objetivar exclusivamente a prevenção de fraudes e irregularidades

Responsabilidade

Quando houver infração em decorrência do tratamento de dados pessoais por órgãos públicos, a autoridade nacional poderá enviar informe com medidas cabíveis para fazer cessar a violação.

11.13 Transferência Internacional de Dados

A transferência internacional de dados pessoais somente é permitida nos seguintes casos:

- Para países ou organismos internacionais que proporcionem grau de proteção de dados pessoais adequado.
- Quando o controlador oferecer e comprovar garantias de cumprimento dos princípios, dos direitos do titular e do regime de proteção de dados previstos nesta Lei
- Quando a transferência for necessária para a cooperação jurídica internacional
- Quando a transferência for necessária para a proteção da vida ou da incolumidade física do titular ou de terceiros.
- Quando a autoridade nacional autorizar a transferência.
- Quando a transferência resultar em compromisso assumido em acordo de cooperação internacional
- Quando o titular tiver fornecido o seu consentimento específico e em destaque para a transferência.

11.14 Agentes de Tratamento de Dados Pessoais

Controlador e Operador

Devem manter registro das operações de tratamento de dados pessoais que realizarem, especialmente quando baseado no legítimo interesse.

A autoridade nacional poderá determinar ao controlador que elabore relatório de impacto à proteção de dados pessoais, inclusive de dados sensíveis, observados os segredos comercial e industrial.

Encarregado Pelo Tratamento de Dados Pessoais

O controlador deverá indicar encarregado pelo tratamento de dados pessoais, este encarregado terá sua identidade e as informações DIVULGADAS PUBLICAMENTE.

São atividades do encarregado:

- Aceitar reclamações e comunicações dos titulares, e da autoridade nacional, prestando esclarecimentos e adotando providências.

- Orientar os funcionários e os contratados da entidade a respeito das práticas a serem tomadas em relação à proteção de dados pessoais.
- Executar as demais atribuições determinadas pelo controlador.

11.15 Responsabilidade e do Ressarcimento de Danos

O controlador ou o operador que, em razão do exercício de atividade de tratamento de dados pessoais, causar a outrem dano patrimonial, moral, individual ou coletivo, em violação à legislação de proteção de dados pessoais, é obrigado a repará-lo.

Os controladores que estiverem diretamente envolvidos no tratamento do qual decorreram danos ao titular dos dados respondem **solidariamente**, em REGRA.

Não Responsabilização

Os agentes de tratamento só não serão responsabilizados quando provarem:

- Que não realizaram o tratamento de dados pessoais que lhes é atribuído.
- Que, embora tenham realizado o tratamento de dados pessoais que lhes é atribuído, não houve violação à legislação de proteção de dados.
- Que o dano é decorrente de culpa exclusiva do titular dos dados ou de terceiros.

11.16 Segurança e Boas Práticas

Os agentes de tratamento devem adotar medidas de segurança, técnicas e administrativas aptas a proteger os dados pessoais de acessos não autorizados.

Os agentes de tratamento ou qualquer outra pessoa que intervenha em uma das fases do tratamento obriga-se a garantir a segurança da informação, mesmo após o seu término.

O controlador deverá comunicar à autoridade nacional e ao titular a ocorrência de incidente de segurança que possa acarretar risco ou dano relevante aos titulares.

Vamos praticar

1. **(SELECON – 2021- EMGEPRON – ANALISTA DE SISTEMAS -AUDITORIA)** A Lei Geral de Proteção de Dados Pessoais é regida pela Lei nº 13.709, de 14 de agosto de 2018. De acordo com o Art. 5º dessa lei, a toda operação realizada com dados pessoais, como as que se referem à coleta, produção, recepção, classificação, utilização, acesso, reprodução, transmissão, distribuição, processamento, arquivamento, armazenamento, eliminação, avaliação ou controle da informação, modificação, comunicação, transferência, difusão ou extração dá-se o nome de:

   a) Compartilhamento.

b) Mapeamento.

c) Rastreamento.

d) Tratamento.

2. **(SELECON – 2021 – EMGEPRON – ANALISTA DE RECURSOS HUMANOS)** De acordo com a Lei Geral de Proteção de Dados Pessoais, a utilização de meios técnicos razoáveis e disponíveis no momento do tratamento, por meio dos quais um dado perde a possibilidade de associação direta ou indireta a um indivíduo, consiste na técnica de:

   a) bloqueio

   b) anonimato

   c) eliminação

   d) anonimização

3. **(SELECON – 2021 – EMGEPRON – ANALISTA DE RECURSOS HUMANOS)** A Lei nº 13.709/2018, que é a Lei Geral de Proteção de Dados Pessoais (LGPD), dispõe sobre o tratamento de dados pessoais, inclusive nos meios digitais, por pessoa natural ou por pessoa jurídica de direito público ou privado, com o objetivo de proteger os direitos fundamentais de liberdade, de privacidade e o livre desenvolvimento da personalidade da pessoa natural. Aplica-se a LGPD a qualquer operação de tratamento realizada por pessoa natural ou por pessoa jurídica de direito público ou privado, independentemente do meio, do país de sua sede ou do país onde estejam localizados os dados, desde que a operação de tratamento seja realizada:

   a) no território nacional;

   b) para fins exclusivos de defesa nacional;

   c) para fins exclusivamente jornalísticos ou artísticos;

   d) pessoa natural para fins exclusivamente particulares e não econômicos;

4. **(MPDFT – 2021 – MPDFT – PROMOTOR DE JUSTIÇA ADJUNTO)** Assinale a alternativa correta:

   a) Os bens públicos de valor meramente estético não são considerados patrimônio tutelado pela via da ação popular, mas apenas os valorados significativamente sob o aspecto econômico, artístico, cultural, histórico ou turístico.

   b) O cidadão tem poder de, individualmente, demandar em juízo o pedido de anulação de atos lesivos ao patrimônio do Distrito Federal, incumbindo ao Ministério Público, como fiscal da ordem jurídica, requerer às entidades envolvidas todas as certidões e informações necessárias à comprovação do fato alegado.

   c) O regime jurídico de tratamento de dados pessoais deve ser seguido pela administração pública na utilização de informações no âmbito exclusivo da segurança pública lato sensu e afastado quando realizado para fins de atividades exclusivas de investigação penal ou de defesa nacional.

   d) O tratamento de dados pessoais a ser feito no âmbito de empresas públicas respeita o mesmo regime que respeitado por sociedades de economia mista.

INFORMÁTICA

e) A operacionalização de políticas públicas feita por sociedade de economia mista que importe na gestão de dados pessoais se submete ao mesmo quadrante de obrigações legais para a proteção destes bens imateriais a que estão sujeitas as pessoas jurídicas de direito privado.

5. **(MPDFT – 2021 – MPDFT – PROMOTOR DE JUSTIÇA ADJUNTO)** Entre outras disposições legais, a Lei Geral de Proteção de Dados – LGPD, a Lei nº 13.709/2018, é a legislação brasileira que regula as atividades de tratamento de dados pessoais e que também altera os arts. 7º e 16 do Marco Civil da Internet. Assim, assinale a alternativa correta:

a) O chamado incidente de segurança deve ser comunicado à autoridade nacional de dados naqueles casos em que possa acarretar risco ou dano relevante aos titulares, em prazo razoável, com a recomendação atual de dois dias úteis, contado da data do conhecimento do incidente, enquanto não sobrevier outra regulação.

b) A LGPD fixou como prazo legal de comunicação à autoridade nacional de dados naqueles casos em que possa acarretar risco ou dano relevante aos titulares o prazo de dois dias úteis a partir do conhecimento do vazamento dos dados.

c) A LGPD fixou como prazo legal de comunicação à autoridade nacional de dados naqueles casos em que possa acarretar risco ou dano relevante aos titulares o prazo de dois dias úteis a partir da ocorrência do vazamento dos dados, tornando obrigação do gestor dos dados a realização de auditorias permanentes para detectar falhas na segurança.

d) A LGPD fixou como obrigação do gestor do banco de dados o de comunicação à autoridade nacional de dados somente naqueles casos em que possa acarretar dano relevante aos titulares, tendo fixado um prazo legal de cinco dias úteis.

e) A LGPD fixou como obrigação do gestor do banco de dados o de comunicação à autoridade nacional de dados somente naqueles casos em que possa acarretar dano relevante aos titulares, tendo fixado um prazo legal de sete dias úteis.

Texto para as próximas 4 questões:

Acerca de privacidade e proteção de dados pessoais, julgue o item subsequente.

6. **(CESPE/CEBRASPE – 2021 – SERPRO – ANALISTA – ESPECIALIZAÇÃO: CIÊNCIA DE DADOS)** Em caso de infração à LGPD cometida por agente de tratamento de dados, um dos critérios para a aplicação da sanção administrativa ao infrator é a sua condição econômica.

Certo ( )   Errado ( )

7. **(CESPE/CEBRASPE – 2021 – SERPRO – ANALISTA – ESPECIALIZAÇÃO: CIÊNCIA DE DADOS)** Para fins de aplicação da LGPD, dado pessoal é o que permite identificar ou tornar identificável, de forma inequívoca, um indivíduo.

Certo ( )   Errado ( )

8. **(CESPE/CEBRASPE – 2021 – SERPRO – ANALISTA – ESPECIALIZAÇÃO: CIÊNCIA DE DADOS)** -É indispensável o consentimento do titular ao uso dos seus dados pessoais em pesquisas estatísticas que necessitem de tais informações, mesmo que as pesquisas sejam de evidente interesse público ou geral.

    Certo ( )   Errado ( )

9. **(CESPE/CEBRASPE – 2021 – SERPRO – ANALISTA – ESPECIALIZAÇÃO: CIÊNCIA DE DADOS)** -O tratamento dos dados regulados deve atender ao princípio da adequação, o qual limita o tratamento ao mínimo necessário para a atividade.

    Certo ( )   Errado ( )

10. **(QUADRIX – 2021 -CRBM – CRBM – 4 – FISCAL BIOMÉDICO)** À luz da Lei n.º 6.839/1980, da Lei n.º 12.037/2009, da Lei n.º 13.709/2018 e do Decreto n.º 9.094/2017, julgue o item.

    A Lei Geral de Proteção de Dados Pessoais destina-se à proteção dos direitos fundamentais de liberdade, de privacidade e de livre desenvolvimento da personalidade da pessoa natural.

    Certo ( )   Errado ( )

Texto para as próximas 5 questões:

A Lei Geral de Proteção de dados dispõe sobre o tratamento de dados pessoais, inclusive nos meios digitais, com o objetivo de proteger os direitos fundamentais de liberdade e de privacidade e o livre desenvolvimento da personalidade da pessoa natural. Com relação às disposições legais contidas no referido ato normativo, julgue os itens.

11. **(QUADRIX – 2021 – CRECI – 14ª REGIÃO/MS – ADVOGADO)** A transferência internacional de dados pessoais só é admitida na legislação pátria quando a transferência for necessária para a proteção da vida ou da incolumidade física do titular ou de terceiros.

    Certo ( )   Errado ( )

12. **(QUADRIX – 2021 – CRECI – 14ª REGIÃO/MS – ADVOGADO)** É vedado ao Poder Público transferir a entidades privadas dados pessoais constantes de bases de dados a que tenha acesso, com o objetivo exclusivo de prevenção de fraudes.

    Certo ( )   Errado ( )

13. **(QUADRIX – 2021 – CRECI – 14ª REGIÃO/MS – ADVOGADO)** Na realização de estudos em saúde pública, os órgãos de pesquisa poderão ter acesso a bases de dados pessoais, com a estrita finalidade de realização de estudos e pesquisas, desde que observada a ética e as normas de tratamento de dados pertinentes.

    Certo ( )   Errado ( )

14. **(QUADRIX – 2021 – CRECI – 14ª REGIÃO/MS – ADVOGADO)** O tratamento de dados pessoais somente poderá ser realizado mediante o fornecimento de consentimento por seu titular, mesmo que este os tenha tornado manifestamente públicos.

    Certo ( )   Errado ( )

15. (QUADRIX – 2021 – CRECI – 14ª REGIÃO/MS – ADVOGADO) O respeito à privacidade e a inviolabilidade da intimidade, da honra e da imagem são fundamentos observados no diploma legal, os quais disciplinam a proteção de dados pessoais.

Certo ( )   Errado ( )

16. (VUNESP – 2020 – EBSERH – ANALISTA DE TECNOLOGIA DA INFORMAÇÃO) A Lei Geral de Proteção de Dados considera como dados pessoais sensíveis os dados sobre:
a) contas bancárias.
b) viagens realizadas.
c) formação acadêmica.
d) origem racial ou étnica.
e) numeração de documentos.

Texto para as próximas 4 questões:

Acerca da Lei Geral de Proteção de Dados Pessoais (LGPD) e suas alterações, julgue os itens que se segue.

17. (CESPE/CEBRASPE – 2020 – MINISTÉRIO DA ECONOMIA – TECNOLOGIA DA INFORMAÇÃO – SEGURANÇA DA INFORMAÇÃO E PROTEÇÃO DE DADOS) Os dados pessoais serão eliminados após o término de seu tratamento, sendo autorizada a sua conservação para a finalidade de estudo por órgão de pesquisa, sendo garantida, sempre que possível, a anonimização desses dados.

Certo ( )   Errado ( )

18. (CESPE/CEBRASPE – 2020 – MINISTÉRIO DA ECONOMIA – TECNOLOGIA DA INFORMAÇÃO – SEGURANÇA DA INFORMAÇÃO E PROTEÇÃO DE DADOS) A referida lei não se aplica ao tratamento de dados pessoais realizado por pessoa natural para fins econômicos.

Certo ( )   Errado ( )

19. (CESPE/CEBRASPE – 2020 – MINISTÉRIO DA ECONOMIA – TECNOLOGIA DA INFORMAÇÃO – SEGURANÇA DA INFORMAÇÃO E PROTEÇÃO DE DADOS) Entre os fundamentos que disciplinam a proteção de dados pessoais no Brasil, estão o respeito à privacidade, a autodeterminação informativa e a liberdade de expressão, de informação, de comunicação e de opinião.

Certo ( )   Errado ( )

20. (INSTITUTO AOCP – 2020 – MJ/SP – CIENTISTA DE DADOS – BIG DATA) Nos termos da Lei Brasileira que trata da Proteção de Dados, Lei nº 13.709/2018, a respeito da Autoridade Nacional de Proteção de Dados (ANPD), assinale a alternativa correta.
a) A natureza jurídica da ANPD é permanente, podendo ser transformada pelo Poder Executivo em entidade da administração pública federal indireta, submetida a regime autárquico especial e vinculada à Presidência da República.

b) Ato do Ministro da Ciência, Tecnologia, Inovações e Comunicações disporá sobre a estrutura regimental da ANPD.
c) Não é da competência da ANDP apreciar petições de titular contra controlador após comprovada pelo titular a apresentação de reclamação ao controlador não solucionada no prazo estabelecido em regulamentação.
d) Os valores apurados na venda ou no aluguel de bens móveis e imóveis de sua propriedade não constituem receitas da ANDP.
e) Os cargos em comissão e as funções de confiança da ANPD serão remanejados de outros órgãos e entidades do Poder Executivo federal.

Gabarito

1	D
2	D
3	A
4	D
5	A
6	Certo
7	Certo
8	Errado
9	Errado
10	Certo

11	Errado
12	Errado
13	Certo
14	Errado
15	Certo
16	D
17	Certo
18	Errado
19	Certo
20	E

REFERÊNCIAS

Obras CitCaiut, F. (2015). Administração de Bancos de Dados. Rio de Janeiro: Escola Superior de Redes.

CAYRES, P. H. Modelagem de Banco de Dados. Rio de Janeiro: Escola Superior de Redes, 2015.

Cmglee. (2018). Comparison CD DVD HDDVD BD.svg. Wikipédia. Acesso em 23 de Abril de 2020, disponível em https://pt.m.wikipedia.org/wiki/Ficheiro:Comparison_CD_DVD_HDDVD_BD.svg

Durana, L. B. (14 de setembro de 2013). TECHPORN. (Crucial) Acesso em 29 de abril de 2020, disponível em https://www.techporn.ph/ddr4-vs-ddr3-little-comparison-what-to-expect/

ELIAS, G., & LOBATO, L. C. Arquitetura e Protocolos de Rede TCP-IP. Rio de Janeiro: Escola Superior de Redes, 2012.

ELMASRI, R., & NAVATHE, S. B. Sistemas de banco de dados. São Paulo: Person Addison Wesley., 2005.

LTO ORG. (2020). LTO ORG. (Hewlett Packard Enterprise, IBM and Quantum) Acesso em 23 de abril de 2020, disponível em https://www.lto.org/technology/what-is-lto-technology/

STALLINGS, W. Arquitetura e organização de computadores. Tradutores D. Vieira, & I. Bosnic. 8ª ed. São Paulo: Pearson Pratice Hall, 2010.

Anotações

Anotações

Anotações

Anotações

Anotações

WWW.ALFACONCURSOS.COM.BR

CONHEÇA OUTRAS OBRAS DOS AUTORES DO LIVRO!

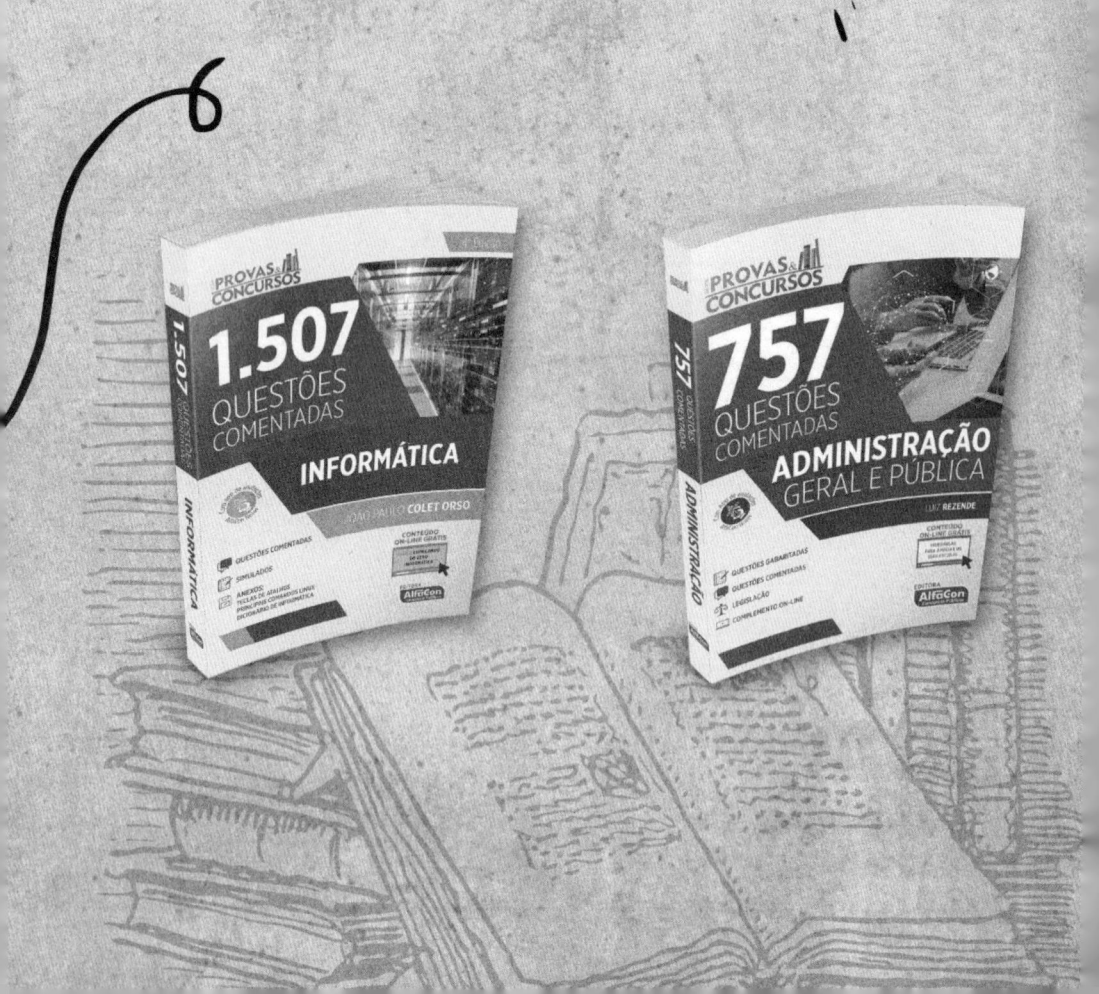